池昌海 主编

现代语言学导论

（第五版）

ZHEJIANG UNIVERSITY PRESS
浙江大学出版社
·杭州·

图书在版编目（CIP）数据

现代语言学导论 / 池昌海主编. —5 版. —杭州：
浙江大学出版社，2022.8（2023.5 重印）
ISBN 978-7-308-20998-4

Ⅰ.①现… Ⅱ.①池… Ⅲ.①语言学—高等学校
—教材 Ⅳ.①H0

中国版本图书馆 CIP 数据核字（2020）第 252678 号

现代语言学导论（第五版）
XIANDAI YUYANXUE DAOLUN

池昌海　主编

责任编辑	葛　娟
责任校对	董雯兰
封面设计	周　灵
出版发行	浙江大学出版社
	（杭州天目山路 148 号　邮政编码 310007）
	（网址：http://www.zjupress.com）
排　　版	杭州青翊图文设计有限公司
印　　刷	杭州钱江彩色印务有限公司
开　　本	710mm×1000mm　1/16
印　　张	20.25
字　　数	332 千
版 印 次	2022 年 8 月第 5 版　2023 年 5 月第 3 次印刷
书　　号	ISBN 978-7-308-20998-4
定　　价	55.00 元

《现代语言学导论》编写组

主　编　池昌海

编　者　（按音序排列）

陈玉洁　池昌海　凌　瑜
彭利贞　税昌锡

序

"语言学概论"作为重要的语言学理论的基础课,早在 20 世纪 60 年代就被列为各种语言学系(包括中文系和各种外语系)的必修课。从那时起出版过各种各样的"语言学概论"教材,积累了编写"语言学概论"教材的丰富经验。现在池昌海教授主编的这部教材,不同于过去的教材,因为它不仅是专为中文专业编写的,也是面向所有人文科学的学生乃至理工科的学生介绍语言这一重要的人文现象和语言学这门重要的人文科学而写的,这就决定了这部教材的写法。这部教材的编印和讲授将有助于扩大学习者的视野,启发他们的兴趣。在我看来,不仅人文科学的学生应该学习这门课程,某些社会科学、理工学科的学生学习语言学也是有益的。当然,对中文专业的学生来说,语言学的理论则是必须学习的专业知识和技能。

按这一指导思想编写的这部教材,我认为有以下几个特点,值得注意。

第一,该教材对语言本身作了系统的介绍。研究语言必须对语言本身这一复杂的符号系统有一个全面的、概括的了解。传统的方法主要从语音、词汇和语法三个方面来论述。这是非常合理的,这可以使读者对语言系统本身有一个全面的概略的了解。当代语言学把语言学分为三个主要分支:语音(音系)学、语义学和句法学。该书基本上按传统的语音、词汇、语法介绍语言系统,而另外增加了语义学一章。这种处理是得当的。语义贯串于词汇、语法,而且是"表情与意的语言的灵魂",必须专门地集中地讨论这个问题。

第二,该教材特别注意语言运用的各个方面,而不限于传统的修辞学和现代的语用学。它还涉及应用语言学的主要方面。这是非常必要的。语言学不仅要介绍语言本身,而且要介绍语言运用和语言学的运用。

第三,该教材专列一章介绍各主要语言学流派,也就是介绍各种不同的研究语言的思路和方法,使学生了解研究语言的思路和方法是"语言学概论"类课程的主要目的之一。过去的语言学教材很少有专门介绍语言学流派的。

第四,作为"导论",该教材充分体现了这一特色,即及时吸收了最新的为学界所基本认可的研究方法和成果,不拘门户和流派,且在介绍和吸收时,较为忠实地注明出处,从而能引导读者更进一步地扩展阅读和思考,实现了编写教材的两个目的：简明扼要地介绍现代语言学的基本状况；引导学生了解该学科的知识和方法，并为进一步进行专业性思考和研究奠定基础。

总之，该教材以有限的篇幅，比较全面地介绍语言和语言学的各个方面，章节安排独具匠心，是一部较好的主要为中文专业的学生编写的语言学教材，对学生了解语言和语言学会起到应有的作用。

王维贤
2006 年 12 月　杭州

目　　录

引言 语言与语言学

第一节 什么是语言

1.1 语言及其存在形式

一般来说,人们对"语言"这一对象的理解与实际生活是密切相关的:语言就是我们所说的话。这样的理解当然不能算错,但很不全面。如果有人问下面几个问题,没有学过语言学的人可能就会犹豫再三了:任何一个人都不可能掌握他所用语言的所有内容,但是,即便对所掌握的对象没有经过双方或多方验证,可交际者彼此能进行不同层次不同风格的交流,为什么? 既然人的思维能力与方式总体上没有什么区别,为什么世界上有这么多不同种类的语言及其结构形式? 语言的构成成分有哪些单位? 它们之间又可以构成哪些关系? 等等。

语言学告诉我们,语言是一种符号系统,是通过系统且组合复杂的声音传达包罗万象的意义和情感等内容的交际工具。从形式上看,语言对我们来说,首先能感知到的是表达意义的声音——语音,语音是由人类根据自己的发音器官发出的语音单位所组成的复杂系统,而且每个民族的语言都有自己的语音构成成分与构成特点。从内容上看,语音所承载的意义——语义,则是由一个个具体单位——语素或词—词汇—句子来表现的,而这些意义不仅包括客观世界的本身状态,也有相当程度的认识者的主观态度,甚至有些纯粹是人主观虚构出来的。从组织结构上看,语言除了语音、语义和词汇外,还需要一个将它们串联起来表达复杂内容和思想情感的手段——语法,就是说,仅仅有了上述三个部分,我们并不能完整、准确地表达自己的意思、情感。比如现代汉语里,假设有三个词:他、看、书,它们有六种组合形式:他看书、书他看、他书看、书看他、看他书、看书他。比较后发现,第一个组合是完全可以独立使用的句子,第二个则必须在特定的语境中才有效,如对比性表达:书他看,电影他也看。而其他四个组合在通常情况下就难以成立了。主要原因就在于这三个词都有自己的语义关系属性。在以语序和虚词为主要语法手段的汉语里，只有在其中的两种组合里才合理地拼接了成分、有效地传达了意义。但是，同样是这三个词：He(him)、read、book，如果是简单地直接组合，在英语里就产生不了一个有效的句子，但如果按照英语的组合手段，在词上或词间附加上形态手段，则可以产生多个有效的句子：He reads a book/He is reading a book/He read[red] a book/He has read[red] that book 等等。这是因为在英语等形态语言系统里，有效句子除了基本词语成分和意义外，还有格、时、数等语法范畴，而且必须以相对应的语法形式来表达。可见，**"语言"并不是一个成分零乱且组合简单的使用工具，而是一个由语音、词汇、语义和语法四大部分构成的符号体系**，其内部构成复杂、组织严密且功能强大。

另外，从历史的角度看，任何一个语言系统都会发生不同程度的有规律的变化，这些变化有的是社会文化原因所促成的，有的则是语言系统内部相互变化促成的。因此，语言又是一个变动的社会文化现象。

语言从本质上看，是一个成分众多、组织严密的符号系统，但由于它的组成成分并不都是可以看得见、摸得着的有形物体（如各类意义），如笔、自行车、计算机等工具，更重要的是制约各类成分得以有效运行的规则系统（如各类语法意义和语法手段等）也同样系统而又抽象，因此，对大多数人来说，语言符号仍然是个时刻离不开但又难以捉摸的东西。但语言又实实在在地、以具体的形式活跃在我们的生活中，那就是运用语言的行为及其所产生的结果——言语。言语包括言语活动与言语作品。如果拿象棋作比，语言就是象棋的形式构成——棋盘、棋子和制约棋子在棋盘上运作的规则，而象棋的实际运行及其无限多样的棋局就是言语。

语言与言语之间具有紧密的联系，也有明确的区别。

概括起来说，两者的联系主要体现在：

首先，言语是源头，有了大量的言语实践，才会从中衍生出一定的规律，因此，言语是语言的存在形式，语言依存于言语。从人类语言的原始状态来说，语言作为符号系统应该不是先验地以完整的形式提供给人类的，相反，就目前语言学的认识而言，人们普遍认为语言是人类自身创造的，也就是说，语言是人类的祖先在实践中随着生产活动的发展、人脑结构的复杂以及思维的进化等而逐渐形成的（参见本书第九章的介绍），这就是言语活动。在长期的言语活动中，人类发展并接受了能使言语行为成为相应民族的思维工具和交际工具的制约规则，这便有了语言。从个人来说，生活中的每一个人，之所以能灵活地进行言语交际,创造不同的言语作品,是因为在纷繁复杂的言语行为背后潜藏着为使用者共同约定为规则的对象,这也就是语言。

其次,语言对言语活动有制约和指导作用。言语固然是语言产生的基础,但一旦产生受制于规律的符号系统后,语言就成为制约和引导力量。这一特点表现在语言体现形式——言语的各个层面上,仅就汉语普通话而言,在语音上,中国人的生理器官当然能发出英语语音里的舌面音 sh[ʃ]以及德语里的小舌颤音 r[R],但汉语里现在没有这些音素,也不允许将形式雷同的拼音如 shànghǎi(上海)、rìzi(日子)中的 sh、r 分别读成[ʃ]、[R];又如,英语与汉语语音中都有浊辅音 l[l],但在英语里,它的组合能力很灵活,可以在音节前,如 let,也可以在音节后,如 call,而在汉语里,它只能位于音节的开头。在这里,语言与言语的关系,犹如象棋规则与下棋活动的关系一样。

当然,语言与言语也有很大的不同,简单地说,可以从以下两个方面看:

首先,语言是社会性的,言语具有个人性。作为规则,语言对所有人都具有相同的制约效应,它是社会约定的结果。正因为如此,才有所谓"语言规范"问题,才对言语活动产生的正确或错误的反应,因此,语言符号及其规则系统是相对稳定的。但语言的这种社会性,是就其基本的结构与功能而言的,是语言工具性的必然反映,它并不否定言语的个人色彩。相反,在遵守语言规则基础上的丰富多彩的言语行为,正是语言的实践目标,因此,具体的言语带有明显的个人性,而这也是促使新的言语规则产生的源泉,是语言发展的动力,言语是多变的。

其次,语言是抽象的,言语是具体的。正如前面所说明的,语言是制约言语活动的规则,是通过具体的形式及其组合而实现其思维功能、交际功能的系统,语言功能要求其规则系统对使用者来说具有抽象的属性,而不能是单个的、临时的。不允许任何具体的言语行为之间没有共同的规则属性,否则,使用者将不胜其烦。因为语言具有抽象性,才使它成为社会的共同交际工具成为可能,也使得用有限的符号表达无限的内容成为可能。与语言不同,言语则是运用语言符号规则使用特定场景进行思考和表达的过程与结果,有独特的临时性。如"苹果",其基本意义内容应该包括"落叶乔木,叶子椭圆形,花白色带有红晕,果实圆形,味甜或略酸",但具体语境中的"苹果"在形状和色彩以及味觉等各个方面往往是独一无二的。也正因为言语有了具体性,语言才可以具体感知。因此,语言是相对稳定的抽象系统,而言语是灵活多变的具体实体。

　　言语是语言的存在形式,它又具体表现为两种样式:口语和书面语。

　　口语就是人们通过发音器官发出声音以表达意义和情感的言语体系,这是语言的原始或基础存在形式。对人类来说,文字产生以前的语言只有口头形式。在文字产生并出现大量文献以后,口语就不一定只能是通过发音器官发出声音以表意的言语系统了,有些用文字记录在书面上的言语作品也可以是来自口头的,如古代文献中记录人物对话的文字,从另一个方面看,从口中说出来的也不一定就是口语,如我国古代的历史文献以及很多文学作品在诵读时、现在电视主持人在读新闻稿时等,其言语就不属于口语。

　　口语一般来说有这样几个主要特点:可以充分利用声音和体态,如声音高低、长短等的变化,如表情手势等;用词浅显易懂,俚俗成分多;句子短小,结构欠完整,语序灵活,常出现省略、倒装等现象;表层语义欠完整,多需要语境的补充,关联成分少;话题灵活,焦点转移较快。

　　书面语就是长期使用文字记录口语所形成的书面言语体系。相对于口语,书面语是第二性的,是在口语基础上产生和发展的。从社会角度上看,书面语应该是在文字产生很长时间后逐渐形成的。要注意的是,文字是书面语言得以产生的必要条件,并不是说凡文字记录的都一定是书面语。书面语的特征主要体现在言语表达功能上:不能直接利用语音以及其他辅助手段表达思想和情感;在词的选择上,偏向于典雅甚至运用古语词、成语等;句子较长,结构严密完整,语序相对稳定;语义表达主要由具体话语(篇章)来实现,关联成分少有省略;话题集中。

　　书面语产生后,具有相对的独立性,能有效地促进口语的发展。可见,口语和书面语之间有着十分紧密的关系。

　　另外,我们还要注意语言与副语言的关系。

　　语言是人类最重要的思维工具和交际工具,但不是唯一的。人类除了将语言符号作为交际工具外,还有其他的辅助工具。这些辅助工具就是副语言。副语言包括两大类型:

　　一是直接在语言符号基础上产生的依赖于语言的辅助工具,如文字、盲文、电报代码以及交通信号、有附着体的各类示意符号、徽标等。

　　另一类就是相对独立的体态语(包括表情、姿势、动作等)、音乐用语等。

1.2　人类语言与动物"语言"的区别

　　人类生产、生活离不开语言,语言是人类社会生活中最重要的交际工具,是维系社会生存、促进社会发展的必不可少的手段。和人类相比，其他动物似乎也有一定的沟通手段，如禽鸟的鸣叫、兽类的吼啸、吠嚎以及不同的肢体活动等。从功能上看，这些表达手段与人类语言有相似之处：表达某种意图，获得一定效果。但是，人类语言与这些动物之间的交际手段有着本质的区别。

首先，人类的语言是后天习得的，而动物的"语言"则是先天具备的能力。近年来的认知科学研究发现，人类语言能力有先天的依靠遗传所"获得"的部分机制，如乔姆斯基所称的"语言能力知识"或"普遍语法"。但任何一个人，如果没有后天具体语言环境的刺激，即所谓"语言运用能力"或"个别语法"的训练这一"习得"的过程，就不可能掌握或运用一种语言，而习得本身是一个复杂且持续很长的过程。可见，对人类来说，习得语言比获得语言要重要得多。但对动物来说，情况就不同了。它们的交际手段以及各种体态语言都是"获得"性的，非"习得"性的。

其次，人类语言在表达内容（意义）和表达形式（语音）之间，没有必然的关系，如"人体的下肢接触地面的部位"，在汉语里用"jiǎo"来说，在英语用"foot"来称呼……但对动物来说，其鸣叫的意义与声音之间的联系是简单而且必然的，至今尚没有充分证据证明不同地方或国家的同类动物之间需要"翻译"才能交流。

第三，人类语言是一个由各种界限明晰的单位和层次多样的关系构成的复杂系统，如音位系统、语素系统、词语系统以及由它们构成的各种结构或表达的单位体系，能满足人类实现由简单概念到复杂判断和思想表达的需要。但是动物"语言"构成就相对简单得多了，至今为止，尚没有研究表明动物"语言"有类似于人类语言的构造体系。

第四，人类在长期使用语言的过程中，并不是完全将语言的功能局限于工具层面，而是在此基础上，将它作为文化保存和发展的媒介，附加上本民族对各类社会文化对象所产生的独特的理解。这一点在意义系统上表现得尤其突出。例如颜色是客观存在的光谱现象，但不同的民族对它的认识是有差异的。汉语将一条光谱切分为红、橙、黄、绿、青、蓝、紫七段，而英语则切成六段——red、orange、yellow、green、blue、purple，德语同英语一样也没有与"青"相对应的词。不仅如此，对同一种颜色，在不同的语言系统里可能有不同的附加意义或联想色彩。汉语里"红"是带有浓厚的吉祥、喜庆色彩的，和它相关的词大多有褒义色彩，"红旗"象征着革命，"红对联"是春节或婚事喜庆的标志,"红人""红心""大红大紫"等吉庆意味的常用词语就有不少。① 而英语中与"red"有关的词极少有褒义色彩,多与危险、愤怒、繁琐等相关,如:"red flag"表示道路上作为危险信号的小旗;"red light"则为危险信号,是停车的标志;"red tape"则表示繁文缛节、官样文章……与此形成对比的是,动物"语言"虽也历史久远,但绝不存在人类语言的上述特点。

第二节　语言的主要功能

语言是人类在长期生产、生活中创造出来的符号体系,从语言对人类社会的作用看,它有以下一些主要功能。

2.1　语言是最重要的交际工具

在人类社会的形成过程中,语言成了人们彼此之间维系联系的工具,是社会产生的重要条件。人类社会出现后,语言更是人们之间交流思想、情感,维系生产、生活的不可缺少的工具。而且,相对于体态语等其他副语言来说,语言在适用范围和功能上,都具有其他符号所不可比拟的优越性;其次,相对于思维功能等而言,语言符号的交际功能是其本质功能,它是应社会交际的需要而产生的,也是派生出其他功能的基础,所以说,语言是人类社会最重要的交际工具。

2.2　语言是人类思维的工具

随着人类在长期的生产、生活中的劳动发展,人类脑体结构和容量都发生了与一般动物不同的变化,具备了一定的思维能力,从而使语言的产生具备了思维条件。语言一旦产生便与思维能力密不可分。现代科学研究表明,思维,尤其是抽象思维对语言的依赖主要表现在两个方面。

一是思维过程需要语言来运行。一般来说,人类思维,是由概念、判断、推理等单位与过程组成的,而语言正是承载这些单位、实现这一过程不可缺少的媒介。

---

① 值得注意的是,随着与西方文化的频繁接触及在一些信号手段(如交通、消防等)上的引进,现代汉语里少数与"红"相关的词语,也有了"危险"等附加色彩,如"(考试挂)红灯""(施工不得越过)红线"等即属此类。

二是思维结果需要语言去表达。一个思维过程的完成，需要通过适当的形式表现或传达，语言符号就是最理想的工具。

2.3 语言是传承文化的工具

语言在实现了交际功能和思维功能的基础上，作为人类创造的文化现象，它本身还成为传承人类其他文化的载体。在最初的口语阶段，人类通过口耳相传的方式将自己的经验、思想或情感传递给他人、后代，使既往的历史有了逐渐积累的可能。有了语言的记录符号——文字后，人类更是使既往历史的传承有了物质意义的保存，从而大大加快了社会的进步和发展。不仅如此，语言在长期的使用过程中，本身还积淀下浓厚的文化印痕。人类语言学就成功地从语言侧面观察到早期人类社会形态的生存状态和发展脉络，社会语言学等也从语言与社会的互动关系上描写了人类职业、性别、心理等对语言符号及其使用过程的影响，正是在这个意义上，有人将语言称作人类文化的"活化石"。

第三节 语言的基本属性

语言符号作为一种最重要的交际工具、思维工具以至文化工具，具有多种属性，这里介绍的是其基本的几个方面。

3.1 任意性

这里的任意性是就语言符号的两个基本方面——声音和意义而言的，是指声音和借助声音表达的意义之间没有必然关系这一属性。如果将符号与指称对象即客观世界、行为以及人的内心感受等放在一起，其关系就更为复杂了。下列图示就简明地说明了这种关系。

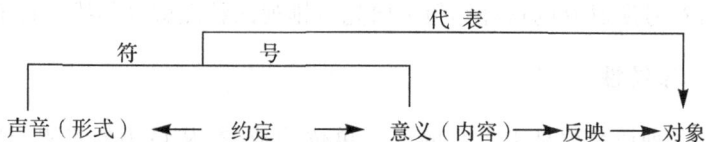

任意性是符号所具有的基本要求，也是语言的最基本属性。上面关于"脚"的例子就说明了各种语言完全可以按照自己的习惯选择相应的声音形

式指称同一个对象、表达同一个意义，其间的联系是没有理由的。语言的任意性是造成世界语言多样性的最重要的原因。语言的任意性首先表现在语言符号的音义联系的约定俗成上，也表现在语言单位组合的方式选择差异上。如汉语言单位组合手段主要依靠语序和虚词，而西方形态特征明显的语言则主要借助于复杂且规则严格的形态手段。也许个别具体的组合特征可以有认知意义的解释，但总体上看，不同类型的语言之间的差异很难有发生学意义上的理由。另外，语言系统中意义单位所产生的附属色彩也多能从民族文化习惯上去解释。

理解语言的任意性要注意两点：首先，任意性是就音义联系的最初阶段而言的，即最初用什么声音表达什么意义没有理据可言，不过一旦两者建立联系并应用开后，音义之间的关系就有很强的强制性了。例如今天汉语里就不能再用"gǒu（狗）"去指称"两条腿走路，会制造工具，能说话的动物——人"这个对象，除非是修辞的需要——骂人，或语言发展的结果——词语更替。其次，任意性是就语言的最小的能独立运用的音义单位——单纯词而言的，如"tiān（天）、měi（美）、dà（大）"等或"desk、pen、hand"等，但对语言系统中以语素为基本单位构成的复合词而言，音义之间往往可以解释，如汉语中的"课桌、电脑、手指、向日葵、缝纫机"等，英语中的"blackboard、supermarket、coal-gas"等，就是代表。

3.2　线条性

符号的样式有多种，各类符号表意的形式也有差别，如视觉符号中的标记、图案，其中的构成成分就以平面甚至立体图形排列表意。而语言则要通过将组成单位（一般为词）按照线性排列的方式才能传达意义或情感，在口头上表现为语言单位只能以时间先后为序一个挨一个地说出来，无法同时说出两个以上的单位；在书面上则表现为必须按单向线状排列记录语言单位的文字，在中国古代书写顺序为从上到下，纵向从右向左，现代则为横向从左到右。语言符号所具有的这种必须单向先后排列的特点就是其线性特征。

3.3　系统性

任何一种语言都是由大量的语言单位构成的，从最小的音素，到音义结合体语素、词以及由词构成的句子等，无论从结构要素上说，还是从结构关系上看，语言都是一个结构庞大、体系严密的系统。

从结构要素上看,语言系统是由层次分明、单位明晰的各级单位构成的,如最小的单位音位,可以构成最底层系统;绝大多数语言都有 30 到 50 个单位音位,这些音位各有自己的区别性特征,如/f/为辅音,/a/为元音,辅音又有唇音如/p/、齿音/f/等的不同。这些音位根据不同的特征形成不同的聚合系统,同时,它们又可以根据特有的规则形成更大的结合体——音节。最小的音义结合体也是一个完整的系统,其数量庞大,但彼此也会因意义类型、功能特征等形成聚合系统,同样也按一定规则形成高级单位——词。至于最小的构句单位——词则更是数量庞大、功能复杂,但彼此之间也同样各因自己的意义和功能特征而起着各自独特的作用。因此,总的看来,语言是一个由数量众多且层次分明的单位组合成的复杂体系。各个层面的诸多单位则通过某种属性形成聚合群,并按照一定的规则组合成更大的单位。

从结构关系上看,语言体系的构成单位虽然众多,层次也非常分明,但如果没有一个严密而复杂的组合关系。这些单位也形同散沙,难以有效运用。就语音层面看,在现代汉语里有 10 个元音,22 个辅音,但并不是任何两个音位结合都可以构成有效音节;语素构成词时,要受到结构和意义的制约,由词构成句子时,同样受到语义关系和结构关系的制约。可见,各级语言单位在形成有效结构时要受到严密的组合关系的制约。

从这里可以看到,语言符号不仅是一个构成严密的层级系统,而且符号单位之间存在着两种基本的关系:横向上看,符号与符号之间有复杂而严谨的结构**组合关系**。这种关系存在于语言符号的各个层面,如音素(或音位)可以按照一定的结构规则组合成音节,语素可以组合成词,直至词或词组按照规则组合成句子。纵向上看,在一个复杂的符号链上可以被替换的单位之间构成同功能**聚合关系**。符号的聚合关系属性也同样存在于任何一级单位中,就音位而言,辅音可以因发音部位构成不同的聚合类,也可以因发音方法构成不同的聚合关系。就词而言,英语里凡是在句子中有"数"的变化形式的词,构成了独立的类——名词。因此,组合关系和聚合关系是语言符号系统内最基本的关系,因为它们而使得具有层级特征的语言系统更加完整严密,语言符号也因此能够满足人类复杂的交际需要。

3.4 社会性

所谓语言的社会性是就语言与社会具有本质意义的联系而言的。人类是社会性的动物,从有了人类活动开始,人们彼此之间就再也无法真正地隔离,否则将难以单独面对残酷的与其他动物的竞争。团体性的协作、社会性的劳动等,必然地要求作为沟通工具的语言符号的产生。是人类的社会性决定了语言的兴起,这也是人类与其他动物相区别的一个根本性的标志。

语言产生后,为人类社会的维系与发展起到了重要的作用,同时,人类社会的发展也必将促进语言系统自身的发展。就汉语词语的语音形式看,先秦汉语单音节词是词语的主要形式。这种形式适应了当时的社会需要,但随着文化的进步、思想的发展,到近代汉语时,双音节形式逐渐多了起来,最后形成了现代汉语词语双音节化的特点。从语法手段来看,先秦汉语里的时体标记缺乏,从中古开始,本来属于实词的"着""了""过"逐渐虚化,最后语法化成固定的表达语法意义的手段。这也是语言随着社会发展,对表意严密和精确的要求在语法手段上的必然反映。词汇的丰富、发展与社会的关联就更加明显了。

语言与社会关系密切的另一个表现就是,随着不同社会系统的接触,伴随着物质、思想层面的碰撞变化,语言也会有相应的反映。如汉语自东汉时期与古印度语接触后,大量吸收了佛教的词语;16世纪特别是19世纪以来随着与西方社会的交往,汉语里吸收了丰富的来自英语等系统的词汇甚至语法结构。当然,现代英语也从汉语中吸收了不少词语。

语言的产生与发展与社会紧密相关,它的消亡也与社会的消亡有密切关系,当某种语言不再为社会交际需要、不再作为社会的交际工具使用时,它也就走向了消亡。西方古拉丁语以及我国古代契丹语的消亡,就属于这类情况。

3.5　文化性

语言符号不是自然现象,是由人类社会在长期发展过程中产生和运用的工具,它是人类区别于动物的标记。它作为人类文化的必要构成成分之一,还是记录文化的载体,并受文化的浸染,负载上浓厚的文化信息,甚至作为文化因子而参与新的社会现象的产生与发展。美国文化人类学家对此有过精彩论述:

全部文化或文明都依赖于符号。正是使用符号的能力使文化得以产生,也正是对符号的运用使文化延续成为可能。没有符号就不可能有文化,人也只能是一种动物,而不是人类。

……没有音节清晰的语言,我们就不会有人类的社会组织……没有语言,我们就不会有政治、经济、宗教和军事的组织,就没有礼仪和道德规范,没有法律，没有科学、神学和文学；除了猿猴水平的嬉戏外，不会有游戏和音乐。没有音节清晰的语言，礼仪和礼仪用品就毫无意义。实际上，没有音节清晰的语言，这就差不多等于丧失了使用工具的能力……正是音节清晰的语言，才使类人猿那种偶然动用工具的活动，转变为人类之具有进步性和累加性的使用工具的活动。①

语言的文化性可以从这样几个方面看。

第一，用声音表达复杂丰富的思想、情感等是人类独有的，而且会因不同的民族、地域有不同的表现。那些反映人类对客观事物等概括抽象的词语、句子就不必说了，即便是简单的表示摹声、感叹的词句，不同的语言表现也不完全相同：模拟狗叫，汉语用"汪汪［uɑŋ uɑŋ］"，英语则用"bow-wow［'bau'wau］"；模拟鸟飞声，汉语用"呼呼或嗖嗖"，而英语用 whir［hwə:］，如"A bird whirred past"；表示感叹，汉语用"哎哟"表示惊叫（如被人踩脚后），而英语则用"ouch!"表示。

第二，对于同一个对象，不同民族或地方的人往往有不同的认识，用不同的形式去记录。如前文提到的光谱分段，英语和汉语在用词上就有区别。又如亲属称谓，在不同语言里差异很大。汉语对父辈男性亲属，属父系的有"伯伯""叔叔""姑父"等的分别，属母系的有"舅舅""姨夫"，但在英语里，只用一个词——uncle 就可囊括了。

第三，某一个客观对象或主观认识，在不同语言里其基本的认识属性相同，但也可能在附属色彩上有很大的区别。上文对"红色"的举例就很典型。又如（三色）紫罗兰（pansy），在汉语和英语中，其植物学意义是一样的，但在英语里却引申出一个附加义：女性化的男子或同性恋的男人。

第四，语言的文化性还可表现在语言单位的组合手段上。应该说人类的思维能力和形式并没有很大差异，但进行思维和表达思维的工具——语言，其面貌差异却非常大，以至于不经过专门学习就无法彼此交流。这一点在语言单位的组合手段上表现明显。如"她坐车去上学"，用英语来说，就不能简单将几个词对译出来，必须说成"She goes to school by bus"。有人从认知语言学的角度研究认为，汉语词语组合时的语序体现出明显的时间顺序原则，而英语则更突出目标原则。很显然，句法上的这种属性也是不同的社会赋予的。

①　怀特. 文化的科学. 沈原等译. 济南：山东人民出版社，1988.

第四节　什么是语言学

4.1　语言学的产生

语言自人类社会产生时就已经产生了,但关注语言本身并继而研究它,是很迟以后的事。

对已有文献的研究表明,人类社会对语言本身予以关注并形成文字成果的,最早是在公元前 4 世纪,古印度出现波尼尼(Panini)撰写的系统的《八书》(Aṣṭadhyayī,英语翻译成 *Eight Books*,也作《梵语语法》或《语法规则八章》),列举了 3996 条韵文体的规则。古印度语法学家已经对词类(分为名词、动词、介词、小品词)、构词法以及语音学等做过深入的研究。欧洲的语言学研究最早可以追溯到公元前 3 世纪前后。公元前 3 世纪,柏拉图识别了名词和动词(也称主词和述词),亚里士多德在《诗学》中划分出八种"叙述"成分(单音、音节、连词、冠词、名词、动词、格和句子),他在《修辞学》中则考察了语言的运用。亚里士多德对词类的认识为以后的语法创建起了促进作用。此后,古希腊出现了亚里斯塔尔库斯(Aristarchus,公元前 2 世纪)、狄奥尼修斯 · 特拉克斯(Dionysius Thrax,公元前 1 世纪)等哲学家。前者提出了自己的词类分析体系与形态分析,为后来的希腊句法分析打下了基础;后者在其《语法术》(*Téchuē grammatiké*,国内也有人称《读写技巧》《希腊语语法》)中讨论了希腊语法,并划出八大词类:名词、动词、分词、冠词、代词、前置词、副词、连接词。公元前 1 世纪罗马人瓦尔罗(M. T. Varro,公元前 116—公元前 27 年)写就二十四卷本的《拉丁语研究》(*De Lingua Latina*),对词源学和结构学等作了论述。此后,一直发展到 17、18 世纪西方产生的普遍唯理语法,为即将到来的现代语言学奠定了基础。

在中国,春秋时期起,文献就记载有先人对语言的关注,如孔子对语言及其表达艺术的讨论、荀子等对符号性质的论述,《左传》《穀梁传》《公羊传》等对《春秋》语言的注释等,并在秦汉之际出现了世界上最早的词典《尔雅》。西汉时期出现我国历史上第一部真正意义上的语言学专著——扬雄编纂的《方言》(全称为《輶轩使者绝代语释别国方言》)。该书汇集了当时能收集到的不同地区的方言词语,运用同义解释法进行描写说明。到东汉时期出现了另一部重要的语言学专著——刘熙撰写的《释名》,概述模仿《尔雅》体例,但从分析范围与方法上都有较大改变。该书具有重要的语言学价值,对认识当时的社会文化也有很好的参考意义。大约在公元 100 年前后,东汉经学大家许慎编纂了我国第一部较完备的字典——《说文解字》,以"六书"理论将 9353 个汉字划为 540 个部首,并从形音义的角度进行简单明了的解释。由此开始,逐渐形成了独具中国特色的训诂学、文字学、音韵学等"小学"。

但这些早期研究,有一个共同的出发点,就是训释古代的经籍,是为学习、了解前人的文献服务的,附庸于经学,即所谓"小学"(也称"语文学")。其目的不是探求语言产生、内在结构等的本质和规律。因此,有些学者认为,其研究总的说来与严格的现代意义的语言科学尚有一定差异。但他们的研究为现代语言学的产生做了充分的准备,是现代语言学产生的基础。

到了 19 世纪初,由于西方国家全球殖民扩张,加上科学的发展,人们的交往和商业活动突破了国家的界限,语言本身作为对象更加受到关注。西方一些语言学者如丹麦的拉斯克(R. Rask,1787—1832)、德国人 J. 格里木(J. Grimm,1785—1863,或译为格里姆)、葆朴(F. Bopp,1791—1867)、洪堡特(Wilhelm von Humboldt,1767—1835)等开始用比较的方法研究不同语言,主要是欧洲语言之间以及欧洲语言与亚洲语言之间的关联。到了 19 世纪中叶,历史比较语言学已经较为成熟。这是语言学史上真正将语言作为学科对象对其自身特征、规律进行独立研究的开始,标志着语言学的诞生。世界上最早的较为全面探讨"语言"一般属性的,一般认为是德国学者洪堡特为其著作《论爪哇岛上的卡维语》(注:为三卷本巨著,在他逝世后出版,时间为1836—1839 年)所写的引言《论人类语言结构的差异及其对人类精神发展的影响》。而作为现代语言学产生的标志的论著是瑞士语言学家德·索绪尔(Ferdinand de Saussure,1857—1913)的《普通语言学教程》。在此后的近一个世纪里,世界上先后产生了结构主义语言学、转换生成语言学、社会语言学、认知语言学等主要流派,语言学成为人文社会科学研究的一个重要门类。

4.2 语言学的研究对象与学科类型

顾名思义,语言学就是研究语言及与语言有关的对象、行为的科学,从对古籍经典个别词义的训释到现代语言的运用,从探讨某一种语言的内部结构规律到寻求不同语言之间的亲属关系,从归纳古今音韵关系,到探索语言文字的信息处理……它们都属于语言学的研究对象。总的说来,根据研究的方法与目标,一般首先把语言学分为理论语言学和应用语言学。

理论语言学旨在从一般意义上归纳、分析语言的基本特点以及结构、功能等。从范围上看,理论语言学又可分为个别语言学和普通语言学。个别语言学一般具体研究某一种语言的构成成分、结构关系等共时现象以及该语言的历史发展状况和规律。以汉语为例,现代汉语、古代汉语就是对汉语在不同时代语言特点的研究,包括汉语语音、词汇、语法、修辞等在内的汉语发展史(汉语史)研究则意在揭示汉语的历史发展面貌。普通语言学(也称一般语言学)则在此基础上,寻找归纳世界语言的共同特点,探求人类文化在语言上的诸种表现。本课程就属于普通语言学。

应用语言学最初主要是指研究语言教学中的理论和方法的学科,对第二语言教学的研究是其中发展最充分的。但随着语言学研究的深入以及社会的发展,应用语言学范围逐渐扩大,现在一般广义的理解是:把语言学理论运用于跟语言有关的领域的研究以及语言规划、文字改革、语言文字信息处理等都归于应用语言学。

第五节　语言学与相关学科

语言活动深入人类社会生活的一切领域,只要有人活动的地方就需要语言。这种情况必然会使语言的研究和其他学科发生密切关系。在语文学时期,语言研究就和各种古文献的研究密不可分,它的成果是哲学、历史学、考古学、文学、政治学、经济学、逻辑学、社会学、民族学等学科所必须利用的,可见语言研究在这些社会科学中已占重要的地位。随着科学技术的发展,语言研究不仅与社会科学,而且还和很多自然科学发生了密切关系。

运用语言进行交际的过程是瞬息间的事情,但却包含着一系列复杂的问题。如果借用信息论的术语来说,这一过程大体上可以分为"编码—发送—传递—接收—解码"五个阶段。说话人为了表达某一信息,首先需要在语言中寻找有关的词语,按照语言的语法、语义规则,进行编码;说话人力求编码清晰、明确,避免失误。编码完成后,通过发送器输出。口语的发送器是肺、声带、口腔、鼻腔、舌头等发音器官。信息一经输出,说话人的发音器官所发出的声音就通过空气等通道传递,到达听话人的一方;听话人的听觉器官开始运转,接收信息,并进行解码,将它还原为说话人的编码。这里的每一个阶段都需要进行专门的研究。这种研究自然与语言的研究有密切的关系,但又不是语言学所能独立完成的。编码和解码是交际过程的两个根本的环节,人类大脑怎样进行编码和解码,需要和心理学等学科合作,进行深入的探索。很多学科都从自己关心的角度来研究语言。生理学研究语言的发音原理,物理学研究语言的音响传递,心理学关心语言的听觉接收,神经学研究语言在中枢神经系统中的生理基础,病理学通过说话的种种现象判断和治疗失语症,情报学研究语言的情报编码以便储存和使用,等等。以上学科与语言学的交叉形成了实验语音学、病理语音学、神经语言学、心理语言学等交叉学科。

语言是一个交际工具,在长期的语言实践中与使用者、使用场景等形成特定关联,因此,人们又可以从一些社会角度来观察、分析语言,形成了社会语言学、性别语言学、方言地理学、修辞学、语用学、话语语言学等分支学科。

随着文化交流的频繁,不同民族之间的交往对语言学研究提出了更高的要求。语言学的研究则为其间第二语言的教学、语言比较提供了理论和实践条件,形成了以第二语言教学为基础的应用语言学。

20 世纪 40 年代以来,科学技术的发展突飞猛进,某些领域要求实现交际过程的机械化、自动化,因而语言研究与通信工程等学科的关系越来越密切。例如,为了改进和扩大语音的传递方式,发明了录音设备,乃至利用激光通信设备。为了保证通信质量,提出了通信清晰度的问题;为了提高通信线路的效率,使它负荷最大数量的通信量,提出了多余信息的压缩问题。再如深水、外层空间、极度嘈杂环境下的通话以及保密通信等,也各有自己的特殊问题。这种种问题需要声学、无线电电子学、实验语音学、通信技术、信息论、控制论、符号学等学科来研究解决;它们在解决这些问题的时候又需要利用语言研究的成果,因而向语言研究提出了一些特殊的要求。例如,语言信息的处理需要将语言符号转换成各种代码,如何有效地编码、译码,便利在机器中使用,就产生了计算机、数学与语言学的结合,出现计算语言学。语言学正在日益开拓它和现代科学技术的协作领域。

由此可见,语言学既是一门古老的科学,又是一门年轻的科学;与社会科学有密切的关系,也与自然科学有密切的关系。它的研究成果越来越为其他学科所关心和运用。它在整个科学体系中占有重要的地位。

【自测题】

1.你怎样理解语言、言语及两者之间的关系？

2.口语和书面语之间具有怎样的关系？

3.用具体的材料说明语言符号的社会性。

4.人类语言与动物语言有哪些差异？

5.简单说明语言学在现代生活及现代科学研究中的价值与地位。

第一章　语　音　学

第一节　语音与语音学

1.1　语音

语言的任何语义成分和关系都需要一定的形式来传载,声音就成了实现这一功能的最基本手段,**语言系统中负载并传播语义的声音形式就是语音。**

语音与一般声音有相同的地方,它们都是发音体受外力的作用产生振动,并经过振荡其周围的空气或其他媒介物,形成的一种疏密相间的音波。这一音波传到人的耳鼓,耳鼓膜产生相应的振动,然后通过一定的程序刺激神经系统所掌管的听觉,最终成为我们所听到的声音。正因为这一基本的相同点,语音也同其他声音一样具有物理属性。

但语音与其他声音也有不同的地方。第一,它是人类的生理器官——肺、喉头与声带、口腔与鼻腔协同产生的,而非纯机械性物体振动所产生的。第二,它是负载复杂而系统的语义的载体,而非一般的动物鸣叫所产生出的声音,即便是人类所发出的如咳嗽、惊叫等也不应看作语音现象,因为它只是一种生理行为的征状,并没有什么意义。第三,也是最重要的,就是人类语音的声音形式与其所负载的意义之间随地域、社会、文化的不同而不同,两者之间没有必然的关联,呈现出典型的任意性。

因为上述原因,语音具有物理属性、生理属性和社会属性。

1.2　语音的属性

1.2.1　语音的物理属性

声音是一种物质。声音是物体振动引起周围空气离子的振动。从声学的角度出发,声音可以从音高、音强、音长和音质四个方面去分析。

音高　就是声音的高低,它决定于音波振动的频率,频率越高,声音就越高。计算声音频率的单位是赫兹(Hz),表示"次/秒"。人耳能够听到的声音频率范围在 20～20000 赫兹（即每秒振动 20～20000 次），因此，低于（称"次声"）或超出（称"超声"）这个频率范围的物体振动所产生的声音，人耳就听不到了。音波振动的频率与发音体的构成直接相关。一般来说，长而粗厚的物体振动慢，也就是发出的声音频率低；短而薄的物体振动快，也就是发出的声音频率高。语音的频率从生理学的角度，和人的声带的长短、厚薄、松紧有关。一般来说，妇女和儿童的声带短（前者长约 15mm；后者约 6～10mm）而薄，所以说话时声音高一些（妇女大致在 150～300 赫兹，儿童大致在 200～350 赫兹）；男子的声带长而厚（一般在 20～23mm），所以说话的声音低一些（在 60～200 赫兹）。同一个人要发出不同高低的音，则可以通过控制声带的松紧来实现。有些语言用音高的不同和变化来区别意义，如汉语的"一""移""以""异"就是运用音高变化来区别的。

音强　也称音重、音势，就是声音的强弱轻重，它取决于物体的振幅，即发音体振动时最大的位移距离，振幅与音强成正比。发音时用力大、气流强，声音就强、重，反之就弱、轻。计算声音强度的单位是分贝（dB），人耳能接受的最大声音强度是 130 分贝。人们往往容易把音高和音强混同起来，例如有人说"你声音高一点，我听不清"，这似乎在说声音高低，但实际上，他是在提醒说话人再多用些力气，使声音强一些。只要对口琴稍加观察就会发现，它的低音区与高音区是设置好的，簧片较厚的一侧，无论如何用力，吹出来的音都是低音。可见声音的高低主要是因其发音体本身的构造特点所决定的，但相对于轻轻用力吹出来的音来说，更加用力吹出来的音要更强更重些，可见声音的强弱取决于用力的大小。一些语言用音强来区别意义，如英语的词重音，abstract 读[ˈæbstrækt]作形容词或名词，表示抽象、难解的或摘要等义，读[æbˈstrækt]时，作及物动词，表示提炼、抽取等义。现代汉语里的轻声也是主要利用音强变化来区别意义的一个手段。

音长　音长就是声音的长短，它取决于发音体振动持续时间的长短。计算语音时长的单位是毫秒（ms），1‰秒就是 1 毫秒。要说明的是实际发语音时，音长和音重又是不可能完全分开的，与声音的速度也有关联。因为想要把音发得长一些，往往必须用大一点的力发音。但这时候由于心理的原因，我们感觉到的是长短的区别而不是强弱的区别。英语、德语、藏语、日语等语言可以通过音长区别意义，即存在主要靠音长来区别意义的长元音和短元音，如英语 sit[sit]和 seat[siːt]，由于其中的元音长短不同，区别不同的意义，在书面上常写成不同的形式。

需要注意的是,在语言中,上述三个物理属性作为区别意义的手段都是相对的,就是说音高、音强、音长是在类型的意义上起作用,不是任何绝对意义的数量变化都能产生区别作用。就汉语的音高而言,阴平的调值为55,但并不意味着发出44等同类型的调值就会改变词义,因为这种改变只是调值数值的相对变化,而没有改变其类型。如果将其调值改为45或35等高升型,就完全不同了。可见,语音里的音高与音乐里的音高的作用是完全不同的。其他音强、音长与音高一样也是相对的。

音质 也称音色、音品,是指声音的总的特色、形式,它决定于声波的振动形式。决定不同音质的因素很多,但总起来看,主要有以下三个方面:发音体不同。小提琴与钢琴是不同的发音体,所发出的声音类型也就不同。从语音的角度来说,不同的人的发音器官总有差异,也就是有不同的发音体。甚至同一个人从小时候到中年到老年,声带也会产生变化,也可看作不同的发音体。二是发音方法不同。同一个发音体,如果运用不同的方法去发音,所得到的声音也会不同,如同一把提琴,用弦拉与用手拨,所发出的声音形式肯定是有差异的。对语音来说,同是双唇清塞音,由于有送气与不送气的不同,就可以产生[p]与[p']两个辅音。三是共鸣器的形状不同。即便是同一个发音体,如果方法也相同,但共鸣器形状不同,也会产生不同的声音,如二胡与京胡,即便其质料构成完全相同,也用同样的拉法,但因为两者琴筒的大小和形状不同,发出的声音也不同。对语音来说,人的发音器官形状不可能完全相同,这也会造成不同的人具有不同的音质。当然,即便同一个人,只要对发音器官稍加调整,也能产生不同的音素,如[i][y]两个元音,它们的舌位高低和前后等属性是一样的,但前者是不圆唇的,后者是圆唇的。

物体的振动是多种多样的,一般来说都是比较复杂的。我们按照物体振动的具体情况,把声音分为乐音和噪音。

语音学上的乐音和噪音同我们在生活中的理解是完全不同的。生活中我们一般把听起来感到比较和谐悦耳的音称为乐音,听起来嘈杂、刺耳的音称为噪音。而声学则按照物体振动是否有规律来区分乐音和噪音。振动复杂而有规则的为乐音,振动复杂而不规则的为噪音。

乐音是由若干个不同频率的纯音组合而成的。所谓纯音,就是物体振动时只保持一个固定的频率。乐音中频率最低的称为基音,其他所有的都称为陪音。基音的强度最大,人们一般只感觉到基音的存在。基音的频率决定了整个音的调子。陪音的强度比较弱,由于陪音的不同,才可以区别出不同种类的乐音。比如,小提琴、单簧管奏出一个同样高的音阶,但我们还是可以区别出哪是小提琴,哪是单簧管。关键就在于陪音的不同。

在语音中,元音都属于乐音,辅音则大多属于噪音。

音质是语音物理特征中最重要的,它对区别不同的语音形式,并继而区别不同的意义起着最为重要的作用。

1.2.2 语音的生理属性

语音是由发音器官发出的,人的发音器官分为三大部分:动力源、发音体和共鸣腔。

(1)肺 肺是发音的动力,因为肺是供给气流的源头。呼气量的大小同语音的强弱紧密相关,不过语音的其他属性与肺的活动没有直接关系。人类的语言大多数是呼气发音,但非洲也有少数语言有吸气发音的现象。

(2)喉头和声带 喉头和声带属于发音体,所有的语音成分都直接与喉头和声带有关。喉头由软骨构成,喉头的外表是喉结,中间有一对声带。声带就是两片很小的薄膜,声带中间称为声门。我们发语音时,有时声门闭拢,气流就冲击声带,使声带振动发音,这就构成浊音,也称乐音;有时声门张开,气流自由通过,声带不振动,仅靠气流在冲破阻碍时振动发声,这就是清音,属于噪音。详见图1-1、图1-2。

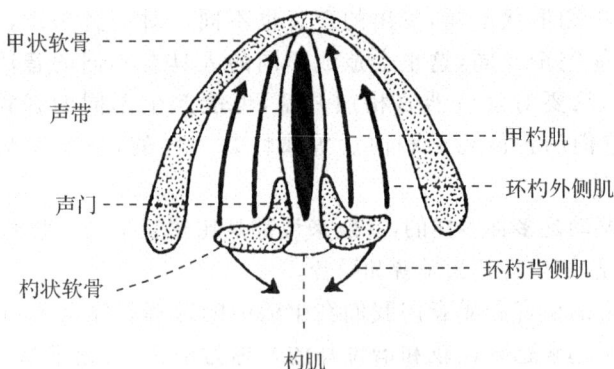

图 1-1 声门及喉肌的作用(横断面)

(3)口腔、鼻腔、咽腔 口腔、鼻腔和咽腔是指从声门以上直到口腔和鼻腔的部分,构成了人类的"声道",是发出语音的共鸣器。发音体发出的声音很弱,除了自己以外,别人是听不见的,必须通过共鸣器使语音放大才行。

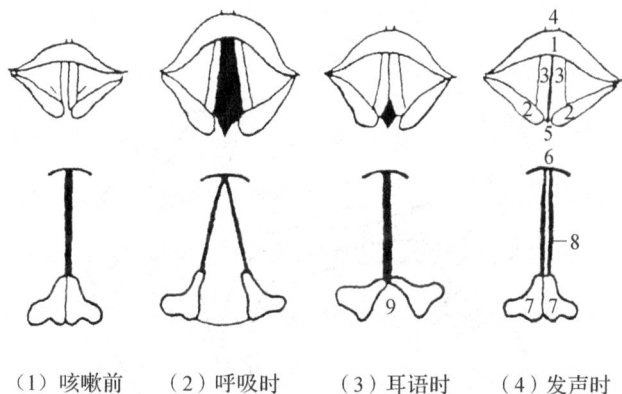

（1）咳嗽前　　（2）呼吸时　　（3）耳语时　　（4）发声时

图 1-2　声带的状况

（上图表示喉头镜中所见喉的入口的一部分，下图表示甲状软骨与杓状
软骨之间声带开合的情况）

1.会厌　2.会厌破裂　3.声带　4.前联合　5.后联合
6.甲状软骨　7.杓状软骨　8.音声门　9.气声门

口腔可以分成上、下两个层面来看：上层从外到内分别是上唇、上齿、齿龈、硬腭、软腭和小舌，硬腭又可以分为前腭、中腭和后腭。下层从外到内分别有下唇、下齿和最灵活的舌头，舌头又可以分为舌尖、舌叶、舌面和舌根，其中舌面还可以分成舌面前、舌面中和舌面后。

鼻腔位于口腔的上方，前部和中间有上腭隔开，后部则由软腭与小舌控制气流能否经过咽腔到鼻腔。当软腭和小舌伸直抵住咽壁时，鼻腔通道堵塞，气流完全从口腔呼出，所发出的音叫口音。如果口腔通道堵塞，气流从鼻腔呼出，所发出的音叫鼻音。如果气流经过口腔与鼻腔都没有阻塞，所发出的音就叫口鼻音或鼻化音。

咽腔在喉头上面，像一个三岔路口，上通鼻腔，前通口腔，下通气管和喉头。咽腔的后壁叫喉壁，外语或汉语的某些方言里，通过软腭跟喉壁堵塞，发出喉音。

上述的发音器官中，唇、舌头、软腭、小舌、声带等自身是能够活动的，因此称为主动发音器官；上齿、齿龈、硬腭等自身是不能活动的，所以称作被动发音器官。发语音时，就是主动发音器官向被动发音器官靠拢或接触的一个过程（详见图 1-3）。

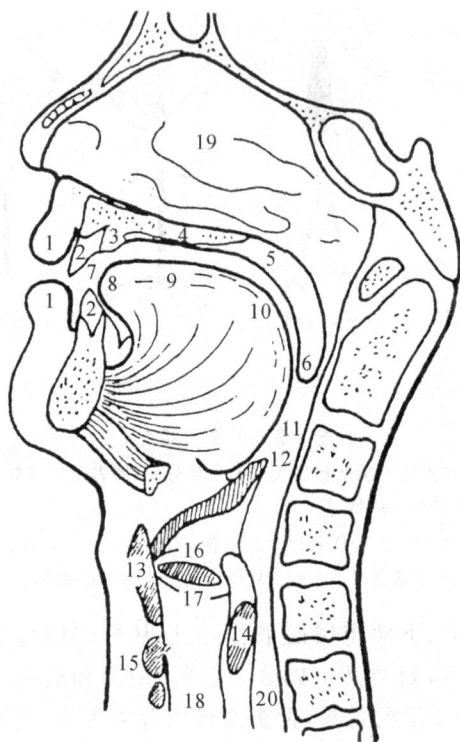

图 1-3

1.上下唇　2.上下齿　3.齿龈　4.硬腭　5.软腭　6.小舌　7.舌尖　8.舌叶
9.舌面前部　10.舌面后部　11.咽腔　12.会厌　13.甲状软骨　14.环状软骨(后板)
15.环状软骨(前弓)　16.假声带　17.声带　18.气管　19.鼻腔　20.食道

1.2.3　语音的社会属性

语音除了上面两个基本属性以外,还有一个与其他一切声音有根本区别的本质属性,就是社会属性。所谓社会属性,简单地说,就是语音所具有的声音与意义联系的社会约定性。具体表现在这样几个方面。

首先,语音是人类利用声音来传递复杂的意义的,这与其他动物简单地利用鸣叫来表示意图有根本的不同。人类的语音可以切剖成精细的单位,语音正是利用这些精细而复杂的音位构成更大的语音结构体,承载复合的或复杂的意义单位。而一般动物的鸣叫,其声音是混沌不可分的。

其次,人类语音在声音形式与意义的关联上没有必然性,而是随着民族或地域的不同而不同。不同的声音可以表示相同的意义。如同是记录"人类的上肢"这一对象,汉语用"shǒu"这个声音形式,而英语用 hand。同样,不同的语言可以用相同或相近的声音表达不同的意义,如[tù],汉语里有"肚、度、杜"等意义单位,而英语接近的声音却可以是助动词"do"。

最后,在不同民族的语言里,语音单位的形式和数量及其作用是不完全相同的。如现代汉语里有舌尖后塞擦音[tʂ、tʂʻ]和擦音[ʂ],英语里则有汉语里没有的[ʒ、v],而德语、俄语则有上述两种语言都没有的颤音[ʀ]。即便是彼此共有的音素,其组合作用也不一定相同,如汉语、英语、德语等都有浊辅音[l],但汉语里只能作声母,出现在音节的开头,而英语里则要复杂得多,如:let、flash、giblets、tell 等。

1.3 语音学

语音学是研究人类说话的声音系统特征的学科,是语言学的一个重要分支。

传统语音学主要研究语音成分(如现代汉语有多少个辅音、元音、调值状况等)、语音组合(如英语中辅音与元音音位的组合关系与类型等)、语音感知、语音演变等所具有的特征与规律。从应用方面看,语音学还关注人们的听音、发音、辨音以及记音等能力的训练和培养。

从研究的对象上看,语音学包括:

发音语音学 研究发音器官产生语音的过程、方法等基本机制。

声学语音学 研究口耳之间传递语音的物理属性。

听觉语音学 研究人通过耳、听觉神经和大脑对语音的知觉反应。

从研究的方法上看,传统语音学主要可以分为:

描写语音学 描写某一语言或方言在一个历史阶段中的语音状况。

历史语音学 研究某种语音系统在不同时期语音演变的过程及其规律。

实验语音学 运用各种物理设备以及计算机对语音的发音、声学和听觉属性进行研究,现在常用的仪器有磁带录音机、频谱仪或示波仪等。20 世纪70 年代以来,计算机技术的发展为语音实验在生理、物理以及心理等方面的深入研究提供了更为精密和便捷的技术支持。

比较语音学 运用比较的方法,将两个或多个语音系统中的语音现象进行对比,从而探询其间的对应关系,研究语言之间的演变关联。如汉语研究界的一些学者成功地从汉藏语言语音对比研究中发现了该语系内不同语言之间的紧密关系和相互影响。

与语音学(phonetics)相关的一个重要学科是音系学(phonology)。

音系学,最初称"音位学"(phonemics),是在语音学基础上研究具体语言中的各种语音功能特征,探求哪些规则能说明使用词和其他语言单位互相联系或对立的各种语音关系。研究的目的在于描写和揭示一种语言中区别性语音的组织型式,并继而对世界上各种语言音系的性质作出尽量概括的说明。音系学通常分为音段音系学和超音段音系学。20世纪中后期以来,国外音系学发展迅速,产生了一些新的理论。[①] 具代表性的有:自然生成音系学、原子音系学、节律音系学、自主音段音系学等。

1.4 记音符号

虽然我们已经确定语音的最小单位是音素,但它仍旧是一种声音。而我们一般对一种事物进行描写,总要把它用书面文字写下来,才能保存或供学习、研究。许多文字可以从字面拼读出语言应有的语音,但一般字母的数量远远不够用来描写音素,而汉字作为意音符号,对应于比音素要大得多的音节。因此,人们编制了各种各样的书写符号来描写音素。其中最通行的是"国际音标"。

国际音标是国际语音协会于1888年制定并开始使用的,其英文名称为International Phonetic Alphabet,缩略为IPA。国际音标的制定原则是"一个音素只用一个音标表示,一个音标只表示一个音素"。国际音标采用大写拉丁字母、小写拉丁字母、希腊字母,或者将拉丁字母倒写,或者将两个拉丁字母合写在一起,甚至在字母上再加一些符号等方法,保证了音标和人类语言中所有音素的一一对应。我们在书写国际音标时,一般把它放在方括号中,如同我们在大多数英语词典中所看到的情形,例如how[hau]。自制定以来,国际音标不断有所修订,最新版本是2020修订的(参见书后附录一)。

用国际音标记音时,分宽式和严式两种。宽式记音主要是以音位为记录的基本单位,不需要将每一个音位的细微差异详尽地标出。如现代汉语音节"固"与"干"中的声母辅音都记作/k/,"干"与"高"中的"ɑ"都记做/a/。而严式记音就更为复杂、精确了,往往是在宽式记音符号基础上附加上一些符号来标记区别,如上面两个辅音就应分别记作 $\begin{bmatrix} g \\ W \end{bmatrix}$、$\begin{bmatrix} g \\ T \end{bmatrix}$,前者表示发[g]时嘴

---

① 《现代语言学词典》,戴维克里斯特尔编,沈家煊译,商务印书馆2000年版。另参考《音系学通解》,吉森海文、雅洛布著,外语教学与研究出版社2001年版。

唇呈圆形,后者则不同,发音时下颚向下拉开;汉语拼音中的"a"则要分别记做[a]、[ɑ]等。

　　汉语拼音字母和英语字母都不能满足对其所记录语言的音素进行详细描写的要求。如汉语的方言中有许多音素是普通话中没有的,而汉语拼音是专为记录普通话语音服务的。即使是普通话的音素,在语流中也可能产生汉语拼音无法记录的变化,所以在学习和研究语音学时一定要掌握必要的国际音标及其使用方法。对现代汉语语音进行宽式或严式注音的方法,请参考本书后面的附录二。

第二节　音　素

2.1　音素

　　在实际交际中,人们说话常常是以一连串的语音链形式出现的,这就是一个个的语音流。任何一个语音流都可以切分成更小的自然单位——音节,多数的音节是由一个以上的更小的语音单位组成的,这些最小的单位在音质意义上都有自己的发音特色,**这种从音质角度划分出来的最小的语音单位,就叫音素**。例如 He is reading a book 这个语音流,由[hiːiz riːdiŋ ə buk]13 个音素组成,汉语音节 niǎo(鸟)有 4 个音素。

　　字母是用来记音的,在数量上看,字母与其中的音素并不对应。有时候一个字母记录一个音素,如 b 与[p]就是,但也可以两个字母记录一个音素,如 ng[ŋ],还可以是一个字母记录两个或多个音素,如汉语拼音里,i 就代表了[i][ɿ][ʅ]三个元音音素。

　　音素的另一种记录形式就是采用一个音素一个符号的国际音标。

2.2　音素的分析

　　音素可以按照发音的特点分为元音和辅音两大类,它们在发音上各有特点。

　　(1)发元音时,气流通过声门使声带发生振动,发音器官的其他部位不形成任何阻碍,因而气流经过咽腔、口腔时畅通无阻。如发普通话[a]时,嘴巴张大,气流从声道无阻碍的流出;发辅音时都是在发音器官的某一部位造成阻碍,呼出的气流只有克服这种阻碍才能发出音来,如发普通话[p']时,上唇与下唇构成阻碍,气流必须冲破阻碍才能成音。

(2)发元音时,发音器官的各部分保持均衡的紧张;发辅音时,只有形成阻碍的那一部分器官特别紧张,如发[p']时,上下唇这一部位特别紧张。

(3)发元音时,呼出的气流畅通无阻,因而气流较弱;发辅音时,呼出的气流必须克服某种阻碍才能通过口腔或鼻腔,因而气流较强。

2.3　元音分析

由于发元音时,气流经过咽腔、口腔时畅通无阻,发音器官的各部分保持均衡的紧张,因此,要发出不同的元音,只能是改变口腔的形状。就发音而言,口腔的形状取决于下颚、舌头和嘴唇的配合,它们的配合有三种表现:下颚、舌头下降和上升;舌头前伸或后移;嘴唇撮起或展平。这些状态可以归结为舌位的高低、舌位的前后和嘴唇的圆展。

舌位的高低、舌位的前后和嘴唇的圆展决定了元音的不同音质,形成了不同的元音。由于这类元音主要是由舌面节制气流而形成的,它们也叫舌面元音。

语音学里,为了更好地分析或学习舌面元音,一般根据发音方法选择几个音作标准或定位,这些音叫"标准元音"或"定位元音",也称"基本元音"。它们有下面这样 8 个:

[i] 前高不圆唇	普通话"衣"[i]、英语 beat[biːt]	
[e] 前半高不圆唇	普通话"梅"[mei]、英语 red[red]	
[ɛ] 前半低不圆唇	普通话"列"[liɛ]、英语 fair[fɛə]	
[a] 前低不圆唇	普通话"担"[dan]、英语 fly[flai]	
[u] 后高圆唇	普通话"屋"[u]、英语 room[ruːm]	
[o] 后半高圆唇	普通话"哦"[o]	
[ɔ] 后半低圆唇	英语 all[ɔl]	
[ɑ] 后低不圆唇	普通话"刀"[dɑu]、英语 half[hɑːf]	

从上述 8 个基本元音可以推出其他常见的元音。

首先,在前元音和后元音的中间可以增加央元音的系列。这个系列的高元音是[ɨ],低元音是[ʌ],中央元音是[ə]。

其次,从嘴唇的圆展可以增加:

[y]	[i]的圆唇音	普通话"需"[ɕy]
[ø]	[e]的圆唇音	上海话"干"[kø]
[œ]	[ɛ]的圆唇音	广州话"靴"[hœ]

[æ]　　在[ε][a]之间　　英语 map[mæp]、普通话"严"[iæn]
[ɤ]　　[o]的不圆唇音　　普通话"哥"[kɤ]
[ʌ]　　[ɔ]的不圆唇音　　英语 but[bʌt]

下面的元音舌位图可以比较直观地看出主要元音的舌位状态：

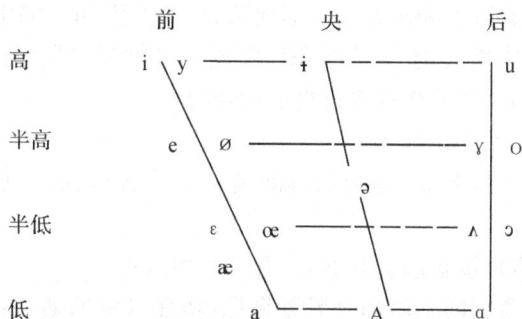

除舌面元音外，还有舌尖元音（如普通话中的[ɿ][ʅ][ɚ]）和鼻化元音（昆明话的"安"[ã]）。

2.4　辅音分析

辅音的共同特点是发音时气流在一定部位受到阻碍。发辅音时声门张开，气流自由通过，主要靠气流在冲破阻碍时振动发声，多数声带不振动，少数声带也振动，其中主要是噪音的部分。我们把**发辅音时气流受阻的部位称为发音部位，形成和冲破阻碍的方式则称为发音方法。**

2.4.1　发音部位分析

一般来说，世界语言里辅音成阻的部位主要有以下一些：

双唇音　　发音时上下唇形成阻碍的称作双唇音，如普通话的[p]、[pʻ]、[m]等。

唇齿音　　上齿和下唇形成阻碍所发出的叫做唇齿音，如[f]、[v]等。

齿间音　　发音时舌尖放在上下齿之间或舌尖与上齿相接，如[θ]、[ð]。

舌尖音　　舌尖可以向上同好几个部位配合构成阻碍，发出不同的辅音。如舌尖向后顶住前腭，可以发出舌尖后音，如普通话的[tʂ]、[ʂ]、[ʐ]等；如果舌尖抵住上齿背，就可以发出舌尖前音，如普通话的[ts]、[tsʻ]；如果舌尖抵住上齿龈，可以发出舌尖中音，如[t]、[l]等。

舌面音　　舌面的前部向上抬起，靠拢中腭而发音。如普通话的[tɕ]、[ɕ]等。

舌面的中部向上抬起,向后腭靠拢而发出舌面中音。如英语的 yes 中的 y[j]等。

舌叶音　舌叶向上抬起,靠拢前腭发音。如[ʧ]、[ʃ]、[ʒ]等。

舌根音　也称舌面后音,舌面后部向上抬,靠拢软腭,让气流受阻后发出舌面后音,如普通话的[k]、[k']、[x]等。

小舌音　舌面后部和小舌接触形成阻碍,如德语 drei 的中的 r[ʀ]等。

声门音　气流通过时,声门紧闭,气流冲破堵塞,所产生的辅音叫声门音,也叫喉音,如上海、苏州等方言里的辅音[ʔ]。

2.4.2　发音方法分析

辅音发音时阻碍形成、持续和解除是一个综合行为,一般可以分解为三个方面看:

(1)从发音器官接触的状态看,共有 7 种形式:

塞音　发音器官的某两部分紧紧靠拢,堵住气流的通道,然后突然打开,让气流冲出,发出辅音,如[p]、[b]等。

擦音　发音器官的某两个部分接触或接近,留下一个狭窄的缝隙,让气流从这个缝隙中挤出来,形成辅音,如[s]、[f]等。

塞擦音　先是按照塞音的方法,把发音器官的某两部分紧紧靠拢,堵住气流的通道,然后突然打开,留下一个狭窄的缝隙,让气流从这个缝隙中挤出来,就形成了塞擦辅音。如普通话的[ts]、[ʦ]等。严格意义上来说,塞擦音应当属于两个音素,因为发音过程是"塞"和"擦"两个阶段。国际语音协会的《国际音标表》中就没有收录塞擦音这一发音方法,只是规定塞擦音同双重发音一样,必要时可表示为两个符号用连弧表示,如[t͡s]。但由于塞擦音发音的两个阶段结合得很紧,听起来就像一个音素,也称结合音,一般看成一个音素。

鼻音　软腭下垂,打开鼻腔通路,使得声音从鼻腔中流出,如[m]、[n]、[ŋ]等。

边音　舌头向上堵住口腔中间通路,使气流从一边或两边流出。如[l]等。

颤音　也称滚音,气流通过时舌尖或小舌受气流的冲击而连续颤动,气流忽塞忽通,快速而反复多次,如德语的 r[ʀ](drei)等。

闪音　发音原理接近颤音,不同的是小舌或舌尖颤动时不是连续的,只是快速而轻轻地颤动一下就停止,如英语的 r[ɾ](very)。

(2)按发音时声带是否振动的特征分析,辅音有清音和浊音的区别:

清音　发音时声门张开,声带不振动,只有细微的音响可以听见,这样的辅音叫清音,如[t]、[k]、[f]、[s]等。

浊音 发音时左右两声带互相接近,声门关闭,气流冲开声门,使声带振动的辅音叫浊音,如[m]、[l]、[b]等。

(3)按照气流强弱情况看,辅音有送气与不送气的区别:

送气音 也称吐气音,这类辅音发音时,呼出的气流较强,国际音标在注音时,一般是在该辅音的右上角加上"'"或"h"作标记,如普通话中的 p 可记作[p']或[pʰ]等。

不送气音 也称不吐气音,发该类音时,通过喉部的气流比较弱,气流不呈冲击状,如[p]、[t]、[k]等。

附常用辅音表

发音部位 发音方法		双唇	唇齿	齿间	舌尖前	舌尖中	舌尖后	舌叶	舌面前	舌面中	舌面后(舌根)	小舌	喉
塞音	清	p,p'				t,t'					k,k'		ʔ
	浊	b				d					g		
鼻音	浊	m				n					ŋ		
擦音	清	ɸ	f	θ	s		ʂ	ʃ	ɕ	ç	x	χ	h
	浊		v	ð	z		ʐ	ʒ					
塞擦音	清				ts,ts'		tʂ,tʂ'	tʃ,tʃ'	tɕ,tɕ'				
	浊						dʒ						
颤音	浊					r						R	
闪音	浊					ɾ							
边音	浊					l							
半元音	浊	w,ɥ					ɹ			j(ɥ)	(w)			

第三节 音 位

3.1 音素与音位

前面从音质的角度对语音的最小单位作了初步的分析。这些分析说明,音素是客观存在的最基本的单位。一般来说,存在于语音流中的任何一个有自己特色的成分都应该看作一个音素,就现代汉语来说,miànbāo(面包)、gāngà(尴尬)四个音节中,除了 m、z、ng、g、n 这五个音素差异明显外,其中共用字母"a"的发音也是有细微区别的,用音标应分别记作[æ]、[ɑ]、[a]、[A],显然,它们是四个音素。但对说普通话的人来说,它们在实际语音流中,并没有区别作用,其间的细微差异可以忽略不计,因此,从音素的功能角度说,这四个音素在现代汉语里可以归并为一个单位。相反,如果将 mái 中的音素[a]换成[e],就会产生另一个听感完全不同的语音链 méi(梅),这说明音素[e]与[a]不仅音质上有差异,而且在语音流中能区别更大的组合结构的声音形式,并使这一结构体所表达的意义完全不同。又如英语中 bosh(名词,胡说)中辅音[b]换成[p'],就成了 posh(形容词,漂亮的)。可见,英语里[b]与[p']是两个音素,而且在更大的语音流中有区别声音形式和意义的功能。**这种在语音链中能区别语音形式和意义的最小语音单位,就叫音位。**从上述讨论可以看出,音位是从功能的角度对音素的归纳或概括。

音素和音位都是语音系统中客观存在的现象,认识并区别它们有重要的意义。

首先,这是创制或改革拼音文字的基本前提。任何一个语音系统中,音素的绝对数量都是较大的,如果严格地将有任何一点细微差别的发音成分都用特定形式记录下来,对普通学习者而言,既不可能,也无必要。如清辅音/p/,在/a/、/i/、/u/等元音前的发音也是不完全一样的,更不用说前述的四个有明显区别的"a"音素了。因此,在创制拼音文字或对原拼音文字进行改革前,准确科学地描写、认识音素与音位是十分必要的。汉语拼音方案对/a/音位的处理就很成功。

其次,是历史比较语言学研究的基础。语言学家为了全面认识具有亲属关系的语言以及不同方言之间的演变关系,对语音系统的精确描写也是十分重要的。要圆满地实现这一目标,对不同语言或方言间所存在的音素与音位的对应关系取得科学的认识是非常基础性的工作。

最后,音位描写和认识对语言教学很重要。掌握了音位理论,可以使语言教学特别是外语教学,能够在了解音素特征基础上,把握有区别功能的音位,抓住重点和难点,从而提高学习的精确性和效率。那些虽有差异但并不区别意义的细微的发音差异,就不应作为初学者学习的重点,如其他民族的人在学习普通话时,只要能掌握/a/音位的发音重点,并与/ɛ/音位区别开即可。至于/a/音位的几个音素变体及其区别并不需要特别强调,具体的语音环境会使发音者自我作出调节。

3.2 音位判断的原则

3.2.1 对立性

任何一种语音系统中,都有这样一些音素,它们的发音特征区别很明显,在与其他音素组合时,彼此常常呈对立性表现。即在同一个语音环境(多以音节为一个结构体)中,这个音素能出现的,换成另一个音素就会产生一个新的结构体,并因此而区别意义,这就是所谓的对立性。具有这种属性的音素就可以分别独立成为一个音位。如英语[ɔːd]结构体中,前面分别加上辅音/f/和/l/,就会产生两个新的音节 ford(名词,河流的浅处)和 lord(名词,君主),可以说,音素[f]和[l]就是两个音位,并举时可以记作/f/:/l/。同理,普通话中的这两个音素也具有这一性质:fáng(房)—láng(廊)。元音也同样有这种情况,如普通话中的/i/和/y/,它们与相同的韵母、声调组合后,也产生了不同的声音结构体,并能区别意义:lǐ(里)和 lǚ(旅)。一般来说,语音系统中的辅音音素和大多数的元音音素都可以因其对立性特征而归并为独立的音位。

3.2.2 互补性

与具有对立性特征的音素不同,语音系统中有一些音素发音上有细微差别,但发音和听感上也有相近处,它们与其他音素组合时,一般有自己出现的环境。即该音素出现时,另一(或多个)音素就不会出现,否则会使发音不纯正。这类音素的不同发音主要是因为受组合成分影响而产生的,这类音素之间具有互补性。前述普通话里/a/音位的四个音素就属于这种类型,它们所存在的语音环境是不相同的:

音素	存在环境	语音结构体
[æ]	/i-/、/y-/和/-n/之间	烟、捐
[a]	/-i/、/-n/之前	来、敢
[A]	作单韵母	啊、马
[ɑ]	/-u/、/-ŋ/之前	老、方

又如英语中[p][pʻ]两个清辅音也具有互补关系,sport、speak 等语音结构体中,送气辅音[pʻ]位于清辅音 s 后,应读作不送气的[p],这样,在这样的语音环境里,[pʻ]与[p]就形成了互补关系。同类的又如 skill、skirt 中的[kʼ]

与[k],start、store 中的[t']与[t],等等。

3.2.3 相似性

这是针对具有互补性特征的音位而言的。如果两个或多个音素,彼此间在发音部位和发音方法上有明显的区别,即便它们在语音环境的分布上具有互补性,它们一般也应看作具有对立类型的音位,如普通话里,[p]与[tʃ]在分布上各有自己的出现环境,[p]能在开口呼、合口呼、齐齿呼前做声母,但不能与撮口呼拼合,[tʃ]则能在齐齿呼和撮口呼前做声母,它们具有互补性,但两个音素音质的差别很明显,应归为/p/、tʃ/两个音位。相反,如果在语音分布上互补,而且听感上也相似,就可以归并为一个音位。如上述的/a/音位就属这种类型。

3.3 音位的区别特征

音位是由于相互对立可以区别词的语音形式,从而区别意义。实际上,音位的对立并不是指从任何一个角度分析都是对立的,而只是某一个或几个发音特征对立。例如我们对比一下普通话的辅音音位/p/、/p'/、/t/、/m/的发音部位和发音方法:

/p/	双唇音	清音	塞音	不送气音
/p'/	双唇音	清音	塞音	送气音
/t/	舌尖中音	清音	塞音	不送气音
/m/	双唇音	浊音	鼻音	

/p/和/p'/的区别只在于送气与不送气,/p/和/t/的区别只在于是双唇音还是舌尖中音,/p/和/m/的区别只在于是塞音与鼻音、清音与浊音,等等。**这种可以将音位区别开来的发音特征,称为音位的区别特征。**

区别特征一般以二元对立状态表现,就是说每一种特征总是具有"有"或"无"、"是"或"非"两个对立项,如:清—浊、送气—不送气、圆唇—不圆唇等等。因此,语音学上分析音位的区别特征时,常常以二元偶分形式表示音位在某个特征上的对立状态,如元音/i/和/y/的区别特征可以描写为"圆唇/不圆唇"或"＋圆唇/－圆唇"的对立。

音位区别特征的对比分析可以以矩阵图的形式来反映,这个方法可以非常直观地显示音位的区别特征,图用"＋"号表示具有某一特征,"－"则表示不具有该特征。下面是汉语普通话部分元音音位区别特征分析矩阵图:

元音 区别特征	a	o	e	i	u	y	ɤ	ɿ
舌尖/舌面	−	−	−	−	−	−	−	+
前/后	+	−	+	+	−	+	−	+
圆/展	−	+	−	−	+	+	−	
高/低	−	±	±	+	+	+	±	−

从上图可以看出,每个音位都是由一对或几对以上的区别特征构成的,因此,音位也可以理解成,它就是若干区别特征的总和。

3.4　音位的条件变体和自由变体

严格地讲,一个音位总是由一个以上的音素构成的,典型的如普通话里的/a/音位就由四个音素构成,这种属于同一个音位但彼此之间不具有构成不同语音结构体也不具有区别其意义能力的不同音素,就是音位的变体,就/a/音位来说,它有[æ]、[a]、[A]、[ɑ]四个变体。

根据产生的条件,可将音位变体分为两类。

3.4.1　条件变体

一个音位因为所处的语音结构体条件而产生的具有互补关系的变体,就是条件变体,如普通话/e/音位,当它处于"-i"韵母结构体中时,它读作[e],是舌面前半高不圆唇元音,如"měi"中的"e";当它处于"i-"或"y-"结构体中时,读作[ɛ],是舌面前半低不圆唇元音,如"jié"、"xuě"中的"e"。英语里的辅音/p'/处于清辅音"s"后时,所产生的[b]变体读音,也是与[p']具有互补关系的条件变体,如 sport、speak,等等。

3.4.2　自由变体

与条件变体产生于前后音素的影响情形不同,自由变体是指在某一个语言或方言范围内,音质特征完全不同的音素在同一个语音结构体中可以自由地相互替换,而不区别意义。例如,普通话里,[n]与[l]是两个发音特征几乎完全不同的音素,听感上差异也很大,显然是两个音位/n/、/l/,但在四川话中是可以相互替换的,如"你"ni[ni²¹⁴]可以说成"理"li[li²¹⁴],"不理你"说成[bu⁵¹ ni²¹⁴ ni²¹⁴]或者[bu⁵¹ li²¹⁴ li²¹⁴],都不影响意义的理解。

3.5　音质音位和非音质音位

音素是从音质角度划分出来的最小的语音单位,处于对立关系中的音素就分属不同的音位,我们将其称为音质音位,也称音段音位,前述各种元音和辅音音位都属于音质音位。

但在许多语言中,音高、音重和音长等非音质手段也可以形成对立的关系,并在语音链中区别意义,它们也应被看作音位,语音学上将它们称为非音质音位,也称超音段音位。如普通话的声调属于音高的变化有四种——阴平、阳平、上声、去声,它们可以区别意义,一般称为调位。普通话可以利用轻声来区别意义,如"dìdào"与"dìdao"不同,就是因为两个词语的后一个音节有强弱轻重的差异。汉语的广州话则可以用声音的长短来别意,如[sam⁵⁵]表示"心",[saːm⁵⁵]就表"三",[kau³³]表示"救",[kaːu³³]则表"教"。英语也可以用这两种手段区别意义。如content[kən'tent]是形容词,表示"满足"的意思,content['kɔntent]是名词,表示"内容"的意思;beat[biːt]是"打"的意思,bit[bit]是"少许"的意思。靠声音轻重归纳出来的音位称为重位或势位,靠声音长短归纳出来的称为时位。

第四节　音位的组合

4.1　音节

一个连续性的较长的语音流,往往由两个以上的最小语音单位构成,其中在听觉上最容易分辨出来的自然的语音结构单位,就是音节。例如,不会说汉语的人,即使不懂[tsou²¹⁴ma²¹⁴kuan⁵⁵xua⁵⁵](走马观花)这个成语的意义,但一定能听出四个能独立出来的语音结构体,这就是音节。一个音节至少由一个音位或音素组成,如英语里的不定冠词a[a]。但更多的是由两个以上的音位构成,如英语里的 see、fat,汉语中的[ɕyɛ³⁵][ʂəŋ⁵⁵](学生)等。一个音节可以由单纯的音质音位构成,如印欧语言里的音节,也可以由音质音位和非音质音位构成,如汉语里的音节,每个音节还有一个贯穿始终的调位。

从听觉上感知一个音节是不难的,但要准确地划定出音节的界限,科学地描述其特点,并不容易。语音学界曾提出过多种判断音节的方法。古希腊人曾提出以元音的多少判断音节的"元音说",如 book 为一个音节,table 为两个音节。不过,这一提法有明显不妥,如英语的 I(第一人称代词)由两个元音构成的[ai],但说它是两个音节显然不合适。丹麦著名语言学家叶斯泊森提出按照声音响度划分音节的"响度说",将声音分成八级,一个语音流中,响度最高的是音节的中心,最低的就是音节的分界限。该提法因其响度级次划定上有较大的主观性等原因而难以操作。目前语音学界认为较为科学的认识是"肌肉紧张度"说,该理论由苏联语言学家谢尔巴院士提出。他经过试验,观测到音节形成与发音时肌肉紧张程度之间的关系。认为人在发音时,发音器官的肌肉总是松弛和紧张相互交替进行的,肌肉每紧张一次,就形成一个音节。按照肌肉紧张程度的变化,可以将整个过程分为渐强、最强、渐弱三个阶段。肌肉紧张的顶峰叫音峰,接着的减弱阶段到下一次渐强阶段之间叫音谷。如[tian^{51}nau^{214}](电脑)这个语流,有两次紧张,为两个音节,/a/、/au/分别为两个音峰,前 n 和后 n 之间就是音谷。

从音节与音位类型(以 V 代表元音,C 代表辅音)的关系上看,音节的构成形式一般有这样几种情况:V、VC、CV、CVV、CVVV、CVC、C 以及 CCV、CCCV、VCC、VCCC 等。当然,每一种语言,其具体的音节结构构成是不完全一样的,如英语等印欧语言里,很少有 V、CVV、CVVV 等形式,而汉语里很常见,如 yǔ、gài、tiào,但汉语里没有英语里常见的复辅音构成的音节,如 sport、screw 等。

4.2　复元音

一个音节中两个或两个以上的元音连续组合起来构成的语音结构体叫复元音,例如普通话中的[mai^{51}p'iau^{51}](卖票)中前一个音节的韵母是由两个元音构成的二合复元音,后一个音节的韵母则是一个三合复元音。英语里的 coup、kind 里的/ou/、/ai/也是复元音。

复元音组成的结构体与由几个元音简单拼合不同,复元音是由两个以上的元音构成的一个结构整体,发音时只有一次紧张,如果独立出现,它就是一个音节,如普通话中的/iou/(由)、/uai/(歪)等等。几个简单相连的元音则不是一个整体,它们是各自独立的成分,如/ai/记录的只能是"爱、挨"等单个音节,而/a^{55}//i^{35}/记录的只能是"阿姨"两个音节。从发音过程上看,复元音在发音时从前一个音素不间断地滑向后一个音素,其间的舌位高低以及唇形都逐渐改变,而简单相连的元音,音素间的发音成跳跃状,中间没有过渡音。

4.3　复辅音

一个音节中两个或两个以上的辅音连续组合起来构成的语音结构体叫复辅音,如英语里的 star[staː]、bibliography[bibli'ɔgrəfi],德语里的 schwer [ʃveːr]，等等。

复辅音的类型主要有两种，一种是多个辅音之间结合很紧，形式和位置较为固定，多见于汉藏语系和南亚语系中，如苗语石门坎话中的鼻音加同位塞音或擦音就很典型：/mp/、/mpʻ/、/nts/、/ntsʻ/等等。另一种则更常见，如印欧语中的复辅音，它们结合得松散，位置也不固定，如上举英语、德语中的例子。

复辅音在很多语言里都有，但普通话里没有。

第五节 语流音变

5.1 语流音变

语音要素进入结构体后，实际上处于一个不间断的语流中，在口语里组合成一个一般由多个音节构成的语音流。**处于具体语音流中的音素以及声调等语音要素，会受到邻近音的影响，或者因说话时快慢、高低、强弱的不同变化需要，它们可能发生不同的变化，这种变化称为语流音变。**例如普通话里，音节[mian^{35}]（棉）单独发音时，是以 n 收尾，但放在[pei^{51}]（被）前时，由于受后面双唇塞音[p]的影响，其中的[n]就变作了双唇鼻辅音[m]。又如英语里的 s 是清辅音，但当它出现在浊音后作词尾时，其读音就必须改变 legs 中的 s 就应读作[z]。

5.2 语流音变的类型

语音要素在具体语流中所发生的临时性变化，情况很复杂，但一般而言，常见的语流音变有同化、异化、弱化、脱落和增音等五种。

5.2.1 同化

语流中两个相邻的不同的音，其中一个受到另一个的影响，在某一个或几个特征上变得跟它相同或相近，语音的这种语流中的变化就叫同化。如英语中表示复数的词尾 s 本应读作[s]，但在 dogs 中因为受到了前面浊音[g]的读音的影响，变成浊音[z]。前面所举的"棉被"例也属于同化。根据同化的方向，可以将同化分为顺同化与逆同化：

顺同化　　两个相邻的音，后一个受前一个的影响，变得与前一个音相同或相近，称顺同化，如 dogs、legs 中清辅音变成与浊音[g]相近的[z]就是。

逆同化　　两个相邻的音,前一个受后一个的影响,变得与后一个音相同或相近,称逆同化,如汉语[mian³⁵ p'au³⁵](棉袍)中音素 n 受后面相邻双唇音的影响,变成[m]就是。又英语 be in poor health 中 in 因受后面相邻音 p 的影响会读作[m],也是逆同化。

5.2.2　异化

两个本来相同或相近的音,其中一个由于某种原因变得跟自己原来的发音不同了,这就是异化。如普通话中两个上声字连在一起,多数情况下,前面一个就不能再读上声,而必须读成近似于阳平(即调值由 214 变为 24),"冷水""选举"等就是这种情况。又如汉语里[nan³⁵ ny²¹⁴]中第一个辅音韵尾与后一个音节的声母本来相同,但连读时,韵尾[n]异化为后鼻辅音[ŋ]。

5.2.3　弱化

在语流中,有些音的发音可能变得比原来更弱更轻了,这种现象叫做弱化。如普通话中的轻声,很多就是典型的声调弱化,如"看一看"中的"一","我的书"中的"的"等就是。另外,轻声音节里的元音都会发生变化,常见的表现是向[ə]靠拢,如果原来是复韵母,就会变成单韵母,如"哥哥""馒头"会分别读作[kɤ⁵⁵ gə]、[man³⁵ t'o]就很典型。英语等其他语言里也有弱化,如 of [ɔf]的弱式发音为[əv],but[bʌt]读作[bət]等。

5.2.4　脱落

语流中有些音在连读时因缩并等原因而不再发音或消失了,这就是脱落,也称减音。如普通话中,"我们"会读作[uo²¹⁴ m],"豆腐"读作[tou⁵¹ f],"小孩儿"读作[ɕiau²¹⁴ xar³⁵]等都是脱落。在英语里,一些助动词或系词与主语连读时,也会脱落某些音素,如 I am→ I'm, you had better do→you'd better do 等,就属此类。

5.2.5　增音

在多个音节或由多个音节构成的复杂语流连续发音时,有时候会增加原本没有的音素,这种音变叫增音。这种现象多发生于句子中,在普通话里,语气词"啊"附着于句末,跟前面音节连读时,会产生与前一个音节韵尾相关的音素,如:

你快看＋啊[a]→你快看——哪[na]

大家尽情地唱＋啊[a]→[ŋa]

英语句子里由于连读也会产生增音现象,如 an apple 连读时,后面单词开头会增加一个辅音 n,读作[ən-nepl],句子 Can you tell us that story？连读时,us 前会增加一个辅音 l,读作[ləs]。

【自测题】

1.语音与一般声音有什么共同点和差异?

2.语音的物理属性在语音系统中的作用有哪些?

3.根据元音发音特点,说出下列元音的名称。

[a] [o] [i] [e] [y] [u]

4.根据下面所列普通话的辅音发音特征,写出其拉丁字母形式。

(1)双唇不送气清塞音

(2)舌尖前送气塞擦音

(3)双唇浊鼻音

(4)舌根清擦音

(5)舌尖后不送气清塞擦音

5.以辅音[t]、[t']以及元音[e]、[ɛ]为例,说明音素与音位的关系。

6.什么是音位变体? 音位变体有哪两个主要类型?

7.用宽式音标给下列汉字注音,并分析其中所产生的语流音变。

爸爸把水果都送给了朋友。

第二章 词汇学

第一节 词汇与词汇学

1.1 词汇

词汇又叫语汇,是语言的建筑材料。词汇是语言要素之一,是语言的必要组成部分,它是一个集合概念,指一种语言中全部"词"和"语"(固定词组)的整体,而不能指具体的一个一个的词或者固定词组,如英语词汇,包括了英语中全部的词和固定词组。词汇和词是一种集体和个体的关系,一种语言或者方言只有一个词汇系统,所以不可以说"我学了二十一个词汇"。

词汇的主体是成千上万的单个的词,还有一部分的固定词组。固定词组虽然多数是由几个词组成,但是它们的结构形式是固定的,一般不能随意拆开或者改变,在意义上也具有整体性,它们的造句功能和词一致,在作为语言的建筑材料来构造句子的作用上相当于一个词,是词的等价物,也是造句的最小单位,所以,我们把固定词组也看作词汇单位。固定词组主要有专有名词和熟语,专有名词主要是指用复杂词组形式表达的事物名称,如"北京西站""浙江大学文学院""延安文艺座谈会"等;熟语一般主要包括:成语、歇后语、惯用语、谚语、格言等。

词汇有时也常常用来指某人、某著作甚至某一篇文章所使用的全部词和固定词组,如鲁迅作品的词汇、老舍作品的词汇、计算机词汇、科技报告中的词汇、《红楼梦》的词汇、《匆匆》的词汇等。这些都是一种集合概念,指特定范围或者特定类别的词语,不是指个体词语。在日常生活中,"词汇"有时还用来指某个人在某种语言上所掌握的词语总和。

一种语言中的词汇究竟有多少是很难统计出一个具体数字的,因为词汇总是处于不断的变化之中,新词语不断地产生,旧词语不断地消亡。一般来说,某种文化历史越悠久,它的语言历史就越悠久,那么该语言的词汇所包括的词语数量肯定也越多;而某种语言的词汇中的词语数量越多,也就表明这种语言越发达,这种文化的文明程度也就越高。现代汉语是人类高度发展的最丰富的语言之一,现代汉语词汇究竟包含多少词语,难作精确的统计,仅就中型词典《现代汉语规范词典》①来说,其收录的词语就有 6.8 万条。

1.2　词

词是指具有一定的整体意义和固定的语音形式、能够独立运用的最小的语言单位。词是语言的基本符号,它是语言中最小的自由的内容和形式相结合的实体单位。词不仅是基本的词汇单位,而且也成为语法的基本单位,语法中无论句法和词法,都以词为必要的基础。语言系统内的各种单位里面,词是居于中心地位的,作用最为突出。

1.3　确定词的方法

确定什么是词,关键是把词同构词的语素和由词构成的词组区分开来。语素、词、词组都是意义内容和语音形式相结合的实体,它们的区别在于——是否最小,是否自由或者是否能够独立运用。理论上很容易区分它们,但是实践中就比较困难。因为这些单位之间经常存在中间状态,给分类造成困难。

作为语言的建筑材料单位,词无疑应该是定型的,意味着它有稳定的语音形式和意义,两个方面都不是随意的、不定的。当然,这里的“稳定”,是就在社会集体中成为一定的习惯而不轻易改变来说的,因此“稳定”具有重要的社会客观性而排斥个人的主观性。

词是音义结合体,在语音上表现为一个词有固定的音节,每个音节的声韵调固定不变,词内各音节之间也不能有语音停顿,在有轻、重音区别的语言里,词还有特定的轻、重音格式等等。如汉语的“我们热爱祖国”的语音形式为“Wǒmen rè'ài zǔguó”,其中三个词的声韵调都是固定的,“我们”“热爱”“祖国”三个的内部不能有停顿,只能读成“我们/热爱/祖国”,而不能读成“我/们热/爱祖/国”,同时“们”应该念轻声。像“热爱祖国”,它虽然也是一个可以独立运用的语言单位,但是“热爱”和“祖国”之间有一个较大的停顿,所以它是一个词组,不是词。

词的整体意义总是和固定的语音形式相结合的,如“rénjiā(人家)”是名词,指“住户;家庭;女子未来的丈夫家”等的意思,而“rénjia”则是代词,指自

---

① 李行健. 现代汉语规范词典. 北京:外语教学与研究出版社、语文出版社,2004.

己或某人以外的人或者指"我"等。"人家"的两个意义都不是"人"的意义和"家"的意义的简单相加,是二者的有机融合,有了一定的整体性。尽管词组的意义也是明确而完整的,但它的意义是可以分割的,如"东西","dōngxi"是"物品"的意思,它并不是"东"和"西"意义的简单相加,它是一个词;"dōng xī"则是指"东"和"西"两个方向,它的意义是可以分割的,"东西"就是"东和西"的意思,所以它是一个词组。我们经常根据语言单位的能否扩展以及能否有内部停顿来区别词和词组。

所谓"独立运用"是指词能够作为一个整体跟别的相对应的词自由组合,具有复现性,这一点主要是和语素甚至音节区别开来。词组虽然也可以"独立运用",但是词组不是最小的语言单位,它是由两个或者两个以上的词构成的,内部有语音停顿。只有具备了"独立运用"和"最小"两个特征的语言单位才是词。

需要说明的是,不同的语言,在确定词的难度上有不同的表现。就西方主要语言如英语、法语等来说,词的确定较为方便,从口头上看,词与词之间可以有较为明显的停顿;从书面上看,文字符号与词的语音构成有直接的对应关联,而且有分词连写的惯例,因此,词与语素、词组的区别就容易些。但汉语这样的语言就不同了。因为音节基本上都有意义,即便到了现代汉语里,作为合成词构成成分出现的成词语素,是词还是语素,没有形式上的表征;加上文字与音节对应和书面记录时不分词连写,这就给词和语素,尤其是词与词组的区别带来了困难。因此,给汉语的词和词组分类,至少到现在还没有非常好的简单易行的形式手段。

1.4　词汇学

对词汇进行系统研究就形成了词汇学。词汇学可以根据研究方法或对象作多种划分。词汇的历时研究形成历史比较词汇学和历史词汇学,共时研究则形成描写词汇学等。它们在研究角度、方法和任务上都不一样,所研究的对象在时间范围上也有很大的差别。历史比较词汇学须运用历史比较的方法,研究有亲属语关系的多种语言、方言的词汇,侧重于考察不同词汇的词语间的共源关系以及各自不同的发展过程;历史词汇学则主要运用比较的方法,纵向地研究个别语言的词汇演变表现,以揭示其发展规律。描写词汇学研究的是一种语言词汇在一定时期相对稳定的状态,要考察、分析它的构成和组织情况,揭示其中组织成员间相互制约、对立、对比等各种关系。本章所讨论的属于描写词汇学。为了便于介绍,课本将其中的词义部分放在了"语义学"章中。

词汇是语言结构系统的要素之一,词汇学跟语音学、语法学、语义学等一样,也是关于语言结构的一门分支学科。词汇学研究词的本质、词义与概念的关系、词义的系统以及语言词汇的组成等问题,但是常常也把研究与词汇有关的一些学科归入词汇学,如熟语学和词典学。前者主要研究语言中相当于词的固定词组,后者研究词典编撰的原则和技术、词典的类型及其主要特点。

我们可以说掌握了一种语言的语音和结构规则,但是谁也不敢说自己已经掌握了一种语言中所有的词语。因为词语的情况非常复杂,任何一种语言包含的词语数量都十分巨大,而每一个词语彼此又都不同,要求我们必须一个一个去学习,再加上词语总是处在不断的变化之中,旧词语不断消亡和新词语不断产生。

任何一门学科的建立和发展,都出自于现实的需要,是由于它能对科学文化的发展和社会的进步发挥积极的作用。词汇学也是如此。词汇的历时研究,直接有助于语言史问题的阐释、语言内部发展规律的揭示和语言亲属关系的确定。词汇历时研究的成果为历史学、考古学、人类学等学科所吸收,从而对这些学科的发展起了有益的作用,这是很明显的。现代语言词汇的共时研究,则能为社会在语言运用、语言教学、语言规范化等方面提供知识基础和理论指导,这是有重要的现实意义的。

1.5 词典

词典是可以查阅词的语音形式和意义内容及其用法的工具书。它汇集语言里的词语,按照一定次序排列,进行描写、解释,说明词的形体、声音、意义、结构、用法等,同时编制方便查找的索引方法,让读者随时可以查阅。

词典按照性质、规模和用途的不同,可以分出各种不同的类型。从词典编排的目的和用途来看,可以分为语文词典和非语文词典两大类。语文词典收录的词条主要是普通的词语,不是一定学科或者行业专用的词语或者术语。而非语文词典是为学习各门科学的专业知识提供服务的知识性词典,它收录的词条多是各门学科和各行各业的术语名词以及专用词语。当然,有些词典兼有以上两种词典的性质,例如中国的《辞海》。

语文词典按所含语种的数量,可以分为单语词典和双语词典。单语词典只包含一种语言,目的是为学习和研究本族语言文字服务,它的词目和释文都使用同一种文字,例如《现代汉语词典》《现代俄罗斯标准语词典》《法兰西学院词典》等。双语词典一般是翻译词典,它的词目是一种语言,释义是另外一种语言。这种词典主要是帮助读者学习、研究另一种语言或与说另一种语言的人交流。如《新英汉词典》《汉德词典》《日汉词典》等。也有双语双解词典,同时用两种语言文字进行解释。

如果从所收词语是民族共同语还是地方方言的角度来区分,语文词典又可分为标准语词典和方言词典。标准语词典只收规范的词语,不合规范的一般不收集,就是收集了也要区别对待,使读者有规范可以遵循。如《现代汉语词典》《法兰西学院词典》《现代俄罗斯标准语词典》等都是标准语词典。方言词典专门收集一种或几种方言的词汇。例如《长沙方言词典》《宁波方言词典》《广州方言词典》等。

非语文词典可以分为综合性词典和专科性词典两类。综合性词典一般指百科词典,是综合收录、解释各个学科的专门用语的词典,目的是为广大读者提供各门科学的基本知识。例如法国的《拉鲁斯大百科词典》、中国的《大百科全书》、英国的《英国百科全书》等。专科词典是单科性的,只汇集和解释某一门科学专用的名词,例如中国出版的《经济大词典》《地理学词典》,苏联出版的多卷本《军事百科全书》《医学百科全书》等。

第二节　词汇的属性

2.1　普遍性、系统性和民族性

语言中的词汇,特别是实词,与逻辑上的"概念"往往是密切相关的,因为概念是对客观事物的反映,而词汇则标记了概念。因此,理论上可以说,只要客观事物存在,就需要有反映它(们)的概念,就一定会有相应的词来表达。这对于所有的语言都是一样的,例如客观存在着"人、天、地",任何一种语言都会有相应的表达这些事物的概念,所以可以说词汇具有普遍性。

同时,词汇是词和固定词组的汇聚,但是这种汇聚不是杂乱无章的、任意的或者偶然的堆砌,而是有条理的、成系统的类聚。在不同语言中,词汇成分以及成分之间的关系可能很不相同,这就决定了它们各自不同的词汇面貌。就是同一种语言,在它的各个不同时期,词汇成分以及它们的关系也不会完全相同,因而也形成了不同的词汇体系。了解和掌握词汇的系统性和民族性,对于我们学习语言或从事翻译工作都很有意义。词汇的系统性也反映了词汇的民族性。

词汇的系统性首先表现在不同语言的词语在音义结合上的差异。语言都是约定俗成的,词是音义结合的统一体,词的声音和意义之间的联系具有任意性,一种语义和什么样的语音结合成词,各语言都有自己的约定。如"能劳动、会说话、能直立行走的高等动物"这个意义,跟现代汉语"rén"这组音结合,构成"人"这个词,在英语里面则跟[ˈhjuːmən]这组音结合,构成"human"这个词。学习过第二语言的人都会很清楚地意识到词汇的民族特点,要掌握一门外语,必须要花大力气去学习和记忆跟母语完全不同的这一语言的词汇。

当然,也有一些词语的语音在不同语言中是相同相近的,它们主要是一些借词,如现代汉语中的"吉普、沙丁、咖啡"等分别来自于英语的"jeep、sardine、coffee",还有如"芭蕾、香槟"分别借自法语的"ballet、champagne",它们语义相同,语音也相近。不过,语言中的借词毕竟是少量的,不能因此而否认词汇的系统性和民族性。

在不同语言的词汇中,相应词的语义也不完全一一对应。在不同语言的词汇中,意义能一一对应的词主要是一些专业术语。在大多数情况下,某语言中一个多义词甲的意义与另一语言中相应的乙词的意义往往是互相错综交叉的。它们可能在某个或某些义项上是相同的,而在其他几个义项上却不同,如汉语的"运动"和英语的"movement",它们有相同的义项,如"表物体运动、社会运动等",但是也有不同的义项,如汉语可指"体育运动",英语可指"粪便"等。也可能甲词的全部义项包含于乙词之中,只和乙词的部分义项相同,如汉语的"猫"和英语的"cat",后者包含前者的全部义项,而"心地恶毒的女人"这个义项是前者所不具有的;也可能某词或某个义项在其他语言的词汇中根本找不到对应的词或义项,例如一部分音译词就是在这种情况下产生的;另外,词语的附加意义或附属色彩,语言之间往往也难以直接对应。

词汇的系统性特点还表现在各种语言往往用不同的语言单位来表示同一个概念。某一个概念,在甲语言中用一个词来表示,在乙语言中则用词组来表示,如汉语的"共产党",在英语里是"communist party",汉语的"男演员"在英语里是"actor",汉语的"哥哥"在英语里是"elder brother",汉语的"弟弟"在英语里是"younger brother"。

2.2　任意性和理据性

我们前面讨论过,任何语言的词语,用什么音表示什么意义在初始阶段一般是任意的。但是语言中也有些词语,其音义联系也有一定的理据性,可以论证,如"拟声词""同源词"和"复合词"。拟声词指模拟客观对象的声音特征而产生的词,如汉语里的"叮咚"、英语里的"quack(鸭叫声)"。同源词是指音近义通源同的一组词语,比如汉语的"张",本义是"把弓弦安在箭上"(改弦更张),这当然是任意的,但是后来又产生了一批词语,如"帐"(升帐)、"涨"(水涨船高)、"胀"(热胀冷缩)等等,这些词不但与"张"的语音近似,而且与"张"的引申义(施放、拉开、展开、使增大)都有着某种语义上的联系,这些都是可以论证的。复合词是由两个或以上的语素构成的词语,那么它们之间的相互组合有一定的理据可依循,如汉语的"飞机"就是"会飞的机器"的意思,英语的"sunflower(向日葵)"就是"朝着太阳开的花"的意思,这些也都是可以论证的。

由此可见,词汇的任意性和理据性是一种对立统一的关系,任意性是词汇产生的途径,而理据性是词汇不断丰富的手段。

2.3　可变性和稳定性

在语言要素里面,词汇与社会生活的关系更为直接,社会生活的发展变化,必然会引起语言的变化发展,这些很快就会反映到词汇里面,一些旧词逐渐消失,新词也不断产生,这就是词汇的可变性。如汉语中"红卫兵、知青、斗私批修、人民公社、黑五类"等词在现在基本不使用了;而"下海、上网、按揭、克隆、电子邮件、VCD、WTO、DVD、5G"等都是近些年才产生的。从这个角度上说,词汇是语言结构系统各要素中最易变和最活跃的。

同时,词汇的变化也不是随心所欲的,它要受到词汇系统的影响和严格制约,有着极强的稳定性。一方面,很多词语的音义和结构形式一旦形成,就基本固定下来,不能随意改变,受到社会约定的制约。例如,无论社会如何发展变化,一种语言的基本词汇往往是极其稳定的,像汉语中的"人、天、地、山、水、日、月、星",英语中的 man、sky、good、go、very 等这样的词,已经沿用了很久,至今没有改变过;一些固定用法也是如此,如"半斤八两、马路、熊猫、鲸鱼、窗户"等。有些甚至不太合科学,但是由于约定俗成了,大家都这么说,个人不能随意改变。任何一种语言里,都有一些固定熟语,如汉语里的成语、惯用语,它们在结构、意义和用法上都有很强的稳定性,不能随意改变。另一方面,这种系统的影响和制约体现在一些新词往往是根据现有的语素以及固有的构词方式造出来的,如"软件、电子邮件、非典、新冠"。

词汇的变化性使语言单位不断增减、更替,满足了社会发展的需要,而词汇的稳定性则保证了语言系统的稳定和平衡,使交际能够正常进行。

第三节　词汇的类聚

3.1　词的分类

词汇可以从不同的角度、根据不同的标准进行分类,也就是通过词语的不同类聚关系构成一个完整的词汇系统。词汇的类聚系统首先可以根据单位的形式特点分成"词"和"语"两大类。

词既是语法单位,又是词汇单位。词的内部分类,在词汇和语法角度上是不同的。词的语法分类主要根据词的语法功能,如分成实词和虚词,实词又分成名词、动词、形容词、副词、数词、量词等,虚词又分成介词、助词、连词、叹词、象声词等。词的语法分类将在"语法"部分分析。词的词汇学分类主要根据词的内部结构、音节数量、意义、来源以及地位和用途等,这些分类又都是相互交叉的。

3.1.1　从词的音节数量上看

各种语言的词都包含不同数量的音节,现代汉语的词根据音节的数量一般分成单音节词、双音节词和多音节词三类,如"人、走、个、好、的、了、吗"等是单音节词;"关系、音节、语言、文字、夜莺"等是双音节词,在现代汉语里,双音节词占大多数;[①]"脑溢血、语言学、冰糖葫芦、可口可乐、布尔什维克"等是多音节词。英语的单音节词如"man、good、big、sun、some"等;双音节词如"water、people、civil、advent"等;多音节词如"attendant、attribute、absolutely"等。

3.1.2　从词所含语素的数量上看

由一个语素构成的词叫单纯词,如汉语的"天、地、人、和、的、啦、蝴蝶、沙

---

① 据周荐对 1996 年版《现代汉语词典》所做的统计,该词典"共收条目(不计异体形式)有 58481 个,其中双字组合单位收有 39548 个,约占词典收条总数的 67.63%"。(《汉语词汇结构论》,人民教育出版社 2014 年版,第 176 页)

发、伊拉克、歇斯底里"等。在汉语当中，一般的，单音节词肯定是单纯词，而单纯词却不一定是单音节词。英语的"big、die、lab、box"等也是单纯词。单纯词一般不能分解，没有什么内部结构关系。

由两个以上的语素构成的词就是合成词，如汉语的"马路、火车、衣服、突然、奔跑、推翻、石头、绿油油、图书馆"等，英语的"gentleman、latter-day、ice-cream、folk-dance"等，这些词可以分解成更小的各自有意义的几个语素。

3.1.3　从词的地位用途上看

根据词在词汇体系中的地位和作用，可以把词划分为基本词汇和一般词汇。

基本词汇是整个词汇系统的核心和基础。基本词汇虽然数量很少，但是它却是词汇最重要的基础部分。基本词汇有几个重要特点：

（1）全民常用性　基本词汇所反映的是与人们日常生活有密切关系的事物，是使用某种语言的全体社会成员所经常使用的，它的使用范围很广，如汉语中的"天、地、人、水、火、吃、好、大、的、了"，英语里的 big、pen、say 等，不管什么年代什么人在日常生活中进行交际都必须使用。不掌握某种语言的基本词汇就无法使用这种语言进行交际。

（2）历史稳固性　基本词汇是词汇中最古老而又最必要的词，它们很多在千百年前就有了，长期使用，生命长久。

（3）构词能产性　基本词汇除了虚词和代词，具有很强的构词能力，大部分词往往成为构成新词的语素。如汉语的"人"构成了"人才、人称、人次、人大、人道、人防、人贩子、人格、人工、人海、人家、人际、人间、人杰、人口、人类、人力、人流、人伦、人们、人民、人命、人名、人情、人权、人群、人参、人事、敌人、成人、俗人、粗人、众人、美人、媒人"等，英语里的 able 可构成 ably、unable、ability、inability 等词，black 可以组成 blackbird、blackboard、blacksmith 等词。

词汇体系的基础是基本词汇，而基本词汇的核心是根词，基本词汇的主要特点主要由它体现出来。根词是指最单纯、最常用、最原始和构词能力最强的词，集中体现了基本词汇的三个特点。

词汇中基本词汇以外的词构成一般词汇。跟基本词汇相比，一般词汇最突出的特点是变化迅速，缺少历史稳固性。由于社会在不断地变化着，新事物不断涌现，旧事物也在不断消失，一般词汇对社会的变化是最敏感的，所以它总是处于不断发展变化的状态中。

语言处在不断的发展变化之中，也导致了基本词汇和一般词汇的界限不是一成不变的，它们的界限有时很模糊，不易划清。有的基本词可能成为一般词，如汉语的"皇帝、君主、太子、陛下、臣子"等。它们在古代时都是基本词，随着这些事物在现实中的消失，现在已经完全进入了一般词汇。而"党、电、民主、电视、电脑、收音机"等则由一般词逐渐上升为基本词了。在不久的将来，随着计算机的普遍使用，像汉语里的"网络、邮件、黑客、桌面、平台"等计算机术语也完全有可能进入基本词的队伍中来，而另外一些词则完全可能退出基本词汇的圈子，进入一般词汇，如"缝纫机、铅字、地主、右派、反动派"等词语。

除了不具有历史稳固性，一般词汇也不具有全民常用性，在使用上有局限性。如方言词、外来词、专业术语和非口语体词，它们在使用范围上受到一定的限制，在日常生活中使用的频率也不高。一般词汇也基本上没有构词能力，即使少数有，也是很弱的。

3.1.4 从词的来源上看

根据词的不同来源可以把词分为古语词、新造词、方言词、外来词等。

(1)古语词是指古代书籍中所流传下来的，但是又不算基本词汇，现在只是在某种语境偶尔还使用的词。这些词在古代的书面语中经常使用，但是在现代却并不是全民所经常使用的，当然在现代语言中也能起到一定的作用。

古语词又包括两个小类，一类是表示**历史上曾经存在而今天已经消失了的事物或现象的词语，我们把它称作"历史词语"。**它们一般是表示古代的器物、典章制度、官职名称的，如汉语里的"鼎、玉玺、诏书、朝拜、和亲、太子、格格、状元、员外"等，英语里的 cross-bow（旧时用的十字型弩）、cuirass（旧时着胸甲的骑兵）、halberd（中古用的戟）。历史词语在今天日常生活当中和一般文章里很少涉及，只有在文献资料等有关专著以及描写古代生活的作品中才会使用。还有一类古语词，**它所指称的事物或现象至今还存在，但是这些词已经被现代语言中的别的词语替代了，这种词又称为"文言词语"，**如汉语里的"吾（我）、足（脚）、观（看）、俸禄（工资）、囹圄（监狱）、值……之际（当……的时候）、其（他/它）、之（它/的）、乎（吗）、故（所以）……"等，英语里的 thou（you）、thee（you 的宾格）、dame（womon）等。但是这些古语词在现代的书面语或某些特定场合中有时还会用到，能起到一定的作用。

古语词有它自己的特点，比较凝练而富有民族色彩，在一些外交场合、重要文告、贺电、唁电中适当地使用，可以显示庄重、严肃的修辞效果。如汉语中的"欣闻、惊悉、荣任、阁下、拜会、节哀、噩耗、千古"等词，在正式场合中就不能用现代汉语的同义词去代替。此外,还有一部分古语词,在现代汉语中虽然不能单独使用,但是却可以成为构造新词的基础,如"目"可以构成"目击、目录、目光、目前、目的、目标、节目"等词。

汉语中还有一些词本来是古语词,但是后来又有了某种新的意义和用法,如"小学"原来指文字训诂学,现在指初级学校,那么显然后者就不能再算古语词了,充其量是古词新用。外语中也有古语词,如英语中的"albeit(though)、thee(you)、nay(not)、yea(yes)"等,其中有些是历史词语,有些差不多就是英语中的"文言"了。

(2)**新造词指过去没有而新创造出来的词。**随着社会的发展,旧事物不断消亡,新的事物不断产生,这种变化对语言最直接的影响便是新词的产生。各个不同的历史时期都会出现不同的新造词,所以新造词是相对的,没有绝对的永远的新造词。如汉语的"共产党、地下组织、解放区、汉奸、土改、解放军、人民公社、生产大队、样板戏、右派"等在某个时期它们都是新造词,但是现在已经不再是新造词甚至已经不再使用了。就目前来说,像"下海、大款、回扣、网络、平台、千年虫、黑客、酷毙、小资、IT、QQ、DIY"等都是最近出现的新造词。外语中新造词也相当多,如英语中的"clone、Aids、internet"等也是最近才出现的新造词。

新造词一般是利用原有的构词材料按照一定的构词方式创造出来的。如"平台"就是用原有的语素"平"和"台"作为构词材料,并按照偏正的构词方式构造的一个新造词,英语的"password(密码)"就是由原有词"pass(通过)"和"word(词)"组合成的新造词。

如果原有的词在使用过程中产生了新的意义和新的用法,这种情况一般不认为是产生了新造词,因为这样并没有增加新的词,只是一个词增加了义项而已。如汉语中的"宰"用来表示卖方不道德地卖高价,"托儿"表示从旁协助不法商贩欺骗顾客的人等,英语的"mouse(老鼠)"表示电脑光标器(因为它的外形很像老鼠),"bikini(比基尼,一个因为试爆原子弹而闻名的小岛)"表示三点式泳装(因为这种服装也引起了轰动)等。

(3)**方言词是指在个别地区流行的词,即地域方言词。**方言词在语音上、结构形式以及对同一事物的指称上跟民族共同语的词都不同,有自己的特点。这种现象在方言差异明显的语言里,表现得尤其突出。在汉语里,各个方言的方言词很多与普通话不同,特别是南方地区。在词的结构形式方面,有些方言词所用的语素跟普通话的词所用的语素相同,但是语素组合的次序却正好相反,如普通话的"公鸡",湖南话叫"鸡公";普通话里的"母牛",福州话叫"牛母";普通话的"老大",湘西话叫"大老"。当然,有些方言词会在普通话的词的基础上加上一个词缀,特别是在南方方言里面,如"梨子、桃子"等,普通话的名词,特别是北方方言的名词常常会加上一个"儿",而在南方方言里基本上只有吴方言才有。对同一事物的指称,各方言所使用的词也常常不同,如普通话的"马铃薯"在北方方言里叫"土豆",在湖南话里则叫"洋芋";而"花生"客家话叫"番豆",闽南话叫"土豆",上海话叫"长生果"。

广义的方言词还包括社会方言词。社会方言词是指流行于不同社会行业和集团中的词语。如"谓语""复句""电钻""处方""氧化""亮相""内存""平台""贷款""利息""超载""黑匣子""版权""责任编辑"等等,都是社会方言词。

方言词是丰富普通话词汇的源泉之一,它可以补充普通话词语的不足,例如普通话的"尴尬""垃圾""瘪三""名堂""煞有介事"来自吴方言;"过硬""里手"来自湘方言;"看好""亮丽""新高""老公"来自粤方言。"后台""亮相""主角"等来自戏剧界;"麻痹""瘫痪"原是医学术语。"充电"原是物理学方面的术语,现在又可以表示"补充和更新知识";"洗礼"是宗教用语,现在又可以表示"接受锻炼和考验"。

另外,在文学作品中适当地使用方言词,可以渲染地方色彩,表现乡土气息,增强表达效果。当然,在一般语体中不适宜使用,否则会造成读者在阅读和理解上的困难,还会影响语言的规范化。

(4)外来词也叫借词,是指另一种语言从其他民族语言中翻译或借用的词语。各种语言的词汇中都需要吸收外来词。外来词必须音义同时借用于别的语言,如汉语的"沙龙"音义都借自于法语 salon,"吉普"音义借自于英语 jeep,"啤酒"译自英语的 beer,"X 光"借自英语的专业名词 X-ray,WTO 则直接原形借入,是 World Trade Organization 的缩略形式;英语里的 tea、kongfu、taiji、typhoon 等,都借自汉语。而像汉语的"无线电""马力""蜜月"都是分别由英语的"wireless"("线"+"无")"horsepower"("马"+"力")"honeymoon"("蜜"+"月")仿造而来,它们只借义而没有借音,一般就不把它们当作外来词。另外,纯粹只借义的意译词也不属于外来词,如"电话""民主""科学"等。

3.1.5 从词的语体属性看

按照语体属性,可以把词分为通用词和专用词。通用词可以在各种语体中通行无阻,占词汇的绝大部分。专用词是指专用于各种不同语体的词,数量不多,包括术语与行业语。

通用词首先可以根据运用语言的语境、条件、目的的不同而产生的功能性差别分为口语词和书面语词。口语词一般音节较少,书面语词音节较多,如汉语的"住(口语词)—居住(书面语词)""听—聆听""冷—寒冷""爱—喜爱""流脑—流行性脑脊髓膜炎"等,英语的"flu(口语词)—influenza(书面语词)""CD—compact disc""OK—all right(或 all correct)"。

当然,并非所有的口语词和书面语词都是一一对应的,如汉语的"狗屁""二流子""傻眼"等,就没有跟它们对应的书面语词;"淙淙""景仰""晶体"等书面语词也没有相应的口语词。口语词多用于叙事语体,书面语词多用于政论语体和学术语体。当然这也不是绝对的,同一语体仍可以有不同的语言风格,在选词时可以有一定的灵活性。

术语和行业语是用来表达某个学科、某个行业所特有的概念的专门用语,比如"高频、光波、放射、加速度"等是物理学术语;"负数、开方、函数、圆周率"等是数学术语;"商品、资本、投资、市场、通货膨胀"等是经济学术语。行业语即某种行业和职业的专用语。例如"贷款、呆账、利息、定期存款"等是金融银行业用语;"晚点、超载、托运、软卧"等是交通运输业用语;"导演、美工、台词、票房"等是戏剧电影业用语;"记者、稿酬、版权、责任编辑"等是新闻出版业用语。除这两种专用词汇外,还有:某些社会帮派使用隐语,例如"卧底、撕票"等;特定阶级的习惯语,如过去统治阶级把劳动人民称作"奴才、刁民"等;禁忌语,如皇帝死是"驾崩",吃饭是"用膳",人民平时谈到"死",往往说成"走、离开、百年之后",上厕所是"方便、去洗手间"等。

按照词汇意义的不同,可以有各种分类,如按照义项的不同情况可以分为单义词和多义词。另外,在词汇系统里,各个词语之间形成纵向的和横向的联系。从纵向来看,词与词之间有上下位关系,上位词和下位词有种和属的关系,即一般和个别的关系;从横向来看,词汇之间还有类聚关系,表示同类概念的一组词聚合成类义词。词和词之间还有一种横向联系就是同义词和反义词。相关内容可参见在语义章"词义分析"部分的介绍。

3.2 语的分类

"语"就是指熟语,是由两个以上的词构成,但是意义比较凝固,又经常作为一个整体单位使用的固定词组或语言片段。它只是词汇单位,不是语法单位。语的内部由于包含两个以上的词,所以跟词的内部分类没有类同关系,其主要类型就是一般说的专有名词,如"浙江大学""杭州市""鲁迅"等;成语,如"井底之蛙""风声鹤唳"等;惯用语,如"开后门""戴高帽"等;歇后语,如"小葱拌豆腐——一清二白""外甥打灯笼——照舅(旧)"等;谚语,如"三个臭皮匠,顶个诸葛亮"等。

3.2.1 专有名词

又叫专用名称,主要指国家、机关单位、社团组织、书报等的名称,形成了一种固定的称谓。如"中华人民共和国""湖南省""浙江省安全厅""世界贸易组织""南开大学""《人民日报》""《鲁迅全集》"等。它们一般指某个特定的对象,不能进行一般的组合理解,都具有意义的单一性、整体性,结构的凝固性。

专有名词如果成分较多,常有简称或缩略形式,例如汉语的"中华人民共和国→中国","全国人民代表大会→全国人大→人大","北京师范大学→北京师大→北师大→师大",英语的"Word Health Orgnization→WHO"等。

3.2.2 成语

成语是指具有固定的结构和成分,有着特定的整体意义的熟语。它具有形象生动、寓意深刻、凝练简洁的特点。不同语言里,成语的形式稍有不同。

汉语里的成语绝大多数是四个字的,如"柳暗花明、南辕北辙、四面楚歌、鞭长莫及、弄巧成拙、狐假虎威、叶公好龙、刻舟求剑、七手八脚、殚精竭虑"等,也有成语不是四字格的,如"莫须有""大意失荆州""山雨欲来风满楼""螳螂捕蝉,黄雀在后""不入虎穴,焉得虎子"等。另外,成语大多数有出处,一般都来自于对历史事件(如卧薪尝胆、毛遂自荐)、古代寓言(如愚公移山、守株待兔)的概括,但是也可以直接采用名言诗句(如老骥伏枥、学而不厌)或社会流行用语(如过河拆桥、欢天喜地、百花齐放)。

外语中没有与汉语里四字格完全相同的这种成语,但是也有类似于成语的习惯用语或寓言故事,即英语里的 idiom、proverb 等,如"Strike while the iron is hot(趁热打铁)""Do well and have well(善有善报,恶有恶报)""Burn the midnight oil(焚膏继晷)""Kill two birds with one stone(一箭双雕)""Throw pearls before swine(对牛弹琴)"。而汉语中的某些成语也来自于其他国家或民族,如"火中取栗"来自于法国寓言,"天方夜谭"则来自于阿拉伯民间故事。

3.2.3 歇后语

歇后语也是汉语里特有的一种词汇成分,它是指一种短小风趣、生动形象的语句。**歇后语一般由表层和深层两个意义部分配合形成的熟语,由前后**

两部分构成,常利用谐音双关或意义双关等来表达某种意义,后一个部分才是真正的意义所在。表示谐音双关的如"外甥打灯笼——照舅(旧)";表示意义双关的如"老鼠过街——人人喊打""兔子的尾巴——长不了"。当然,歇后语里也有意义比较明显的,如"哑巴吃黄连——有苦说不出""黄鼠狼给鸡拜年——没安好心"。

3.2.4　惯用语

比起成语来,惯用语是指比较口语化,并且以三字格为主,意义形象、生动的固定词组。多是支配式结构,如"开后门、背黑锅、打埋伏、穿小鞋、戴高帽、炒冷饭、泼冷水、碰钉子、吹牛皮、唱双簧、跳龙门"等,也有偏正式的,如"墙头草、风凉话、耳旁风、马后炮、定心丸、老油条、主心骨、领头羊"等。惯用语的形式结构比较灵活,如"吹牛皮"可以说成"吹臭牛皮""吹大牛皮""吹牛""牛皮吹得呼呼响""吹了好几次牛皮"等。

外语中的"俚语"有点类似于汉语的惯用语。如英语的"to carry the horse(满堂彩)""to dance on a tight rope(走钢丝)""a jack of all trades(三脚猫)"等。

3.2.5　谚语

谚语又叫"俗话",是指在民间流传的通俗语句,里面一般包含了通俗道理或生活经验。例如汉语中的"瑞雪兆丰年""纸包不住火""百闻不如一见""天下乌鸦一般黑""人怕出名猪怕壮""枪打出头鸟""清官难断家务事""情人眼里出西施""众人拾柴火焰高""性急吃不得热豆腐"等。

外语中也有俗语,如英语中的"no pains,no gains(一份耕耘,一份收获)"、"a friend in need is a friend indeed(患难见朋友)"。

第四节　词汇的构造

词汇是有千千万万个词语构成的系统,这些词语又是由更基本的成分——语素构成的。由于构成词的语素的不同情况,词语有各种不同的构造方式。

4.1　语素及其分类

4.1.1　语素的性质

语素是音义结合的最小的语言单位,语素最基本的作用就是构词,所以又叫词素。与词相比,语素一般不能独立运用,即便那些活动能力强,能直接成词的语素(如汉语里的"天",英语里的 hand),当它们直接出现在句子里时,它们应被视作词了。

判断一个语言片段是否是语素,首先得看它有没有意义。有的语素意义比较实在,有的语素意义比较虚泛。如"莲子"中的语素"莲"和"子"意义都很实在,而"帘子"中的"子"意义就比较虚泛。另外,不少语素的意义不太固定,在不同的词语中有不同的意义变体,有时意义差别较大,有时甚至会失去意义。如"家",有时指家庭,如"成家";有时指家庭所在地,如"搬家";有时指某种行业,如"渔家";有时指有某种专长的人,如"艺术家";有时指学术流派,如"儒家";有时由于意义演变而失去意义,如"国家"。

虚语素的意义,一般人比较难捉摸,如汉语的"的",英语名词后的"-s",其实它们也是有意义的。如"买"(一种行为)不等于"买的"(一种物品或人),"book"(书)不等于"books"(一些书)。后者表事物和表复数的意义就是从"的"和"-s"来的。因此,它们也是有"意义"的,这种意义我们一般叫做语法意义,所以它们也是语素。

语素也都有语音形式,不过有些语素的语音形式不太固定,会有多种语音变体。如汉语的语气词"一",会随着前面或后面语素声调的不同而发生变化:"一"在"一块"中读阳平,在"一元"中读去声。有词重音变化的语言,不少语素由于重音位置不同而语音形式有所不同。如英语的名词复数形式词尾-s,有[s、z、iz]三种变体。

4.1.2 确定语素的方法

确定一个词由几个语素构成,一般可用替换法,也就是看语素是否有复呈性。例如,现代汉语中的"马脚""马路""马戏""马术"等词中的"马"有共同的意义,而且可以单独拿出来和别的语素替换,如跟"猪""公""唱""技"替换,分别构成"猪脚""公路""唱戏""技术"。这样就可以肯定,这些词中的"马"是同一个语素。"马"既然是一个语素,那么,"猪""公""唱""技"在这些词中也一定是语素。而"马克"中的"马"不表示意义,不能单独拿出来跟别的语素替换构成另外的词,所以它只是一个音节,不是语素。既然这里面的"马"仅仅是个音节,那么"克"也是一个音节,"马克"就是由一个双音节语素构成的词。英语中的"worker"(工人)、"leader"(领导者)、"teacher"(教师)、"reader"(读者),有相同的部分"er",含有"……的人"的意思,并且不能再切分成含有意义的单位,所以"er"是一个语素。"workable"(可使用的)、"worker"(工人)、

"workwoman"(女工)、"working"(工作着的),有相同的部分"work",含有"工作"的意义。也不能再切分出别的含有意义的单位,"work"是一个语素。

4.1.3 语素的分类

我们可以从不同的角度对语素进行分类。

(1)根据语素在合成词构造中的不同作用,可以把语素分为两种:词根和词缀。

词根是合成词的核心部分,词的词汇意义主要由词根体现。例如,汉语"画儿"中的"画",英语中的"rebuild"(重建)中的"build"。

词缀是粘附于词根的语素,一般没有什么实际的词汇意义,位置固定,有时有类化作用。它一般是用来给词根增加附加性的词汇意义,或者表达某种语法意义。根据词缀在词中的位置,我们可以把词缀分为三种:前缀、后缀、中缀。前缀附着在词根的前边,如现代汉语"老鼠"中的"老",英语"unable"中的"un-"。后缀粘附在词根的后边,如现代汉语"桌子"中的"子",英语"kindly"中的"ly"。中缀是插在词根中间的语素,如马来语的"patuk"(啄)是动词,"pelatuk"(啄木鸟)是把中缀"el"插在词根中间,以构成名词,汉语"流里流气、土里土气"中的"里"也可看作中缀。

需要注意的是,在英语等形态语言里,还有一类形式上与词缀很像的语素——词尾,如"He pull*ed* my proposal*s* to pieces"中的斜体部分就是。它是粘附在一个独立的词(称词干)后,只表达语法意义的语素。但词尾与词缀是完全不同的,词尾只出现在句中某个词干后,表示某种语法意义,没有构成新词的能力,词尾是构形语素。词缀则附着在词根后构成一个与原根词不同的词,词缀是构词语素。

(2)根据语素的构词能力,可分为成词语素和不成词语素。

成词语素是指能单独构词的语素,如现代汉语的"猫、山、天、快、少、跑、打"等;英语中的"cat、hill、sky、soon、run、beat"等。成词语素也能和别的语素再构成词,如汉语的"猫腻、群山、天池、快手、跑步、打击"等。也有个别语素永远只是词,不能充当构词成分,如汉语的"吗、了、被"等虚语素总是成词语素。

不成词语素是指那些不能单独成词,只能和别的语素一起构词的语素,如现代汉语中的"袖、习、目、聪、机、子"等;英语中的"-er、-ing、-s、-ed、re-、un-"等也都是不成词语素。

（3）根据能否单说或者单独回答问题，可把语素分为自由语素和粘着语素。

自由语素是能单说（单独成句）的语素，如普通话的"笔、走、大、谁、蝴蝶、巧克力"等。

粘着语素是不能单说或者单独回答问题的语素，前面提到的不成词语素都是粘着语素，成词语素里的所有虚词性成份也是粘着语素。

（4）根据语素构词时的位置，可分为定位语素和不定位语素。

定位语素是指在构成词时位置固定的语素，它们或者总是在前，或者总是在后，或者在中间。我们前面提到的词缀和词尾，以及某些虚语素，都是定位语素。英语中除了词缀和词尾，介词一般也是定位语素，如"of、in、to、with、from"等。

不定位语素是指在构词时自由的语素，它们有时在前，有时在后，位置不固定。词根都是不定位语素，如汉语里的"天、警"等，英语里的"police、work"等。

4.2 词的构造

按照词所包含的语素的数量，可以把词分为单纯词和合成词。

4.2.1 单纯词

单纯词是指由一个语素构成的词，如现代汉语的"山、白、哭、蚂蚁、怂恿、秋千、吗、了"，英语中的 hill、cry、run、ant、with、to。

4.2.2 合成词

合成词是由两个或者两个以上的语素构成的词。根据构成语素的类型和关系，合成词可分为三种形式：复合词、派生词以及重叠词。

复合词是指由两个或者两个以上的词根语素复合而成的词。构成复合词的一般都是词根语素，这种词在各种语言中都有，但是在汉语中更普遍一些。

按照语素和语素之间的组合关系，复合词又分为以下几种主要关系：

（1）陈述式：前后语素之间是一种陈述和被陈述的意义关系。如汉语的"胆怯、海啸、耳鸣、性急、人造"；英语的 earthquake、sundown、state-owned、hand-writing。

（2）支配式：前后两个语素分别表示动作行为和动作行为所涉及事物的意义，如汉语的"卖国、留情、顶针、知己"；英语的 pickpocket、carryall、 pinchpenny、peace-loving。

（3）偏正式：前后语素是一种修饰和被修饰的关系，被修饰的词根，有的表示事物现象，有的表示动作行为，如汉语的"酒窝、好感、迟到、重视"；英语的 blackbird、workshop、greenhouse、sleepwalk。

（4）并列式：两个语素在意义上不存在主次，分别表示相关、相近或相对的关系。如汉语的"离别、田园、买卖、动静"；英语的 walkie-talkie、out-and-out、downfall、come-and-go。

（5）补充式：两个语素在意义上是后一个补充说明前一个的关系，前一语素表明动作行为的性质类属，后一语素对已说明的动作行为从结果或趋向上进一步加以补充说明。这种复合词是汉语所特有的，如"磨损、揭穿、申明、提高、加紧"。

派生词是指词根语素和词缀语素构成的词。汉语里也有不少派生词，但是在形态丰富的语言中数量更多些，是主要结构类型。其中的词缀是既有改变概念意义作用又有语法作用的语素。派生词的组成方式主要有三种：

（1）词根＋后缀：如汉语的"胖子、盼头"，英语的"teacher、typist、musician"。

（2）前缀＋词根：如汉语的"老虎、阿姨"，英语的"reaction、unhappy、irregular"。

（3）前缀＋词根＋后缀：如汉语的"老婆子、第三者"；英语当中的"unfriendly、impossible"。

各种语言里面有时还有一种比较特殊的情况，就是词缀在词的中间，如马来语"patuk（啄）"加上中缀就成了名词"pelatuk（啄木鸟）"，菲律宾旁托语"kilad（红的）"加上中缀就成了动词"kumilad（红了）"。此外，像英语的"abso-bloody-lutely（绝对绝对地）"，德语"Arbeit-s-mann（工人）"，汉语"古里古怪、糊里糊涂、吊儿郎当"等也可以看做是加上中缀构成的派生词。

重叠词是指两个相同的词根语素重叠而成的合成词。重叠词常见于汉藏语系，如汉语里的"爸爸、姐姐、星星、娃娃、刚刚、偏偏、常常、漂漂亮亮、婆婆妈妈、形形色色、热热闹闹"等词都是。不过，需要注意，不是所有的成分重叠形式都是重叠词，如"猩猩、奶奶、蝈蝈、太太"等意义不能再分解，本身只是一个语素，它们只是单纯词中的叠音词，不是重叠词。而"看看、试试、个个、次次"等也不是重叠词，而是重叠式词组或语法的重叠形式。

【自测题】

1.什么是词？如何确定词？

2.词汇的系统性表现在哪些方面？和民族性有何关系？

3.为什么说词汇既有任意性又有理据性,既有变化性又有稳定性？

4.基本词有哪些特点？基本词汇和一般词汇有什么关系？

5.如何区别历史词语和文言词语？

6.用什么方法确定语素？语素有哪些类别？

7.复合词有哪些主要类别？

第三章 语法学

第一节 语法与语法学

1.1 语法

语音是词汇的物质外壳,词汇是负载内容或意义的单位,从建筑材料的角度看,音义的结合是语言成为交际工具的基础。但仅有这些部分还远远不够,如果没有一套将他们有效地串起来的规则,就没有办法准确、简洁地表达出说话人的思想、情感。例如汉语中有词语:确实、很、他、好。它们可以有许多种排列方式,但一般情况下最合理的只有一种:他确实很好。下面两个句子我们凭语感可以判断它们"不通":

[1]只有你才能想出这样**非常高等**的点子。

[2]正太路的路轨窄,敌人把平汉路的火车头**无法**移用到这里。

原因在于:[1]句中的"高等"虽然与"高级"意义相近,但词性不同,作为区别词的"高等"不能受副词修饰,换为"高级"就可以了。[2]句是现代汉语中的"把"字句,该类句型要求否定副词放在"把"字结构前,因此,将"无法"移到"把"前即可。

同样,如果学习者说出这样的英语句子,以英语为母语的人也一定认为它们"不通":

[3]Yesterday I see he in the bookstore.

[4]Blind person can often recognize objects by feel them.

例[3]有两处不妥:动词"see"的时态形式不对,英语句子中的动词一定是处于某一时态中,且有形态标志,该句中表示过去发生的动作,必须转换为"saw";人称代词有"格"的区别,因此句中作为宾格的第三人称代词"he"必须换成"him"。例[4]也有一处不妥:动词不能直接以原形跟在介词后,必须转换为名词形式——动名词"feeling",才能组合。

可见,无论是汉语还是英语,实际上,所有的语言,其基本的结构成分——词,并不是可以随心所欲地排列组合的,而是要按照一定的链接方式,将它们"合法"地组合起来,否则,即便是词汇意义已经清楚完整,如果不照"章"行事,所产生的表达单位仍然是不合格的,也一定难为社会所接受。可见,语言单位要得到有效的链接,必须依靠一定的规则,**语言系统中将语言单位逐级组合起来以获得有效结构的内在法则,就是语法。**

语法是客观存在的,但对不同的语言来说,它的表现形式是不同的。另一方面,因对语言的熟悉程度的不同,人们对它的直观感受也有区别。

从前一个方面看,西方语言在表达词语组合关系意义时,更多地通过外在形式来表现,其语言手段自身构成了一个完整的体系,如数、时、格等范畴和形式,因此,语言学家一般将这类语言称作形态语言。相对来说,汉语就呈现出另外一种面貌,其词语组合的关系意义表达别具特点,或通过词汇形式的虚词完成,如"吃饭"与"吃过饭",或隐蔽而含蓄,通过换序来表达不同的关系和意义,如"丰富生活"与"生活丰富"。

从后一个方面来看,说母语的人,往往对法则的感觉较迟钝,好像自己根本就不用费神就能说出合格的句子,并没有感到"法"的约束。产生这样的误解是很正常的,因为在母语环境中生活的人,对母语的掌握首先在幼年时期是通过逐渐而不自觉的模仿、修正等过程习得的,到了少年和青年时期又通过学校学习逐渐加以提高,其间约有二十年。对学习语言来说这应该是一个漫长的过程,但因为这一过程往往多湮没在其他更多更具体的生活经历中而常常为学习者所忽略。另外,由于语法系统的生成性,一旦母语被使用者基本掌握后,就成为自身与思维紧密结合的一个重要部分和手段,以至于使用者往往无视这一媒介的存在,正如一个会骑自行车的人,一般只需凭感觉就能驾驭,根本不觉得其中有什么力学原理一样。但当人们在实际运用中出现"不通"或纠正别人说话时,语法的面目就很清晰了。当初学一种外语时,人们对语法规则的感觉就更加具体而真切了。

1.2 语法的性质

作为组织语言单位的内在法则,语法有多个属性,这里主要介绍三个基本的方面。

1.2.1 抽象性

语言事实和材料是无限的,不用说古今中外,仅就现代汉语或英语而言,其言语作品(包括口头的和书面的)就浩如瀚海,难以记数,但很显然,我们不能说制约这些言语作品的规则也是无穷无尽的。实际上,无论是已有的作品,还是今后还将产生的更多的作品,谁也无法作准确统计,但隐藏在它们背后制约它们的规则,其数量是有限的。可见,制约无穷量的言语作品产生的规则是有限而抽象的。对语法抽象性,可以从以下两个方面来理解:

首先,语法单位是抽象的。无论是在日常言语中,还是在人为编纂的词典中,都存在大量的基本造句单位——词,绝大多数词之间在意义上是不相等的(除了极个别的等义词),如汉语里的电脑、经常、公路、好、非常、窄、衣服、手……但如果稍作归纳就会发现,"电脑、公路、衣服、手"等词都能出现在句子的同一个位置,如主语、宾语等,而"好、窄"则一般不能这样,它们多出现在定语、谓语等位置上,"非常、经常"则多出现在状语的位置上。也就是说,在下面这个句子中,主语位置上的词语替换后,词汇意义是完全不同的,但结构特征完全相同:

[5]电脑非常好。[电脑→公路、衣服、手]

其中的"电脑、公路、衣服、手"之类的词语,因为在语法功能上有相同属性而聚合成一个抽象的类别,现在称为名词,并与"非常""好"等类词语相区别。可见,语法单位以及对它们的类别归纳是抽象的。

其次,语法关系是抽象的。汉语中可以有大量类似这样的句子:小明喝牛奶、妈妈已经吃过饭了、老师在黑板上写字、他看电影啦?……意义上千变万化,数量上也难以穷尽,成分多少不尽相同,语气也不完全相同。但它们在以下几个方面是相同的:主语为施事类名词,有已知性,谓语表示行为动作,由动词和所涉及的受事宾语构成支配关系,宾语有明显的不确定性。也就是说,上述句子中的任何一个成分,只要符合上述相应的特点,都可以作同类替换,而不会改变成分之间的结构关系,因为该类句子成分之间的结构关系是抽象而可以重复的。

另外,语法关系的抽象性还体现在各种语法意义及其表达手段——语法形式上。这一点在形态语言中表现得更为典型和复杂,如在英语的句子中,表示"书"的词语有时候是 book,有时候是 books,表示"脚"的词语有时候是foot,有时候是 feet。原因在于不仅仅事实中事物有"数量"的差异,在语法层面上也有"数"的意义,而且在形式上还得有相应的表现形式,即在该名词本身须有特定的形式体现:book、foot 为零形式表达单数意义,而 books、feet 为变异形式表达复数意义。在这种语言里,无论名词类型如何、意义差别有多大,它们句子中都有相应的语法意义及其表达手段。其他如后面谈到的"时"

"态""性"等语法范畴及它们的实现手段无不具有这一属性。

语法正是因为其抽象性,才能成为具有高度概括性的规则系统,才能运用有限的规则产出大量以至无限的实际结构和句子来,这也正是语言轻便简洁的一个最重要的原因。

当然,语法的抽象性不否定言语行为的多样性、个性化,因为在任何一种语言系统里,结构的选择是多样的,即便是同一结构形式,表达者仍然可以通过对同功能单位的选择、替换而体现自己独特的表达内容、情感和风格。

1.2.2 递归性

语言单位组合的规则是高度概括的,但从另一个侧面看,任何一个规则又具有可重复性。这个可重复性不仅表现在同结构中的成分可以被同功能单位替换的无限性,也表现在同一结构或成分的可扩展性。前者是抽象性的一个表现,后者就是递归性的具体体现。言语行为要满足使用者的各种需要,而规则的抽象性决定了其数量的有限性,然而无论从一个相对较长时期来看,还是在具体的言语语境中,使用者都不可能不断地增加新的规则,这就势必产生了一个矛盾。语言是如何解决这一矛盾的呢?递归性就是一个有效的方法,它能使一个规则能在具体结构里被不断反复地使用,从理论上讲由于这一属性,使用者能在不违反线性特征的前提下造出无限长的句子。例如:

[6]学生在看书。

隔壁的学生在看他的书。

隔壁在××小学读书的学生在家里看他的辅导书。

隔壁在××小学读书的学生在家里看他昨天从新华书店买来的他一
直想要的辅导书。

在最后一个句子里,我们可以看到,相对于第一句,它重复运用了多个结构:主谓结构重复了3次,动宾结构重复了3次,介词结构重复了2次,偏正结构(含定+中和状+中)则重复了11次。

1.2.3 稳定性

语言是适应社会的交际需要而产生的,语言的社会属性决定了它在一个相对时期内必须保持稳定。人类社会在长期生产、生活过程中,利用语言传承文化,并形成了与特定民族相适应的与语言难以分离的文化系统,文化的传承和发展也决定了语言要有可持续性。可见,语言系统应具有稳定性。在语言系统中,相对语音、词汇、语义来说,语法的稳定性最强。如就汉语来说,下面这句三千年前的话,从词语形式或意义上看,现代人要完全明白需要专门的学习,但从结构关系上看,与现代汉语就没有大的区别:

［7］学而时习之,不亦说乎？ 有朋自远方来,不亦乐乎？ 人不知而不愠,不亦君子乎？

（《论语·学而》）

就英语而言,下面这段距今近四百年的早期现代英语独白①,今天说出来也不会令人太惊讶:

［8］Will all great Neptune's ocean wash this blood

Clean from my hand ? No , this my hand will rather

The multitudinous seas incarnadine,

Making the green one red. (Macbeth,II. ii.)

不过,需要注意的是,语法的稳定性是相对的,是就其漫长的历史过程与广阔的社会使用面而言的。语言既然是人创造的,它本身就是文化现象,也必然会发生改变,社会的发展也需要它发生改变,因此,任何一种语言的语法在经过数百年乃至上千年的历史后,一定会出现或多或少的变化,语法具有时代性和可变性。如相对于现代汉语来说,古汉语在词语构成、宾语语序等方面就出现了变化。只不过这些变化是渐渐地出现在语言中的,一个具体的人,对其变化的感觉是不很明显的。如下面这段对话中有些语法现象与现代汉语有了很大的不同:

［9］子曰:"莫我知也夫!"

子贡曰:"何为其莫知子也?"

子曰:"不怨天,不尤人,下学上达。知我者,其天乎?"

（《论语·宪问》）

另外,语法的稳定性要与实际言语活动中超规范言语行为区别开来。所谓超规范言语行为是指在特定语境中为获得特殊的修辞或语用效果而进行的表达活动,这类修辞或语用行为与常规语法规则是冲突的。如现代汉语的文学作品中可以有这样的句子:

［10］高松年听他来了,把表情整理一下,脸上堆的尊严,可以用刀刮。

（钱锺书《围城》）

---

① 见莎士比亚戏剧《麦克白斯》第二幕第二景。

其中,"表情"成了"整理"的对象,"尊严"成为"刮"的受事,这在常态规则里是不被允许的,但出现在文学作品中,就成为难觅的佳句,体现出作者的语言才能。

同样,英语里也有这样的情形:

[11]The room was easily traced by the noise that was coming from it.

It didn't sound a *studious noise*. (Edward Blish:Boarding Boys)

句中本来只能用于描写人的词语"studious",被移用在了无生命的对象——noise上,实际上用"不勤奋的声音"这一超常组合,诙谐地暗指教室里那种特有的闹翻了天、无法驾驭的场景。

1.3 语法学

从上面的讨论可以知道,语法是语言系统中构词和造句所遵循的规则,是客观存在的,严格地说,每一种语言都有自己的语法规则系统,而且是自该种语言产生时就确定了自己的基本面貌。然而人们对语法这一客观事实的研究却很晚,现在已知的最早的语法著作是公元前4世纪的古印度人波尼尼写成的《语法规则八章》和公元前2世纪末古希腊人狄奥尼修斯写就的《语法术》,到了18世纪,以比较的方法研究欧洲语言及其与其他语言关系的历史比较语法学开始了完全科学意义的语法学研究,而索绪尔的《普通语言学教程》则标志了现代语法学的诞生。

由此可见,**语法学就是运用适当的方法对语法规则进行描写、分析,以揭示语言系统中存在的制约着词语构成以及语句产生的方式、原则的学科。**语法是客观事实,语法学则是研究者在一定方法论指导下对语法所作的分析系统。从理想的角度说,两者应该是吻合、统一的。但由于研究者的研究目的和研究方法不同,到目前为止,对语法规则研究的结果,有时候在体系性范围甚至在一个具体对象的描写、解释上,都可能产生分歧。并会因此而产生不同的语法学流派或体系,如传统语法学、描写语法学、转换生成语法学、格语法学、功能语法学、蒙塔古语法学等。

不同语法学研究的目的或最终结果应该是更加客观、完整地揭示语法规则的本来面目,为更科学地认识语言本质、为人们更好地在不同的层面上使用语言服务。

第二节 语法单位

2.1 语法单位

人们在交际的时候,总是以句子为基本单位的,它有自足的结构和关系,能表达一个相对完整的意思,并且有特定语调。以句子为单位再构成更加复杂的句段、篇章等话语单位,可见,句子是基本的言语单位,却是更高级的语法单位。不过句子并不是一个在结构上不可分解的结构体,而是由更小的有意义的语言片断逐级组合而成的,**句子以及构成句子的有意义的语言结构片断就是语法单位。**不同语言中的语法片断基本上是相同的。下面分别简单看看汉语和英语中的语法单位情况。

[1] 彩 色 的 气 球 飘 上 了 天。

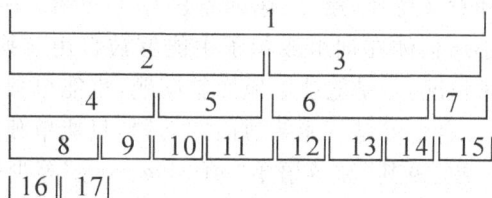

1							

分析这个句子可得到 17 个有意义的不同的语言片段,按照片段的层次看,17、16、15、14、13、12、11、10、9 是最小的有意义的片段,称为语素;15、14、13、12、9、8、7、5 也是有意义的片段,但它们能直接充当句子成分的单位,一般称作词;6、4、3、2 则是由词构成的更大的语言片段,也可以充当句子成分,一般称作词组或短语;1 则是词或词组构成的有意义的最大的片段,称作句子。

[2]I really can not recall your name.

其中,real、ly、re、call 为基本的语言片段,为语素,分别构成了 really 和 recall,另外 I、can、not、your、name 也是语言片段,叫词;your name 和 to recall your name 则分别是由词构成的两个词组。最后,由上述单位构成了一个完整的可以表达的语言片段——句子。

需要注意的是,这里所说的"有意义"的片段,既包括含有词汇意义的语法单位,如"彩色""气球""飘""上""天""I"等,也包括没有词汇意义,只具有语法意义或作用的片段,如"的""了""-ly""re-"等。

2.2 语法单位的构成与关系

以上两例分析可以知道,语法单位从性质上看,就是句子以及构成句子的有意义的语言片段,从功能上看,语法片段有层次的差别,从低到高依次为:语素、词、词组(短语)、句子。

语素 是最小的音义结合的语言单位。它一般不能直接充当句子成分,必须与其他语素构成词后才能进入句子。当然,从形体上看,有时候一个语素与词是同形的,如汉语中的"电、快"类语素,既可以与其他语素构成更大的单位——词,如"电脑、快速",也可以以原来形式进入句子,如"电用完了。""你快走。"不过这一个对象在不同的单位里性质仍然是不同的。这类语素称成词语素。另外自身绝对不能直接进入句子的语素就是不成词语素,如汉语里的"息、-子"等,英语中的"-ly、un-"等。

词 是由语素构成的最小的有一定的声音和意义能独立活动的语言单位。对其形体和意义特征,第二、第四章已作了介绍。所谓"能独立活动"是指作为一个最小结构体在词组或句子中能够被自由替换的能力。这种能力具体表现为三种情况:一是能独立地回答问题,也能单独充当句法成分,如大部分的实词;第二种情况是不能单独回答问题,只能单独充当句法成分,如汉语中的"黑白、一致、极其"和英语中"effusive、very"等少部分实词;第三种情况是不能单独回答问题,也不能单独充当句法成分,只能协助实词充当句法成分,如所有的虚词。在语法学上对词的研究,目的在于描写词所具有的语法功能(包括句法、语义和语用的)、揭示词在语言发展史上的演变规律等。

词组 是由两个以上的词构成的结构单位,也称短语、片语等。从功能上看,词组与词相当,都是构成句子的材料单位;从结构类型上看,词组与句子相类,只是缺少具体的语境和语调。当然,不同的语言里,词组的类型和形式是不完全一样的,如汉语中可以有"买书"词组,而英语中就不能有脱离语境的"to buy book"这样的词组。语法学上对词组的研究,旨在描写词组构成的内在关系和类型,为进一步归纳句子类型等作准备。

句子 句子是由词或词组构成的具有特定的语调能表达一个相对完整的意思或实现交际意图的表达单位。从结构上看,句子是语言单位中最大的;但从交际功能上看,句子则是最小的言语单位。句子的长短取决于交际意图、交际语境等多种因素,一个句子可以是完整而较长的,如"他终于买到了那本想了多年的小说"。但也可以是"残缺"甚至是单个词构成的,如"多冷的天啊!""好!"等等。也正因为语境等因素的影响,句子与其构成基础单位——词和词组在意义上有本质的不同:词或词组的意义是可能的,多可从其表层构成成分获得,而句子的意义则是实现状态,是在成分意义基础上由语境等符号外因素补充确定的。如"小李去上海"这个词组意义是明确的,但在具体的语境中可能因为语气的不同而表达陈述、提问以及怀疑等意图。又如"咬死了猎人的狗"是歧义结构,但在"狼咬死了猎人的狗"句子中就只有一个意义。从句子形体构成来看,句子可以有单句和复句的分别。前面所有的分析即针对单句而言。**复句则是由两个以上的单句构成的表达一个复合判断的句子。**如下面的句子就是典型的复句:

[3]无论形势多么恶劣,他们依然坚持了下来。

[4]Because he was ill , he was absent.

语法学对句子的研究主要是要归纳句子结构的、语气的类型,解释句子内部所含有的语义关系及其类型,历时语法学还要描写句子成分和结构关系在语言史上的演变轨迹。

语法单位除了上述四个外,有的书还将句群、句段、篇章(或合称为句组)列为句子以上的单位。也有研究者认为这些单位已不属于语法的基本单位,而是言语活动的单位,应作为话语语言学等学科研究的对象。

就语法作用和研究意义而言,在上述四级语法单位中,词与句子是最关键的单位。其原因就在于两者在各级语法乃至言语单位中都具有很重要的过渡转化地位。具体地说,词是语素组合的最能活动的单位,也是造句的最基本元素;句子是词或词组的最终构成结果,又是话语单位的最小构成元素。

从四级语法单位的层级关系上看,各级语法单位则同时具有两种关系:组合关系和聚合关系,这是语言符号的组合关系和聚合关系在语法系统内的具体表现。

组合关系是指语法单位在横向组合时所体现的属性和能力,如两个或多个语素构成词,依此类推,由词构成词组,由词或词组构成句子,同级单位相互组合构成更高的单位,同级单位在组合成更高级单位的过程中一定会受到句法语义等各种关系的制约,这就是语法单位的组合规则。

聚合关系是就语法单位组合链条中可以替换的同级单位之间所形成的关系或属性,如相对于"快乐的小鹿跑过来"这个句子,"快乐"与能替换它的"恼怒、饥饿、漂亮"等词就构成形容词聚合关系,"小鹿"与"王军、小猫"等构成名词聚合关系……可见,组合关系与聚合关系是语法单位之间的基本关系。

第三节 语法单位的聚合与组合

3.1 词的语法功能分析

对词语的分析和归类,可以有多种角度和结果,如从词的音节形式看,可以分为单音节、双音节词和多音节词;如以词的构成方式来看,词可以为单纯词和合成词;从意义上看,又可以分为同义词、反义词、同音词、多义词等。不过所有这些分析都是词汇学意义的,因为这些对词的分析和归类,都没有揭示词语在组合过程中反映出的结构或功能属性。因此,旨在描写词语在组合过程所具有的结构属性、归纳其语法特点的分析,就是对词语语法功能的分析,得到的聚合性结果就是词类,也就是说,**词类就是在语言结构中具有相同语法属性的词语的聚合类别。**

3.1.1 词语语法功能分析的原因与意义

分析词的语法功能、归纳词类之所以重要,主要原因是:

首先,词语除了声音、意义等属性外,它自身就是语法功能的实现载体,词语在横向组合时,除了受制于音义规则外,还取决于其语法功能。如汉语中"突然"与"忽然"是同义词,在语境中经常可以替换,但在下面这个结构的空格中就只能选择"突然":

[1]这纯粹是一个____事件。

其原因不在于音义特征,而是因为"突然"是形容词,可以做定语修饰名词,而"忽然"是副词,只能用于做状语。

其次,能为语法研究和教学提供便利。词是句法结构的基本单位,因此,为了准确、科学地描写词组、句子等更高级语法单位的结构关系和功能特征,对其基本构成成分的语法功能有系统而准确的认识是前提条件。如汉语中对下列两个句子的分析:

[2]书是小王的。

[3]他是来过的。

要清楚地解释这两个句子的结构特征,就必须分析"书""小王""来""过"以及"是""的"等词在语法上的属性,包括共同的和不同的。同理,在语法教学中,更是离不开对词的语法功能的分析。

可见,对词的语法功能的分析并根据这一分析给词进行归类,是语法研究和教学的基础工作,是十分必要的。

3.1.2　词语语法功能的分析方法

从语法角度分析词的特点并进行词类归纳,自有语法研究以来,大致出现过两类标准。

（1）意义标准

根据词的意义对词进行分类,有一定的认识基础,与一般的日常感觉也多有吻合。如名词是表示人与物名称的词,动词是表示行为动作的词,等等。需要注意的是,这里所说的"意义"并不是指单个词的词汇意义,而是指词语在词汇意义上的共同属性。如房屋、电脑、手、思想、book、foot 等词虽然意义不同,但都是指称事物名称的,笑、走、说话、come、sit 等词在表示行为动作这一点上是有共同点的。在语法学早期阶段常用这种方法,如古希腊学者狄奥尼修斯·特拉克斯在这部简要描写了希腊语语音、语法的《语法术》一书中就采用了这一方法,如他认为"表示人或事物的词类"是名词,"表示完成或进行的行为或过程的词类"是动词。[①] 在我国,第一部语法学著作《马氏文通》给词分类主要就是从意义上进行的。对实词与虚词的区别是这样处理的:"凡字有事理可解者,曰'实字'","无解而惟以助实字之情态者,曰'虚字'。"[②]对下位词类的界定也是如此:"凡实字以名一切事物者,曰名字。"[③]等等。由于从意义上把握词语的类型有深厚的经验条件,操作起来也较便利,因此这一标准至今仍可见于一些论著中,如流行甚广的美国语言学读物《语言要略》就采用了上述标准。[④] 另外,这种分类方法,在初级语文教学中也有一定的适用性。

但这一分析标准的语言学价值有限,因为词语中有不少成分的意义是虚泛的,难以明确界定并以此作下位分析。这一情况不仅存在于虚词中,在实词中也同样存在。如汉语中的"进行、予以""极为、非常"等词语,其意义无疑是"无解"的,但现代汉语言学多将它们列入实词。另外,有些词意义相近甚至相同,但使用特点有很大的区别,如果按意义标准将它们圈在一起,无益于完整科学地认识它们的本质。前文所举的"突然""忽然"两词就非常典型,又如汉语中的"阻碍"与"障碍"两词也属此类。

①　罗宾斯.语言学简史.上海外国语学院外国语言文学研究所,译.合肥:安徽教育出版社,1987.
②③　马建忠.马氏文通.北京:商务印书馆,1998.
④　Dwight Blinger.语言要略.方立等,译.北京:外语教学与研究出版社,1999.

（2）功能标准

所谓功能标准就是在分析词类时以词在句法结构中的语法能力为依据。和意义归类法不同，功能法主要是将具体的词放在更大的它所能出现的结构组合中，观察词语之间的关系，并以此将具有同类特征的词加以归纳，从而把语言中的词语纳入严谨有条理的词类体系。从语法学史上看，功能标准有两种具体表现形式。

①形态分析法

词语在依据语法规则组合成短语、句子过程中，就产生了原本词汇意义没有的关系和意义，它们在语言学上称语法意义。在有些语言中语法意义必须借助于一定的形式来实现，这种代表语法意义的方式叫语法形式，属于形态。而复杂多样的形态往往与特定的词语有相应的关系。如在英语中，我们可以不考虑词的意义，只要通过观察发现句子中某些词经常有"数"的变化形式，就可以肯定它们就是名词，反过来，也可以说，名词就是在句子中有"数"的变化的词。可见，所谓形态不是孤立的，它是词在具体结构中所能具有的语法意义即语法功能的反映形式。这一标准比较适合于形态变化丰富明显的语言，西方多数语言如德语等就是典型。最早采用该标准的也可追溯到古希腊时期的狄奥尼修斯·特拉克斯。他在《语法术》中除了采用词汇意义标准判断词类外，同时运用了形态标准。如他认为希腊语中名词"有格的变化"，而动词"没有格的变化，但有时态、人称和数的变化"，等等。[1] 近期如美国著名语言学家霍凯特就认为，"词类是词干的形类""一种语言的词类系统就是根据屈折和句法上表现的异同对全部词干作出的分类"。[2]

很显然，形态标准用来对形态丰富的语言的词类划分多是易行而又准确的。但对类似汉语这样缺乏形态特征的语言而言，形态标准的作用就很有限了。

②分布分析法

功能标准的另外一种表现是，在某些语言里，词语在组合过程中所产生的关系意义及其功能并没有或少有特殊的形态标记，而是通过在不同的结构中的活动能力来体现的，也就是说其功能属性是分布于特定的结构中。对这类缺乏形态标记的语言来说，通过考察词语在组合过程即分布中所反映的功能属性，是归纳词语语法类别的最佳方法。汉语就是典型的缺少形态标记的

---

①　罗宾斯. 语言学简史. 上海外国语学院外国语言文学研究所，译. 合肥：安徽教育出版社，1987.

②　霍凯特. 现代语言学教程（上）. 索振羽，叶蜚声，译. 北京：北京大学出版社，1986.

语言,因此,在对汉语词语进行语法属性分析时,分布分析法就是最简便可靠的。例如,"刚才"与"刚刚"两个词在意义上接近,但两个词在与其他词组合时,会表现出不同的分布特征:

	刚才	刚刚
相同点:做状语	刚才走了	刚刚走了
不同点:与介词组合	在刚才说过的话	? 在刚刚说了话
修饰名词	刚才的响声	? 刚刚的响声
做主语	刚才是八点钟[陈述]	? 刚刚是八点钟[修饰]

通过上面的分布分析,可以发现,"刚才"具有和其他名词同类的属性,而"刚刚"则与其他副词同类。对于一些同音同形但属性不同的词来说,分布分析法的优越性更加明显,如前面[2][3]例中所举"的"可以是结构助词,也可以是语气词,要解释其不同,只能看它们的分布表现。乍看上去,"的"都在句末,实际上其组合属性是不同的:前句中"的"与"小王"构成一个结构体,通常称"的"字结构,做动词"是"的宾语,其中的"的"是不能删除的;后句中"的"则是依附于整个句子的,对"他是来过"做语气上的肯定,因此是可以删除的,因此,前句中"的"是助词,而后句中"的"是语气词。

分布分析法的具体操作步骤一般分为两个:

首先,按照词语能否单独充当句法成分这一标准,将词分为实词和虚词。实词能单独充当句法成分,而虚词必须依附于或帮助实词充当句法成分。就汉语词类的研究而言,又可根据功能特点将实词下分为体词(做主语、宾语的词)、谓词(做谓语的词)和加词(只做修饰成分的词)。

其次,根据词与词的组合能力将实词分为名词、动词、形容词、副词等词类,将虚词分为连词、介词、助词等词类。

严格地说,分布方法需要对一个词在组合中所能出现的所有可能做出归纳比较。但在实际研究中往往采用鉴定词方法来进行。所谓鉴定词就是能反映某个或某类词语法属性的关键成分或能力。如"能与介词组合"、"能受数量词修饰"等就是判定名词的鉴定词。鉴定词判断法是语言学家在研究实践中总结出的有效方法。

形态分析和分布分析都属于功能标准,采用哪一种方法分析词类,是相对于其主要特征而言的。就汉语来说,由于缺少形态变化,分布分析是最有效的方法。但这不是说形态方法就一点价值没有。例如,汉语里有些词语(设为×)可以重叠成$×_1×_2$,如果$×_1×_2$重叠式中$×_2$读轻声,且重叠后表示短时或尝试态,那么×肯定是动词。同理,形态语言中也并非任何一类词都有明显的形态标记,如英语的连词 because、though 以及介词 about、in 等类词就没有任何意义的形式标记,确定它们的词类也只能根据其分布特征。霍凯特就将虚词看做"词干不屈折的词",对它们只能"按照句法标准定出不同的小类"。①

另外,不同语言里,无论其词类分析采用什么方法,得出的词类结果彼此间往往并不一定相同。英语中词类一般分为八类或九类,如名词、动词、形容词、副词、代词、介词、连词、叹词和冠词,而汉语中则有十四类,除了上面前述八类外,还有数词、量词、区别词、助词、语气词、拟声词等。这中间,有些词可能是彼此都有,但归并不同,如英语中的 one、two 等表数的词,被归入名词或形容词,而 pingpang 等拟声词被归入名词;有的则可能是此有彼缺的,如汉语中有大量的量词、语气词,而英、德等语言基本没有,英语中有定冠词 the,汉语里就没有。

最后,要注意的是,无论采用哪一种标准分析词的语法特征,并进而归类,得到的特征与类别的对应关系对于类聚系统中的所有成员来说都不会是绝对均衡的关系。比如说,通过分布分析法分析而得到的词类,其成员并不意味着都具有该类的所有特征。实际上,在同属于某一类的词中,有些词是具有该类词的典型特征的,我们不妨称它们为原型词,而有些词则具有该类的次要特征,整个类的词语之间应该呈现出一个连续的分布状态,有人用家族相似性来解释这种现象。② 就现代汉语的名词而言,普通名词就属于原型词,它们能做典型的主语、宾语,还能作定语直接修饰名词,但时间名词、处所名词等就不完全具备这些典型特征了。

3.1.3 词的兼类

一般而言,采用一定的标准对词作语法类属分析后,每一个词应该都各有归属。这种归属有两种情形,一是一词一类,如汉语里的笔、汽车、观念等只属于名词,大、美、勇敢等只属于形容词,英语中的 desk、computer 等仅属于名词,等等。但由于音义矛盾解决的需要,常在一个词的本义或基本义基础上派生出新的意义,并产生新的功能,这就产生了一个词语可能具有两种词性的情况,即一词二类,或称兼类。如"科学"本为名词,后产生出"具有科学

① 霍凯特.现代语言学教程(上).索振羽,叶蜚声,译.北京:北京大学出版社,1986.
② 袁毓林.词类范畴的家族相似性.中国社会科学,1995(1).

属性的"这一意义,用该词修饰或描写此属性的对象,便产生了形容词属性,使它兼具名词与形容词。其他如"丰富、精神、机械"等莫不如此。英语也同样有此类现象,如 water,本为名词,后产生了"用水浇、洒"义,表示动作,使它兼属名词和动词。其他如 fire、silly、visit、fancy 等也属兼类词。

判断兼类词要注意与同音同形词区别开,有些同音同形词也分属两种词性,如汉语中的"来"可以是动词,也可以是助词(如"十来个人"),但两者的意义没有关联,它们应看作两个词。又如英语中的 watch,可以是动词,表示看、注视,也可以是名词,指手表等,也应看作两个词。另外,如果一个词在具体语境中临时被改变属性,实现某种特殊的修辞目的,就属于修辞手段,也不应被看做兼类词。这种现象在缺少形态变化的汉语中经常可见,如"他的穿着很西方""他非常阿 Q"等句中的"西方、阿 Q"等词。

3.2　词语组合的制约条件

3.2.1　词语组合的句法制约

因各自语法属性而构成聚合关系的词,其最终价值在于通过一定的程序组合成更大的符号链,为内容和情感的表达提供手段。但是,有时候句子中词语的顺序与客观事理(如动作的先后过程、物体的时空关系等)存在较为直观的对应,如:

　　[4]他→乘出租车→来学校→上课。

　　[5]I→bought→ three→books.

更多的时候,句中词语的顺序与客观事理又没有如此直观的对应关系,如:

　　[6]我们把书卖了。

　　[7]The meeting was held in the open.

因此,词语是通过什么程序或方式组接起来以满足人们的交际需要,就成为有语法研究以来人们投入最多的一个领域。不同的语言,词语在组合成供人们交际运用的句子时所采用的形式或手段是有差异的,但一般来说,句法制约这一特点在所有语言里都具有共同性:

所谓句法制约,就是指词语在组合时所受到的词语本身具有的功能或形式属性限制。

词语是人们对事物认识的基本单位,但一个有效的单位的组合,并不是词语成分完整、意义充分就可以了,作为语言系统的一个部分,词语在组合成更高级单位时,还必须受到句法结构规则本身的制约,而很多规则往往是语言体系内的,与生活事理、普通逻辑没有关系。例如下面两个句子,在使用汉语和英语的人看来,都是不合语法的:

[8]于无足轻重的东西中见出更高度的深刻意义。

[9]I've enjoyed talk to you about old times.

例[8]的不妥在于,"高度"是名词,虽然意义上与"高的层次、层面"接近,但句法上不能直接与副词"更"组合,必须删去"更",或将"高度"拆成"高+层次/层面"。[9]从意义上看,也表达出"我很高兴曾经与你话旧"的意义,但英语句法不能接受动词"enjoy"后直接跟动词,必须将后面的动词改为分词形式——talking。

从这一个方面我们还可以看到语法手段在语言单位组合中的重要作用,以及不同类型的语言所具有的语法手段的差异。比较下面的句子:

[10]人看到了。——看到人了。

[11]学习文件很好。——学习的文件很好。

[12]He has bought three books. / Ich habe ein Buch。

例[10]因为语序不同而使前后句子句法关系和意义都不同:前者为主谓结构,后者为述宾结构;前者表示某个特定的人被看到了(如病人等),而后者可能是偶然看到了陌生人。

例[11]则是因为有没有虚词"的"而显示出差别:前一个句子在书面上有两种意义——学习文件的行为很好、学习的文件很好,而后一个句子因为有了助词,就消除了歧义。[12]例里的英语、德语句子则是典型的依靠形态手段组合词语的类型:这类语言中,句子除了词汇的基本意义完整外,还有复杂的语法意义,如格、时、数、性等,且需要完整的一套表达与事理没有相应关系的形态手段来链接它们,否则就属于无法理解的拼凑了,如主格形态——I、Ich,现在完成时形态—— has bought,一般现在时形态——habe,数——books、Buch,性形态——ein Buch。

3.2.2　词语组合的语义制约

词语进行有效组合除了满足句法条件外,还须受到语义规则的限制。词语组合的语义制约留待"语义"章3.2.1和3.4.1节介绍。

3.2.3　词语组合的语用制约

词语组合除了要遵守句法和语义的限制条件外,**还需要遵从一定语言环境中的语用表达习惯或规则,这就是所谓的语用制约。**语用制约的体现形式复杂多样,与语言所属的社会、使用的时代等有密切的关联,该方面的研究还有待进一步探讨。

就汉语而言,词语的组合有时候需要考虑音节节奏的协调,否则即便符合句法、语义的要求,也不被认同:

[13](对落后的管理方式)加以＋改/革、予以＋批/评、购买＋纸/笔……

以上组合中,从句法和语义看,每个动词只要带上后面的一个成分即可,因为"改"与"革"、"批"与"评"、"纸"与"笔"也都是可以单独成词的,但这三个动词必须要求带双音节动词或名词才"合法",唯一的原因就是音节节奏协调这一语用效果的需要。又如,我国前国家领导人邓小平同志去世时,政府治丧委员会发布了《告全党全军全国各族人民书》,标题是:

[14]敬爱的邓小平同志永垂不朽!

从句法和语义上说,"永垂不朽"与"去世、死"等具有同等的价值,但从语用需要来说,采用现有的组合更为恰当。

3.3　词语组合的结构与功能

两个词在遵从上述制约因素的前提下,可以构成一个更大的具有某种句法关系的结构体,这就是句法结构,也称词组或短语。句法结构作为一个结构体具有两重属性:一是结构成分之间具有一定的语法关系,二是该结构体还可以作为一个具有某种功能的整体充当更复杂结构体的基本组成成分。前者是词组的结构属性,后者是词组的功能属性。这种双重性及其关系可以通过下面的图示来表现:

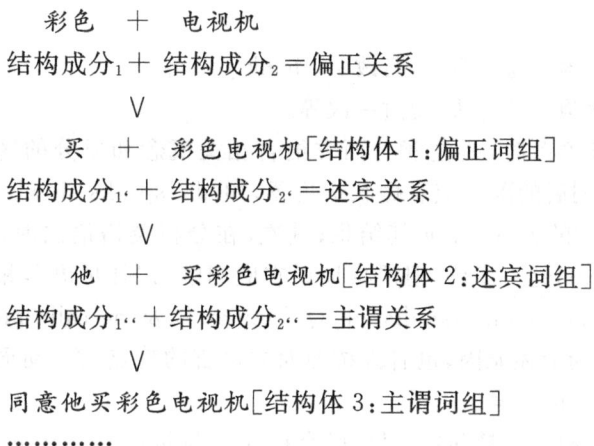

$$彩色 ＋ 电视机$$

结构成分$_1$＋ 结构成分$_2$＝偏正关系

$$\vee$$

买 ＋ 彩色电视机[结构体 1:偏正词组]

结构成分$_{1'}$＋ 结构成分$_{2'}$＝述宾关系

$$\vee$$

他 ＋ 买彩色电视机[结构体 2:述宾词组]

结构成分$_{1''}$＋结构成分$_{2''}$＝主谓关系

$$\vee$$

同意他买彩色电视机[结构体 3:主谓词组]

....

3.3.1　结构成分与结构关系

结构成分是指词语以及其结构体作为一个(类)构成成分时的功能性称谓,也叫句法成分。一般而言有这样一些结构成分:

主语　被谓语陈述或描写的对象,如<u>小王</u>上班、<u>跑步</u>辛苦、<u>life</u> is short 中的下划线词。

谓语　陈述或描写主语的成分,如上述例中下加着重号的部分。

述语　支配宾语或被补语补充说明的成分,如<u>出售</u>粮食、<u>走</u>累了、to <u>take</u> a book 中的下划线词。

宾语　动词述语支配的对象,如上句的"粮食"、"a book"就是。

补语　置于述语后对其进行补充修饰或说明的成分,如"跑<u>累了</u>"中的下划线的词。

定语　体词性偏正词组中修饰中心词的成分,如<u>伟大</u>祖国、<u>a good</u> man 中的下划线部分。

状语　谓词性偏正词组中修饰中心词的成分,如<u>快</u>跑、speak <u>slowly</u> 中的下划线部分。

中心语　偏正词组中被修饰成分限制或修饰的成分,如大<u>手</u>、快<u>跑</u>、a good <u>man</u> 中下划线部分。

多数语言中以上述成分为要素可以构成无穷的词组乃至句子,但基本的出现频率较高的结构关系并不多,其中以实词为主要成分构成的主要有以下五种:

主谓结构　他工作、衣服非常漂亮、书被雨淋湿了、the work is difficult 等。

述宾结构　写文章、进行改革、thank you 等。

述补结构　学得快、说过一次等。

掌握该关系时,要注意与西方语言相关概念和成分的区别。就英语而言,位于动词后的副词应看做状语后置,如 she speaks slowly 中的 slowly 是说明"speak"的方式,而非其结果;其次,在分析英语语法时,也确有"补语"(complement)这一术语,但严格地说它应理解为"补足语",相对于主语或宾语而言,如 she looks familiar 中的 familiar 以及 he calls me a fool 中的 a fool。正因为上述原因,也有人按照西方语言的特点,将"动词+副词或形容词"的结构分析为偏正关系。

联合结构　电脑和打印机、讨论并通过、ladies and gentlemen 等。

偏正结构　得体的举止、慢慢地走、many books、very good、to cry aloud 等。

以实词加虚词构成的结构体,主要有:

介词结构　关于鲁迅、把书(卖掉)、to write with pen、on Sunday(英语)、(Wir studieren)an der Zhejiang-Universität(德语:我们在浙江大学学习) 等。

的字结构　说的比唱的好听、信是妈妈的中的下划线部分。这类结构是汉语中特有的。

3.3.2　结构类型与功能特征

句法结构的内在关系显示了词语之间的组合状态,但若将每一个句法结构置于更大的组合场景中考察,可以发现,它们就相当于一个个的词,也具有相通的语法功能。如前面的"彩色电视机"是一个偏正结构,但它可以作为一个整体与其他词或词组组合。但无论在什么有效组合中,它都是以一个体词(或名词)性成分出现的,如做宾语、做主语、做定语等,因此,从功能上看,它属于体词性结构。按照功能特征,可以将上述结构做以下的分析:

体词性结构:包括名词性偏正结构、以名词为成分的联合结构以及汉语中的"的"字结构、英语中的带有名词性所有格的名词性结构等。

谓词性结构:指整体功能相当于动词或形容词的结构,包括主谓、述宾、述补等结构。

修饰性结构:指只用来做修饰语的结构,如介词结构等。

3.4　复杂结构的层次与层次分析

3.4.1　复杂结构与层次

任何一个由两个词组合而成的结构,都只有一层结构关系,但语言中更多的结构是由两个以上的成分组合而成的,这类结构称复杂结构。如非常快乐的童年、和她一起来,等等。

这类结构看上去呈线性单向排列,这是由发音特点和书面书写格式所造成的必然结果。不过,组成这些复杂结构的成分之间的句法关系并不是呈线性关系,而是彼此之间在组合的选择上有先后,并因选择的先后而形成逐层包容的关系。如:

```
[13]她  对  人  确实  非常  热情
    a   b   c   d    e    f
```

该结构有六个基本成分,但其结构关系并不是按循序简单形成由 a 到 b 一次性组合,也就是说,a 和 b 相邻,但可能并没有诸如主谓、偏正等结构关系,以此类推,其他相邻成分间也同样如此。事实上,a 并不与 b 直接相关,而是与 b+c+d+e+f 整个部分构成主谓结构,c 与 d 也不直接相关,而是先由 c 与 b 构成介词结构作为一个整体限制 d+e+f,同理,d 与 e 没有直接关系,而是与 ef 构成偏正结构,最后 e 修饰 f。从这一分析可以看出,在由多个成分组合成的复杂结构中,相邻的成分并不一定具有直接的句法关系。总体来看其结构组合也不是呈线性单向同一层级关系,而是根据需要呈现出明显的先后选择并最后表现为逐级包容的特点,**复杂结构中成分组合时所具有的这种先后选择以及由此而形成的逐级包容特性,就是结构的层次性**,如果将上面这个例子的结构层次用阶梯图示法画出来,就可以更清晰地看出这一属性:

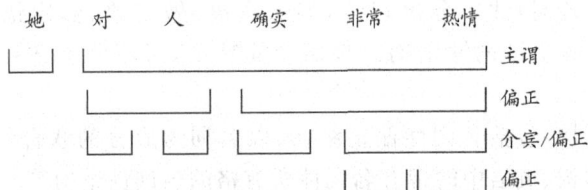

3.4.2　直接成分与直接成分分析法

　　直接成分就是指组合成一个句法结构的基本语言单位(英语称为 immediate constituents,简作 IC),它可以是词,如上例中的 a、b、c、d、e、f,也可以是由词构成的更大的结构,如上例中的 b+c、e+f、d+ef、bc+def、a+bcdef 等。与直接成分相对的叫间接成分,它是指句法结构中不直接构成句法关系的成分,如上例中的 a 与 b 等类就是。

　　一般来说,直接成分都是 1+1 结构形式,分析时多将一个句法结构切成两个部分,因此这种分析方法也被称作二分法。一般来说能被二分的句法结构占绝大多数,但也有少量的只能被多分甚至套分的结构,如第[14]、第[16]两例中下划线部分都是由三个以上的直接成分构成的,呈并列关系,只能同时多分。第[15]例中的画线部分是由述宾与主谓结构套合而成的,用套分方式就很清晰地解剖了其结构。

　　直接成分分析法就是按照顺序逐层找出构成一个句法结构的所有直接成分并分析其结构关系的方法,也叫层次分析法,对上例所作的阶梯图示分析就是代表。

[14] 北京、上海、天津、重庆 是中国的四个直辖市

联合结构

[15] 连长 让 你 去 连部

兼语结构

[16] England uses the foot pound second system. (英国使用英尺镑秒制)

联合结构

从理论上讲,直接成分分析法应将一个句法结构分析到最小成分——语素为止,如上例中的"确实"就可以分为"并列"关系,但一般而言,这种方法是相对与词组和句子内部结构关系而言的,因此,其分析终点是词。

直接成分分析法的操作方式,除了上例所作的从大到小的阶梯图示法外,还可以作从小到大的分析,这同另外一种操作形式——树形图法异曲同工:

[17] He said he wanted to marry her

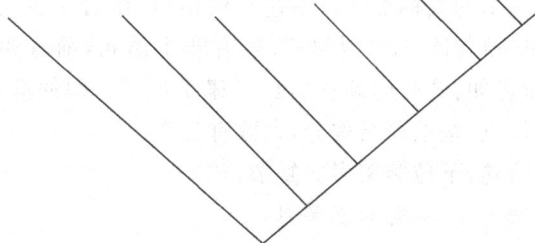

直接成分分析法是结构主义语法学在分析句法结构时采用的一种方法。相对于传统语法的句子成分分析法来说,它能较为便捷而直观地将句法结构里存在的复杂的层次关系揭示出来,便于语言结构的描写、认识和教学,因此,虽然它产生于 20 世纪中叶前,其后相继出现了转换生成语法学、格语法、功能语法等诸多方法,但作为解剖句法结构乃至语言结构的有效方法,至今仍是语法学的基本方法。

当然,层次分析法的缺陷随着使用和认识上的深化,也逐渐显现出来。其中较为明显的就是由其自身功能——侧重于解剖句法成分之间的结构关系——所导致的:当句法成分之间的结构关系与深层语义关系不相一致时,该方法的解释力就受限了。如:

[18]反对的是小王。

[19]饭吃饱了——饭吃完了。

第一例的歧义特点,无法用层次分析法显示差异,一般运用变换的方式来表现。第二例中的一对结构,从层次分析看来,完全是一样的,但两句中词语关系并不相同:前句中的"饱"指向省略了的施事成分,后句的"完"则是指向主语"饭"的,也必须借助其他方法才能解释清楚。

3.5 句子的结构与功能

3.5.1 句子的结构与句型

一般来说,由词或词组等句法结构构成的单位,在具体的语境中加上相应的语调等手段,就可以成为基本的交际单位——句子。句子内在结构关系与词组基本相当,因此,语法学上分析句子的结构类型时,重点在句型的归纳。

首先根据句子内部结构成分——主谓(或非主谓)结构的多少将句子分为单句和复句。

就单句而言,虽然不同的语言里,句子的组合手段和具体形式有不同点,但主谓结构是基本的结构形式。不过在汉语里,组合手段主要依靠语序和虚词,结构类型里,单句除了主谓句外,还有非主谓句,前者如:爸爸上班了、太阳出来了等,后者如:多好的天气啊!下课了!等。即便都是主谓句,构成形式也有自己的特点,按谓语结构分,大致有三类:

动词性谓语句,下位类型多而复杂:[①]

SV 型:小明哭了、妹妹正在学习。

SVO 型:《骆驼祥子》的作者是老舍、妈妈做了许多菜、书放在桌上。

SVO_1O_2 型:我送他一支笔。

SVC 型:他走累了、窗户擦得真干净。

SVCO 型:我笑痛了肚皮。

SVOC 型:我跟他一辈子、他看了它一天。

SV_1V_2 型:老师开门进来、她笑着说。

S_1S_2V 型:她心很善良、那部电影我没看过。

名词性谓语句,其中有些句子可以补充判断动词,有些则不可以:

白求恩,加拿大人、白菜一斤、一张桌子四条腿、她大大的眼睛、祖国万岁。

---

① 下文中符号意义是:S—主语,V—述语,O—宾语,C—补语,A—状语。

形容词性谓语句,谓语直接由形容词性成分充当:

这小孩的眼睛真亮、北方很冷。

与汉语相比,西方语言有不少区别。就英语而言,其组合手段主要是形态,结构的基本类型为主谓句,其下位形式也别有特点:一般分为七种类型:

SV 型:Gold gliters. The bell rang.

SVC 型:Children are happy and gay. He became a teacher.

SVO 型:Bad workmen blame their tools.

SVO_1O_2 型:The husband bought his wife a new dress.

SVOC 型:They named their son John.

SVOA 型:Fate has treated him pretty roughly.

SVA 型:We live in China.

复句一般理解为由两个以上在结构上互无句法关系的主谓句子(小句)构成的复合形式,在形式上以关联词和停顿为标记。复句的下位分析是按照小句之间的逻辑意义关系进行的,一般有这样几个形式:

并列关系:雨停了,太阳出来了。

选择关系:与其无限期等下去,不如自己想办法解决困难。

递进关系:他不仅完成了任务,还利用业余时间设计出新产品。

承接关系:厂长把东西放下后,接着跟工人说了一番话。

转折关系:虽然洪水汹涌,他还是设法赶来了。

条件关系:只要条件允许,我们一定准时完成工作。

假设关系:如果不及时浇水,院子里的花很快就要完了。

3.5.2 句子的语气与句类

句子除了结构特征外,在具体的语境中还有一个必需的成分——语气。语气是附着于具体的句子表达内容或情感态度的语音手段,结构相同的句子,赋予不同的语气,其交际功能可能完全不同,如:

[20]王华去北京→

王华去北京。平缓调,用于陈述,说明一个事实。

王华去北京?上扬调,用于提问,表现一个怀疑。

语气一般有陈述、祈使、感叹、疑问四类。根据语气可以将句子分成相应的四个句类。

语气的实现形式,在不同的语言里有很大的区别。英语里,句子的语气主要通过语调实现,一般情况下,表达特定的语气不改变句子的结构,但疑问语气多用助动词领句。汉语稍有不同,句子在实现任何语气时,其结构保持常规语序,语调和语气词是表示语气的两个手段。语调是一般语言中都有的手段,但丰富复杂的语气词是汉语的一个重要特点,它不仅可以辅助语气的实现,有时候甚至是句子成立所不可缺少的成分,如:

[21]你去过巴黎? = 你去过巴黎吗?

[22]你快点去嘛![温情地催促] ≠ 你快点去![严厉地催促]

[23]晚会上,大家尽情地唱啊、跳啊! ≠晚会上,大家尽情地唱、跳!

第四节　语法范畴与语法手段

4.1　语法意义和语法形式是语言单位组合中不可分割的统一体

前面的讨论告诉我们,语言单位在组合时,具有清晰完整的词汇成分和意义,并不能必然产生"合法"的句子,这些成分或意义必须借助于合适的语法规则才能链接,**这种在语言单位组合时所需要的通过一定的形式实现抽象的关系意义的载体,叫语法成分**。例如:

[1]He has work*ed* for thirty years.

[2]漂亮宝贝→宝贝漂亮

其中,-ed 这个形式附加在词干 work 后表示过去时的成分,-s 形式是附加在 year 后表示复数的成分,for 形式是用来引进对象、数量的虚词性成分,而"漂亮宝贝"通过语序变换这一形式产生了一个新的句法结构。上述所有这些借助于一定的具体形式实现某种语法关系意义的媒介都是语法成分。

可见,语法成分是语法意义和语法形式的结合体。

不过,大多数语法成分是以符号形式存在的音义结合体,如-ed、-s、-ing、for、关于、和等,也有不借助于符号起作用的语法成分,如语序。

4.2　语法意义与语法范畴

4.2.1　语法意义

语法意义就是词语在组合过程中凭借一定的形式实现的关系意义。词语在进行有效组合后,其最终意义大于词汇意义的总和,句法结构中超过词汇意义的部分就是语法意义。如:

[3]快/跑→ 快跑 // 跑得快

〔4〕Jack / drink / coffee → Jack drinks coffee. // Jack is drinking coffee.

相对于"快、跑","快跑"具有表示跑的方式,因为两词之间通过语序形成了偏正关系,而"跑得快"则通过改变语序增加虚词,具有表示跑的结果如何如何的意义。同理,Jack drinks coffee /Jack is drinking coffee 这两个句子除了原来词汇意义外,还表达出"一般现在时"/"现在进行时"这一"时"的语法意义。

语法意义与词汇意义有本质的不同:

语法意义是语词在组合过程中通过某种手段实现的,是一种抽象的关系意义,而词汇意义是通过词语形式所反映的人们对客观对象的认识和评价。有时候两者似乎有关联性,如词汇意义中有数量概念,语法意义中也有"数",但两者仍然有区别——所有语言的词汇意义中都有数量意识,但有些语言中并没有"数"的语法意义,如汉语中就不需要词汇意义以外的"数"的语法意义,当然也就没有相应的语法形式。

语法意义所实现的形式即便有符号媒介,其意义只能在具体的词语组合中体现,必须依附于有具体词汇意义的词语,不能独立存在和表达(除了研究时作举例用),上述附加形式所表达的意义就很典型,语序就是该特征的极端体现;而词汇意义则是能够独立存在的。

语法意义的数目很多,就英语而言,有单数、复数,主格、宾格、所有格,一般现在时、过去时、将来时、现在完成时等等。就汉语来说,也有过去时、进行时,主谓、述宾、述补等等。但这些具体的形式数量多而复杂,因此,语言学上将它们作类的归纳,这就是语法范畴。

4.2.2　语法范畴

语法范畴就是将具体的语法意义作类别性的归纳所得出的基本概念。人类语言体系中,常见的语法范畴主要有这样一些:

性　通过词形变化所表现出来的关于人或事物等名词的性属特征,但它与具有生物意义的自然性属(natural gender)不同,只是一种语法属性(grammatical gender)。一般将性分为阳性、中性和阴性三类,在有性范畴的语言中,每一个名词都被归入相对的类别,如德语中 der Sohn(儿子)、der Lehrer(男教师)是阳性,das Buch(书)是中性,die Lehrerin(女教师)是阴性。在语言系统中,无自然属性区别的词固然与生物性别没有任何关系,如同样是"太阳",在德语中是阴性,在法语中是阳性,在俄语中又成了中性。即便在同一种语言里,词义类型相同的词,其语法性别也不一定相同,如同是文具,在德语中,"书"是中性,"笔"则是阴性。甚至在和语法性属有关联的动物词语中,其性范畴归类也不具有必然性,如德语中,妇女(das Weib)、小姐(das Frau)、少女(das Madchen)等就是中性名词。

性范畴的存在意义并不完全是给每个名词贴上不同的标签,更重要的是不同性属的词语在组合时会使其他词产生成分的连带反应,如德语是通过冠词词形变化标记性的意义:

[5]Ich habe einen Füller.(我有一支钢笔)

[6]Er hat ein Buch.(他有一本书)

[7]Sie hat eine Karte.(她有一张卡片)

以上例子可见,同样是名词宾语,但因为其性属不同,其前表示数量的词就需要有相应的形式。

性在不同的语言中有不同的表现手段,如德语以名词前的冠词 der,die,das 分别表示阳性、阴性、中性,有些名词可从其词尾看出它的性,但没有严格的规律;斯洛伐克语则从名词词尾就能看出名词的性来,比如说,以辅音结尾的一般为阳性,以-a 结尾的一般是阴性,而以-o,-e,-ie 结尾的则一般是中性,如,

阳性:dom(房子), chlapec(男孩), chlieb(面包)

阴性:ulica(街), dedina(村子), kniha(书)

中性:meno(名字), mlieko(牛奶), miesto(地方)

英语在早期也有性范畴,但现代已经消失。汉语中没有性范畴,虽然语言表达中有阴、阳等观念,如日为阳月为阴,男为阳女为阴等,甚至在一些词形上也有性别差异,如他与她、他们与她们(它们也只限于书面语),等等。

数 借助于一定手段表示记录人或事物等对象的名词性成分所具有的**数量范畴**。数的概念或意识在所有语言中都是相通的,数范畴当然与数的概念有关。但两者是完全不同的对象。数范畴纯粹是语言单位组合时的一种形式,往往以词尾的样式附着于名词性成分来表达。如英语中可数名词有单数和复数的区别,单数是以零形式体现,复数则呈有规则变化:大多数在名词后加 s,如 books、desks 等,还有少量的以内部语音屈折的形式体现,如 foot—feet、goose—geese 等。有些语言中除了单、复数外,还有双数(dual number)范畴,如古英语代词就属此类:

主格 wit(即 we two)

生格 uncer(our two)[注:生格 genitive case 即第二格,又称所有格]

与格 unc(us two)[注:与格 dative case,指动词的间接宾语]

不过,在这样的语言中,专有名词以及多数抽象名词、物质名词等,没有复数形式,如 China、iron、spirit(精神)、soil 等;另外有一些名词因为事物本身的特征,只有复数形式,如 eye-glasses、foundations、goods、scissors 、spirits(心境)、trousers 等。

数范畴不仅要求以附加形式附着在词后,而且在组合时与相关词语在形态上有一致关系。如英语里,主语有数的差别,其谓语动词也必须在数上保持一致的关系:

[8]He is a student. / They are students.

[9]He (They) likes (like) to air his knowledge.

汉语里没有相应的数范畴,它只用词汇形式表示数的意义。值得注意的是,汉语里有一个语素"们"常常附着在名词、代词后表示复数,不过,"们"并不是表示语法意义的词尾。因为:它不是复数表达的强制形式,如"同学们"与"很多同学"都可以表示复数,而且绝大多数名词不能加"们",如 * 教室里桌子们很好看等,另外,即便能附着"们"的词语,其前却不能同时出现表示复数的确定数量的词,如 * 十个同学们都来了等。

格 用词形变化表现代词、名词与其他的词的结构关系的范畴。一般而言,如果代词或名词做主语,是行为、状态或属性的主体,它就是主格。如果是动词的直接对象,叫宾格,如果是动词的间接对象,叫与格。如果是名词的修饰语,表示领属关系,叫属格或领格,等等。西方语言中,格的数量和实现手段不完全相同。英语里的格主要表现在代词上,有主格(I、We、He 等)、宾格(me、us、him 等)、属格(my、our、his),名词中的有生命词有属格形式,用-'s 表达,如 a student's book 等。德语有四个格,如:

[10]Wir(第一格) üben einen(阳性名词第四格) Text.[我们练习课文]

[11]Das ist das Buch des(阳性单数第二格) Leheres.[那是男老师的书]

[12]Wir helfen ihm(第三人称阳性代词 er 的第三格).[我们帮助他]

俄语有六个格,多的可达十多个,如芬兰语就有十六个格。

汉语没有用外在词形变化来表示的这一范畴,同上述格中某些语法意义相类似的功能在汉语里常常是通过语序和虚词来表示,如:

[13]老师(施事)用他的(领属)粉笔(与事)在黑板上写了一个字(受事)。

人称 表示动作或状态的归属,指一个事件中参与者是说话人、听话人还是说话人和听话人以外的对象。在有些语言中(如斯拉夫语系诸语言),通常用动词的形态变化和不同的人称代词来表示人称的区别。人称有三种,第一人称指称说话人自己或包括说话人自己在内的一群人(如汉语的"我""我们""咱(们)"),第二人称指称说话的接收者,即听话人(如"你""你们"),第三人称指称第一人称、第二人称之外的其他人、动物、事物等(如"他、她、它、他们、她们、它们")。有些语言,从动词的形态变化就能知道该动词表示的动作或状态是归属说话人、听话人还是说话人听话人以外的人,从这种意义上说,人称是动词所有的语法范畴。请看下面德语和斯洛伐克表示"工作"的动词人称(单数)形态变化的例子:

	第一人称	第二人称	第三人称	
德语	arbeite	arbeitest	arbeitet	(arbeiten)
斯洛伐克语	robím	robíš	robí	(robit′)

时 用动词词形变化来表示动作所发生的时间与说话的时间的关系的范畴。在有"时"范畴的语言里,以说话人说话为基点,任何动作必定处于一个相对的时间过程中,并以特定的词形表现出来,这些过程一般分为三种形式:过去、现在、将来。以英语"to go to school"为例:

[14]He went to school. /He goes to school everyday. /He will go to school.

应该说汉语里也有相当于"时"的"范畴",但没有用附加词尾以及变化内部语音等词形变化手段,可以用具有词汇意义的词来实现,如副词"曾经"、"(正)在"、"(将)要"等。

体 用动词词形变化等形式表示动作行为的进行状态的范畴。常见的有进行体(表示动作正在进行)、完成体(表示动作已经完成)、未完成体(表示动作没有完成)。不同语言里体的类型和表现形式也是不一样的。俄语里只有两种体,即完成和未完成,而英语里有四种体,即一般、进行、完成和完成进行。英语里的四种体的形式一般是(以附加为例):v(is、are)或 v+s 为一般体,be+v+ing 为进行体,have+v+ed 为完成体,have+been+v+ing 为完成进行体。汉语里也有相当于"体"的"范畴",但其实现形式是虚词,如着(进行体)、了、过(完成体)等。

"时"(tense)和"体"(aspect)两个范畴,都是相对于动作的,容易混淆。实际上,这两个范畴是从不同的角度对动作属性的认识:"时"强调的是动作的时段特征,即在何时发生,是从说话人说话时间对所发生动作时间性特征的认定,早于说话时间的,就是"过去",和说话时间同时发生的就是"现在",将在说话时间以后发生的就是"将来";"体"强调的则是动作的进行状态,即动作是否已经完成,也是以说话人说话时间为基点进行判断的,说话时正在发生的,就是进行体,如果是已经发生的就是完成体,等等。

正因为两者是从不同的角度对动作特征的认识,实际上两者经常是难以分开的。如:He is speaking now.经常被解释为:现在/进行时,其实,严格地说,它应该是现在时、进行体。

式　式又称为语气,是用词形变化来表示说话人对句子表达的事件的主观态度。说话人认为句子表达的事件与现实一致,则用直陈语气;说话人想表达命令,则用祈使语气;说话人认为句子表达的事件与现实不一致,则用虚拟语气。下面的三个句子分别代表了英语的直陈语气、祈使句气和虚拟语气。

[15]You are a good boy.（你是个好孩子）

[16]Be a good boy.（做个好孩子）

[17]If you were a good boy, …（如果你是个好孩子,……）

德语有丰富的虚拟语气表达形式用于表示非现实的情境,如,

[18]Wenn er gestern doch gekommen wäre!（昨天他要是来了该多好!）

[19]Dürfte ich hier bleiben?（我可以留下来吗?）

态　用词形变化表示动词与主语之间的施受关系的一类特征。一般语言中都有主动态和被动态两种,主动态表示主语是动词的施事（即发出者）,被动态表示主语是动词的受事（即支配对象）。古希腊语里还有一个"中动态",用于表示动词的动作仅施及本人。

上面这八种常见范畴,有的是借助于词尾附加、内部语音变化等词形变化来实现的,一般语言学将它们称做**词法范畴**,如英语里的性、数、格、时、体等,有的则完全依靠语序和虚词来实现的,如汉语的时、体、态等"范畴",常归结为**句法范畴**,有的则可能是两种类型的混合,如英语中的进行体,既需要词形变化（v＋ing）,也需要系动词（is、are）,其他如时、态等也有此类情况。

此外,这八种范畴不是语法范畴的全部,是较为基本的几种类型,有的教材也讨论过如下这些范畴:"级"（如英语中的原级、比较级、最高级）、"尝试"（如汉语中用"走走""说说"表达的语法意义）,等等。

4.3　语法形式与语法手段

4.3.1　语法形式
语法形式就是能够将语法单位组织起来并在组织过程中产生语法意义

的符号或方式,是语法意义的载体。例如,英语中,提供了代词 He 与动词 work 并不能直接形成有效句子,必须在动词后附加上词尾-s 或-ed 等形式,才能构成一个有效的基本交际单位:He works 或 He worked 等。其中将两个词语组织起来并产生了一般现在时或过去时意义的成分就是语法形式。又如,英语中的名词 foot,如果以复数意义进入句子就必须通过内部语音变化的形式才能与其他词组合:Everyone has two feet 等。同样,在汉语中,对于名词"风景"与形容词"美丽"来说,它们如果要实现陈述关系,必须排列成"风景美丽",它们如果要实现限制或修饰关系,必须排列成"美丽风景",词语组合的这种顺序也是语法形式。

4.3.2　语法手段

语法形式是一个个单个的符号或样式,如果我们**把同类的形式归并起来,就叫做语法手段**,如词尾形式很多,有的表示时态,如 talk*ed*、do*ing* 等,有的表示数,如 desk*s* 等,但它们都是附加在词干之后的,可以归并称为附加手段。经过研究,语言中一般有这样一些主要手段:

附加　用增减词尾的方式表示语法意义的手段。这种手段在形态特征明显的语言中使用非常普遍,例如德语中不定冠词的第三格(间接宾语)范畴就是用附加词尾的方式来实现的:

ein*em* Satz(句) ein*er* Bibliothek(图书馆) ein*em* Haus(房子)

其他如动词的时态、名词的数等,很多都是通过附加手段实现的。英语中也一样,如:

[20]He watch*ed* to see what would happen.

[21]She show*ed* me her pictures.

汉语中,词语组合时一般没有附加这一手段。有人认为动态助词"着、了、过"是附着在动词后面表示动作时间、状态的变化,但与形态语言中的附加有区别:它们是有词汇意义的虚词,虽然也有语法功能;这些词对其实现的语法意义来说,在形式上并不具有强制性,如可以说"他正在吃饭"而不必说"他吃着饭"等。因此,将它们看作严格意义的附加是不合适的。

屈折　利用词干内部语音要素的变化来表达语法意义的手段。例如英语,一般情况下,名词的数范畴、动词的时体范畴等的规则表达是通过附加手段实现的,但其不规则的形式则是通过屈折手段实现的。如:

英语:man/men　foot/feet　goose/geese

　　　sit/sat　speak/spoke　tell/told　send/sent

异根　换用词干不同而意义相同的词来实现语法意义的手段。相对于附加来说，这种手段也是形态语言中使用的，但相对讲，这些词语的范围不大，也属于不规则变化一类的。如英语中的代词可用异根法表示格的不同：

I — me — my　He — his — him　She — her

动词可以异根法表示时态：

go — went　be — is — are — was — am — were

形容词可以异根法表示级：

good — better — best　little — less — least

重叠　利用词根或词干的重复出现造成词形变化来表达语法意义的手段。这种手段在印欧语言中很少使用，只是俄语中可以重叠动词表示动作的持续。但这一方法在现代汉语中使用比较普遍，实词中很多都可以重叠以表示某种功能意义。例如：

名词重叠表示数量多、逐个：家家、年年、人人……

动词重叠表示动作时量短、尝试：走走、看看、学习学习、休息休息……

形容词重叠表示程度加强：高高、雪白雪白、大大方方……

量词重叠表示多、逐个：个个、门门、条条……

在我国其他少数民族语言中，也有利用这一手段表示语法意义的，有作用类似汉语的，如侗语和傣语，但也有作用不同的，如景颇语量词重叠不表示"逐个"，而是表示"某些"，藏语的疑问代词重叠表示复数，如[su^{55}]（谁，单数）——[su^{55} su^{55}]（谁们，复数），独龙语也是一样，如[a^{31} mi^{55}]（谁）——[a^{31} mi^{55} mi^{55}]（哪些人），等等。

附加、屈折、异根、重叠这四种手段都是基于词形变化的，因此一般将它们称作词法手段。

另外，这四种手段的词形变化都有一个基本形式，即词的原形。原形并不都能实现特定的语法意义，如汉语中的动词等就是，但在西方语言里，原形也是某种语法意义的实现成分，如英语：

[22]We want to tell you that thing. /You do not say that.

句中 want 和 do 就是相对与第一人称、第二人称现在时必须选择的形式，可见，词的这类原形也是特定语法意义的表达形式，因此，有些学者将词语的可以实现语法意义的原来形式看作一种手段，称为"零形式"或"无标记"。

语序　通过语法单位之间的相对位置变化来表示某些语法意义的手段。一般而言，任何一种语言的单位组合都必须呈线性状态，从前到后或从上到下排列。但联系到与语法意义的关系,语序的作用就不再如此单纯。相对来说,在形态变化丰富的语言里,语法意义大多可以通过词形变化来实现,语序的价值相对就小,如德语中:

[23]Manchmal gehen wir ins Kino .(我们有时去看电影)

[24]Wie studiert sie ? Sie studiert fleißig.(她学习怎样? 她学习努力)

[23]句中的代词 wir、[24]句中的 sie 都应为主语,但却位于动词后而不会产生表达问题,原因在于,它们的词形已经对其语法身份作了定性:主格。因此,这一语法意义并不会因为语序的变化而发生变更。这种情况在俄语、法语等语言中也有同样表现。

但汉藏语言中的多数就有很大的不同了,以汉语为例,词语组合时语序的不同,可能导致语法关系、意义的完全改变:

[25]伟大祖国——祖国伟大

[26]狗咬了人——人咬了狗

当然,这里说的语序作用在不同语言中的表现,不具有绝对的意义,也就是说在形态丰富的语言里,并不是任何一个词都可以没有确定的位置,形态不丰富的语言里语序就绝对不能改变,如德语例中的 wie 就不能移到动词后,如"狗咬人"也可以说"狗把人咬了"等。

虚词 指通过对那些没有词汇意义的词语的使用以表示语法意义的手段。虚词没有相对具体的词汇意义,它们只依附于某些实词或用来连接实词以组合词语,构成有效结构。

这种手段在一般语言里都有,如英语中的介词 in、about、for 等,连词 and、but,冠词 the 等,德语中的介词 an、zu 等。但相对来说,汉语中的虚词语法作用更充分,虚词是汉语词语组合的一个重要手段。如:

介词:关于鲁迅、在北京

连词:书和杂志、讨论并通过

助词:彩色的封面、看过书、写了作业

语气词:来过的、有问题吗

相对于实词来说,虚词量少而且呈封闭状,但其使用频率高。

语序和虚词这两种手段,是通过词语与词语之间的组合而表现的,它们不特定地依附与某个词干,而是以单个的词为基本单位,其活动的基本结构为句子,因此,一般语言学上将它们归并为句法手段。

4.4　语言的形态类型

语法手段的不同表现了语言特征的差异,语言学(主要是比较语言学)上按照语法手段的不同将语言作出了不同的形态类型归纳,也称语言的结构类型。

早在 19 世纪,欧洲语言学研究者,如 F. 施勒格尔(1772—1829)、葆朴、洪堡特等,就根据语法单位组合手段等结构特点对语言作出了形态学分类,目前语言学界多接受和沿用这些分类。归结起来看,语言的形态类型可以分四种:

词根语,又称孤立语,这类语言中的结构单位在组合时,一般不需要借助词形变化等形态手段,主要利用虚词和语序来实现。汉语是该类型的代表,另外,彝语、壮语、苗语以及越南语、缅甸语、马来语等也同属此类。

屈折语,该类语言利用形态变化表示语法意义,其中形态变化包括附加语素和内部屈折两种方式,印欧语系及闪含语系的多数语言都属于屈折语。

粘着语,也是利用形态变化表示语法意义,但其中主要手段为附加语素,而且与屈折语不同,所附加的语素不是直接依附于词干,如英语 go 的第三人称一单数一现在时是通过附加 es 实现的,词干与词尾紧密结合,而粘着语不同,其词尾呈离散状,而且一个语法意义必须用一个形式表达,如土耳其语中"-sev-mis-dir-ler"(表示:他们从前相爱),其中 sev 为动词"爱"的词干,mis 表示过去时,dir 表示第三人称,ler 表示复数。日语、朝鲜语以及阿尔泰语系的许多语言都属于该类。

复综语,也称编插语、多式综合语,该类语言的组合特点在于,没有独立存在的造句基本单位——词,句子是基本点的语言单位,构成句子的成分都有意义,有的有词汇意义,有的表示语法意义,整个句子形似于其他语言中的词,所以有人称它们为"语句词"。古代亚细亚语言和美洲印第安语言即属此类。下面这个取自北美契努克语的句子就很典型:

[27]i-n-i-a-l-u-d-am. 意义:我来把这个交给她。

其中,i-表示最近过去时,n-为主语"我",-i-表示直接宾语"这个东西",-a-表代词宾语"她",-l-表示前面的宾语为间接宾语,-u-表示动作离开说话人,-d-为动词"给",-am 表示动作的位置。

除上述形态学分类外,学界还提出了另一种更宽泛的划分,共有两类:综合语与分析语。

综合语,指主要通过词形变化来表示语法意义并借此组织词语的语言,如上述的屈折、粘着、复综等类型都划为该类。

分析语,指主要通过语序或虚词来表示语法意义并借此组织词语的语言,汉藏语言中的多数语言如汉语、壮语、彝语等是代表,语序、虚词等就是分析语的主要语法手段。上述词根语就属此类。

不过,无论是四分法还是二分法,世界上的语言都不是一刀可以截然分清楚的。实际上,上述结构分类也只是就其语法手段的主要特点而言的,很难说某一种语言在绝对意义上属于甲类而没有乙类的任何成分,理想的单纯类型是不存在的。综合语如德语等语言也同样采用虚词作为语法手段,属词根语的汉语也有重叠、变调屈折等综合手段。另外,语言本身也处于发展中,即便属于某类的典型语言,也有可能采用另一类语言的手段,如英语,其形态特征就不如德语、俄语丰富,而虚词和语序的功能在逐渐加强。

【自测题】

1. 请说明语法与语法学的关系。

2. 为什么说抽象性是语法最基本的属性?

3. 用英语或汉语为例,说明语法成分与语法形式、语法意义的关系。

4. 词类划分的意义是什么?为什么汉语在划分词类时不宜完全模仿西方语言分析的做法,要以分布分析法为主?

5. 怎样理解句法结构的层次性?用层次分析法分析下列结构。

(1) 奶奶耐心地牵着小明的手走进房子

(2) 谦虚谨慎在任何时候对你都有益处

6. 举例说明语法意义与词汇意义的不同。

7. 语法成分与结构成分有什么区别?

第四章 语义学

第一节 语义与语义学

1.1 语义及其性质

1.1.1 意义与语义

"意义"是一个多义词,其含义非常丰富,一般可以大别为两类:价值和语义。因此,"意义"和"语义"不是同一个层次上的两个概念。例如:

[1]一部富有教育意义的影片。

[2]他说的这句话还有别的意义。

[3]这个文言词的意义是什么?

例[1]的"意义"相当于"价值",例[2]的"意义"是交际场景中的言外义,属于语用学研究的范畴,例[3]才是语义学所要研究的"意义"。

"意义"和"语义"不是同义词,而是上下义词。"语义"和"价值"是"意义"的两个下义词。而"语义"在语言意义这个范畴内又有如下两层意思:语言单位的意义,语言单位进入交际成为交际单位的意义。语义学要研究的意义是语言单位的静态意义,即还没有进入交际时的意义。

1.1.2 语义的性质

(1)客观性和主观性

从某种意义上讲,语义是对世界的分类和指称。因为分类和指称的对象是客观的,所以语义也有客观的一面。正是因为这样,不同语言之间才可以互通互译。语义的客观性首先表现在人们对客观事物的认识,最终来源于客观事物现象。譬如,表示实有事物现象的词语如"山、水、牛、羊、高、低、红、黑、吃、走"等,其语义就直接反映了客观事物现象的特征。即使是表示虚构事物现象的词语如"龙、天堂、上帝、孙悟空、鬼、神"等,其语义也间接地、曲折地反映了客观世界。这些词语所表示的对象在客观世界虽然并不存在,但仍然是客观世界在人脑中移花接木式的反映。此外,新事物的出现会造成新的语义单位的产生。新词新义的产生,有其客观背景,同时也反映了客观的情况。例如"电脑、电视、股市、倒爷、摇滚、蹦极、清零、新冠"等词语的产生是最近几十年的事情。

但是,语义的分类是根据人的需求和思维方式来进行的,所以也不可避免地带有主观的成分,这就造成了不同语言间的民族特色,于是也就有了一定程度的不可通约性,给不同语言间的完全互译带来了障碍。语义的主观性首先表现在一些表示人的精神世界范畴的语义单位,如"自由、幸福、爱、恨、思想、美感"等,其所指的对象本身就是主观的,或带有主观的成分。其次,一般所谓的"文化意义"都是在语义中反映出来的。如汉语的"猫"、"狗"与英语的"cat"、"dog"虽然在所指上没有区别,但这两组词的内涵意义却差别很大。汉语中"猫"用在人身上,一般表现为"猫腻"、"猫腥",而"cat"则是"包藏祸心的女人"。所以如果把"她是一只猫"译成"She is a cat",在客观事物层面好像达到了一致,但它们在文化内涵或隐喻方面并非完全一致。再如同样的语义范围,在一种语言中有较多的词项表示,被切分成较细的类别,但在另一种语言中则词项较少,切分较粗。如汉语中表示亲属称谓的"叔叔、伯伯、舅舅"等,在英语中只有一个"uncle";汉语中表示稻米的不同状态有"稻、谷、米、饭、粥",而英语中只有一个"rice"。这表明聚合性单位的相对数量及复杂性与其文化重要性成正比。不同的语言在语义单位的相互搭配上也有很大的不同。汉语中的"坚持"在英语中可能被翻译成"hold"(坚持真理 hold firmly to the truth),"adhere"(坚持原则 adhere to principle),"persist"(坚持错误 persist in one's errors),或"stick"(坚持工作 stick at one's work)。而英语中的"put down"在汉语中则有可能被译成"放下"(put down airs 放下架子),"镇压"(put down a rebellion 镇压叛乱),"制止"(put down the gossip 制止流言飞语),"记下"(put down sb.'s address 记下某人的地址)等。这些差别是语言任意性的表现。甚至同一文化范围内,由于地域的差异也可能表现出语义的差异来。如各种杂粮的名称,汉语各方言区就很不一样,番薯有叫"红薯"的,有叫"红苕"的,还有叫"地瓜"的,这是名异实同。还有一些名同实异的情况,如"大豆"在一些地方指"黄豆",在另一些地方指"蚕豆"。

主客观二重性是语义的基本特点。没有纯客观的语言,也没有纯主观的语言。因此,语义分析既要反映客观的认识成果,更要体现语言使用者的主观感受。

（2）概括性、离散性和模糊性

语义作为人们对事物的认识，是一种概括的认识，词语的意义概括了它所指的各个具体对象的共同特征。譬如，表示普通概念的词语如"牛、山、水、树、哭、黑、坏"等其语义就具有概括性。不仅如此，专有名词也具有概括性，只是与普通名词相比，其概括的特点稍有不同，如"鲁迅"这个专有名词概括了幼年时期的鲁迅、青年时期的鲁迅和作为文学家的鲁迅等。当然，语义作为人们言语交际的内容，在具体的话语中，又是比较具体的。譬如，在具体的话语中，"人"一般总是指特定的人，"哭"一般总是指某人特定的行为。"她都三十了，还没有找到合适的人"中的"人"指的是丈夫，而不是一般意义上的人。《荷花淀》里的"女人"常常指的是水生嫂。语义从本质上讲，并不是作为一个具体的实在存在于现实世界，而是存在于人们抽象的意识中。

客观事物有些是连续体，如光谱从红色到紫色并没有截然的分界限，又如人从出生到长大，直至老死也是一个逐渐发展的过程。语言如果要反映这些连续变化的事物，就必须把它们分段，将它们的各个部分离散开来。连续的光谱在汉语中被切分为七段：红、橙、黄、绿、青、蓝、紫。人的一生在汉语中有多种切分，如年龄的切分有"婴儿、儿童、少年、青年、壮年、中年、老年"的多值切分，也有"小孩、大人"的二值切分。这是根据不同的需要而作出的不同的切分。对客观的连续体进行人为的切分，这是语言离散性的表现。

语言世界所表现的对象似乎是泾渭分明的，实际上它们之间的区别大多是模糊不清的。即是说，那些离散的语言单位，看似明明白白，而实际上是边界模糊的。比如"中午""傍晚"的时间界限，恐怕没人能说清楚是从几点到几点。语词所代表的客观实在中的各类事物或现象之间往往存在着过渡状态，这些过渡状态是语词模糊性的根源。语言的模糊性是语言交际所必需的，因为人在感知世界的时候并不都是以精确的方式进行的。譬如，一般情况下要描述某人有多高只需一个大致的"高"或"矮"或"跟谁差不多"等的描述就可以了，而无须精确说出这人有多少米、多少分、多少厘米。日常生活中的交际不是科学，并非一定要用精确的数字来表示。正因为这样，我们说模糊语义的产生并非语言的无奈，而是语言适应交际的需要的正常反应。当然，语义的模糊性与精确性并不矛盾，在需要强调准确的日常生活场合（如购物以及金融计算等），尤其是在专业研究领域，在语义的选择和表达上就不能有丝毫的模糊了。

（3）网络系统性

语义是一个有机的系统，是一个与语音和语法相并列的同属于语言系统的子系统。同其他系统一样，语义系统由若干层次的下位成分构成，下位成分之间又具有相对稳定的联系，而且它们之间各有其功能特征。语义的系统性表现在：

①语言单位的意义之间有系统性。

②多义词各义项之间有时也具有系统性。

③与外部世界的系统的相关性。外部世界的系统性必然会反映到语义系统中来，譬如，亲属关系是一个社会的系统，与之相应，在语义中也存在一个亲属语义场系统。

狭义的语义系统是指共时的、排除与外部世界的联系的语义系统，即第一种情况。下面主要阐述狭义的语义系统。

语义系统受整体性原则和关联性原则的制约。在语义系统中，语义的众多成分之间既相互独立，又相互依存，既相互隶属，又相互制约，形成一个有序的聚合体。这个聚合体具有层次化和网络化的特点，因此可以从结构成分或结构关系等方面进行分析。

语义单位有自然单位和分析单位两种形态。自然单位是人们语感所能感受到的语义单位，如"人"、"男人"；"树"、"大树"；"牛"、"牛犊"等。分析单位是因为语义分析的需要而设立的单位，如将"男人"分析为［男性］［成年］［人类］"等。方括号里的词是语义的分析单位，叫做义素，是语义的最小单位。语义的自然单位从理论上讲就是由这些义素一级一级组合而成的。各级语言单位之间存在着层次上的差别，这就是语义的层次性。

语义的系统性表现为相互隶属，相互制约的网络关系。网络有上下层关系，也有平行关系。语义单位之间有上下义关系、平行关系、集合关系（语义场）、组配关系、语义指向关系等。正因为有这样一些关系，计算机自然语言识别研究才需要对语义有一个成系统的描写，将语义单位之间的相互关系描写成"树"形结构或网络结构。树形结构要求只能有一个最高的层次"根"，其他层次都是从"根"上分化出来。每一个语义单位被称为"节点"，一个节点可以衍生出若干下位节点，但只能有一个上位节点，正如一棵树的形状，所以称为树形结构。网络结构是一个节点可以衍生若干个下位节点，同时也可以有几个不同的上位节点，形成网络状态。语义单位之间的关系多数是网络形态。

1.2 语义三角

对语言如何反映客观对象的问题,学界有两种不同的认识:直接反映论认为词直接反映客观对象;间接反映论认为词、概念、客观对象形成三角关系。这种三角关系可以用下面的图示来说明:

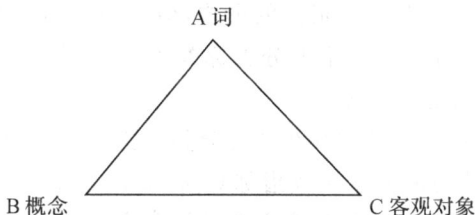

A 词

B 概念   C 客观对象

词是用来反映客观对象的符号,概念是说话人或听话人在头脑中产生的有关客观对象的意义,客观对象即被反映的事物。三者的关系是:就说话人的角度来说,客观对象 C 唤起说话人头脑中的概念,再由概念 B 联系到词语 A。从听话人的角度来说,听话人通过声波传播接收到词语 A 后,触动头脑中的概念 B,再由概念 B 联系到客观对象 C。总起来说,词反映概念,概念再反映客观对象。词与客观对象并不对等,它们之间没有直接关系,只有间接关系,所以叫间接反映论。

语义三角并非对所有的词语都成立,也有三角元素不完备的情形。专有名词没有语义,只有对象。很多专有名词随对象的生灭而生灭,几乎不在语言系统中留下什么痕迹,只有少数专有名词获准进入语言系统,成为有语义的语义单位,如"西施""诸葛亮""雷锋"等,它们在"西施一般的美貌""三个臭皮匠,顶个诸葛亮""新时代的活雷锋"中分别有"貌若天仙""充满智慧""见义勇为"等语义内容,而且无须通过注释或解释就可以被理解。有些词没有具体的所指对象,如"上帝""神仙""魔鬼""天堂"等。还有一些词的内涵与外延无法确定,不表示概念,但却有语义,如表语气的词"哇噻""呢""啊""吗""吧""呀"等,前置词(介词)"在""从""对于""把""关于"等,象声词"哗啦""乒乓""叮当""扑哧"。英语里的冠词 a, an, the 等也属于这一类。还有一种情况是只存在意义和客体而声音暂时缺失的,如外来词。因为一时没有适当的汉语词来对应,就会通过各种变化的声音来表示,落实到汉字上就更为混乱。如"Disco"有迪斯科、的士高等译法,"chocolate"有朱古律、查古力、句古力、朱古力、巧克力等译法,达十几种之多。当然最终有一种译法会被大家普遍接受,外来词就在目标语系统中找到了自己的位置,语义三角就最终建立起来了。

1.3　语义类型

英国著名语言学家利奇(G. Leech)在其《语义学》一书中列举了七种不同的意义:概念意义、内涵意义、风格意义、情感意义、联想意义、搭配意义和主题意义。这七种意义的划分有很大的影响,但它们并不是七种意义类型。因为它们并不处在同一层次上,不但分类标准不统一,范围上重叠、交叉,而且七种意义之间还存在包容关系。

语义可以根据语言单位的存在状态分为三类:①语言单位在孤立状态下的语义,即一般所谓的词典意义或指称意义;②语言单位之间相互结合时表现出来的语义,即搭配意义、语法意义或结构意义;③语言单位进入交际时表现出来的语义,即言语交际义、隐喻义、文化义、转义等。

1.3.1　指称功能意义

指称功能意义是指语言单位与外在世界的相互关系,即以词称事的功能。指称功能意义又称为"概念意义"或"理性意义"。如"椅子"的指称功能意义是:"一种有靠背的坐具,主要用木头、竹子、藤子等制成。""椅子"可以用来指称各种各样的椅子。指称功能意义是语义单位没有进入交际时的孤立意义。它包括原始义(即词的本义),以及一般义和核心义;也包括语义单位间的关系,如组合关系、聚合关系、语义场以及上下义、反义、同义、序义关系等;还包括意义的解释,即义素分析,最小意义元语等。

就词义而言,有些意义中除了反映人们对客观事物的认识外,还融入人们对它们的主观评价,这就产生了与指称功能意义密不可分的附加意义(也称附属色彩),这种意义一般不以独立义项的形式存在,而是与理性意义结合成一个整体。很多同义词之间的区别就是通过附加意义表现的,如汉语中的"团结"与"勾结"有褒贬的不同,英语中的"friend"与"acquaintance"、"God"与"gum"有语体的差异。附加意义常分为情感色彩、语体色彩以及形象色彩等类型。

1.3.2　结构功能意义

结构功能意义是语言符号与语言系统本身的相互关系所体现出来的价值。如汉语的"这""那"的文内照应功能,便是为语言本身服务的。当它们被用作文内指称时,便不再指称文外的事物。

结构功能意义有两种:①框架意义,即语言单位因处于一个组合结构中的某位置上而获得的意义,如句首的主题义(话题义),动词前后的格关系等。前者如"我这件事没有经验"、"这件事我没有经验",两个句子分别由"我"和"这件事"充当话题,从而导致结构功能意义也发生变化;后者如"花猫追老鼠"、"老鼠追花猫"。"花猫"与"老鼠"分别再两个句子中交替充当"施事"和"受事",动词"追"前后所搭配的名词的变化引起了该动词格的变化。在格关系中,动词被看做结构的中心,所以格关系被认为是一种框架意义。②单位与结构之间的意义关系,包括直接成分与结构之间的意义关系,直接成分之间的关系的不同会引起结构意义的变化。如"出租汽车""学习文件",直接成分之间可以是动宾关系,也可以是偏正关系,不同的结构关系表示的意义也不同。语言单位相互搭配而形成的意义关系,即语法义,因为搭配不同,会导致意义不同,如"客人来了"与"来了客人"中的两个"客人",前者是言谈双方心目中明确的某一对象,是已知信息,后者是未知信息,是"不速之客"。一个词的同一个义项在不同的搭配中也会有差别,如"修电脑"和"用电脑"中的两个"电脑",前者指坏了而需要修理的电脑,后者指功能正常可用的电脑。

1.3.3 交际功能意义

交际功能意义是指语言单位进入交际情景所体现出来的价值,是语言单位进入语境时语义的更进一步具体化。语言的价值主要通过交际过程来体现,这个价值与语言单位处在孤立状态下的意义有所不同。

交际功能意义包括由篇章而来的词语的意义,如"推敲、凯旋、渔利、墨守"等词语的意义,以及许多成语等的意义;也包括对举使用与单用时的意义差别,如浑言(训诂学中说明同义词共通义的方法)与析言(训诂学中辨析同义词之间细微差别的方法)的区别。例如"疾"和"病"在各自单用时意义相近,在对举时意义却有分工:"析言之则病为疾加,浑言之则疾亦病也。"(段玉裁《说文解字注》),此外,语言单位的交际功能意义还包括话语义和篇章义,不过,这主要是语用学所关心的问题了。语言单位语义的引申、转移,无不与语言使用有关。

1.4 语义学

语义学是研究语言单位和话语的意义的科学,是语言学的分支学科。语义学主要研究语义的各种性质、类型、语义关系、语义的结构和功能,以及语义的形成和演变,等等。

语义学作为一门系统独立的学科,只有几十年的历史。在20世纪以前的传统语言学中,语义学并没有独立的地位,语义学的部分内容,如词的意义被放到了词汇学里。在结构主义时期,语义问题也没有受到应有的重视。直到20世纪50年代,以义素分析和语义场理论的产生为标志,语义学才成为一门相对独立的学科。现在,语义学的地位显得越来越重要,已经成为跟语法学、语音学鼎足而立的分支学科之一。随着语义学研究的进展,其内部已形成了一些理论流派,如结构语义学、解释语义学、生成语义学、功能语义学等。

由于语义是反映人类的思维过程和客观实际的,所以语义学与哲学、心理学、逻辑学、人类学、符号学等学科有密切的联系。这样,语义学实际上成了跨学科的交叉性学科。总的说来,语义学既要研究语言符号与它所指称的外部世界的关系,用语言外部的世界来判断一句话的存在意义,如"现在的法国国王是秃头"这个句子没有意义,这是因为现在的法国没有国王;语义学还要研究语言单位意义本身的特点与构成以及语言单位意义之间的相互关系。作为语言学分支学科的语义学,大体上可以分为词汇语义学和句法语义学两大分支。词汇语义学主要研究词汇单位的语义问题,研究词语的语义结构和语义聚合关系以及语义的发展演变等。句法语义学主要研究句子的语义构造和语义组合关系以及句子之间的意义联系。此外,有人还把对言语意义的研究也包括在语义学之内,称为语用语义学。不过,这已经是语用学讨论的范围了。

第二节　词义分析

2.1　词义单位

人们对事物现象的反映以及由此带来的人们对现实现象的主观评价,叫做词的词汇意义,简称词义。词义是语义系统中具有独立资格的单位,即它相对自足、自主,在组合中变化有限,是组成言语作品的基本的语义材料。词义基本稳定,尤其是基本词汇的词义,几乎是历久不变。词义单位主要包括以下两种。

2.1.1　义项

义项是从词语的各种用法中概括出来的一般的、固有的、概括的意义。它不包括在特定的语言环境中表现出来的特殊的、临时的、具体的意义。如"笔"在具体的语言环境中,可以指铅笔,可以指钢笔,可以指毛笔,还可以指圆珠笔等,但这些意义都是具体意义,可以用一个义项来概括:写字画图的工具。因此,不能说"铅笔""钢笔""毛笔""圆珠笔"是"笔"的不同的义项。在词典中,词语的意义是以"义项"的形式记录下来的,义项是词典释义的最小单位。如果一个词只反映一类或某一个对象,那么这个词就只有一个义项;如果一个词反映的对象不止一个,那么这个词就有多个义项。需要注意的是,有多个义项的词尽管不同义项反映的对象不同,但它们应该有一般人感觉得到的联系。否则,它们就不能算是同一个词的不同义项,而只能属于不同的词。

2.1.2　义素与语义特征

义素是语义系统中最小的语义分析单位。它是构成义项的语义成分,是从一组相关的词语中抽象出来的区别性语义特征,因此又叫语义成分、语义特征、语义原子。例如我们说"男人"这个义项主要包括三个义素:[男性]、[成年]、[人],这是通过与"女人、男孩、女孩"等相互比较而分析出来的。其中[男性]这个义素是"男人"、"男孩"跟"女人"、"女孩"相互区别的语义特征;[成年]是"男人""女人"跟"男孩""女孩"相互区别的语义特征;[人]则是这些词共同的语义特征,又是它们跟"猩猩"、"猕猴"等动物相互区别的语义特征。

2.2　单义和多义

一个词的意义可以概括反映一类事物,即只有一个义项,这类词叫"单义词";一个词的意义也可以概括反映相互联系的几类事物,即包含相互联系的几个义项,这类词叫"多义词"。

科学术语通常都是单义的,而且不带任何附加色彩,如"原子""电子""电荷""基因""光年""激光"等。一个词在刚产生的时候往往是单义的,但是在以后的使用过程中,其他一些相关联的意义也逐渐由它来表达,单义词也就逐渐变成了多义词。

词由单义演变为多义主要源于两个方面的原因。首先,客观事物之间的各种联系是词语多义化的现实基础。客观事物之间的联系有相关性和相似性两种。相关性是说客观事物并不是孤立存在的,而是同周围其他事物互相联系或互相依存的;相似性是说不同的客观事物可能具有某些相同或相近的特征,通过这些特征它们可以建立起某种联系。由于以上原因,人们在使用语言的过程中,就有可能根据客观事物之间的某种关联,用指称甲类事物的词去指称乙类事物,从而产生出跟原有的词义相关联的新的意义。其次,语言的经济原则也是词语多义化的必然原因。语言中的语音形式总是有限的，而随着社会的发展和人的认识的深化，语言要表达的意义又总是不断增加的，用数量有限的语音形式去表达数量庞大且不断增加的意义，势必会出现一个语音形式表达多个意义的多义现象。

多义词的多个义项中，最初的那个意义叫"本义"。① 多义词的其他义项都是直接或间接地从本义衍生出来的，这些后来衍生出来的意义叫"派生义"。多义词的多个义项中，总有一个是某个时期最常用最主要的，这个意义叫"基本义"。基本义不同于本义，基本义是就某个时代中多义词各个义项之间的关系和使用频率而言的，而本义则是就多义词各个义项产生时间的先后而言的。由于确定本义和基本义的标准不同，因此词的本义和基本义可能是一致的，也可能是不一致的。比如"手"的本义和基本义都是"人体上肢前端拿东西的部分"，"牛"的本义和基本义都是指一种哺乳动物，它们的本义和基本义是一致的。"兵"的本义是"兵器"，基本义却是"士兵"；"取"的本义是"割取耳朵"，现代的基本义却是"拿到身边"，它们的本义和基本义是不一致的。

根据词义派生的方式，派生义又分为两种：一种是引申义；一种是比喻义。

通过事物之间的相关性联系派生出来的意义叫"引申义"。如"手"的引申义有：①拿着，如"人手一册"；②用手，如"手写体、手抄本、手推车"；③亲手，如"手迹、手笔"；④小巧而便于用手操持的，如"手枪、手榴弹、手鼓"；⑤量词，用于技能、本领，如"他真有两手"；⑥擅长某种技能或做某种事的人，如"吹鼓手、棋手、射手"。

通过事物之间的相似性联系派生出来的意义叫"比喻义"。如"心脏"的本义是"人或高等动物推动血液循环的器官"，比喻义是"事物的中心"；"包袱"的本义是"用布包起来的包儿"，比喻义是"影响思想或行动的负担"；"老古董"的本义是"陈旧过时的东西"，比喻义是"思想陈腐或生活习惯陈旧的人"。英语"nose"的本义是"鼻子"，比喻义是"事物的突出部分"。

2.3 义素分析法

20 世纪 50 年代，人类学家开始借鉴音位学的特征分析法来研究各种语

---

① 这里的解释是就理论上而言的，实际上，那些很久以前产生，或虽然口头中有应用但没有及时留下文字记载的词语而言，其"本义"就常常定义为：文献中记载的最初意义。

言中反映亲属关系的词。这种方法被用于分析语义,其出发点是:词的意义并非不可分析的整体,分解后得到的语义特征又叫语义成分或义素,相当于音位学中的区别性特征。换句话说,不同词义之间的区别,是靠不同的义素区别开来的。义素是语义单位(有时指词的某个具体的义项)的构成元素。义素本身不是某一语言的词汇的一部分,它是为了描写比较某种语言的语义相关的词语之间的关系而构设出来的。因此一般把义素放在方括号中,如我们分析"父亲"的义素,可以写成:

父亲:[男性][直系][血亲][长一辈]

放在方括号里的成分就是从"父亲"这个语义单位中分析出来的义素。下面再来分析"母亲"的义素:

母亲:[女性][直系][血亲][长一辈]

"母亲"与"父亲"各自都由一组义素组成,它们之间只有一对义素是对立的,即它们的差别反映在[女性]和[男性]的不同上。不妨说,义素分析就是根据对立原则,对语义单位作深入分析的方法。因为[女性][男性]两项是非此即彼的对立关系,所以可以合并为一项,一般取[男性],写成[+男性],[女性]即等于[非男性],写成[一男性]。下面把"父亲""母亲""儿子""女儿"放在一起来分析:

父亲:[+血亲][+男性][+长辈]

母亲:[+血亲][一男性][+长辈]

儿子:[+血亲][+男性][一长辈]

女儿:[+血亲][一男性][一长辈]

义素分析的基本方法是对比法,也就是把有某种关联的一组词放在一起,在意义上进行比较,提取出可以使词义互相区别的语义成分。义素分析通常可以按三个步骤来进行:首先是确定对比的范围。一般来说,用来对比的词语应该是指称同一种类对象的词语。其次是比较词义的异同,找出不同词义在语义成分上的共同点和不同点,也就是提取它们的共同义素和区别义素。最后是整理和描写,以一定的方式来记录义素分析的结果,以便使最后的分析结果能简明地反映词义之间的联系和区别。

义素分析结果的描写和记录可以有两种方式,一是横排结构式,如上面对"父亲""母亲""儿子""女儿"的分析。二是矩阵图,如以上分析可以表示为:

	［血亲］	［男性］	［长辈］
父亲	＋	＋	＋
母亲	＋	－	＋
儿子	＋	＋	－
女儿	＋	－	－

义素分析应力求简明准确。义素分析的结果必须准确反映词语的所指范围,应能包容而且只包容所反映的对象,不能过宽,比如"男人"的义素若分析为［＋男性、＋人］,则本不属于此类的"男孩"也被包括了进来。当然,也不能过窄,比如把"雨衣"的义素分析为［＋穿在身上、＋防雨、＋用塑料制成、＋衣物］,则本属于此类的用帆布或橡胶等制成的雨衣就被排除在外。

随着研究的深入,义素分析的范围也在不断扩大,现在,对动词、形容词所作的义素分析也取得了较大的成功。

因为义素分析往往需要在一组相关的词语中进行,所以一般情况下,义素分析实际上就是语义特征分析。

从应用的角度看,义素分析的使用价值主要表现在以下方面:

(1)义素分析可以清楚、简明地说明词义的结构,便于比较词义之间的异同,便于揭示近义词、反义词等词义关系。例如"火"和"光"同属一个语义类,即"可见的自然现象",但语义上相互有差别,义素分析可以清楚地将两者的异同揭示出来:

火:［＋现象,＋亮度,＋温度,－速度,＋形体,……］

光:［＋现象,＋亮度,＋温度,＋速度,－形体,……］

再如"看"和"看见"看似同义实际上并不同义,义素分析可以将它们的异同清楚地揭示出来:

看: ［＋凭眼睛,－被动感知,＋自主,＋可控,……］

看见:［＋凭眼睛,＋被动感知,－自主,－可控,……］

(2)义素分析有助于说明词语组合的语义限制条件。比如,可以说"喝水""喝汤""喝啤酒",但不能说"吃水""吃汤""吃啤酒";可以说"吃饭""吃梨""吃面包",但不能说"喝饭""喝梨""喝面包"。其根本原因在于"喝"的对象是液体,而"吃"的对象是固体:

喝:［＋动作,＋对象为液体,－对象为固体,＋用容器,＋使食物消失,……］

吃:［＋动作,－对象为液体,＋对象为固体,±用容器,＋使食物消失,……］

又如在现代汉语中,时量短语放在不同的动词后表示的意思可能有很大的不同。某些动词后的时量短语表示的是动作或变化完成之后经历的时间,如"死了三天了""成立了三天了",这是因为"死""成立"等动词所表示的动作或变化都是瞬间完成的,是不能持续的,因而都具有[＋完成,－持续]的语义特征;某些动词后的时量短语表示动作行为本身持续的时间,如"等了三天了""病了三天了",这是因为"等"和"病"等表示的动作行为都是不能瞬间完成的,都是能够持续的,因而都具有[－完成,＋持续]的语义特征;某些动词后的时量短语既可以表示动作行为完成所经历的时间,也可以表示动作行为本身持续的时间,如"看了三天了""学了三天了",这是因为"看"和"学"等动词所表示的动作行为既可以瞬间完成,也可以持续下去,因而都具有[＋完成,＋持续]的语义特征。这些语义特征的不同,一定程度上影响到了不同动词后的时量短语具有不同的所指。

就目前而言,义素分析的方法还不完善。首先,义素分析因涉及人对客观世界的主观认识,至今未有客观统一的分析依据和分析标准,而是带有一定的主观随意性。其次,义素分析不像音位的区别特征分析那样,可以用有限的区别特征来对音位进行分析。因为一种语言的音位数量本身是有限的,而一种语言中的词义(义项)的数量却要庞大得多。

2.3 语义场论

"场"的概念借自物理学。物理学中的"场"是指物质存在的一种基本形态,具有能量、动量和质量。实物之间的相互作用依靠有关的场来实现。因此"场"的理论实际上探讨的是事物或现象之间的相互关系,有某种关系的事物或现象必然或可能聚集在同一个"场"内。语言学中的聚合关系学说实际上也是"场"理论的体现之一。

2.3.1 什么是语义场

语义场是由语义系统中的一组具有一定共同语义特征的语义单位所组成的聚合体。从词汇的角度看,语义场则是由在意义上有关联的一组词语所构成的集合。例如,能在同一话题下使用的性质相近的词的集合;能在同一位置上相互替换的词的集合。

语义场由词汇场的概念演变发展而来。20 世纪 30 年代,德国语言学家特里尔(J. Trier)提出,逻辑学中的"概念场"在语言学中相应的是"词汇场"。

他认为:词汇可以被看成是一个由词组成的系统,词与词之间有一定的语义分工。整个词汇系统处于变化状态中,意义上相关的词的数目会不断变化,每当有一个词 W_1 消失,与它相近的词 W_2、W_3 的意义就会扩大,把 W_1 留下的表义空缺填满。反之,如果出现了一个新词 W_4,那么 W_2 或者 W_3,或者 W_2 和 W_3 的意义域就会相应缩小,留下的部分则由 W_4 来表达。意义相关的"W_1、W_2、W_3"和"W_2、W_3、W_4"构成集合,称为词汇场。从另一个角度上说,词汇场就是语义场。

2.3.2 语义场的性质

语义场的性质主要表现在三个方面:层次性、系统性和相对性。

(1)层次性

由于事物现象的分类可粗可细,分出来的类别也可大可小,因此语义场也就可大可小。最小的语义场只有两个词语。如"丈夫—妻子"、"爷爷—奶奶"、"父亲—母亲"、"儿子—女儿"就是四个最小的语义场。若干较小的语义场又可汇集为较大的语义场。如上述四个最小语义场可以汇集为较大的语义场——直系亲属语义场。较大的语义场又可汇集为更大的语义场,直至一个语言系统中最大的语义场。如"时间"、"空间"、"性状"、"关系"、"数量"、"事物"、"活动"等等。属于同一个较大语义场的词语,可能分属不同的层级。如在交通工具这个语义场中,"车、船、飞机"属于同一个层级,而"火车、渔船、战斗机"就不属于同一个层级。不同层级的词语不能列入同一级语义场。

(2)系统性

属于同一级语义场的词语,其语义是相互关联、相互制约的。如"丈夫"与"妻子"相互依存,没有这一方,便没有另一方。又如"中医"和"西医"也是相互依存的,虽然不能说没有西医就没有中医,但可以说没有"中医"这个词,也就没有"西医"这个词。

不同的语言系统、不同的方言、甚至不同的时代,其语义场的构成也会有所不同。汉语的"沙发"来源于英语的 sofa。但汉语中的"沙发"跟"椅子"、"凳子"等构成语义场,包括单人的、多人的以及坐卧两用的;而英语中的 sofa 不包括单人沙发,单人沙发叫做 chair。又如广东话中只有"肥"和"瘦",没有"胖","肥"既可以形容动物,也可以形容人。广东话中的"肥婆"、"肥仔"大致相当于普通话的"胖大嫂"、"胖小子",没有骂人的意思。

（3）相对性

语义场的构成是以词语的义项为单位的。因此，同一个词有几个不同的义项，就分属几个不同的语义场。如"叔叔"既可以表示亲属称谓，也可以表示社交称谓，因此这两个不同的义项应当分属两个不同的语义场。从另一个角度看，一个较大的语义场，可以从不同的角度划分为不同的较小的语义场。如亲属语义场，可以按直系旁系划分，可以按血亲姻亲划分，可以按辈分划分，还可以按性别划分。从不同角度划分出来的结果是有所不同的。因此，哪些词语构成一个语义场，一个词语属于哪个语义场，不是绝对的，而是相对的。

2.3.3　语义场的类型

语义场可以从不同的角度划分。根据语义场中各语义单位之间的关系可以分为分类义场、顺序义场和关系义场。

（1）分类义场

分类义场表示同一类现象、行为、状态、功能或性质。如表示游泳的语义场："蛙泳、蝶泳、仰泳、自由泳……"，表示行走类动作的语义场："走、跑、蹦、跳、踩、踏、跺、蹼、踹……"，表示颜色的语义场："红、黄、蓝、绿、青、黑……"；表示物质形态的："固态、液态、气态……"等等。从某种意义上讲，语义场就是对事物现象进行分类，其具体体现就是分类义场。

（2）顺序义场

语言单位在语义上按照一定的规律递增或递减，或在时空上按一定的顺序排列，从而构成顺序义场。如"个、十、百、千、万……""甲、乙、丙、丁……""星期日、星期一、星期二、星期三、星期四、星期五、星期六""春、夏、秋、冬""少校、中校、上校、大校""助教、讲师、副教授、教授"等等。

（3）关系义场

语义单位之间有某种逻辑的、心理的、文化的、价值的关系，从而构成关系义场。关系义场中的词语具有相互依存性，可以进行关系推理，从一方推知另一方。关系义场可分为反义义场和同义义场。

组成反义义场的两个语义单位其意义相对或相反，即所谓的"反义词"。比如汉语里的"高、低""善、恶""全面、片面""扩大、缩小""积极、消极""优点、缺点"等，英语里的"heavy、light""old、young""peace、war""early、late"等。反义义场具有以下三个方面的特点：

第一，反义义场反映的是同类事物内部两个矛盾对立的方面，具有共同的意义领域,因此不属于同一意义领域的词不能构成反义义场。例如"小"和"长"、"低"和"大"由于不具有共同的意义基础,因此不能构成反义词。

第二,反义义场以逻辑上的矛盾关系或反对关系为基础,具体又可以分为三种情况。其一,构成反义关系的两个语义单位之间是非此即彼的矛盾关系,如"生、死""男、女""同、异""动、静""真、假"等;其二,构成反义关系的两个语义单位之间是互为条件的依存关系,如"买、卖""支、付""嫁、娶""师傅、徒弟""夫、妻""兄、弟"等;其三,构成反义关系的两个语义单位之间还有一些过渡性的语义单位,如"好、坏""长、短""粗、细""快、慢""冷、热""深、浅"等。前两种情况的反义词处于矛盾关系之中,肯定一方必然否定另一方,否定一方必然肯定另一方,二者之间不存在非此即彼的中间状态,因此又叫"绝对反义词";后一种情况的反义词处于反对关系之中,肯定一方必然否定另一方,但否定一方未必肯定另一方,二者之间存在着非此即彼的中间状态,因此又叫"相对反义词"。

第三,一个词可以和几个不同的词互为反义词,构成不同的反义义场。这有两个方面的原因。其一,如果一个词是多义词,它便有可能在不同的义项上分别与不同的词构成反义关系。例如"老"有多个义项,它在"年岁大"这个义项上跟"少"构成反义关系,在"陈旧"这个义项上跟"新"构成反义关系,在"食物因烹饪时间过长而口感不好"这个义项上跟"嫩"构成反义关系。其二,不同的词往往有不同的搭配习惯,因此同一个词用在不同的上下文中,即使义项相同,也可能会跟不同的词构成反义关系。例如"高"的一个义项是"从下向上距离大",但这个义项在"地位很高"中的反义词是"低",在"这根柱子很高"中的反义词是"矮"。

组成同义义场的两个或两个以上的语义单位其意义相同或相近,即所谓的"同义词"。例如"散步、溜达""庇护、保护""凉爽、凉快""放逐、流放""扬声器、麦克风"等。同义义场词有以下两个方面的特点:

第一,同义义场中不同词语的词义所概括反映的对象必须是相同的,或者是基本相同的,因此指称某一大类事物的词和指称这一大类事物中的某一小类的词不能构成同义义场。例如"衣服"和"衬衫"、"家具"和"椅子",英语的"fruit"和"orange"、"food"和"bread"等不能构成同义义场;此外指称事物整体的词和指称整体中的部分的词也不能构成同义义场。例如"房子"和"房间"、"桌子"和"抽屉",英语的"hand"和"finger"、"room"和"wall"等不能构成同义义场。

第二,同义义场是就特定语言或方言的词汇系统而言的,不能跨越语言或方言来讨论某个词有哪些同义义场,因此不同语言或方言中表示同一意义的词不能构成同义义场,例如汉语的"杂志"和英语的"magazine",汉语普通话的"玉米"和成都话的"玉麦"等。

同义义场有近义场和等义场的区别。等义场中的词彼此之间除了理性意义及非理性意义(附加色彩)相同外,在实际应用中多可换用。语言中的等义词有些是借用外语或方言的结果。借用外来词产生的等义词如"维生素、维他命","麦克风、话筒"等;借用方言词产生的等义词如"土豆、洋芋、马铃薯","包谷、玉米"等。有一些等义词是由构词成分顺序颠倒造成的,如"严谨、谨严","讲演、演讲"、"山河、河山"等。不过绝对的等义词在数量上很少,而且等义组中的某个词因没有特有的意义特色会很快废弃,如"巧克力"与"朱古力"、"大哥大"和"手机"是两对等义词,后来"朱古力"和"大哥大"日渐少用,已为陈词。

近义义场中的词彼此之间在理性意义上基本相同,但在附属色彩、结构特点或语用功能上有一定的差别,词语之间一般不能随意换用。一般所说的同义词绝大多数属于这种类型,人们常常利用同义词的细微差别实现不同的交际效果。例如"改善、改进""素养、修养""充足、充分""长相、容貌""成果、结果""配偶、爱人""教师、教书匠"等。近义义场的差别可以表现在词的理性意义上。有的近义词的词义所概括反映的对象只是基本相同,它们的所指范围或强调对象并不完全重合。例如"书"和"书籍"都指"装订成册的著作",但前者既可以指个体,也可以指集合体,而后者只能指集合体;又如"改善"和"改进"都指改变原有情况,使其更符合人们的愿望,但前者强调使其更好一些,后者强调使其更进步一些。近义词在理性意义上的差别往往会影响到词语的搭配习惯,例如"书"和"书籍",前者可以说"一本书""两本书",后者不能。近义词之间的差别也可以表现在附加色彩上。例如"教师"和"教书匠",前者是中性词,没有特别的感情色彩,而后者具有贬义色彩;又如"狮子狗"和"哈巴狗"指同一种狗,但前者能使人联想到长着长毛的狮子的形象,而后者不具有这种形象色彩。

一个多义词有可能在不同的义项上跟不同的词构成同义义场。例如"熟"在"因常见或常用而知道得清楚"这个义项上跟"熟悉"构成同义义场,在"精通而有经验"这个义项上跟"熟练"构成同义义场,在"植物的果实等完全长成"这个义项上跟"成熟"构成同义义场。此外近义词之间存在的种种差异会影响到这些词的使用范围,使它们各有自己的实用领域。

2.4 语义场研究的作用

语义场研究对词义研究以及语言间语义对应关系的研究都有一定的作用,具体体现在以下几个方面。

2.4.1 在语义场中确定词的价值

索绪尔在《普通语言学教程》中说:"在同一种语言内部,所有表达相邻近观念的词都是互相限制着的。同义词如法语的 redouter(恐惧),craindre(畏惧),avoir peur(害怕),只是由于它们的对立才有各自的价值。假如 redouter 不存在,那么,它的全部内容就要转到它的竞争者方面去。反过来,也有一些要素是因为同其他要素发生接触而丰富起来的。""因此,任何要素的价值都是由围绕着它的要素决定的。"语义场,正是这种可以决定一个词的价值的"语围"。

2.4.2 有助于词义体系的建立

语义场的层次性表明一种语言中的所有词义最后都有可能容纳到这个语义场的层级体系中去。这就为将一种语言的所有词义集合成一个完整的体系提供了一种可能。词义体系的建立对自然语言的计算机处理有着特别重要的意义。

2.4.3 有助于发现词义的普遍性和民族特点

语义场研究为认识不同语言之间的语义对应关系提供了一种可以利用的手段和方式。语义场理论提出之后,语言学家们运用它做了一些词义的描写和比较工作,结果在亲属称谓和颜色词方面发现了一些普遍现象和民族差异。比如汉语的亲属称谓系统一般分长辈、本人和小辈,其中长辈和小辈还可以分长两辈、长三辈、小两辈、小三辈等,还分男女,分长幼,分父系和母系;英语的亲属称谓系统只分长辈、本人和小辈,其中长辈和小辈也可以再细分,也分男女,但是不分长幼,不分父系和母系。

2.4.4 为义素分析提供一个分析的基础

义素分析的第一步是找出一组相关的词语,确定对比分析的范围。一般来说,用来对比的应该是指称同一种类对象的词语,而且对比范围首先应该划定在指称事物最小类别成员的一组词语上。从词义聚合的角度看,指称同一种类对象就是要求进行对比的一组词语必须属于同一个层次的语义场,而事物最小类别反映在词义的聚合上就是最小语义场,因此,语义场的划分实际上是确定义素的依据。

第三节　句义分析

3.1　句义的类型

句子的意义涉及三个语言层面,由此构成三种不同的意义:逻辑意义、语法意义和语用意义。

3.1.1　逻辑意义

逻辑意义反映语句和现实的关系。在逻辑学中,一般用真值来分析。从语言学的角度看,句子的逻辑意义由句子中实词本身的意义和相互间的语义关系构成,不牵涉词语在句子中的语法关系意义。例如:

[1]兰兰打破了茶杯。

[2]兰兰把茶杯打破了。

[3]茶杯被兰兰打破了。

这三个句子的语法结构各不相同,但组成句子的实词的意义,以及它们的语义关系是相同的,"打破"是动作,"兰兰"是施事,"茶杯"是受事。动作和施事是逻辑意义,即是说这三个句子的逻辑意义相同,它们在逻辑上是等值的。

3.1.2　语法意义

句子的语法意义是由词语的语法形式所表现出来的意义,主要由词语的语法形态、虚词或语序来表示。如上面三个句子中,"兰兰"有时是主语,有时是状语的一部分;"茶杯"有时是宾语,有时是状语的一部分。主语和宾语是语法意义。汉语表示这些语法意义,主要靠语序和虚词。有许多语言还用形态变化来表示语法意义,如性、数、格、体、时、式、态、人称,等等。

3.1.3　语用意义

语用意义是说话人说出该句子时的交际意图和交际价值。交际意图跟语言环境密切相关。同一个句子在不同的语言环境中说出来,可能有不同的交际意图。如"外面的风好大啊!"如果这个句子是在炎热的夏天说的,说话人很有可能是在"建议"你出去;如果是在寒冷的冬天说的,并且你的窗户是开着的,那么他一定是在"请求"你把窗户关上。又如,"今天是星期天。"说话人在不同的场合说出这个句子,可能是想提醒听话人该多睡一会儿,或该去逛公园,或该在家里休息等等。这种种不同的交际意图就是句子的语用意义。

这三种不同的意义,分别由不同的学科来研究。语义学主要研究句子的逻辑意义;语法学研究句子的语法意义;语用学研究句子的语用意义。

3.2 句义的构成

3.2.1 义征

语义系统中最小的语义单位是义素(sememe)。在对一个词汇系统中的个体进行比较时,义素又被叫做语义特征,简称"义征"(semantic feature)。词语的不同义征规定了它们跟别的词语组合的可能性以及组合的方式。例如可以说"一位战友",但一般不说"一位敌人",这是因为"一位"具有"使人敬重"的义征,这一义征制约着能跟它组配的词语也应该具有相同的义征,而"敌人"不具有"使人敬重"这一义征。词的不同义征不仅规定了它们跟别的词相互组合的可能性,而且还决定了它们组合后的语义关系。例如"我问过他好几遍自己的名字"和"我告诉他好几遍自己的名字",前句中"自己"的先行词是"他",后句中"自己"的先行词是"我"。原因是两个句子的谓语动词"问(过)"和"告诉"的义征不同,前者具有"获取"义征,后者具有"给予"义征。"烧了一车炭"之所以可以离析出两种语义结构,也是因为其组合项的义征匹配关系造成的。在人们的概念系统中,"烧"既具有"烧毁"的义征,也具有"烧得"的义征;而"一车炭"恰好也具有这两种语义特征。

3.2.2 义词

语义结构包括两个要素:语义单位和语义单位之间形成的语义关系。因此,虽然句义系统中最小的语义单位是词语的义征,但它并不是语义结构的最小单位。语义结构中最小的组成单位是语义词,简称"义词",大致相当于辞书对词条所列的义项。虽然义词和义项反映的是相同概念,但它们分别适用于不同的分析目的。也就是说,义词是语义结构的构成要素,并决定其语义结构关系;义项是对词的单义或多义进行分析的结果,反映了词语对客观现实的复杂的对应关系。

句法结构中最小的构成单位是句法词。"冬冬吃蛋糕"这个句子由三个句法词"冬冬""吃"和"蛋糕"构成,从句义的角度看,这三个句法词同时也是彼此关联的语义词,它们一起构成一个语义结构:施事＋谓词＋受事。句法结构中的一个句法词可能只对应于一个语义结构中的一个义词,也可能对应于几个语义结构从而可以分解成不同的义词。例如"冬冬放书包"和"冬冬放风筝",前者只能分析为"施事＋谓词＋受事",而后者可以做两种分析:"施事

＋谓词＋受事"（冬冬放风筝（在桌子上））和"施事＋谓词＋对象"（冬冬放（飞）风筝）。因此前一个句子中的"放"是一个义词，表示"放置"，而后一个句子中的"放"可以裂析出两个义词，分别表示"放置"和"放飞"。上述情况说明，一个句法词是否可以分解成几个不同的语义词，跟与之相关的其他句法词的语义特征有关。同样道理，同一个义词可能对应于一个语义结构，也可能对应于多个语义结构。例如"你砍大树"和"你砍大刀"两个句子中的"砍"都是"用利器使断裂"的意思。但前者的语义结构是"施事＋谓词＋受事"，而后者的语义结构可以做两种分析："施事＋谓词＋受事"和"施事＋谓词＋工具"。

3.2.3　义丛

短语的意义叫义丛。这是一个意义分析过程中的中间单位，基本上是为了与语法分析单位相对应而设立的。与词组中的固定词组、自由词组相对应，义丛又分固定的和临时组合的即自由的两种。固定义丛无论其含义或性质、结构都属于语言，例如"浙江大学""实事求是"等。自由义丛的性质和结构模式属于语言，属于社会，但它的含义却属于言语，因为它已经是说话人或写作者的个人创造了（尽管还不完整）。"语言学是一门既古老又年轻的科学"中，"既古老又年轻"就是一个自由义丛，它的含义是整个句子的意义的一部分，属于言语，但它使用的"既…又…"这一义丛的结构模式则属于语言。有些短语不止一种意义，每一种意义就是一个义丛。如"烤红薯"有两种意思：一是把红薯烤熟，二是指已经烤熟的红薯。这两种意义就是两个义丛。

3.2.4　述谓结构

从语义结构上看，一个句子包括"情态"和"命题"两部分。情态部分包括时态、语态、语气等方面的意义，情态以外的部分便是命题。一个命题在语义结构上可以进一步分析为一个"述谓结构"。一个述谓结构由一个"谓词"和若干个"论元"组成。谓词一般就是句子中的谓语动词或形容词，比如"瓦特发明了蒸汽机"中的"发明"、"昨天特别热"中的"热"就是谓词。"论元"又称"题元""变元"或"逻辑项"等。"论元"一般都是名词性的词语，在句子中经常充当主语或宾语。上面两个句子中的"瓦特"、"蒸汽机"和"昨天"分别是谓词"发明"和"热"的论元。

但是，述谓结构并不就是命题，而是涉及包括命题、问句、命令句在内的一个范畴。比如下面三个句子："孩子们吃蛋糕。""孩子们吃蛋糕了吗？""吃蛋糕，孩子们！"如果不考虑时态和语态之间的区别，这些句子都有一个共同的内容："孩子们吃蛋糕"，这便是"述谓结构"。

在述谓结构中，谓词是处于支配地位的核心成分。一个述谓结构可以有多少论元，以及可以有何种性质的论元，这些都由谓词的语义规定。比如"喝"的意思是"把液体咽下去"，它不仅要求一个行为发出者即施事，而且还要求有被"咽下去"的液体即受事。再比如："把衣服洗了。"这个句子中的谓词"洗"在语义上要求有一个施事、一个受事，但句子中只出现了受事"衣服"。不过，根据谓词对论元的要求，我们可以认为"洗"的施事论元被省略了。

述谓结构可以从结构本身出发分为四种类型：简单述谓结构、复合述谓结构、从属述谓结构和降级述谓结构。

(1)简单述谓结构由一个谓词和若干论元构成，其中所有论元都只是名词性成分而不是述谓结构，如上述各例就是简单述谓结构。再如："你洒水""我扫地""他擦黑板"。

(2)复合述谓结构由两个或两个以上相对独立的述谓结构按照一定的语义关系复合而成。所谓相对独立，是指复合述谓结构中的若干述谓结构之间不存在谓词与论元的关系。例如："小李骑车上街了""你去通知小李到礼堂开会"，前者由"小李骑车"和"小李上街"两个述谓结构组成，后者由"你去""你通知小李""小李到礼堂""小李开会"四个述谓结构组成。

(3)从属述谓结构就是在一个述谓结构中，其论元本身又是一个述谓结构。以从属述谓结构作为论元的述谓结构叫"主要述谓结构"，从属述谓结构受主要述谓结构谓词的支配。从句法的角度看，充当主语或宾语的述谓结构都是从属述谓结构。例如："我知道你跟××很熟"、"你跟他讲道理是白费工夫"，前者的"你跟××很熟"，后者的"你跟他讲道理"是从属述谓结构，分别作句子的宾语和主语。

(4)降级述谓结构就是在一个述谓结构中，其论元带有修饰或限定性成分，以表示论元某方面的特征，而这些修饰或限定性成分又与相关的论元组成一个述谓结构。例如："她常常回忆起快乐的童年""她粘乎乎地熬了一锅粥""老大娘愁白了头发"，这三个句子中的"快乐""粘乎乎""白"分别跟相关论元"她""粥""头发"组成降级述谓结构。

3.3 语义角色(语义格)理论

3.3.1 语义角色的定义
语义角色(semantic roles)理论主要研究句子中和谓语动词关系密切的

名词性成分所承担的角色,即研究句子中名词和核心动词之间的语义关系。语义角色理论中以菲尔墨的格语法为代表。菲尔墨指出,句子中的核心动词和名词之间存在一种深层的语义关系,不同于表层的句法关系,名词在各种句法位置上扮演不同的语义角色,格语法理论主要目的是揭示动词的语义结构。①

[4]我吃了西红柿。(宾语)

[5]西红柿已经吃了。(主语)

从句法关系来看,西红柿在[4]句中是宾语,[5]句中是主语,但是相对于"吃"而言,都是吃的对象,语义上都是"受事"。以下多以汉语为例作简单介绍。

3.3.2 几种主要的语义角色

施事 施事指一个事件中动作的发出者,如:

[6]他看看这个,摸摸那个。

[7]小张抢到了一个桶。

[8]The student took an apple.

施事者一般具有实施动作的能力,这是施事的核心语义。一般来说,"人－动物－自然界的其他对象"施事性是由强到弱的,如[9]－[13]句中,主语的施事性就是由强到弱的:

[9]He finished a bowl of rice.

[10]小明拿走了木板。

[11]大象吃了胡萝卜。

[12]大水冲走了木头。(提供源动力)

[13]水溅到了她身上。(不提供源动力)

如果句子中主语的施事性比较强,句子的施动性一般也比较强。在汉语中,名词施事性或动词施动性的强弱呈现出不同的施动性,比较强的句子可以改换成"把"字句,但较弱的不能改换,所以我们可以看到[10]－[13]例,变换为"把"字句中的能力不同。

[14]小明把木板拿走了。

[15]大象把胡萝卜吃了。

[16]大水把木头冲走了。

---

① 费尔默.格辨.胡明扬译.语言学译丛(第二辑).北京:中国社会科学出版社,1980.

[17] * 水把她身上溅到了。

除施动性之外,施事还可以根据是否有自主能力、是否有意志区区分为两类:无自主能力、无意志的施事和有自主性、有意志的施事,这两种施事存在语义差异,前者可以加"特意""故意",后者不行[①]如:

[18] 嘈杂的人声(* 故意)惊醒了她。

[19] 大水(* 故意)冲走了木头。

受事 受事是指受动作影响的对象,在句子中可以充当主语、动词宾语或介词宾语。

[20] 小张抢到了一个桶。

[21] 西红柿已经吃完了。

[22] 我把书看完了。

结果 结果指因动作而达成了一个结果对象,如"盖房子""造船"中的宾语。李临定(1986)曾指出结果宾语和受事宾语的区别:

受事宾语	结果宾语
揉面	揉馒头
炒肉	炒鱼香肉丝
铰布	铰鞋样儿
裁布	裁上衣
刨地	刨坑
挖地	挖井
磨脚	磨泡
(石子儿)打了头	打了一个大包

从上例受事宾语和结果宾语的对比中我们可以看到,动词本身的语义不影响其所带宾语的语义角色,显示语义角色是动词和名词之间的语义关系。同时,动词的句法功能也不影响语义角色,如及物动词和不及物动词却都可以带结果宾语。

[23] 出了一身汗。(及物动词带结果宾语)

[24] 跑了一身汗。(不及物动词带结果宾语)

感事 感事是一个认知行为或者情感活动的主体,感事并不实施一个动作行为,也不牵涉到对世界的改变。

---

① 李临定.现代汉语句型.北京:商务印书馆,1986.

［25］他很开心。

［26］他很害怕。

工具 实施某一动作或行为需要使用工具,工具这个语义角色一般使用介词引入。

［27］他用钥匙开了门。

［28］小明用纱布裹住伤口。

但是有时候有工具语义的名词也可以做动词的宾语,同样的动词可以带工具宾语或受事宾语:

受事宾语	工具宾语
糊窗户	糊报纸
蒙头	蒙被子
裹伤口	裹纱布
喂小孩儿	喂奶

工具宾语和受事宾语最大的区别主要有如下三点:

第一,前者可以使用介词"用"引入,但是后者不行:

用被子蒙住

用纱布裹住

用报纸糊住

＊用头蒙住

＊用小孩儿喂

第二,工具宾语可以使用介词前置于动词,动词可以继续带受事宾语:

［29］用奶喂孩子

［30］用纱布裹伤口

俗语或固定搭配中有不少工具宾语,语义上和常规的受事宾语不同,同样可以使用介词把工具宾语前置:

［31］吃大碗——用大碗吃

［32］靠山吃山,靠水吃水——依靠山/水来吃饭

［33］吃老丈人——依靠老丈人吃饭

第三,工具宾语不能像受事宾语一样自由加数量词:

［34］吃饭——吃两碗饭

［35］吃大碗——吃两个大碗＊(的)

［36］吃老丈人——＊吃一个老丈人

[37]靠山吃山——＊吃一座山

当事 当事指的是一个行为、特征或者变化的非自主、无意志的承担者：

[38]花谢了。

[39]天气凉了。

当事也是事件的主要参与者，但是它既不是动作主动的、有自主意志力的发出者，所以它不能出现在"把"字句、"被"字句中。

其他语义角色 除了上面六种语义角色外，还有"对象角色"，如"祝贺你"中的"你"；"目的角色"，如"祝贺胜利"[为胜利而祝贺（某人）]中的"胜利"；"处所角色"，如"走便道"中的"便道""畅销国内外"中的"国内外"等。

3.3.3 语义角色和句法角色的区别

语义角色和句法角色最重要的区别：同一个语义角色可以出现在不同的句法位置上，也就是说，不同的句法位置可以容纳和动词具有同样语义关系的成分。如工具角色，它可以出现在动词宾语位置：

[40]裹纱布

可以出现在主语位置：

[41]纱布裹上了。

可以出现在介词宾语位置：

[42]已经用纱布裹上了。

同样的句法位置，可以出现多种语义角色，比如主语位置可以出现施事与受事，甚至工具。宾语位置出现的语义角色种类更多，比如上文提过的受事、工具、对象、目的、处所等。

3.3.4 语义角色理论的价值

语义角色研究是一种实用性非常强的语义研究方法。主要用于计算机、人工智能以及自然语言的标注，比如自然语言处理（natural language processing）中的语义角色标注（semantic role labeling），又叫语义分析（semantic parsing），对句子中的词语或短语进行标注，显示它们的语义角色，从而对句子进行分析，主要用于自然语言处理。

3.4 选择限制条件与语义指向

3.4.1 选择限制条件

一个词语要进入句子发挥交际作用，就必定与句中别的成分或交际语境中的某一实体存在语义上的联系。反过来说，一个合乎语法的句子总是能够在句中或交际语境中找到与之组配的对象。任何一厢情愿的组配都会造成不合格的句子。例如当有人说"孩子们吃蛋糕"时，任何人都不会怀疑它的合法性。但如果有人把这个句子说成"孩子们喝蛋糕"时，就不会有人认为它是合法的了。原因在于，"喝"的语义表示"把液体或流质咽下去"，"蛋糕"是固体，在语义上不能跟"喝"搭配在一起。一般把这种从句子的一部分"溢到"另一部分，就是说，意义的某些特征可以从语义环境预测到，**特征之间的任何矛盾都会导致难以接受的话语的现象称为选择限制条件**。根据选择限制条件，我们可以明白处于相同句法环境的词语，其语义关系有可能不同。例如："小芳有挂项链很值钱""小芳有挂项链很得意""小芳有个哥哥很自豪"。第一个句子中的"很值钱"的搭配对象是"项链"，第二个句子的"很得意"的搭配对象是"小芳"，第三个句子的"很自豪"的搭配对象既可以是"小芳"也可以是"哥哥"，因此造成歧义。

3.4.2　语义指向

语义指向反映的是句法成分在语义平面上的动态指归性，它体现为由指向成分和被指成分一起构成的语义指向结构体。在两个有选择限制关系的成分中，被说明、被限制的一方是被指成分，用以说明或限制的一方是指向成分。例如"弟弟哭醒了"中，"弟弟"和"哭"有选择限制关系，"弟弟"和"醒"也有选择限制关系，可以分解为"弟弟哭＋弟弟醒"。具体看来，"弟弟"跟"哭"和"醒"是说明与被说明的关系，因此"弟弟"是被指成分，"哭"和"醒"是指向成分。一个句子中有选择限制关系的成分可能不止一组，这有两种情形：一是它们彼此都能构成语义指向结构体，例如在"小芳在教室里抹桌椅"这个句子中，"小芳"、"桌椅"以及"抹"都在教室里，即"在教室里"兼指这三个成分；二是它们并不一定都构成语义指向结构体，例如"弟弟哭醒了妹妹"这个句子，"哭"和"醒"都能跟"弟弟"和"妹妹"有选择限制关系（弟弟哭，妹妹哭；弟弟醒，妹妹醒），但实际上，"哭"只跟"弟弟"构成语义指向结构体，"醒"只跟"妹妹"构成语义指向结构体。从结构上看，句子中某个成分的语义指向可以跟句法结构关系一致，例如"他吃慢了"中的"慢"是"吃"的补语，语义上也指向它。语义指向也可能跟句法结构关系不一致，例如"他吃腻了肥肉"和"他吃光了肥肉"两个句子中的补语"腻"和"光"，前者指向主语"他"，而后者指向宾语"肥肉"。有时句子中某个成分在语义上还可以指向未在句子中出现的成分，例如在"王老师被客客气气地请进了会议室"中，"客客气气"做"请"的状语，但它的语义却指向该动作未出现的施事。在没有具体语境或上下文的情况下,"我只喝了一瓶牛奶"的语义很模糊,原因是其中的"只"既可以限制动作行为的范围,也可以限制数量的多少,还可以限制事物的种类。显然,"只"的语义指向不明确。但在下列句子中,由于语境或上下文提供了语义联项,"只"的语义指向就变得明确具体了。

[43]我没干什么,只喝了一瓶牛奶。

[44]我只喝了一瓶牛奶,他却喝了三瓶。

[45]我只喝了一瓶牛奶,他还喝了一瓶柠檬汁。

[43]的"只"后指"喝了一瓶牛奶",[44]的"只"后指"一瓶",[45]的"只"后指"牛奶"。因语义指向不明造成歧义的现象在语言中很常见,因此运用语义指向分析可以帮助分化这类歧义句。例如"老张有个女儿很骄傲"这个句子有二解,可以分化为"老张有个女儿,老张为此很骄傲"和"老张有个女儿,他这女儿很骄傲"。

3.5 句义的蕴涵和预设

3.5.1 句义的蕴涵

蕴涵是一种基本的语义组合关系。就话语本身所表达的意义而言,在没有本话语外的知识参照下,如果有句义甲就必然有句义乙,就说甲蕴涵乙,或甲以乙为蕴涵。蕴涵可以用公式表示为:甲→乙。例如:

[46]他买了一篮子白菜。→他买了一篮子蔬菜。

[47]他拍了拍小张的肩膀。→他拍了拍小张。

蕴涵关系一般都发生在有上下位关系或整体与局部关系的句义之间,如"白菜"是"蔬菜"的下位词语,"小张的肩膀"是局部概念,"小张"是整体概念。在一般情况下,蕴涵的规律是含有下位概念或局部概念的句义蕴涵含有上位概念或整体概念的句义,而不是相反。比如从"他买了一篮子蔬菜"无法推知"他买了一篮子白菜",从"他拍了拍小张"也无法推知"他拍了拍小张的肩膀"。但如果上位词语或表示整体的词语是周遍性的,即强调所述之事涉及某类事物的全体成员或某一整体的所有部分,则含有上位概念或整体概念的句义蕴涵有下位概念或局部概念的句义,而不是相反。例如:

[48]他过节照样要上班。→他国庆节要上班。

[49]那棵白菜全烂了。→那棵白菜心烂了。

语义学研究的蕴涵关系是就话语本身所表达的意义而言的,这种蕴涵关

系通常可以从句子本身的意义推知,而无须依赖特殊的背景知识。下面的蕴涵关系不是语义学中的蕴涵关系:

　　[50]今天是 9 月 9 日。→明天是教师节。

　　[51]今天是端午节。→今天吃粽子。

　　理解类似句义的蕴涵关系需要具备有关的民族文化知识。

　　因为词的上下位关系是相对的,上位之上可能还有上位,下位之下可能还有下位,所以句义的蕴涵关系可以不止一个,它们可以形成一个序列。例如:

　　[52]小张有汽车。→小张有车。→小张有交通工具。

　　此外,一个句子还可以从不同的角度与不同的句子构成蕴涵关系。例如:

　　[53]那个英国学生送给她一挂钻石项链。→那个英国学生送给她一挂项链。

　　[54]那个英国学生送给她一挂钻石项链。→那个英国人送给她一挂项链。

　　蕴涵关系的研究不仅可以深化句义构成的认识,还有助于说明句义之间的其他关系。如果两个句子互相蕴涵,它们之间就是同义关系。例如:

　　[55]苏轼是苏洵的儿子。←→苏洵是苏轼的父亲。

　　[56]教学楼在图书馆的北面。←→图书馆在教学楼的南面。

　　在一定论域中,两个句义互相以对方的否定命题为蕴涵,它们之间就是矛盾关系。例如:

　　[57]小芳是学生。→小芳不是老师。

　　[58]小芳是老师。→小芳不是学生。

　　"小芳是学生"和"小芳是老师"分别以对方的否定命题为蕴涵,二者之间是矛盾关系。

3.5.2　句义的预设

　　预设和蕴涵一样,也是就话语本身表达的意义而言的,也是有句义甲就必然有句义乙。但是蕴涵包含在句子的断言范围之内,是话语的断言部分表达的意义;而预设不在句子的断言范围之内,是句子的背景信息。预设可以用公式表示为:甲→乙,意思是"甲以乙为预设"。例如:

　　[59]他弟弟在杭州上大学。→他弟弟在杭州上学。

　　[60]他弟弟在杭州上大学。→他有弟弟。

例[59]和例[60]的甲端都是断言某人在做某事,但例[59]的乙端在甲端的断言范围之内,因而例[59]的甲和乙是蕴涵关系;而例[60]的乙端虽也是甲端表达的内容,但不在甲端的断言范围之内,即是说甲端并不是在说他有没有弟弟,乙端只是甲端成立的条件或背景,因而例[60]的甲和乙是预设关系,即乙是甲的预设。

一般情况下,如果乙是甲的预设,否定甲时,乙依然可以成立;如果乙是甲的蕴涵,否定甲时,乙可能成立,也可能不成立。例[59]中的乙是甲的蕴涵,如果对甲进行否定:"他弟弟没在杭州上大学",那么,乙可能成立,因为他弟弟有可能在杭州上中学,乙也可能不成立,因为他弟弟可能根本没在杭州上学。例[60]中的乙是甲的预设,如果对甲进行否定,乙依然成立。跟蕴涵一样,一个句子的意义可以通过预设关系与其他句义相联系,使这些句义成为这个句子潜在的意义。因此有时在说出一个句子后,再说出这个句子的预设,就会使人感到重复啰嗦。例如:

[61]* 我借了他的伞,他有伞。

[62]* 小李又来了,小李以前来过。

第四节　歧义分析

4.1　歧义及其性质

"炒蛋炒饭"这个词组可以有两种理解:一是既炒蛋又炒饭,其结构可以分析为"炒蛋｜炒饭";二是拿蛋做配料来炒饭,其结构可以分析为"炒｜蛋炒饭"。这种同一形式的语言符号序列可能表达不同意义的现象就是"**歧义**"。

歧义以语言符号序列的同形为前提,形式不同,则无所谓歧义。所谓同形,表现在口头上,就是音位及其组合形式相同,韵律特征也相同;反映在书面上则是书写符号及其排列形式相同。口头同形跟书面同形并非总是一致的。口头同形的,书面不一定同形;书面同形的,口头也不一定同形。因此,口头上有歧义的,书面上不一定有歧义;书面上有歧义的,口头上也不一定有歧义。例如在口头上"明天 qīzhōng 考试"可以有二解,一是"明天期终考试",一是"明天期中考试",写在书面上就不再同形了,歧义当然也不复存在了。又如"上海人多"在书面上是有歧义的,但在口头上,一个是"上海｜人多",停顿在"上海"和"人多"之间,一个是"上海人｜多",停顿在"上海人"和"多"之间,二者不同形,因此歧义也不会产生。

要弄清楚歧义的性质,有必要跟模糊和笼统划清界限。模糊的特点是该语义与别的语义界限不清晰,表现为一种"渐变性"。例如"黄"与"非黄"(如"橙""绿"等)就不能绝对分清楚。所以"摘了朵黄色的花"的语义也是模糊的。然而无论怎样模糊,作为一种颜色的"黄"以及上面那个句子都无歧义可言。而"这本书是黄色的"则可以有二解:这是本写色情的书和这是本用了黄封面的书,因此有歧义。笼统的特点是该语义的抽象概括程度高,表现为一种"抽象性"。例如"这是词典","词典"的语义是笼统的,未表明是汉语词典还是外语词典,是科技词典还是普通词典。歧义的特点是语义的多种理解,表现为一种"多解性"。严格区分这三个概念有助于对歧义本质的理解。

4.2 歧义的类型

归纳歧义类型,实际上也就是寻找歧义的原因。歧义首先可以分为口头歧义和书面歧义两大类。

口头歧义主要是同音词产生的。例如:"她有点儿 jiāoqì(娇气 / 骄气)","日本一 yóuchuán(游船 / 油船 / 邮船)起火","到 lǐbàisì(礼拜寺 / 礼拜四)我再告诉你"。

语法学界主要关心的是书面歧义。书面歧义又可以分为词汇歧义和组合歧义。

4.2.1 词汇歧义

词汇歧义主要是因为同形(书写形式相同)异义和一词多义造成的。例如:"他乘机(机会 / 飞机)走了","他走(行走 / 离开)了一个多小时了","他的包袱(包裹 / 思想负担)很重","车上的人多半(大部分 / 可能)儿是外语学校的"。英语里:After taking the right turn at the intersection. . . . ,有"在路口右转后"与"在路口沿正确的方向转弯后"两义。

4.2.2 组合歧义

组合歧义是由词语组合关系上的原因造成的,一般可以分为句法组合歧义和语义组合歧义两种。

(1)句法组合歧义就是相同的词语之间可以有不同的句法结构关系,从而造成歧义。例如:"学生家长都到了","他喜欢炒鸡蛋"。前一个句子中的"学生"和"家长"既可以是偏正关系,意思是"学生的家长",也可以是并列关系,意思是"学生和家长"。后一个句子中的"炒"和"鸡蛋"既可以是动宾关系,意思是"以炒为烹制方式对鸡蛋进行加工",也可以是偏正关系,意思是"以炒为烹制方式做出的供食用的鸡蛋"。

　　如果相同的词语之间可以有不同的层次构造，也有可能造成歧义。例如"新职工宿舍"这个词组的层次构造可以是"新｜职工宿舍"，也可以是"新职工｜宿舍"。按前者来理解，词组的意思是"新建的职工宿舍"，按后者来理解，词组的意思是"新进职工的宿舍"。再如"两个外语学院的学生"这个词组，其层次构造可以是"两个｜外语学院的学生"，也可以是"两个外语学院的｜学生"。按前者来理解，词组的意思是"两个来自外语学院的学生"，按后者来理解，词组的意思是"来自两所外语学院的学生"。下面英语句子的歧义也是这一原因产生的：He is an associate editor and professor. 该句可以指"他是位副主编、副教授"，也可以指"他是位副主编，教授"。

　　(2)语义组合歧义就是相同的词语之间可以有不同的语义组合关系，从而造成歧义。例如"连老王都不认识"，其中的"老王"既可以是"认识"的施事，也可以是"认识"的受事。按前者来理解，全句的意思是说"老王都不认识（这个人）"，按后者来理解，全句的意思是说"别人不认识老王"。又如"北京、广州我们都去过"，其中"都"的语义既可以指向"北京、广州"，也可以指向"我们"。按前者来理解，句子的意思是"我们不但去过北京，还去过广州"，按后者来理解，句子的意思是"我们之间没有谁没去过北京、广州"。

4.3　歧义的消解

　　在实际的交际活动中，真正产生歧义的情况并不多见，这主要是由于种种条件的制约排除了歧义的可能性。歧义的消解大致可以从五个方面来进行。

4.3.1　语音制约

　　包括以下四个方面：

　　轻声　例如"我想起来了"这个句子中的"起来"，如果读原调（qǐlái），句子的意思是"我想起床了"，如果读轻声（qilai），句子的意思是"我想到了"。

　　声调　例如"他背着儿子常常去老赵家下围棋"中的"背"，如果读去声（bèi），其意思是"隐瞒"，如果读阴平（bēi），其意思是"用背驮"。

　　重音　例如"除了肖华，他最怕严教授"，如果重音落在"他"上，说明"肖华"和"他"都怕严教授，如果重音落在"严教授"上，说明"他"怕"肖华"和"严教授"俩。

　　停顿　例如"我讲不好"这个句子，如果在"我"和"讲不好"之间有所停顿，句子的意思是"我可能讲不好"，如果在"我讲"和"不好"之间有所停顿，句子的意思是"由我来讲，这不好"。

4.3.2　句法制约

运用词的语法功能的某些特点予以制约，从而排除歧义。例如"没有报名的"这个词组可以有二解："没有｜报名的"和"没有报名｜的"。但如果在前面加上"有没有"构成"（有没有）没有报名的"，则由于"有"要求名词宾语，从而排除前一种可能，只能做后一种理解。又如"关心职工的领导"可以理解为"关心｜职工的领导"，也可以理解为"关心职工的｜领导"，但如果有"一位"的修饰构成"（一位）关心职工的领导"，由于数量词组只修饰名词，因此排除了前一种可能，只能理解为后者。

4.3.3　语义制约

句中词语在语义上相互制约而排除歧义。例如"他乘机走了"有歧义，但如果说成"他乘机（从后门）走了"，或"他乘机（飞）走了"，便不再有歧义了。又如"她借我 10 元钱"有歧义，但如果说成"她（向）我借 10 元钱"，或"她借（给）我 10 元钱"便不再有歧义。

4.3.4　上下文制约

由于上下文的存在，排除了蕴涵或预设的另外的可能性，从而也就排除了歧义。例如电视连续剧《密探》中有一个句子："（她是）我表弟的崇拜者"。在没有上下文的情况下，这个句子的意思可以是"她崇拜我表弟"，但也可以理解为"我表弟崇拜她"。事实上，这个句子在上下文中明确表示的是后者。下面是这个句子所在的句际语境：

潘非：她是谁？

孟梅：我表弟的崇拜者。

潘非：干什么的？

孟梅：电影明星，架子很大，我表弟在她面前总是诚惶诚恐的。

再比如茅盾《创造》中有这样一个句子："'神秘的女子的心呵！'君实纳闷时常常这样想。"可以有三种理解："女子神秘"、"心神秘"、"女子和心都神秘"。事实上，"神秘"在语义上指向的是"心"。该句的上文是这样的："两年前夫人的心，好比是一块海绵，他的每一滴思想，碰上就被吸收了去，现在这同一的心，却不知怎的已经变成一块铁，虽然他用了热情的火来锻炼，也软化不了它……"

4.3.5　语境制约

即特定的语言环境排除了另一种语义的可能。例如一个教师走上讲台说:"今天我来上课"。再比如宴会上有人指着一盘鱼肉说"鱼不吃了"。显然这种情况都不会产生歧义。

【自测题】

1.简述语义的性质。

2.在不同情况下说"小李不瘦"和"小李太瘦"可能都是真的。这种现象反映了语义的什么性质?

3.什么是义项,举例说明词的本义和各种派生义。

4.试比较"椅子""凳子""沙发"三个名词,对它们进行义素分析。

5.试比较分析"又""再""也"三个副词的异同,对它们进行义素分析。

6.举例说明语义场的层次性和系统性。

7.根据语义场中各语义单位的关系可以把语义场分为哪些类型,请举例简要说明。

8.语义场研究有何作用?

9.举例说明什么是语义格关系。

10.举例说明什么是述谓结构。

11.下列句子中的"丈夫"在语义上和句中的哪个名词有选择限制关系?简要说明理由。

(1)春桃看望被丈夫打伤的张伯伯。

(2)张伯伯看望被丈夫打伤的刘红。

(3)刘红看望被丈夫打伤的春桃。

12.什么是句义的蕴涵和预设? 如何区别蕴涵和预设?

13.设计不同的语言环境使下列语句消除歧义。

(1)我特别喜欢煎鸡蛋。

(2)欧洲语言研究成果颇丰。

(3)明天我也去上海。

第五章　文　字　学

第一节　文字与文字学

1.1　文字

文字是记录语言的视觉符号系统，是人类社会运用语言相当长时间以后出现的文化现象，因此，相对于语言来说，它是最重要的辅助交际工具。与语言通过声音表达意义不同，文字是运用特定的形体符号按照一定的结构组合起来以记录语言中相应的单位。从目前世界文字看，有的文字记录的是语言中的语音单位，如拉丁文字、日文等，有的则记录语言中的语素或词，如汉字，但它们有一个共同点，即它们都采用适当形式将语言这一听觉符号记录下来，使它们成为视觉符号，并在相当长的时间和相当大的范围内存在和流传。

作为视觉符号，文字与其他一些符号不同。文字符号必须以相对抽象的形式记录语言单位，记录语音的文字（如拉丁字母）就是典型，但即便是记录语素或词的意音文字中部分象形字（如汉字），形体与所记录的意义之间仍然是概括性的，与图画不同。另外，有些符号可能也具有抽象性，但如果只是某一（些）领域的专用单位，如@、≥、△以及阿拉伯数字等有类文字的作用，因此可以看作广义的文字，狭义的文字只指拼音文字和意音文字，可见，文字是对应于语言的具有广泛社会应用面的记录符号。最后，文字符号应具有相对完整的系统性，任何一种文字都是经过长时间运用形成的具有严密系统性的文字体系，它至少与某一语言有对应性。

1.2　字符与字符类型

构成文字符号的视觉形体叫字符。

根据字符与语言音义之间的关联特征，一般将字符分为三类：

意符 指与文字所记录的语言单位在意义上相关的字符,如汉字系统中就有很多意符,甚至整个字就是由意符构成的,前者如"江、投、花"等字中的"氵、扌、艹",后者如"目、木、手、山"等。意符是人类文字早期阶段的共同形式,除了汉字外,还有古埃及的圣体字、古美索不达米亚的楔形字、古玛雅文字以及中国纳西东巴文字等,都基本以意符为主。

音符 指与文字所记录的语言单位在语音上相关的字符,严格地说,只有纯粹用来记音的才是音符,如英语中的 desk[desk]中的 d、e、s、k,以及日文中的假名符号。但宽泛点说,如果意符被借用来记音或表音,也可以看作音符,如汉字中的"木""马""莫"等,原来都是意符,后来"木""马"作为表音符号构成形声字,如"沐""妈",而"莫"被假借作副词后,加上意符"日",成为"暮"中的音符。

记号 指与所记录的语言单位在意义和语音上都没有关联的字符,这种字符一般都存在于非拼音文字体系中,汉字中就有一些这样的字符,如工、夕、彳、九、专以及戏、汉、圣中的"又"等等。

从字符构成的形式看,有的是最小的不可拆分的独体单位,称为单纯字符,如拉丁文字中的 a、b、c、d 等,汉字中的水、火、手、目、氵、艹等。有的是由两个以上单纯字符组合而成的复合单位,称为复合字符,如英文中的 gh、sh 等,德文中的 ch、sch 等,汉字中的休、赂、璨、赣等。在这两类字符中,意符有使用能力的差异,其中能独立使用表意的字符叫独立字符,如单纯字符中的水、火、手、目,以及复合字符中的字;其中不能独立只能作为成字单位的字符叫构字字符,如单纯字符中的氵、艹等。

1.3 文字的类型

对应于不同语言的文字,其产生时间、发展过程都有差异,采用的字符形式也不完全一致,因此文字的面貌特点也就不尽相同。一般来说,文字学上从这样几个方面给文字作出类型划分。

从字符与所记录语言的音义联系看,世界上的文字主要可以分为意音文字和拼音文字。

意音文字就是字符主要以表示所记录的语言单位的意义的,也包括以意符间接表音的文字,世界上独立形成的古老的文字如古苏美尔文字、古埃及文字、古玛雅文字和汉字,最初都是意音文字,汉字直到今天仍然是意音文字。当然,在意音文字中有部分字是纯粹表意的,如汉字中的象形字、指事字、会意字,但也有假借用作表音的字,如"其、它、莫"等,还有很多的借用意符表音的形声字,如妈、像等。意音文字中的每个独立字符一般作为一个整体记录语言中的意义单位,就汉字而言,古代汉字是以词为记录单位,如"有朋自远方来,不亦说乎?"中的每个独立字符都对应于语言中的一个词,现代汉字有较大变化,因为词语双音节化的趋势,单个汉字所记录的单位很多是语素,如"科学技术是生产力",这八个字记录了四个词、八个语素。

记录语素或词的意音文字一般都有形音义三个要素,如"水、刃、朋、铭"等,但也有少量只记录语音的字,不能通过字形表达意义,如"秋千、沙发、加拿大"等中的每一个汉字就是这样。

从字体结构上看,意音字有独体和合体的分别,以汉字为例,独体字就是不可拆分的一个部件构成的,如"日、月、手、舟、工、力"等,合体字就是以独体字为基本单位按照一定的结构方式复合而成的,如"明、摹、船、功"等。

拼音文字就是纯粹用音符记录语言单位的声音的文字,如拉丁文、日文等,这类文字的字符,无论是单纯字符还是复合字符,与所记录的语言单位在意义上没有任何的关联。从文字与所记录的语言单位看,拼音文字内也不完全相同,有些文字记录的是语言中音素或音位,如拉丁文字等,这些文字称为音位文字或音素文字。在音素文字中,有的字母只表示辅音音素,这样的拼音文字叫辅音文字,世界上一些古老的文字如古闪米特文、古希伯来文、阿拉伯文等就是。这种文字后来多被元音—辅音文字替代,这就是现在拼音文字的主要形式。与音素文字不同,有的文字记录的则是音节,它们称为音节文字,典型的如日文五十音图中,用四十七个符号记录了四十四个音节(其中有三个符号和三个音分别重复),如平假名中的の、ぬ、え、す四个字符分别记录了[no][nu][e][su]四个音节,朝鲜的谚文也是音节文字。

从文字的创制方式看,可以将文字分为自源文字和他源文字。

自源文字是指独立创制发展起来的文字系统,据研究,世界上最古老的几种文字,如楔形字(苏美尔人创,距今约5500年)、圣体字(埃及人创,距今约5200年)和汉字(甲骨文,距今约4000年),最初都是自源文字。自源文字一般都属于意音文字,但多数自源文字在后来都不再使用,改用拼音符号,只有汉字一直作为自源文字在使用。

他源文字是指借助其他文字符号加工来记录语言的文字系统,他源文字一般多属于拼音文字,如现代使用面很广的拉丁字母、斯拉夫字母及日文等即属此类。

1.4 文字与语言

文字与语言是两种性质不同的符号,两者有明显的区别,也有紧密的联系。

从性质上看,语言是人类社会产生和发展的必要条件,是人类最重要的交际工具,也是人与一般动物区别的重要标志之一。文字则是在人类社会使用语言很长时期以后产生的符号,是用来记录语言的,是符号的符号,但文字对人类社会的进步来说非常重要,它是人类走向文明时代的必要条件。

从交际功能上看,语言是每一个正常的人融入社会、参与生活的必要前提,语言活跃于生产、生活的各个时间和场合。文字则是人掌握文化知识成为有文化的人的重要因素。

从文化价值上看,语言只能满足人们的口耳相传的交际需要,其初始状态的口语性给人类文化积累与思维精密带来一定的局限。文字产生以后,使语言克服了时空上的局限性,并产生了与口语有差异的书面语,丰富了语言的存在形态,使人类文化的积累和思维的精密有了更好的工具,也正是因此,人类在产生文字后的数千年时间里,文化有了快速的发展。

从与社会发展的关系上,语言始终随着社会的发展而发生逐渐的演变,作为记录语言的文字符号,却并不保持同步变化,相反,文字具有很强的惰性。就汉语语音而言,从秦汉以来,声韵调系统发生了很大的变化,如多数浊声母的消失、塞音辅音韵尾的消失、声调的演变等,汉字都没有任何表现,只是在字体和笔画数量上发生了变化。其他语言也有同类情形,如英语,在中世纪以前,light、night 等词中的 gh 是发音成分,而现代英语里已经不发音,但文字依然保持了原有的形式。

文字与语言的密切联系表现在两者之间的相互影响上。

文字是在语言基础上产生的,一般来说,语言的特点决定了文字的形式。如印欧语言属综合型语言,具有丰富的形态变化,而这些表达复杂多变的语法意义的形式多数通过音素或音素的变化来实现,采用拼音文字就能充分实现语言的特点。相反,如果用意音文字的汉字去记录英语,即便能够按音节拟音,那些屈折手段以及词尾形式等也无法表达。同理,现代汉语是以虚词和语序作为重要的语法手段,而虚词以及语序都是以音节为最小承载单位,因此,汉字就有效地记录了汉语。当然,文字与语言的关联性不能绝对化,同一类型的语言采用不同的文字符号的例子也不鲜见,如汉语与藏语同属汉藏语系,但汉语采用意音符号,而藏语则采用了拼音符号。

文字并不总是被动的角色,它对语言也有一定的影响。前面说到,文字产生后就使口语形式化,并在使用一定时期后,产生了与口语有一定差异的书面语言,使语言表达更加严密简洁,词汇更加丰富,语法也更强调规范,丰富了语言的存在形式,加强和扩大了语言的功能。不过,总的来说,文字是第二性的,在一种语言基础上产生的文字,不会对语言产生实质性影响,不会促进或阻碍语言的变化发展。

1.5　文字学

文字学就是研究文字符号系统的科学,作为语言学的一个重要分支,它主要任务是研究文字符号的形体特征、类型、结构关系、功能和文字的起源与发展、文字与社会文化的关系、文字改革与规范以及文字与语言的关系,等等。

依据研究任务的差异,文字学主要可以分为以下两个分支学科:

普通文字学:以世界上各种文字字符、结构、起源等的特点和规律以及文字之间的关系进行研究,试图把握文字符号本身与人类文化的关系,以认识人类文化的产生、发展等,《文字的产生和发展》(俄 B. A. 伊斯特林著,左少兴译,北京大学出版社,2002 年版)、《世界文字发展史》(周有光著,上海教育出版社,2003 年版)、《比较文字学初探》(周有光著,语文出版社,1999 年版)等就是这类研究的成果。

个别文字学:以某个具体语言相对应的文字符号为对象,研究其产生和发展,分析其字形单位、字体结构方式、字符与音义的关联及其与民族文化的关系等等,如对汉字的研究而言,成果就非常丰硕,产生于东汉的《说文解字》(许慎著)是对我国古汉字形音义研究的最早成果。现代成果就更多了,如《中国文字学》(唐兰著,上海古籍出版社 2001 年版)、《文字学概要》(裘锡圭,商务印书馆 2013 年版)、《敦煌俗字研究》(第二版)(张涌泉,上海教育出版社 2016 年版)、《现代汉字学》(高家莺等,高等教育出版社 1993 年版)、《现代汉字定量分析》(陈原主编,上海教育出版社 1989 年版)等等,日本对假名也做了不少的研究,如《五十音图の历史》(山田孝雄,宝文馆 1938年版)、《日本古代文化の的探究·文字》(上田正昭,社会思想社 1975 年版),等等。

第二节　文字的起源和发展

2.1　文字的产生

语言的产生使人类的交际、人类社会的维系和发展有了可能,但作为音义符号,语言有明显的局限,就是在时间上稍纵即逝,难以留传,在空间上传播距离有限,难以远播。我国清代学者陈澧在《东塾读书记》中对此就作了很精当的分析:"声不能传于异地,留于异时,于是乎书之为文字。文字者,所以为意与声之迹也。"可见,文字是人类在使用语言相当长久之后,为了将自己的思想、情感传播得更久更远而发明的符号形式。

2.2　文字的发展阶段

据文字学的现有研究表明,现在世界上使用的较为成熟文字形态并不是一开始就是如此的,有一个慢慢演化发展的过程。一般认为文字的演化过程主要有这样两个阶段。

2.2.1　前文字阶段

所谓前文字阶段是指为弥补口头语言的局限而采用的非文字符号时期,又称实物记事阶段。据考察,早期人类曾经使用过的非图形表意手段主要为结绳记事法。

结绳作为一种实物记事手段,在我国古籍中就有记载,《易经·系辞》中说"上古结绳而治,后世圣人易之以书契",《老子·小国寡民》中说"小国寡民……使人复结绳而用之"。后世典籍也有描写,唐李鼎祚在《周易集解》中引《九家易》描绘说:"古者无文字,其有约誓之事,事大,大其绳,事小,小其绳。结之多少,随物众寡,各执以相考,亦足以相治也。"直至现代,我国的藏族普通牧民也还有使用结绳法记事的。[①] 其他民族也同样存在这样的情况。据摩洛哥学者乔治·艾弗拉哈在《结绳记事》（联合国教科文组织《信史》中文版，1982 年 4 月）一文记载，"即使到今天，玻利维亚和秘鲁印第安人，还在使用一种直接从'基普'演变而来的结绳方法，叫'奇普'。这种方法较之'基普'直接，但更为复杂"。文章还对这种方法作了描绘："以绳子为计算单位，上面可根据需要打结，最多打九个，打在两根相邻绳子上的结表示十位数，打在三根绳子上的结表示百位数，以此类推。"打结和解结都有专职人员负责，分布在各个城镇和乡村。

除了结绳外，还有结珠（将涂有颜色的偏圆型贝壳制成的小珠串在绳上）、刻木（在木上刻画花纹等）等方法。

很显然，前文字阶段的方法较为简单，它们对简单表意和记忆有一定效果，但不能表达复杂和抽象意义，与语言单位没有任何联系。

2.2.2　文字阶段

实物记事之后，人类已经开始用图形符号表达意义，这就标志着记事手段的发展真正进入了文字符号的范畴。从现有材料看，文字阶段的发展也经历了较为复杂过程，而且不同民族的文字形态也不尽相同。一般来看，文字的直接源头是记事图画，而真正的最初文字应该是与语言产生对应关联的表意符号。

图画记事　这里的图画是指运用图画类符号表达意义、传递思想的一种形式。与只用于观赏的图画不同，用于达意的图画不求形体的逼真、丰满、美观，只是用线条勾勒对象的特征。不过，这种记事图画并不标志着文字阶段的开始，应该被看作是文字的直接源头。因为这类符号还没有与语言系统中的任何单位产生关联。下面两幅图画被文字学界公认作此类形式的代表：

---

① 据藏族作者维色在一篇记录藏族天葬师仁青生活的文章中描述，仁青有一定的文化水平，能用图表记录下曾经天葬者的情况，而"一个纯粹的牧民恐怕只会靠绳索或者别的原始手段来记事了"。《带我去天葬场的仁青》，载《南方周末》，D32 版，2004 年 4 月 15 日。

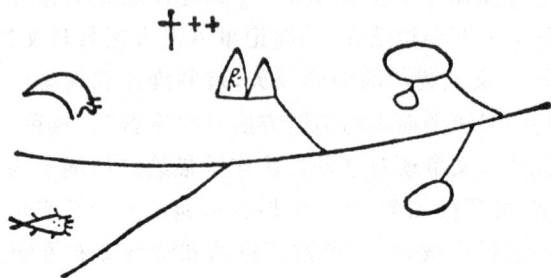

图 5-1

据说图 5-1 是一幅北美印第安人一位奥杰布哇(Ojibwa)女人写在赤杨树皮上的情书。图意是:熊部落(左上方的熊图腾)女子在路边小屋(三角形帐篷内的小人,路两边有两个湖,左侧有十字架表示离教堂不远处)等待泥鳅部落(图左下方有泥鳅图腾)的人来相会。

图 5-2

图 5-2 也是一封奥杰布哇人写的信。居住于苏必略湖畔的人们以渔业为生,但 19 世纪以来他们的渔业受到较大冲击。1849 年,为了保护渔业权,奥杰布哇人给当时的总统递交了这封用图画表达意愿的请愿信。图意是:我们七个部落(图中有七种动物图腾,其中六个分别以线汇集于第一个,表示由它领头,而这些线分别出自各个图腾的眼和心)一致要求拥有苏必略湖(位于图的左下方,由一条出自领头图腾的线连接)的渔业权。

很显然,这类图画虽然能在一定程度上传达意图,但它本身所具有的形象性和表意的不确定性,与语言也没有关联,这决定了记事图画还是文字的前身。因为记事图画直接孕育了文字的产生,有的人也将它称作图画文字。

当图画脱离观赏性,并与语言符号直接相关的时候,文字就产生了。真正的文字主要包括这样几个形式,它们由先到后反映了文字的发展历程。

象形文字　象形文字就是以拟图画的形式记录语言符号中词或语素意义的初始形态,它带有明显的图画印记,但形式上更为概括,更重要的是其中的形体与语言直接相关。人类文字的最初阶段,以象形的居多,如美索不达米亚(即两河流域,今天的伊拉克一带,约公元前 30 世纪)的楔形字(也称丁头字)、埃及(约公元前 30 世纪)的圣书字、中国(公元前 16 至前 14 世纪)的甲骨文中存在大量象形符号,它们的更早阶段,这一特点应该更明显。下列古埃及文字和我国古代甲骨文即可见一斑:

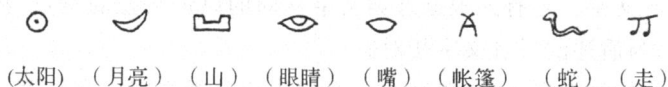

(太阳)　(月亮)　(山)　(眼睛)　(嘴)　(帐篷)　(蛇)　(走)

古埃及文字

(日)　(月)　(木)　(牛)　(羊)　(人)　(手)　(齿)　(见)

甲骨文

图 5-3

世界上已知的成体系的象形文字符号系统基本消失,目前尚在使用的还有我国纳西东巴象形文字[①]。该文字保留了图画特点,有很明显的象形特点,但又与语言关联,每个符号都对应于语言中的一个音节,下面分别是肢体类和动作类部分例子[②]:

意音文字　象形文字是人类文字的最基本形式,但完全由象形字构成的体系应该是没有的,因为除了用于构形的符号有限外,语言中的很多意义单位没有办法用图画式符号来记录,必然会出现符号的组合以及借形表音等手段。这就使文字进入表意且记音的阶段,这样的文字符号可以称作意音文

---

①　纳西日常生活中已基本不用东巴文字而改用拉丁化新纳西文字,现在,这种文字多为东部教经师所用。

②　赵净修.东巴象形文字常用字词译注.昆明:云南人民出版社,1995.

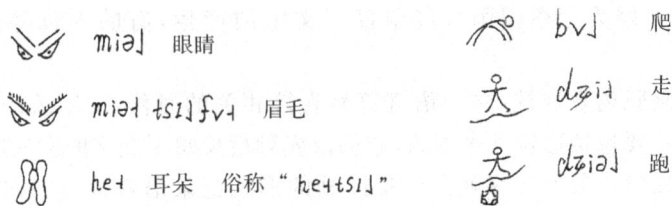

图 5-4

字。从已发现的材料看,人类古老的几种自源文字都是意音文字,是比较成熟的文字体系。其中的象形字线条化明显,构成了意音文字体系的一部分。以我国的甲骨文为例,其中除了象形的成分外,也有 20％的形声字。也正因为如此,有人认为文字没有一个独立的象形文字阶段,在经过记事图画后,直接进入意音文字。还有人根据这类文字共同的以形会意的特点,将它们称为表意文字,与后述的拼音文字相对。

世界几种古老文字中,典型的尚在使用的意音文字只有汉字。我国古代的学者曾经对汉字构字特点做过分析,并概括为"六书"理论。它将汉字构造的方法归纳为象形、指事、会意、形声、转注、假借。其中真正属造字的除了上面说过的象形外,另三种是:

指事:上、下、末、至、介等。

会意:休、寒、武、争、好等。

形声:楼、露、呱、壕、削等。

文字学界公认,甲骨文是至今发现的最早的成系统的成熟的汉字系统,使用年代大约在公元前 1400 前后的商朝时期。后来字体上经历了金文、篆书、隶书,等阶段,到中古时期才最后定型为现在仍在使用的楷书。

拼音文字　象形和意音文字的优点是可视性强,能较快地实现视觉符号的效力。但图形繁杂给记忆识别带来困难,图形数量的有限必然导致重复率高,这无论从使用效果上看,还是从文字记录语言的根本性质看,都有很多不足。在公元前一千三百年左右,生活在现今巴勒斯坦和叙利亚一带的闪族人(Semites,也称塞姆人、闪米特人、腓尼基人),在古埃及文字的基础上,首次创制了人类最早的拼音文字,[①]这种文字称塞姆字母、闪米特字或腓尼基文字。

---

①　拼音文字的最初形态以及前后形体之间的渊源,文字学界存有多种假设.(伊斯特林.文字的产生和发展.左少兴,译.北京:北京大学出版社,2002.),本书采用的是认同度较高的一种。

这一文字特点是借用或改用古埃及文字图形记录自己语言的声音,主要以记录辅音为主,所以最初的文字是辅音文字。例如闪族人语言中"蛇"一词读音的第一个音是 n,他们就借用埃及文字中表"蛇"的象形字表音,原写为"〰",后作"ϟ"。

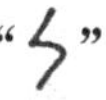

2.3　拼音文字的发展

塞姆字是世界上绝大多数国家使用的拼音文字的源头。它在现在的中东地区使用了将近一千年,后来因为地理位置以及商业交流等原因,很快向东西方向传播,并演化为三个不完全相同的支脉:

迦南字母:衍生出腓尼基—希腊字母和早期希伯来字母。这是向西传播演变的一支,而且是对后来世界文字影响最大的一支。希腊人在借用腓尼基文字后,加以了改革,除增删了辅音字母外,还增加了元音音位,使它成为能记录所有音位的文字,并对原来的形体作了更经济简便的处理,产生了古希腊字母。

ΑΒΓΔΕΖΗΘΙΚΛΜΝΞΟΠΡΣΤΥΦΧΨΩ

(希腊古典字母的铭刻体)

图 5-5

此后,在此基础上衍生出拉丁字母(也称罗马字母,现共有 26 个)和斯拉夫字母(以俄文为代表,现共有 33 个):

ABCDEFGHIJKLMNOPQRSTUVWXYZ

(拉丁字母)

图 5-6

АБВГДЕЁЖЗИЙКЛМНОП

РСТуФХЦЧШЩЪЫЬЭЮЯ

(俄文字母)

图 5-7

后来随着基督教的传播以及使用拉丁字母国家的殖民和扩展,拉丁字母成为今天整个西欧、东欧、澳洲和非洲的大部分国家使用的文字,斯拉夫字母则随着希腊正教的传播而成为俄罗斯、蒙古、保加利亚等国家采用的字母。我国汉语拼音方案也采用了拉丁字母作为记音符号。

阿拉马字母:塞姆字向东传播演变为阿拉马字母(约公元前 8 世纪),派生出希伯来方体字、古波斯字母、印度字母、那巴特字母、叙利亚字母等，成为中亚、南亚一些国家使用的字母系统。后来，印度字母又发展出现在的印地文、高棉文、缅文、傣文、藏文等，那巴特字母后衍生为今天的阿拉伯字母，叙利亚字母通过宗教东传以及粟特文的中介，发展出蒙古文、满文等。

在原始闪族人字母中还有一支南方撒巴字母，这种字母后来向南发展，衍生出埃塞俄比亚字母。世界拼音字母发展脉络可用下图表示：

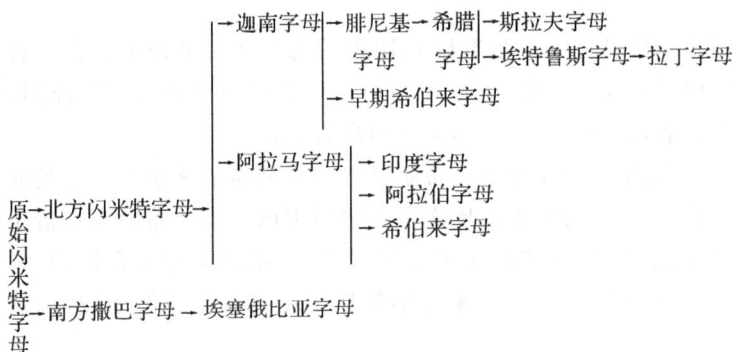

```
                        →迦南字母→腓尼基→希腊→斯拉夫字母
                                  字母  字母→埃特鲁斯字母→拉丁字母
                        →早期希伯来字母

                        →阿拉马字母→印度字母
原→北方闪米特字母→                → 阿拉伯字母
始                               → 希伯来字母
闪
米
特
字  →南方撒巴字母→埃塞俄比亚字母
母
```

图 5-8

（周有光.世界文字发展史.上海：上海世纪出版集团，2003.）

2.4 其他拼音文字

世界上除了上述塞姆字衍生出的文字外，还有少数源头不同的字母，如日文和朝鲜文。

2.4.1 日文

日文是日本人借用汉字符号加以改造而形成的音节类拼音文字，称假名。假名共有 71 个，分为清音（称五十音图）、浊音、半浊音、拨音四种。每个假名都有两种写法，分别叫"平假名"和"片假名"。平假名由汉字草书演变而成，用于印刷等书面语；片假名由汉字楷书的偏旁片段发展而成，用于标记外来语、外国人名地名及特殊符号。日文还直接借用了不少完整的汉字，作为表意单位，与假名混用。下面是假名符号表：

清　音（五十音図）

平　假　名

段＼行	あ段	い段	う段	え段	お段
あ行	あ a	い i	う u	え e	お o
か行	か ka	き ki	く ku	け ke	こ ko
さ行	さ sa	し shi	す su	せ se	そ so
た行	た ta	ち chi	つ tsu	て te	と to
な行	な na	に ni	ぬ nu	ね ne	の no
は行	は ha	ひ hi	ふ fu	へ he	ほ ho
ま行	ま ma	み mi	む mu	め me	も mo
や行	や ya	(い) i	ゆ yu	(え) e	よ yo
ら行	ら ra	り ri	る ru	れ re	ろ ro
わ行	わ wa	(い) i	(う) u	(え) e	を o

片　假　名

段＼行	ア段	イ段	ウ段	エ段	オ段
ア行	ア a	イ i	ウ u	エ e	オ o
カ行	カ ka	キ ki	ク ku	ケ ke	コ ko
サ行	サ sa	シ shi	ス su	セ se	ソ so
タ行	タ ta	チ chi	ツ tsu	テ te	ト to
ナ行	ナ na	ニ ni	ヌ nu	ネ ne	ノ no
ハ行	ハ ha	ヒ hi	フ fu	ヘ he	ホ ho
マ行	マ ma	ミ mi	ム mu	メ me	モ mo
ヤ行	ヤ ya	(イ) i	ユ yu	(エ) e	ヨ yo
ラ行	ラ ra	リ ri	ル ru	レ re	ロ ro
ワ行	ワ wa	(イ) i	(ウ) u	(エ) e	ヲ o

浊　音

平　假　名

段 行	あ段	い段	う段	え段	お段
が行	が ga	ぎ gi	ぐ gu	げ ge	ご go
ざ行	ざ za	じ ji	ず zu	ぜ ze	ぞ zo
だ行	だ da	ぢ ji	づ zu	で de	ど do
ば行	ば ba	び bi	ぶ bu	べ be	ぼ bo

片　假　名

段 行	ア段	イ段	ウ段	エ段	オ段
ガ行	ガ ga	ギ gi	グ gu	ゲ ge	ゴ go
ザ行	ザ za	ジ ji	ズ zu	ゼ ze	ゾ zo
ダ行	ダ da	ヂ ji	ヅ zu	デ de	ド do
バ行	バ ba	ビ bi	ブ bu	ベ be	ボ bo

半　浊　音

平　假　名

段 行	あ段	い段	う段	え段	お段
ぱ行	ぱ pa	ぴ pi	ぷ pu	ぺ pe	ぽ po

片　假　名

段 行	ア段	イ段	ウ段	エ段	オ段
パ行	パ pa	ピ pi	プ pu	ペ pe	ポ po

拨　音

平　假　名

ん
n

片　假　名

ン
n

图 5-9

2.4.2 朝鲜文字

又称谚文,也是受汉字影响而创制的,形成于 15 世纪,是一种音位文字。早期谚文字母有 28 个,其中辅音 17 个,元音 11 个,后经过调整,增加到 40 个字母符号,单个字母呈方形,分别记录辅音和元音。字母拼合时也呈方形,合成一个完整音节。其中借用一些汉字,与汉字夹用,产生汉字谚文混合体,现在南方韩国仍然沿用。北方在"二战"后,全部采用谚文,不再借用汉字。

从以上介绍可以看出,世界文字至今大约走过了三个阶段,象形(或表意)、意音和拼音。相对来说,象形或意音文字在一定程度上留有图形痕迹,但符号繁多、识记难度大,而拼音文字则是最简便、经济的符号系统。不过,我们不能完全根据形体的特点对文字作出优劣的评价,因为只要它能很好地记录语言,为交际以及文化传承提供优良的服务,就应该承认它的合理性,何况文字的使用与否与语言本身的特点也有一个适应性的问题。比如汉字,数千年来一直承传不变,如果简单地归结为其本身的保守甚至中国人落后的表现,就未免将问题简单化了。

第三节 文字的创制与改革

3.1 文字的创制

与历史上各个民族在图形文字基础上创造自己的文字行为不同,这里所说的**创制文字,是特指现代社会里,因为文化建设等种种需要,在多民族国家里由政府或专家出面为其中的少数民族创设文字的行为**。这个行为在 20 世纪 40 年代后,随着一些新的国家政权的建立以及一些殖民地国家的独立,产生了一次为那些没有文字的国家或民族创设文字的高潮。文字的这种创设行为,也是"语言规划"的一部分(另见第八章中的"语言规划")。

从世界范围看,文字的创制主要有这样三种情形:

一种是在殖民地国家,面临原宗主国语言与本族语言对文字的选择。这种情况集中在非洲的东部国家,如二战后,许多法国殖民国家相继独立,但这些国家内的一些行政机构及公共交际场合,仍以法语为官方语言,出于国家尊严和文化建设需要,这些国家的政府和学者,为自己的民族创制了文字。不过,值得注意的是,东非的一些国家早在 12 世纪时就使用了与斯瓦希里语相应的阿拉伯字母的文字,这种新创制的文字实质上只是将阿拉伯字母写的文字改成了拉丁字母,而且只通行在非洲东部地区。非洲其他一些国家,因为民族众多,语种多而小,因而大多数国家并没有真正采纳新创制的文字,而是使用原宗主国的文字。

另外一种情形是,在一个统一多民族国家里,政府积极为一些尚无文字的民族创制新文字。这种情况较典型的是苏联和我国。苏联在十月革命后,为境内一些少数民族创制了新的文字,其中有的一直在使用。如 19 世纪 70 年代,一部分原生活在我国甘肃会说汉语的回族人迁居到中亚地区(现哈萨克斯坦和吉尔吉斯斯坦共和国境内),被称为东干族,苏联政府就为他们创制了使用斯拉夫字母的拼音文字。又如我国,生活在境内(主要在西南部地区)的少数民族有 55 个,其中有三十几个少数民族没有自己的文字。新中国成立,政府为其中的十几个少数民族创制了文字,符号采用的是拉丁字母。

第三种情形是,在一个统一多民族国家里,为原来已有文字但其使用功能已经退化了的文字创制新的记录符号,以替代原有的文字。这种情形比较集中地体现在我国。在我国 55 个少数民族中,除了三十几个少数民族没有文字外,还有部分少数民族原来有自己的记录语言的文字,但这些文字或由于使用范围窄小,或使用功能有缺陷,需要作一定的更新。新中国成立,新政府根据需要,借用拉丁字母重新设置了文字。典型的如傈僳族,50 年代以前,原来就有拼音文字,1957 年以拉丁字母为基础创制了文字,至今仍在部分地区使用。又如生活在云南地区的纳西族,原来有东巴象形文字和哥巴拼音文字,但主要限于宗教场合。一般生活中已不使用。50 年代,政府也以拉丁字母为基础为纳西族设计了新的拼音文字。后来,拉丁化纳西文字成为纳西学校中与汉语汉字并用的文字符号,象形文字和哥巴文字限于东巴教的经师使用。不过,要说明的是,虽然类似新文字创制了不少,但因为所使用的人口少,与汉族交往密切,一些少数民族并没有真正长期使用,而是改用了汉语汉字。

为少数民族创制文字不仅是一个敏感的文化行为,也有一定的政治意义,需要谨慎的态度和科学的精神。一般来说,创制和推行者要考虑以下几个原则:

需要原则 任何一种文字都是用来记录语言传承文化的,是社会团体交流、生产生活的辅助工具。只有当某个民族具有一定的人口数量、有一定的经济规模和文化特色,而且需要保持自己的特色,而原有文字已不能适应交际需要,或原本就没有文字但又急切需要文字时,创制新文字才有意义。如果一个民族人口极少,而且又与国内某个较大民族在生活文化上融为一体,已接受后者的语言和文字,创制新文字就没有必要了。

自愿原则　创制新文字不应该当作一种文化同化甚至殖民化的手段,而是因为客观的需要,并基于科学手段而完成的行为,其目的在于更好地实现目标民族文化、经济等的发展,因此,任何一个民主而负责任的政府,必须本着自愿平等的原则为境内少数民族创制新的文字体系,而且创制后,允许他们修改。

科学原则　基于以上原则,在给少数民族创制新文字符号时,应该充分地对目标语言特征进行调查研究,根据其语言在音义及语法等方面的特点,选择相对合理科学的书写符号,既考虑其历史渊源,也要能适应现在甚至未来的发展需要。要达到这一目标,客观严谨的科学精神是非常重要的。

3.2　文字改革

文字改革是指文字产生后,在一个相当长的历史时期内人们对它所进行的形式上的调整改变。作为记录语言的书写符号系统,其本身所具有的工具性决定了文字符号逐渐变化的必然性:既然是工具,经济简便的要求会促使字符书写规范化和简便化,同时,使用者还会出于审美的要求对字符作适当的改良。另外,文字与语言发展的不同步特点也要求文字在适当时期作出调整:文字产生后,自身具有相对的独立性和稳定性,其发展速度不能与语言同步,当两者之间的距离很明显时,就要求对文字进行改革。

文字改革从文字产生之后就开始了。从改革的程度看,一般将它归为三种类型。

3.2.1　文字类型与字符都不变,只对字符作形体上的改革

这类改革比较适合那些产生历史较长,并有相当文化积累的文字体系,如拉丁字母、汉字等。公元前 7 世纪脱胎于埃脱鲁斯坎(今意大利半岛上,他们采用希腊字母后形成的字母)的拉丁字母,原来只有 21 个,到公元前 3 世纪,增加了 Y 和 Z。到 11 世纪,又从 I 中分化出 J,从 U 中分化出 V,从 V 中分化出 W,再加上对字母形体本身作了一定的简化和美化,便最后形成了现在流行的 26 个拉丁字母(铭刻体,即现代用来作印刷的大写体,见图 5-5 所示)。同类的形体改变也发生在我国的蒙古文、维吾尔文等拼音文字改革上。

汉字自甲骨文至今,也产生了形体上的变化,甲骨文后走过了以雍容肥硕为特征的金文(周代)、圆转回环的篆书(秦代)、笔锋明显带有波折的隶书

(汉代)和方正规范的楷书(汉后)等变化过程,但这些变化并没有从本质上改变汉字的意音文字的属性,只是从字体结构和外形笔画上作适度的调整。直到 1956 年,我国所进行的第一次汉字简化工作,推行汉字简化方案(俗称"一简字"),也是从简化繁体字和调整异体字着手的。

文字的这种改革有助于维护传统文化的持续性,也符合文字的稳定性要求。

3.2.2　文字类型不变,对字符作彻底的改换

这种情况主要指拼音字母系统的改革,就是指保持拼音文字类型不变,但对所采用的字符作较大的改换。例如,印度尼西亚历史上曾用过三种不同的字母符号,1000 年前,使用的是印度的天成体字母,12 到 13 世纪,随着伊斯兰教的传入,改用阿拉伯字母,到 15 世纪末,又选择了拉丁字母。又如,苏联在十月革命前有些民族使用阿拉伯字母,革命后,都改用了拉丁字母,到了 1936 年后,因为要求与俄文一致,又改用斯拉夫字母。

这种类型的文字改革,往往不是纯粹出于文字本身书写上的原因而产生的,更多的是因为社会、文化、宗教甚至政治方面的原因,但它们能够这样改变的前提是改革前后的文字类型在性质上是相同的。

3.2.3　文字类型和字符都作完全的改换

所谓**文字类型的改变是指文字符号系统发生性质性改变**,从理论上说,就是将以表意为主的文字符号改换成拼音文字,或者相反。不过就世界范围文字改革情况看,只出现过将意音(表意)文字改换为拼音文字的情形,而没有相反的情况。这种类型的改革在我国,较为典型的是纳西东巴象形文字改为拼音文字。如前面所介绍的,东巴文字带有明显的图画表意性,是典型的表意象形字,新中国成立,新政府为他们设制了以拉丁字母为基础的拼音符号系统,以取代原来的东巴文字。

另外,越南和朝鲜文字的改革也属于这种情况。在公元 10 世纪左右,越南人仿照汉字创造了书写越南语的"喃字"①,一直使用到 17 世纪欧洲传教士采用拉丁字母为越南拟订拼音文字,但"喃字"仍是正式字体。19 世纪法国占领了越南,并推行拉丁文字,1945 年越南独立后,选择拉丁化拼音文字为法定文字,称"国语字"。朝鲜情况与此类似,从公元 3 世纪左右起,朝鲜一直使用

---

①　现行于越南的文字,在有些书里称作"字喃",本书采用周有光先生的用法,称"喃字"。见周有光著,《世界文字发展史》,上海世纪出版集团 2003 年版。

汉字作为朝鲜语的书写符号。直到 15 世纪,改用汉字笔画参考天成体字母,创制了拼音性质的文字,称为"正音字",因为在宫中设"谚文厅"教授新字,所以后常称这种文字为"谚文"(意为:通俗文字)。不过,那时的朝鲜并没有完全用"谚文"取代汉字,而是汉字加"谚文"的混合方式,这种书写方式在朝鲜南方(韩国)仍然保留了下来,而朝鲜北方则完全采用了"谚文"作为书写符号。

从上述文字改革情况看,总的趋势是去繁就简,适应文字书写的经济和美观需要,其结果与文字类型的发展几乎同步,即象形→意音→拼音。当然,某种具体的文字该采用何种方式,并没有一个预先的前提,关键要视该种文字自身的特点及其所记录语言的属性。就汉字来说,数千年来,一直采用第一类改革方法,即便在 20 世纪 50 年代,采用拉丁字母设计了汉语拼音方案作为注音符号,并曾提出了"汉字要走世界文字共同的拼音方向"[①]的号召。但现在看来,这一政策并不完全符合汉字的特性,如 1977 年出台的仍属此类的"第二次汉字简化方案",在 1986 年也被废止,可见短期内汉字实现拼音化的目标是很难的。因此,20 世纪 80 年代后,我国的语文政策发生了很大变化,不再将汉语拼音方案视作汉字的替代品,而是"在今后相当长的时期内,汉字和汉语拼音方案将会并存并用,相辅相成,共同为现代化建设服务"。[②] 但是,毫无疑问,汉字确实存在难写难认难记等缺陷,对汉字进行适当的简化不仅是必要的,也是可能的。

【自测题】

1. 同语言相比,文字的产生有什么重大意义?
2. 文字与语言具有怎样的关系?
3. 简述文字发展的一般历程。
4. 简述拉丁字母产生的过程及其使用范围。
5. 拼音文字是文字发展的最终形式吗?你怎样看待汉字的未来走向?
6. 在一个多民族的国家,给少数民族创制文字要注意哪些问题?

---

① 苏培成. 现代汉字学纲要(增订本). 北京:北京大学出版社,2001.
② 全国语言文学工作会议秘书处. 新时期的语言文字工作. 北京:语文出版社,1987.

第六章　语　用　学

第一节　语用与语用学

1.1　语用

"语用"一直作为一个宽泛的修辞学概念在使用,指语言的使用或运用。**它是指人们在具体的语境中运用语言符号(有的还包括非语言符号)通过适当的手段实现特定言语目的的行为。**与语言本体的其他系统不同,语用是在具体的语境中运用语言符号的言语行为及其规则,属于现代语言学所划定的"外部语言学"。但语用并不像过去所理解的那样,似乎总是零散的、完全是使用者个人的行为,属于非同质的现象,相反,如果要使具体的言语行为有效地传递并为接受者接受,产生一定的言语效果,肯定有确定的为社会共同约定并接受的规则,否则,那些合乎要求能保证交际顺畅的言语活动就不可能存在,这同词语不按照语法规则制约进行搭配而不会"合法"是完全一样的道理。

就人类语言而言,很多的语言运用规则具有人类的普遍性,下面将要介绍的言语行为的功能特征、语用原则、会话含义、预设等就是语用研究的成果,当然,研究者对这一部分获得的认识尚不完全充分。另外,不同民族的语言,除了具有人类普遍性语用规则外,也一定有一些与自己的历史、文化等相关联的特定规则,以下所列的三类情况至少应该是现代汉语语用规则的一部分:

音节节奏协调　汉语的言语表达,无论是口头还是书面上,话语的组合,除了符合句法语义规则外,还要注意音节节奏的协调:

[1]觉新知道他们虽说来同他商量事情(事),其实他们还是固执己见,不肯听从劝告(劝)。

[2]a. 注意,他们一伙明天下午就要入境(内)!

　　b. 注意,他们一伙明天下午就要进入中国境(内)!

很显然，[1]例里的"事情"虽然与"事"词性相同，意义也相近，但不能换作后者，同理，"劝告"也不能换成"劝"等。[2]例从句法和意义上看，a、b两句都应该已经完整了，但如果a句后面多了括号内的成分，b句缺少了括号内的成分，均不能使用，"内"之所以多余或必需，作用主要使音节节奏协调。

钦敬礼貌规则　汉语发展到现代，尽管在政治或文化等方面公民之间享有平等权，但社会交际中，人们仍在心理意识层面保留着尊卑观念，这也体现在一些言语行为上：

[3]恭喜你，领导这么尊重你，你的未来不可限量啊！

[4]同学："苏步青（教授），我有个问题想请教您。"

[3]改成"器重"就妥帖得多，体现出两者社会差异，"尊重"一般用于指称对别人表示尊敬，所涉对象多为尊者，至少平辈之间，而句中领导显然已经不仅仅是出于礼貌而对他有了尊重意识，而是出于对他才能或品性的赏识，特别地看重他。[4]中"请教您"用得很得体，但直呼"苏步青"则是违反了汉民族交际称谓的基本原则：不能当面直呼长者（辈）或上级的姓名，除非无礼辱骂。

文化审美习惯　每一个民族在自身长期发展的过程中都会产生相对的审美心理习惯，不同民族之间的这种差异很难用价值观作高低或好坏的评判，有些时候，这些审美习惯也会通过言语交际表现出来：

[5]"吾不惜重资，命汝千里负笈，汝埋头攻读之不暇，而有余闲照镜耶？汝非妇人女子，何须置镜？惟梨园子弟，身为丈夫而对镜顾影，为世所贱。吾不图汝甫离膝下，已濡染恶习，可叹可恨！且父母在，不言老，汝不善体高堂念远之情，以死相吓，丧心不孝，于斯而极！当是汝校男女同学，汝睹色起意，见异思迁；汝拖词悲秋，吾知汝实为怀春，难逃老夫洞鉴也。若执迷不悔，吾将停止寄款，命汝休学回家，明年与汝弟同时结婚。细思吾言，慎之切切！"

（《围城》）

[6]如果"一把手"说了算，就会有人在一把手面前卑躬屈膝，溜须拍马，作妲人状，以取得一把手的信任和提拔，等等。

（《南方周末》2006.10.26）

[7]王纯一阵高兴，但方向平没再接着说，又低下头去看简历。他边看简历，脑子边转：这姑娘有点小聪明。尤其让他动心的是，她长得好。作为男人，即使没私心也喜欢赏心悦目、惜香怜玉。　　　　　　　　（《牵手》）

要理解[5]这句话，就需要知道这样的背景：方鸿渐的父亲在接到儿子的推托婚事的来信后,回信给予的痛骂。这段话语模拟出中国 20 世纪 40 年代以前的言语行为状况。很显然,该信透露出浓厚的重男轻女、贬斥戏曲男演员等审美心态。[6]则是当代人这一观念的更率直的体现,批评官场中男人的种种丑陋行为,却用了"作妇人状"来描摹点化。[7]中"玉"用来比喻方向平认为"长得好"的王纯,对汉文化背景的交际者来说,是很容易心领神会的。类似的像"玉人、玉女"等无不是对女性的夸赞之词,但换个文化环境,对这个隐喻可能就会觉得隔膜了。

当然,以上只是语言运用之"豹"的"一斑",语用是非常复杂的言语现象,无论是传统的或现代修辞研究还是现代的语用学,都还远远未能完全描写其丰富多彩的规则及其表现。

1.2 语用学

"语用学"这个术语,直接来源于西方 20 世纪 60 年代以后产生的一门语言学分支学科——Pragmatics。该词直到 20 世纪 80 年代后才开始出现于汉语文本中。最初"语用学"的研究是由西方语言哲学家们展开的。他们在关注哲学问题时,发现语言符号的意义及其实现在具体的语境中与人的因素紧密相关,而且对哲学命题及思考能产生直接或间接的影响,于是相继对言语行为、指称、预设、含义等进行了概括性研究,希望借此研究为哲学研究的发展提供帮助。"语用学"常常列举的代表人物如英国的奥斯汀(John Langshaw Austin)、美国的格赖斯(Grice, H. P.)、塞尔(Searle, J.)等都是哲学家。后来,这些现象也引起语言学家的注意,开始了相关研究,但直到 1977 年,在荷兰正式出版发行了《语用学杂志》(*Journal of Pragmatics*),"语用学"才作为语言学的一门新兴学科得到确认。语用学的研究范围,一直在发展着,从该学科的代表人物列文森的经典著作《语用学》[①]以及国内多数译介性的著述看,主要包括这样几个方面:指示语、会话含义、预设、言语行为、会话结构、衔接及关联等等。因此,"语用学"作为语言学的术语与"语用"以及传统的"修辞学"之间的关系,在学界有不同的理解。限于篇幅,本章将主要介绍狭义的"语用学"研究的领域,适当引入当代话语语言学的部分理论。

---

① Levinson, S. Pragmatics. Cambridge: Cambride University Press, 1983.

第二节　言语行为与语境

2.1　言语行为

使用语言符号进行交际以传达意义或意图并获得一定效果的行为,称为言语行为。言语行为是人们对语言的直接使用行为,它一直受到哲学家和语言学家的关注,中外哲人如柏拉图、孔子等从不同角度对言语现象作过关注,后来的修辞学家们也作过许多研究。到了 20 世纪 60 年代,西方哲学家对符号与人、意义的产生方式等问题产生了兴趣,并作了哲学意义的探讨。

从句法或逻辑－语义的角度看待语言,只能解决话语称述了什么意义,即"言有所述",而从语用的角度看待语言,则看出话语除了上一层次的功能外,本身还实施了什么行为,即"言有所为"。言语行为不单指"言有所述"而且指"言有所为",甚至涉及"言有所成",即"所述"、"所为"之后给言语带来的影响和后果。

言语行为理论来源于以下的假设:人类交际的基本单位不仅仅是句子或其他表达手段,而且其本身就完成或实施了一定的行为,例如:"陈述""请求""提问""命令""感谢""道歉""祝贺"等。言语行为的特点是说话人通过说一句话或若干句话来执行一个或若干个上面列举的行为,这些行为的实现还可能给听话人带来某些后果。

言语行为理论是英国哲学家奥斯汀在 20 世纪 50 年代提出来的。他认为,语句有两层意义:命题意义和施为意义。前者是语句字面上的意义,是对客观事物的表述;后者指语句在受话者方面产生的效果,即发话人通过言语手段,做出了诸如陈述、警告、命令等的行为。

例如,一位教师约几位同学到会议室布置某项工作,当他带着学生走进会议室时,感到房间有点冷,于是便对学生说了一句话:

[1]这里好冷啊!

从句法上看,句子由"这里""好""冷"等组成。"这里"是主语,"好冷"是谓语,"好"是状语,整个句子按"主语－谓语"排列。从逻辑－语义方面分析,这个句子表明:如果房间的确冷,句子是真;如果房间不冷,句子是假;全句的意义是"房间冷"。分析至此,我们只解决了这句话的句法关系和句子意义,并没有涉及教师说这句话的实际意图。其实,教师说这句话的目的是向学生发出某种信息,这个信息就是言语行为,它可能是一种"陈述"或一种"断言",即对学生传达"房间冷"这样一个肯定的命题;也可能是一种"请求",希望学生设法弄一台暖风机来取暖;也可能是一个"邀请",请大家改到教师自己的办公室布置某项工作,如此等等。这些"陈述""请求""邀请""提议"就是教师说出这句话的可能的用意,也就是一些言语行为。

言语行为概念的提出使人们认识到,要真正理解话语,只靠句子结构分析,靠逻辑—语义分析,只求确定句子的真假意义是远远不够的,因为话语本身就是一种行为。

2.2 言语行为理论的发展过程

2.2.1 言语行为二分说

奥斯汀发现,很多陈述句其实并非都只是为了陈述,也并不都是为了区别意义的真假。于是,在言语行为的早期理论中,奥斯汀将言语行为中的"言有所述"和"言有所为"区分开来,他认为前者涉及句法和逻辑—语义的问题,后者却以语境为转移,是语用问题。在此基础上,他将语句区分为表述句和施为句,表述句的目的在于以言指事,而施为句的目的在于以言行事。如:

[2]每个礼拜天都去公园。

[3]教英语。

这两句话并不是说话人要做某事,只是要"表述"某项事实罢了,所以它们是"表述句"。但是:

[4]我向你道歉。

[5]还是别吸烟了。

这两句话不是要"表述"道歉和劝告这两件事,而是说话人在说话的过程中实施了"道歉"和"劝告"这两种行为,所以它们是施为句。

2.2.2 言语行为三分说

奥斯汀在后来的研究中发现,运用表述句其实也在做出行为;表述句本质上也是施为句。所以后来言语行为理论就不再区分表述句和施为句,而是区分以下三种不同的言语行为:表述性行为、施为性行为和成事性行为。这三种行为,实际上是整个言语过程的三个不同阶段,可简称为表述、施为、成事。例如:

[6]我明天来。

要使听话人了解这句话,首先是用声音,并根据汉语的要求,把声音组成词,把词组成句,并用正确的语调说出来,这就是言语行为中的表述性行为,即"以言指事"。这时,说话人说出这句话时,总有他的用意的。话中带有用意,这就是施为性行为,即"以言行事"了。这个句子的用意是作出"允诺",这就是以"我明天来"之言,行"允诺"之事。至此,这句话作为言语行为已经实现。至于实现了这个行为之后,听话人受到什么影响,这就是成事性行为,即"以言成事"。"我明天来"说出来之后,表示说话人作出了"允诺",结果让听话人感到放心。这种"感到放心"正是言语行为的结果。

不过,"三分说"中的成事性行为与其说是发话人的行为,不如说是发话人希望得到的效果。这种效果不由说话人直接控制。例如,发话人通过言语说出"请把窗户关上",他完成了表述性行为,又完成了施为性行为,并期待受话人将窗户关上,以实现成事性行为。但是能否成事,要看受话人如何动作。因此,现在人们对言语行为类型的看法上,更倾向于最初提出的二分法。

2.2.3　直接行为和间接行为

在研究中,人们进一步发现,言语行为还可以区分出直接行为和间接行为。**直接说出施为性行为要达到的目的,这是直接言语行为。**

人们还可以用某一类的施为性行为,来达到另一类施为性行为所预期达到的目的,这就是间接言语行为。例如,有人在喝汤时说:

[7]这汤真淡。

这表面上是表述汤的味道,实施表述性的施为性行为,但实际上可能是发话人希望有人给他递盐。这种现象就是间接性言语行为。间接行为理论是美国当代语言哲学家塞尔(John R. Searl,1932—)在 20 世纪 70 年代提出的。

直接施为句的命题意义与施为意义是一致的。间接施为句的命题意义与施为意义存在着表面上的差异,受话人得通过语句的命题意义推断出施为意义。例如:

[8]你能不讲话吗?

表面上是在提出询问,实际上却是提出要求:请不要说话。

在间接性言语行为中,受话人也可以是非直接的。例如,妈妈回家,听到婴儿在哭,他的尿布湿透了,保姆却只顾看电视。妈妈摇着婴儿的小床说:

[9]宝宝别哭,阿姨看完电视就给你换尿布。

这表面上是对婴儿说话,实际上是责备保姆。

言语行为理论的提出使我们认识到,研究使用中的语言,不但要研究语句的命题意义——从语法、语义的角度来研究句子,还要研究语句的施为意义和施为力量——从语用的角度来研究句子。

2.3 语境

语境是言语行为过程中对话双方运用语言表达思想、交流情感或推导、分析理解话语含义时所依赖的各种环境因素,包括语言知识和语言外的知识两个方面。

语境是指使用语言的环境,是言语行为的条件,对语言的使用有制约作用。语境这个因素在语用意义的研究中也非常重要,离开了语境,便无所谓语用意义了。

2.3.1 语言知识

语言知识首先包含交际双方对所使用的语言所具备的知识,包含所用语言的语法、词汇、语音的系统及其规则等,这也是最基本的语境知识。

另外,对语言的上下文的了解也是很重要的一类语言知识。交际是一个处于动态的、不断发展的过程,在交际过程中,新的话语不断产生,每一段话语都和前面已经出现过的话语存在联系,有语用方面也有语言方面的联系,了解与上文的联系对理解一段话来说是必要的。

2.3.2 语言外的知识

语言外的知识可分成两大类,一类是指与特定的交际情景有关的知识,包含言语行为发生的时间、地点、交际活动的话题、交际场合的正式程度、参与者的相互关系、相对的社会地位以及各人在交际活动中所处的地位等。

另一类语言外的知识是特定的交际情景之外的一般的背景知识。包括属于某一特定文化的特定的社会规范和习俗,与特定的文化相关的特定的会话规则和方式;此外,还包含有关客观世界的一般知识,即常识或所谓百科全书式的知识;最后,背景知识还包括每个参与者对对方所具备的知识的了解以及对方在所具备的知识的基础上进行推理能力的估计。

所有这些语言知识以及语言外的知识,在对言语行为发生影响时,是综合起来发生作用的。发生作用的若干因素综合起来,就成为某一语言片断的实际语境。

2.4　语境的作用

任何言语行为都以一定语境为条件,依赖于语境知识,任何言语要素的价值也都以出现在它前后的其他要素为条件。通常,语境是从语言生成的角度来说的,但是,要真正理解别人的意思,也必须考虑语境因素。因为言语交际是一个说听双方共同参与的互动过程。所以,语境对语言生成、语言理解都有制约作用。

2.4.1　语境是言语片断依赖的对象

言语行为只有同语境结合,才能成为使用的言语,否则只是抽象的表达式。例如,"明天她去那里"这句话如果缺乏具体的语境,"明天"是哪一天,"她"指谁,"那里"指什么地方,这些都是无法确定的,所以这个句子的意义也只是概括的、一般的意义。当语言片断进入交际领域后,就和具体语境结合在一起,这时所表达的就是具体的意义了。如"明天她去那里"这句话,各个成分在具体的语境里,所指都是很明确的。这时句子所表达的意义便是一般与特殊、抽象与具体的统一。

甚至客观规律的抽象表述,其语言使用也无法脱离语境。"x＋y＝z"的表述要依赖于一定的语境才是正确的、才能被人们正确理解。"x"、"y"作为客观事物的数量概念的概括,在具体运用时总是同一定数量的具体事物联系在一起的,所以"x＋y＝z"实际上是"x 个具体事物加 y 个具体事物等于 z 个具体事物"。在这里,"具体事物"是受限制的。譬如,x 个学生加 y 班就无法等于 z 了。

2.4.2　语境对言语片断有制约作用

(1)语境有生成作用

言语的真实意义要在语境的参与下才能获得,字面意义难以用来充分完成正常交际。故意违反合作原则所获得的会话含义,就是依靠语境生成的,如"送信的刚来过"所蕴含的时间就是由语境生成的。再如,手势可以确定指示语的确切所指,说话时的时间地点可以确定时间词、方位词的确切所指等。

(2)语境有确定作用

语境对言语片断的制约主要体现为确定作用。首先孤立的语言要素或单位是无从判断它的价值的,语境对语音、词义、句法有确定作用,如:①确定语音:盛(chéng)碗面条——繁荣昌盛(shèng);②确定语义:结果把事情搞砸了。——这棵梨树结果了。——李逵一板斧结果了他。③确定句法:我要吃炒鸡蛋。——他在炒鸡蛋。

其次,语境对语句意义也有确定作用。意义不单存在于语言形式之中,而且存在于使用中。词不是像数学符号那样严格限于一个固定的、明确的意义,多义性是我们语言中很多词都有的特性,它们只有在一定的语境里,意义才会明确起来。语境或上下文之所以重要,就是因为它可以决定一个词在某种情景下所要表达的意义,而且在每种语言的词都会发生的变化中,它是最有力的因素之一。如"鸡不吃了"这个句子,就可以通过语境来明确意义:鸡不吃了,喝点汤就行了。——鸡不吃了,瘟了。

语境还制约语言要素的选择和解析:

语体色彩方面 在不同的场合对语言的使用也会提出不同的要求,如:一个人要答应某事,在庄重严肃的场合,他的态度自然也会很庄重,会选用"宣誓""发誓""保证"之类的说法;而在一些比较随意的场合,也许会用"答应""同意"之类的说法。再如下面这两句话,它们就表现出不同的语体色彩:他是直肠子,什么想法都是"竹筒里倒豆子"一粒都不剩的。——他城府不深,总是直言不讳。

交谈对象方面 如,有个托儿所的阿姨教唱"郎呀,咱们俩是一条心",一个孩子却大声说:"狼是坏蛋,不能一条心。"显然,这首歌不是幼儿所能接受和理解的。

文化背景方面 不同的文化背景会影响语言的表达和理解,如,美国观众不理解《舞台姐妹》中的一个情节:姐姐劝妹妹以后不要再和唐经理在一起了。妹妹听后讲了一句"晚了,我已经是他的人了",即使有英文字幕,美国人仍然看不懂什么叫"是他的人"了。

语义解析方面 不同的对象对同一种东西会有不同的理解,如关于"0"是什么?数学老师说是"零",英语老师说是"o(喔)",化学老师说是"氧",物理老师说是"度",语言学老师说是"空位",学生们说是"鸭蛋(零分)"……电影《刘胡兰》中,儿童团长刘胡兰考问团员:"什么是持久战?"她妹妹回答说:"吃了酒酒干仗。"

时代特征方面 不同时代的社会现象也会影响语言的解析,如《天安门诗抄》的"江桥摇"(江桥摇,眼看要垮掉。请指示,是拆还是烧)就有特定的所指对象:江青、张春桥、姚文元。今天的读者欣赏时就必须借助于背景介绍了。

另外,语境还有补足作用,可以对句子的省略部分给予补足。如"小王是日语,小张是法语"这句话似乎有语病,小王和小张都是人,怎么能说是日语、法语呢？但是如果有一定的语境，句子就可以成立了：研究生都要学习第二外语，小王是日语，小张是法语。

第三节　语用原则与含义、预设

3.1　语用原则

语用原则就是总体上制约话语者在特定语境中合理选择语言手段有效实现话语意图的原则，从现有研究结果看，语用学一般将它们归纳为合作原则以及为补救该原则而提出的礼貌原则，还有幽默原则、克制原则等。这里集中介绍合作原则和礼貌原则及其相关内容。

3.1.1　合作原则

美国语言哲学家格赖斯（H. P. Grice）认为，**为了保证会话的顺利进行，谈话双方必须共同遵守一些基本原则，这就是所谓的"合作原则"**。人们的正常语言交流不是一系列毫无关联的话语的组合，说话人是互相合作的，谈话双方都有着一个共同的愿望：双方话语都能互相理解，共同配合。因此，他们都遵守着某些合作的原则，以求实现这个愿望。

合作原则的四条准则：

量的准则　言语信息不多也不少，包括：所说的话应该包含交谈目的所需的信息；所说的话不应该包含超出需要的信息。

质的准则　就是指在言语行为中努力说真话，包括：不要说自知是虚假的话；不要说缺乏足够证据的话。

关系准则　即交际双方所说的话要有关联，要切题。

方式准则　即所说的话要清楚明白，包括：避免晦涩；避免歧义；简明扼要；井井有条。

合作原则的遵守与违反：

一般来说，人们为了使交际活动正常进行，应该遵循上述各项准则。如果违反这些准则，有可能产生两种情况：

一种是不自觉违反合作原则，其结果应该是导致交际障碍甚至中断。例如《本命年》（刘恒作）中的一段对话中：

[1]"现在都看什么好书？"

"哟，……一下子还真想不起来……琼瑶什么的……我也没正经看过……"

"琼瑶是谁?"

"可能是华侨,女的,听我妹妹她们整天念叨……据说故事编得挺好,你到街上转转,那儿有卖的。"

"女的我不爱看。"刘宝铁看着他,好像没听懂。

"我不爱看书。"

"我"的话之所以让刘宝铁"好像没听懂",就是因为"女的我不爱看"这句话所提供的信息不够完整,对话也因此产生了障碍。

另一种违反准则则是故意的,是交际一方为了回避直接说出所想表达的意思,而采用迂回的办法,故意从符号表层上违反合作原则,从而含蓄地表达自己真实的意图,这就是下面要介绍的"会话含义"。

3.2 会话含义

会话含义就是一种超出语句本身意义范围的意义,即说话者的"言外之意"。会话含义不是语言系统内部各语言单位所呈现的意义,而是语言符号之外所暗含的意义或意图,即语言在特定情景中所产生的命题义之外的意义。会话含义的概念是由美国语言哲学家格赖斯于 1976 年提出。

例如,看完一场戏后,甲、乙两人对话:

[2]甲:你喜欢她今晚的表演吗?

乙:嗯,我觉得她今晚穿的那件裙子很漂亮。

很显然,乙答非所问了,但是甲应该能够理解乙的真正意思是"她演得不好"。这个意思就是乙通过他自己所说的话所暗示出来的"会话含义"。

3.2.1 会话含义的产生

在实际生活中,很多时候,人们不会一丝不苟的严格遵守上述准则。相反,常常会故意违反这些准则,并借此传达隐晦的含义。一般来说,与合作原则相关的含义可以通过以下方法产生。

(1)违反量的准则表达会话含义

①故意提供不足的信息来实现。如某教授写信推荐他的学生任某个数学教职,他只是例行公事般写了下面这封介绍信:

[3]尊敬的张教授:

您好!

王××在校学习期间,遵守学校的各项规章制度,思想端正,从不迟到。特此推荐。

　　　祝

教安！

李××谨致

年 月 日

作为导师,对自己学生的情况当然十分熟悉,但是他不认为该生适合担任这一工作,可又不便直说,便有意违反了量的准则,委婉地表达了这一意思。在推荐信中介绍了该学生的品行,对其专业成绩和能力却不置一词。接受方一旦接到这封特殊的推荐信,他自然会推导出这样的含义来:王××根本不适合从事数学教学工作。

②信息多余的,如下面这则笑话:

[4]甲:他在你们银行工作得怎么样?

　　乙:嗯,挺好! 他不常跟同事吵架,跟顾客吵架也不多。

正常情况下,作为对甲的回答,"挺好"已基本够了,但乙又说了下面这两句,提供了似乎毫无必要的信息。但这两句话表达出乙的含义:他这人不讨人喜欢。

(2)违反质的准则表达会话含义

①故意说一些不符合事实的话,来表达会话含义。一些修辞格为此提供了便利。如:

[5]他真是我的**好朋友**! 让我妻离子散。(反语)——含义:他是一个背信弃义的家伙。

[6]他是我们单位的台柱子!(比喻)——含义:他出类拔萃。

[7](王熙凤)粉面含春威不露,丹唇未启笑先闻。(夸张)——含义:她性格泼辣。

[8]看,榕树老人捋着长髯,木瓜兄弟睁着大眼,候着出海的渔民哪,披风带露满载鱼虾回家园。(郭小川《厦门风姿》)

②说一些没有根据的荒唐话来表达会话含义,如:

[9]甲:伯父就是伯伯的父亲,是吗?

　　乙:师母一定是老师的母亲,我觉得。

(3)违反关系准则表达会话含义

如一次有规格茶会上的对话:

[10]甲:哎,我觉得市长夫人真是个长舌妇。

· 157 ·

乙：噢，今晚的天气真是不错，不热也不冷，是吧？

乙的回答和甲句毫无关联，明显转换了话题，显然，他不想接甲的话题，但又不能不理他，于是就用毫无关联的回答来暗示：别说这种无聊话了，多不成体统啊！

下面对话中，爸爸用似乎不关联的答话告诉儿子：你现在不要去看电视。

[11]豆豆：爸爸，我想看"米老鼠与唐老鸭"，行吗？

爸爸：豆豆，明天要交的手工完成了吗？

(4)利用方式准则推导出会话含义

①故意晦涩难懂的，如：

[12]韩信曰："善。先生相寡人何如？"

对曰："愿少间。"信曰："左右去矣。"

(蒯)通曰："相君之面，不过封侯；相君之背，贵乃不可言。"

（《史记·淮阴侯列传》）

蒯通意在劝韩信背叛刘邦，以成帝王之业，但又不便明说，便采用了含蓄的双关手法，隐晦地表达了意思。

矛盾修辞格也正是将意义相互矛盾的词拼合起来，故意违反简明准则表达含义。如：

[13]拥挤里的孤寂，热闹里的凄凉，使他像许多住在这孤岛上的人，心灵也仿佛一个无期盼的孤岛。 （钱钟书《围城》）

②故意使用歧义以表达含义。如：

[14]A：Name and title, please?

B：John Smith, Associate editor and professor.

B有意使用歧义结构，使A不能确定他是副主编兼副教授还是副主编兼正教授，从而抬高自己的身价。这种句子，其中的真实含义只有了解说话人实际情况的听话人才能推导出来。

③故意啰嗦繁复表达含义。如一位音乐评论家在评论 Smith 的歌唱效果时，说：

[15]Miss Smith produced a series of sounds that corresponded closely with the score of "Home, sweet home".

某人故意不说简明扼要地说：Miss Smith sang "Home, sweet home"，而说了啰嗦繁复的句子，显然他是想暗示"斯密丝小姐表演得极不成功"这样一个会话含义。

修辞中的反复、排比故意用铺排的结构和重复的成分强化基本点意义，让人产生言外之意，它们可以被看做违反该准则而应用的有效手段：

[16]少顷，看见大路上黄尘滚滚，一辆摩托车驰过；少顷，又是一辆；少顷，又是一辆；又是一辆；又是一辆……车中人不分明，但见金边帽。

（鲁迅《马上日记》）

[17]生产多么需要科学！革命多么需要科学！人民多么需要科学！

（秦牧《向科学技术现代化进军的战鼓》）

④故意把顺序打乱的，如：

[18]Here files of pins extend their shining rows；puffs，powders，patches，Bibles，trifles，billet-doux.

句中所列举的东西故意没有按类别叙述，从而破坏了话语的条理性。特别是将《圣经》与妇女的常用物品夹杂开列在一起，传达出这样的含义：尽管这位妇女笃信上帝，做到《圣经》随身带，但她不外把这本《圣经》当作与自己的化妆品、情书等相同的杂七杂八的东西罢了。

3.2.2 会话含义的特点

(1)可取消性：如果有可能在原先的某一话语上附加某些前提，某一种会话含义就会被取消。

如，在"Bill has four books"后加上"perhaps five or more"，其原来含义"Bill has four books and no more"就消失了。

(2)不可分离性：会话含义依附于话语内容，而不依附于话语形式。我们不可能通过同义互换将依附于话语内容的会话含义从话语中分离出来。如果话语在特定的语境中产生了会话含义，则无论使用什么样的同义结构，含义都始终存在。如，将"他是我们单位的台柱子"这句中的某些词（台柱子→顶梁柱）用同义词替换，其会话含义"他非常重要"并未消失。

(3)可推导性：听话人根据话语的字面意义和合作原则的各项准则，以及根据说话者遵守合作原则的假定和说话当时的具体情景，可以推导出相应的会话含义。

(4)非规约性：会话含义不是话语意义的一部分，它不存在于话语的字面意思之内，而是存在于说话者说了这句话的事实之中。上述各个例子都体现出这一特点，"他真是我的好朋友！让我妻离子散。"这句话，字面意义和会话含义恰恰相反。

(5)不确定性：指具有单一意义的词语在不同的语境中可以产生不同的

会话含义。如：

"老张就是一台机器。"这句话的会话含义在不同的语境中可以分别为"他冷酷""他能干""他只知道不停地干活""他很机械""他不会动脑子"等。

3.3 礼貌原则

人们在言语交际中既要遵守合作原则,但是又经常故意违反合作原则,交谈中往往拐弯抹角,这是由于出自礼貌的需要。要给谈话对方面子,也为了给自己带来某些好处,如得到别人对自己的好感等。

如前面提到的那位教授的推荐信,教授故意违反合作原则中的量准则,只写了一句话,他明知任用人不会聘用这位学生,这样做是出自尊重这位学生,给学生留点面子。

礼貌原则通常划分为六类。如：

(1)得体准则　减少表达有损于他人的观点。

(2)慷慨准则　减少表达利己的观点。

(3)赞誉准则　减少表达对他人的贬损。

(4)谦逊准则　减少对自己的表扬。

(5)一致准则　减少自己与别人在观点上的不一致。

(6)同情准则　减少自己与他人在感情上的对立。

这些准则是人们在交际中一般都遵守的礼貌原则,从中,我们可以得出这样的规律:说话人说话时往往都尽量给别人一点方便,尽量让自己多吃一点亏,从而在交际中使对方感到受尊重,同时反过来获得对方对自己的好感。当然,人们并非在任何时候、任何地方、对任何人交际都要恪守礼貌原则,例如在紧急或意外事件中,在激烈的争辩或紧张工作的场合,或者在十分亲热友好的朋友间不拘礼节的谈话中,礼貌原则可能会让位于话语的内容,屈居次要地位。

礼貌作为一种社会现象,无论在哪一个语言集团中都存在的,这是一种普遍现象。语用学研究礼貌问题是研究各个语言集团的成员在什么场合遵守什么样的礼貌原则,并运用什么样的言语手段显示出自己的文明礼貌。

遵从礼貌原则时,要根据语境的要求,即根据谈话的不同内容、谈话的不同对象和谈话的不同场合,考虑谈话双方的受益和受损程度,确定相应的表达礼貌的语言手段。

3.4 预设的类型与作用

3.4.1 预设的类型

预设最初是作为一个哲学概念受到关注的,后来成为语义学的一个重要概念,指隐含于一个断言中的为交际双方共知的信息。预设的这一方面的内容,在第四章已作了介绍。这里我们将简单介绍预设在语用学领域的类型划分以及它在言语行为中的作用。

从预设所实现的直接形式看,种类繁多,这里简单列举以下几种情况:

句中的"指称词语"预设所指的存在。例如:

[19]市长王大国观看了演出。预设:王大国是市长。

含有后悔等意义的动词的句子预设谓语后的事物。例如:

[20]我真后悔买了这件衣服。预设:我买了衣服。

含有停止、继续等动词的句子预设着后面的情况曾经存在过。例如:

[21]你什么时候停止偷东西的?预设:你偷过东西。

含有又、再等词的句子预设着某动作或事物有先例。例如:

[22]你怎么又来啦?预设:你曾经来过。

英语中的主语从句,定语从句,时间状语从句和比较状语从句等本身是预设的内容。例如:

[23]What he said made me angry. 预设:He said something.

[24]The man she married was a Chinese. 预设:She married a man.

[25]While Chomsky was revolutionizing linguistics,the rest of social science was not asleep. 预设:Chmosky was revolutionizing linguistics.

3.4.2 预设在言语交际中的作用

作为断言的一个重要组成部分,预设是断言有效的必要前提,因此预设作为一个语义实现手段,是逻辑学、语义学研究的重要内容。同时,言语行为人也可以充分利用这一手段,使自己的言语活动以最合适的形式取得最适切的效果。一般看来,预设的语用价值主要有:

(1)减少断言单位,减轻说话人的表述负担,免去听话人的接受辛劳。

由于预设是交际者双方所共知的信息,因此,在实际言语活动中,发话人一般不需要将背景性信息以断言的形式表述出来,而是隐含于话语中,这样使得发话人在语码的选择和组合中大大减少了负担,同时,由于接受者对所隐含的信息已经知道,发话人简洁的语码也使接受行为更加便捷有效。

[26](夏顺开对刘慧芳说)"我对我那女儿是太惯了,简直拿她一点办法没有。过去一直不在身边,又离了婚,总觉得欠她什么,她一哭一撒娇,我什么没原则的事都干得出来。"　　　　　　　　　　　　　(王朔《刘慧芳》)

这句话显然是发生在两个彼此非常熟悉的人——夏顺开和刘慧芳之间,否则,就要用更多的言辞才能说清意思:

我结过婚,后来生了个女儿,本来应该和她一起生活,但过去一直没和她在一起生活,后来又和她妈妈离了婚,在养育她这件事上欠了她很多,所以,我一直非常宠她,千方百计想补偿她。她有很多要求,她会撒娇,而且通过撒娇提出要求,只要她提出,无论如何我都会答应。

由此可见,预设的多少与交际者之间的关系亲近度密切相关。

(2)以隐蔽的形式体现实际意图,增强表述的影响力。

例如:

[27]腰间常挂有手枪的县委副书记韦某曾说:"你反映(死人)的情况如果真实,坟头在哪里,你敢签名吗?"　　　(王定《一颗"卫星",五万人命》)

句中斜体部分就是通过一个短语指称预设,不经意却让人震撼地描绘出这位副书记的作风,为描写当时的现实提供了背景。

正因为预设具有上述作用,在日常话语行为中,有人常常利用预设设置"陷阱",如"你昨天为什么要骂我?"就预设了:你骂我了。

第四节　话语结构与话语衔接

4.1　话语结构

在实际言语行为中,基本的表达单位是句子,而句子总是按照一定的衔接和关联方式组合成更大的单位,以实现行为者的言语目的,这种由句子为基本单位构成的实现言语目的的话语组合单位就是话语结构。

从话语的体现形式上看,可以有会话结构和语篇结构两类。

4.2　会话结构是话语结构中的一种,指在言语行为中,由两个或多个交际者交替活动共同合作所形成的话语单位。如:

[1]甲:祝贺你身体康复。

　　乙:谢谢。

就是由甲和乙两人会话所形成的一个会话单位。

会话结构的语用分析,是指对话语中语用结构的分析。从广义上说,指示语、前提、含义和言语行为,都是话语结构的语用分析的内容,但这里我们将集中探讨话语中某些语用结构本身的问题。

4.2.1 会话结构分析

会话结构无论从形式上还是从内容上,都很复杂,直至现在还不能说已经有了很成熟的研究。下面所介绍的是 20 世纪 70 年代以来对会话结构所作的研究成果,而且主要是从会话结构的功能构成来看的,主要分为预示序列、话轮、话对、信息成分等几个部分。

(1)预示序列

预示序列就是言语施为前序列,即在以言行事前,先用某些话语进行试探,看可否向对方实施某一言语行为。预示序列是表达"请求""邀请""宣告"等"言外之力"的最典型的会话结构形式。如:

[2]甲:你在干嘛?

乙:没干嘛啊!

甲:要下棋吗?

这个例子中,甲说的第一句话就是预示序列。使用预示序列的主要动机是探询有无可能实施某种言语行为,如果对方对预示反应不力,随后的言语行为就难以提出和实施。预示序列常常分为邀请式、请求式、宣告式等几种类型。

(2)插入序列

会话的典型格式之一是一问一答,始发语通常是一个疑问句,表达某种言语行为,应答语则根据始发语所表达的言语行为作出反应。但是在实际会话中,人们往往会违反这种典型的会话格式,在其中添加插入序列。插入序列表现出各种语用功能。下面是一段母子对话:

[3]母亲:爸爸从楼梯摔下时,他说什么了吗?

儿子:妈,粗话我是不是应该忘掉啊?

母亲:当然,宝贝。

儿子:没说什么。

父亲从梯子上跌下来时,尽说些"骂娘"的话,儿子先问母亲是否不应复述父亲那些粗话,当他明确不应复述时,他回答母亲原先的提问就只好是"没说什么"了。这里的插入序列(斜体部分)充当了应答语(首句)的条件或前提。

另外,插入序列可以是一个缓答/认可、疑惑/解惑等过程。

（3）话轮

会话的特点是轮流发话，**轮流发话中发话人的话语从开始到结束，看作是一个话轮（turn）**，一般有一个或多个不间断连续的句子。如果会话不断进行下去，一个话轮终止之后，另一个话轮又会开始，直到整个会话结束。最简单的会话结构由一个话轮构成，如例[1]，复杂的会话则需要由两个以上的话轮构成，如例[2]、[3]就是相对复杂的会话结构。

（4）话对

由前后相邻、内容相关并且由会话双方的两个话轮构成的会话单位就是话对，也称相邻对（adjacency pair）。这是会话结构中最典型的单位，如会话的一方先进行问候、提问、警告、道歉、邀请等，另一方就会根据情况作出合适的反应，彼此话语单位就构成了一个基本的会话话语结构体。如下面这段对话就构成了一个话对：

[4]A：Sit down and have a cup of coffee ，please.

B：Thank you.

（5）信息成分

信息成分也是会话结构中的一个部分，**它指在构成一个话语时，话语结构中表现出不同交际价值的结构成分**。每一个话语都是一个信息片断，每一个信息片断的内部或在多个信息片断之间，都可分出已知信息（或称旧信息）和未知信息（或称新信息）以及指称信息和关系信息。

已知信息和未知信息

已知信息是指说话人相信他所传的信息是听话人已经知道的（可能在交际语境中提供了，也可能在前述话语中已有所提及）；未知信息指说话人认定他所传递的信息是听话人未知的。

话语结构的每一个片断（即反映在句法上的各个成分）交际价值是不同的。如果这个片断只传递一个已知的信息，其交际价值就小；如果它传递一个未知信息，交际价值就大。话语结构的信息一般按交际价值大小呈线性排列。作为新信息，其交际价值较大，往往放在话语的后部；作为已知信息，其交际价值较小，往往放在话语的前部。

例如，下列句子中的斜体就是末尾焦点：

[5]王师傅住在*北京*。

[6]我们的生活越来越*幸福*。

话语在没有特殊因素影响的情况下，新信息焦点总是在末尾这个正常位置，所以称无标记位置（又称末尾焦点）。当话语受到特殊因素影响，新信息焦点就会出现变化，可以落到话语的任何一个词上，这时的新信息焦点位置称为有标记位置。有标记位置的新信息焦点常见于对比与强调的场合，所以又称为对比焦点，与末尾焦点相对。例如，John Smith was born in *London* 带有末尾焦点 London，但在不同的语境里，焦点会发生变化，例如：

［7］(A：Who was born in London?)

　　B：*John Smith* was born in London.

［8］(John Smith was married in *London* ，wasn't he?)

　　B：No，he was *born* in London.

［9］*John* Smith(not *Bob* Smith) was born in London.

人们常从句法结构或词语变化等方面去描写信息焦点出现的规律，但是信息传递不仅是一个语言形式安排问题，它更多地取决于说话人的意图和话语的环境，其表现是十分错综复杂的，常常取决于具体的语境和交际意图。

指称信息与关系信息

指称信息是话语中最普通的语言信息，它指说话人第一次提出来的事物，也指第二次提及的同一事物，或说话双方共知的事物。例如：

［10］昨天，我看到一个小女孩被一只狗咬了，她想抓住小狗，但它跑了。

句中"一只狗"是第一次提出的新的指称信息，"小狗"、"它"作为第二次、第三次提及的已知指称信息。

关系信息在语言上的传递手段是词序。说话人可按照说话的意图来变动话语结构中各成分的关系，从而突出新信息。**关系信息的新信息往往是会话结构的语义中心部分，即交际价值最大的部分。**

下列句子中的斜体部分都是语义中心部分，具有最大的交际价值：

［11］It is *the boy* who is petting the cat. ——分裂句中的关系信息

［12］What the boy is petting is *the cat* . ——关系分句中的关系信息

［13］The poem was written *by Keats* . ——被动句的关系信息

讨论会话结构，还应注意语境信息，语境信息指双方交际前已经确立的环境，或话语上下文中已作交代的语言形式。人们要正确了解交际意图，必须依靠语境信息。掌握语境信息有助于确定话语的信息结构，正确选择话语表达形式。在一般的情况下，语境信息提供了前提，有了共知的前提作为语境，在话语中就容易确定哪些是新信息，哪些是已知信息。

4.3　语篇结构分析

话语行为表现在书面文本上,**由话语基本单位所构成的结构通常称为语篇结构**。因为各种语篇的交际功能不同,语篇的主题和内容有异,体裁也形式多样,甚至作者的表达风格也有差异,语篇的结构是复杂多样的。目前,尚没有得出总体性的语篇结构类型的研究成果。但是,一个较为成熟的语篇,从其基本构成单位到最终语篇结构体,单位和单位之间一定是通过合适的手段进行衔接或关联,这就是语篇结构研究要探寻的内容。

4.3.1　语篇结构单位

常规的语篇是有一个以上的段落直接构成的,段落又由更小的句子组成,因此,句子、语段和篇章就是语篇的结构单位。

句子　作为**语篇基本构成的单位**,句子形式上以成分完整的为多,但省略句以及非主谓句也很常见。句子的内部结构与外部功能是语法学研究的对象,在话语研究中,句子的形体结构差异会对句子之间的衔接产生作用,这也是值得研究的课题。如下面两个不同的问句,基本意思相同,但要求的回答也不一样:

[14]你书卖给谁啦?——回答:书卖给小张了。

[15]你把书卖给谁啦?——回答:把书卖给小张了。

另如下面这段话语,其中空缺处有两种选择,但实际上只能选择 b:

[16]班固不足与"中国史学之父"司马迁比高契大,然而,＿＿＿＿,后继者往往能为前人拾遗补缺,甚或完善前人所创事物,立不可磨灭之功。《汉书》之与《史记》,正是如此。

a:尺有所短　寸有所长　　　b:寸有所长　尺有所短

就这段话而言,是在承认班固有所"短"司马迁有所"长"的前提下,强调事物的另外一面,即班固虽为"寸",但也有其长处,而司马迁虽为"尺",作为创始者,必有所短,因此选择 b 更连贯,而且也与末句的先《汉书》后《史记》的排序相照应。

语段　语段是由两个以上的句子构成的表达一个复合意义的**语篇结构单位**。语段内句子的衔接和关联,有各种具体的形式,除了上面所提到的结构形式上的吻合外,更多的是语义的递接、照应。例如,英语中的"Me, too!"从语法上看,可以接在下面的三个句子后,但事实上,只可以接在[17]、[18]的后面,却不能接在[19]的后面:

〔17〕This noise is giving me a headache. ——Me, too!

〔18〕I feel tired. ——Me, too!

〔19〕Would you like to have a cup of coffee? ——*Me ,too!

又如下面这段话中空缺处,各有两种衔接选择,但权衡关系,只能选择其中之一:

〔20〕李清照纪念堂是座古色古香的庭院,__a__:"大明湖畔, __b__ ,故居在垂杨深处; __c__ ,金石录里,文采有后主遗风。"读后顿然唤起人们对这位婉约词家的怀念。

a:①郭沫若撰题了纪念堂的门联;

　　②纪念堂的门联为郭沫若撰题

b:①趵突泉边;　　　　②漱玉集中

c:①漱玉集中;　　　　②趵突泉边

a选择②更准确,因为句子的话题是纪念堂,这样的选择更容易与第一小句在描述视点和语义承接上有更好的关联,并为过渡到对门联的介绍作铺垫,使提示成分与直接引语相互照应。b、c都应选择①,从b前面成分的语义类型看,"大名湖畔"关涉地理风景,而"漱玉集",则是词集,从词语意义的类型看,"畔"与"边"相类,因此,选择"趵突泉边"则完全匹配;c的选择与此类似,"金石录"是其夫金石学的成果,"漱玉集"则是李清照的词集,语义关联,而"中"与"里"则均为方位词,因此,只能选择"漱玉集中"。

篇章 篇章就是话语结构的**最终单位**,从形式上看,篇章可以是由一句话构成的,如某句广告词,某个由一句话构成的标语等,但更多的篇章形式是有多个语段构成的结构体。作为篇章整体结构的研究,还有待深入展开。现代修辞学中的语体学为篇章的分析作出了可喜的探索。如文学艺术作品的语篇结构呈现出灵活多变的特点,创新求异是文学创造的生命,但新闻语篇的结构就相对固定,而公文语篇以及科技学术的语篇就有很强的程式化特点了。

4.4 话语的衔接

话语的衔接是关乎话语基础单位组织成更大单位的内在语用结构规则,至少相对于某一种语言来说,话语的语用衔接方式与规则具有一定的普遍性。言语行为者个人表达的主观性可能会有某种程度的影响,但在根本意义上应有稳定的规则性。就现代汉语而言,对话语衔接的研究虽然还不能说非常成熟,但已经有了不少很好的探索。例如,零形回指(也称省略)是汉语话语衔接的一种常见形式,有人经过研究发现,动词支配对象的省略情况是不同的,其中主语占绝大多数,直接宾语次之,间接宾语、介词宾语、兼语成分省略的极少。①

话语衔接就是指话语基本单位(一般称为篇章小句)通过跨句形式实现的组合手段。具体方式一般归结为以下几种:回指(reference,也译为照应)、替换(substitution)、省略(ellipsis)、连词(conjunction)、词汇联系(lexical cohesion)等。

下面我们主要以现代英语和现代汉语材料为例,对回指这一现象作简单说明。

回指的定义有多种,本书认为列文森的界定较为明晰:**回指是这么一种现象,某个缺少独立的所指对象的语言成分(X),通过跟另一个语言成分的联系,能找到其所指对象(Y)。**②徐赳赳对各家定义的概括也很有益于更好地理解这个定义:①回指指的是某个篇章中两个先后出现的、互指或语义关系紧密的成分之间的关系;②第二个成分可能是名词、代词、零形式、动词,等等。③下面介绍的就是名词回指、代词回指以及零形回指。④

4.4.1 名词回指

构成回指的前后成分都是名词或名词性成分。

[21]Algy met a *bear* . *The bear* was bulgy.

[22]随后一段时间,徐银凤用农药"杀死"自己的亲生儿子的事,成了人们街谈巷议的话题……"(这)婆娘真够歹毒的,怎忍心杀死自己的亲儿子?"

[23]破闷葫芦罐还在地上扔着,他拾起块瓦片看了看,照旧扔在地上。

(《骆驼祥子》)

名词的回指形式有很多类型,根据被指成分(如徐银凤)与回指成分(如

---

① 廖秋忠. 现代汉语中动词支配成分的省略. 中国语文,1984(4);陈平. 汉语零形回指的话语分析. 中国语文,1987(5).

② Levinson,S. C. Pragmatics and the grammar of anaphora. Journal of Linguistics,23,1987. 说明:其中的 X、Y 为引者加.

③ 徐赳赳. 现代汉语篇章回指研究. 北京:中国社会科学出版社,2003.

④ 说明:对回指及其涉及成分,学界有不同的称谓,有的将 X 称作"回指对象",将 Y 成为"先行词"。本书认为"回指对象"容易误会作 X 的所指对象,而"先行词"也不够概括,它只适用于指 Y 在前,X 在后的情况,对 X 在前,Y 在后的就难以概括,所以有人将此时的 Y 称作"后行词",X 的功能就是"后指",因此,为简便起见,本书将 X 称作回指成分,将 Y 称为被指成分。

婆娘)之间的形式关系,就有同形、部分同形、同义、上下义(或整体与部分)以及比喻等类型。[21]例两个成分之间就是完全同形的关系,[22]例就是同义的关系,而[23]则属于整体与部分的关系。

4.4.2　代词回指

被指成分为代词或名词,回指成分则常为代词的情况。

[24]*My wife and I* are leaving for Beijing next Monday. *We* have booked the tickets already.

[25]在那些特别日子里,周恩来总理忍着病痛的折磨,仍然顽强地为维护国家和人民的利益而战斗,尽管人民已经不能经常看见他露面。

[26]他是人民的好公仆,他是心里只想着他人的好干部,他是不怕牺牲的勇敢的战士,焦裕禄,我们的好县长。

代词的回指从被指成分与回指成分之间的关系看,也有多种形式,[24]的用 We 前指了两个代词主语 My wife 和 I,[25]则是用"他"前指名词主语"周恩来总理",[26]则是回指成分代词"他"在前,被指成分的名词"焦裕禄"在后,因此有人称这种回指为后指。

4.4.3　零形回指

指被指对象为名词、动词、代词甚至小句等,回指成分缺位的话语照应现象,也称谓零形照应、零指代等,零形回指的回指成分常用符号 ø 代表。零形回指与名词、代词回指稍有不同,与不同语言的类型有较为密切的关联,相对来说,英语等为代表的形态语言,话语的零形回指要少于汉语为代表的非形态语言,而且回指成分的类型也会有不同,前面提到的廖秋忠、陈平的研究已经论证了这一特点。就某一种语言来说,可能在不同的时代,或相对于不同的语体,零形回指的表现也会有差异。下面仅就现代英语、现代汉语作简单介绍。

[27]A：Here are some picture books . How many would like to have?

B：I'd like to have two ø.

[28]A：Have you *been swimming* ?

B：Yes,I have ø.

[29]A：Why is *Marry so glad* ?

B：I don't know why ø.

[30]那时候方鸿渐也到甲板上来,ø 在她们前面走过,ø 停步应酬几句,ø 问"小弟弟好"。 　　　　　　　　　　　　　　　　　　　　　　　　(《围城》)

[31]他确乎有点像一棵树,ø 坚壮,ø 沉默,ø 而有生气。

《骆驼祥子》

[32]$\emptyset_1$ 回法国玩了几星期,$\emptyset_2$ 买二等舱票回国。$\emptyset_3$ 马赛上船以后,$\emptyset_4$ 发现二等舱只有他一个中国人,$\emptyset_5$ 寂寞无聊得很,三等舱的中国学生觉得他也是学生而摆阔坐二等,$\emptyset_6$ 对他有点儿敌视。　　　　《围城》

[27]～[31]都是单纯前指的类型,但[27]回指的是名词性成分 picture books,[28]回指的则是动词性成分 have been swimming,[29]回指的则是小句 Marry is so glad ,[30]回指的是名词主语"方鸿渐",[31]的多个成分回指第一句的主语"他",[32]则既有前指也有后指,其中 $\emptyset_1$ 到 $\emptyset_4$ 作为零形回指成分后指代词"他",而 $\emptyset_5$ 前指代词"他",$\emptyset_6$ 则是前指前句主语"三等舱的中国学生"。

【自测题】

1.请你谈谈言语行为及其相关理论。

2.什么是语境?包括哪些因素?语境对语言运用有何作用?

3.什么是合作原则?合作原则具体有哪些准则?

4.会话含义是怎样产生的?请设置几个语境和话题,尝试表达特殊的含义。

5.礼貌原则有哪些意义?礼貌原则与合作原则之间具有什么样的关系?

6.什么是信息成分?请举例进行信息成分分析。

7.什么是预设?典型预设现象有哪些?

8.言语行为中还有没有其他形式的预设手段?

9.分析下面这段话,按照话语衔接的要求在提供的选项中选择合适的填入横线上:

从实物资料考察,新石器时代至商周时期的龙,＿＿a＿＿,一般都是长体,颈部也比较细,弯曲程度大,无足无爪的多。总之,这个时期的龙,与蛇的相似程度大,与＿＿b＿＿有较大的差异。

a:(1)形态大部分与蛇接近

　　(2)大部分形态与蛇接近

b:(1)粗体、粗颈、变曲程度小的鳝鱼、蜥蜴

　　(2)鳄鱼、蜥蜴粗体、粗颈、变曲程度小的特点

10.选择现代汉语或现代英语的某种语体为代表,对其进行某种回指形式的调查与分析,总结基本特点。

第七章　历史语言学

从第一章到第六章介绍了语言作为共时系统在结构成分及其运用功能上所具有的种种特点。此外，语言同时也是一个有着自身发展特点的历时系统。

首先，语言是人类在合适的状态下根据需要创造的交际符号；

其次，语言在产生的过程中有明显的地域性或民族性。从世界范围来看，语言符号并不具有某个完全相同的形态类型，学界常将世界语言划分为九大语系就是明证；

第三，每一个有相对对立系统的语言，其自身在长期的发展过程中，受到内外的影响，本身也会在各个层面上发生变化，以更好地适应语言精密化和复杂化的需要；

第四，不同类型的语言之间的接触也会导致彼此之间从成分到结构上都产生一些变化。

语言学史上有意识展开语言史研究始自 19 世纪在欧洲产生的历史比较语言学。[①] 德国学者威廉·洪堡特把语言分成孤立、黏着和屈折三类；英国东方学者威廉·琼斯(W. Jones，1746—1794)在 18 世纪后期根据梵语和拉丁语、希腊语的比较研究，确认它们来源相同；弗朗兹·葆朴第一个将梵语和其他印欧语进行了系统的比较研究，1816 年发表了《论梵语动词变位系统与希腊语、拉丁语、波斯语和日耳曼语的互相比较》。

在历史比较语言学的基础上，因为索绪尔结构主义语言学理论的产生，直接催生了历史语言学的发展，所以历史语言学也称结构主义历史语言学。从而使对语言史的研究不再局限于亲属语言之间语言的比较，而扩大到对不同类型语言之间以及语言自身在各个组成部分的发展等领域的研究，这就是自 20 世纪初以来的历史语言学。历史语言学产生了很多的研究成果。如"内部构拟""空格""链移""英语元音大变化"(the English Great Vowel Shift)理

[①]　参见本书第十章第二节的介绍。

论①、底层理论、语法化等,甚至产生对历史语言学研究影响较大的方法体系。如 20 世纪中叶斯瓦迪什(M. Swadesh)提出的"语言年代学理论"意义就很重大,被称为语言年代学(glottochronology)或词汇统计学(lexicoststistics)。他提出可以通过统计语言基本词(basic vocabulary)的替换速率来估算语言所经历的年代及亲属的分化年代。早期设定的基本词词表有 200 个,修正后选择其中的 100 个构成新的词表(参见本书附录三:《200 基本词表》),成为后来学者统计使用的一般标准。

历史语言学的研究内容和成果很多,本书择要就以下四个方面作初步介绍。

第一节　语言起源与发展

1.1　关于语言起源研究

正像人类对自身的来历充满了好奇而给予了很多关注并提出了多种假设一样,自有语言学以来,学者们十分关注人类早期语言的产生原因、过程,也提出了不少假想。早期宗教对语言来源的神话解释以及古埃及国王萨梅蒂库斯对最早语言类型的实验,都体现了人类在这一方面的朴素追求。真正有学术意义的研究应该从十八世纪算起。随着文艺复兴和资本主义的发展,人文科学也开始摆脱宗教的束缚,许多著名的哲学家、思想家等都对语言起源问题作了有趣的探索。1769 年,普鲁士科学院以语言起源为题,在柏林组织了一次有奖论文比赛。这是有文字记载以来,人类历史上第一次以科学的名义发起的有关语言起源的讨论。从那时起,语言起源问题一直为很多人关注。

但语言起源问题研究存在着先天性的局限:与文字等有物质记载符号不同,以声音为载体的人类初期的音义体系,不可能附着于物质而保存和恢复;语言习得过程的朦胧神秘状态也使研究步履维艰,即便有可能进行"隔离实验"也不可能观察到真正意义的创造语言的过程。因此,语言起源的研究始终局限在猜想、假设阶段,也正是因为这个原因而使得学术界观点林立,众说纷纭。随着 19 世纪历史比较语言学的兴起和发展,人们对语言的研究重心转移到对具体语言的特点以及语言亲属关系的关注上。语言起源的研究基本

---

① 参见本章第二节的详细说明。

停滞。1866 年"巴黎语言协会"在学会章程附文中规定,不接受任何有关语言起源的论文,并宣布"这项研究是非法的"。[①] 1901 年再次重申了这一规定,以至于此后在相当长时间内,"对远古时期语言起源的猜测是项不体面的活动"[②]。

不过,难以研究以及短时间内得不出结论并不能阻止人类的好奇心,语言起源犹如一个神秘的谜,始终吸引有兴趣的人们去探索。一个时期里对这一问题的看法甚至为政治家所关注,被提到意识形态的高度来处理,如 20 世纪 50 年代,斯大林在他的语言学论著《马克思主义与语言学问题》中用了较多的篇幅批判了语言学家马尔(1864—1934)的语言起源于"手势说",以至当时的社会主义阵营的语言学家很多因此被划作了两大派别。到了 1976 年,美国纽约科学院组织了一个以语言起源和演变为题的讨论会,有数千位专家学者参加了这次为期四天的会议。[③] 可见,对语言起源的研究,仍将吸引人们去作出新的探究。

1.2　语言起源解说

综合起来看,自有文字记载的历史来看,关于语言起源问题的解释可以归并为两大类——神授说与人创说,具体观点多达十几种,其中影响较大的主要有这样一些说法:

神授说　这些说法将语言看做是神赐予人的一种能力。典型的如古印度婆罗门教的《吠陀》经里就是这样解释的。又如基督教经书《圣经·创世纪》中将人类的语言描写为是上帝耶和华所造的亚当所说的话,语言是神赐的。古埃及人认为语言是由透特神创造的,印度人认为语言是宇宙的创造者梵天的妻子赐予人类的,而我国古代神话中传说女娲女神以土造人并赋予说话能力……这种说法体现了宗教对语言起源的关注,也表明了人类对现实现象无法正面解释,而将它神化以守卫宗教权威的努力。显然,这是缺乏说服力的。到 19 世纪以后,该类说法在语言学乃至知识界已少有人认同了。

手势说　历史上该说法被不少人提出,如古希腊哲学家苏格拉底,法国的孔狄亚克、卢梭、伏尔泰以及现代的德国心理学家冯特、苏联语言学家马尔等。他们认为手势语是有声语言的前期形式和起源。这种观点在 17 到 19 世纪十分流行。

摹声说　该说法也是有关语言起源的最古老的假说之一。古希腊斯多葛派哲学家就持此说,到 19 世纪德国语言学家施泰因塔尔(1823—1899)强调

---

①②　德怀特·鲍林杰.语言要略.方立等,译.北京:外语教学与研究出版社,1993.

③　王士元.语言的发生和演变.语言学论丛(第八辑).北京:商务印书馆,1983.

了摹声在语言产生过程中的作用。摹声说有一定的符号学基础,因为在任何一种语言系统里,都有一些单纯模仿客观对象声音特征的词,如英语里的用quack 模拟鸭子叫,用 cackle 模拟鹅叫,用 bark 模拟狗吠,等等。又如汉语里用"汪汪"状狗吠,用"丁冬"状水滴声,等等。可见,"摹声"说部分地解释了语言中一些成分的来源,但对其他更多的非拟声词等语言现象无法解释。

感叹说　该说法认为,语言源自人们在生产、生活中所发出的感叹、叫喊,感叹词就是代表。同"摹声说"一样,这种说法也只能解说部分语言现象。另外,一般动物也能发出表达情绪感受的喊叫,却始终没有产生系统的语言,这也是感叹说难以解释的。

本能说　该说法认为,语言源自人的一种本能,即人天生能够选择最合适的语音形式来表达单个的意义,使音义的配合就像物体受撞击后发出和谐的声音那样密切。该说法最早是在 1861 年由缪勒提出的。很显然,这种说法同样存在严重的缺陷,最明显的例子如它不能解释语言历时意义的音义变化,也不能说明不同语言里音义联系的任意属性。

劳动说　该说法认为,人类的语言来自自身的劳动,劳动使语言的产生具有生理的、思维的和社会的条件。因为劳动,促使人类发音器官发生变化、促使人脑进步,而且劳动本身需要协调交流,因此,语言源自劳动。德国哲学家恩格斯在他的文章《劳动在从猿到人转变过程中的作用》中第一次提出了上述观点。与前面几种说法相比,劳动说有坚实的实践基础,合理地提出了语言产生过程的关键制约因素,符合社会发展的一般规律。不过,和"本能说"一样,该说法对语言产生的客观条件作了解说,对语言的具体产生过程和方式仍然缺少充分的说明。

在 20 世纪以前,关于语言起源的说法还有多种,如"游戏说""儿语转化说""嘴势说""图画说""交际需要说""约定俗成说"等。

进入 20 世纪以后,人类开始借助于实验手段和科学仪器来探索语言的产生过程与年代。从第一次世界大战前开始,一些动物学家和人类学家通过训练长臂猿、大猩猩等灵长目动物的语言能力入手,观察语言的发生状态。结果表明这些动物在一定程度上能够掌握简单的词汇、表达意义。但它们的脑组织以及发音结构等特点使它们无法完整系统地掌握和运用语言。而且这类实验充其量也只能对动物语言习得能力作出分析,无法回答动物是怎样创造语言的。

由此可见,关于语言起源,历史上虽然提出了多种假说,也作出了不少实验探索,但尚没有直接可靠的证据对这一现象作准确的说明。语言的起源仍然是一个谜。

不过,现代科学技术手段对语言产生的大致年代给出了答案:无论从脑容量以及思维能力看,还是从发音器官特征看,四五万年前的晚期智人(即旧石器时代晚期),人类祖先就已经具备了产生和应用语言的能力。

1.3　语言产生的条件

语言产生的具体过程,直到目前为止,尚没有得到直接的科学证据。但语言产生的条件,学界一般认为可以从以下几个方面来看:

发达的思维能力　具体地说要求人类经过长期生产、生活后,能积累一定的经验,不仅具有基本的生物反应能力和对事物的简单感知能力(如一般动物所具有的),更具有对客观对象作简单的分类、归纳,进行记忆、想象的能力。只有这样,概念、判断以至简单推理的产生、接受和运用才有了必要的生理基础。

成熟的发音条件　对一般动物而言,发音器官的结构决定了发音能力的局限,难以发出复杂的声音。而人由于从爬行到直立行走,使得发音器官的构造特别是喉头和声道的结构发生了很大变化,从而能够发出多而清晰的声音。我们可以从下面所列四图的比较中看出成年人的发音器官的差异,并找到人类发音器官能构拟复杂音素的原因:

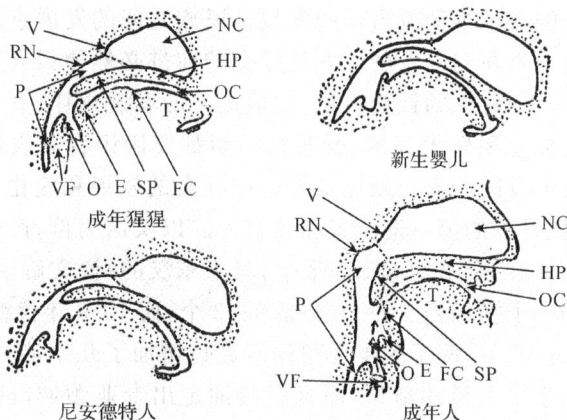

图 7-1　成年猩猩、新生婴儿、尼安德特人和一般成年人的气管示意图①

P—咽;RN—鼻咽顶;V—犁骨;NC—鼻腔;HP—硬腭;OC—口腔;T—舌
FC—盲孔;SP—软腭;E—会厌;O—从咽到喉的开口;VF—声褶高

---

① 　德怀特·鲍林杰.语言要略.方立等,译.北京:外语教学与研究出版社,1993.

迫切的交流需要 与其他类动物不同，人类是群体性极强的动物，只有依靠社会团体的力量才能应付初始阶段的凶险与艰辛，因此彼此在生产、生活中的协作与交流的迫切性决定了人们必须通过更合适的方式表达自己的思想、要求或情感。

人类在具备了上述三个必要条件后，在历史上的某一个阶段，语言作为一个交际工具就逐渐地产生了。

1.4 语言发展的条件

自从语言产生以后，人类社会在生产、生活上有了巨大的进步和变化。作为交际工具的语言自身也在发展演变。仅就有史以来的数千年来的情况来看，无论东西方，不同民族的语言都经历了一个发展演变的过程。促使语言发生变化的原因有很多，总体看来，主要有社会原因和语言自身原因两个方面。

1.4.1 社会的发展变化是语言发展的根本原因

语言的产生与社会密不可分，语言也应社会的需要而产生，社会的存在、发展和消亡直接决定了语言的产生、发展和消亡。因此，社会的发展变化是语言发展最根本的原因。

首先，社会的进步推动着语言的发展。民族之间的发展进度并不完全同步，但人类社会一直在向前发展。人类社会的前进必然使得人类的思维更进一步发展，必然产生许多的社会现象、发现更多的客观规律、有更多的创造发明、出现更多的概念和思想等等，所有这一切都要用语言去表述、记录，在这一进程中，作为工具的语言必须完整地适应社会的发展和变化。语言中的词语就是这一变化过程的第一记录者和表现者。以汉语为例，产生于秦汉之际的第一部词典《尔雅》全书仅 13113 个字，写于东汉的《说文解字》（许慎著）收录字（古汉语中一个字相当于一个词）条 9353 个，而 1990 年代编纂的《汉语大词典》，词条多达 35 万，两千多年之间词语数目增加了几十倍。进入 20 世纪后，科技进步产生了大量的新词，而且有些词走出专业领域，进入日常生活，成为词汇中的常用成分，如"克隆""硬件""软件"等就是代表。同样的变化也表现在语法结构上，如同是书面语言，现代汉语中句子的主语省略现象较先秦文献来说要少得多，而定语、状语等修饰限制成分要复杂得多，复合判断的多样组合表达也使思想情感的表述更加完整严谨。其他语言也以不同的形式表现着同样的过程。

其次,社会的分化和统一也能推动语言的变化。一个原来统一的社会,由于战争等原因逐渐分离,原本共同使用的语言随着社会的地域性、政治性分化而隔离,时间久远了就可能因社会发展不同步、语言隔离等原因在语言上出现差异,并因此而产生方言。现代汉语里的七大方言的形成主要就是汉民族在不同的社会阶段出现的移民及所产生的地域分化而产生的。如果分化程度高而长久,原本属于同一语言的方言甚至可能发展成为独立的语言系统,如早期的德语、英语等属于日耳曼语言的方言,到现代后,就成了独立的不同语言。相反,原本分割的语言或方言,由于文化或政治的统一,也会促进语言的发展变化。就汉语而言,在 20 世纪里,由于政治、文化的统一以及经济发展的需要等社会因素的影响,需要在不同的方言基础上产生一种为大家共通使用的交际语言,普通话(也称"国语")的产生就适应了这一趋势。现代西方发达国家国语的通用性也是近几个世纪以来社会发展的结果。

最后,民族、社会之间的接触推动了语言的发展。随着近、现代历史的发展,世界范围内不同民族之间的接触更加频繁,同一地域的不同民族之间的交往也越来越多,所有这些接触、交往都离不开语言。长期的接触交流不仅给社会生产生活和人的思想带来变化,同样也影响了彼此的语言系统。在同中国接触后,英语吸收了"tea""mah-jong""kongfu""taiji"等汉语词汇,同样,汉语也吸收了西方语言的"坦克""基因""克隆"等许多词。有时候社会的接触还会给语音和语法带来影响。如中国少数民族壮族语言武鸣话里原来没有舌面央元音[ə],因借入汉语词"革命(读作:[kə³¹ miŋ³⁵])""特别(读作:[tə³¹ pe³¹])"等的需要,增加了该元音。广西龙胜瑶族从汉语里借用了连词"因为(读作:[jom³³ wei¹²])""但是(读作:[ta:n²⁴ tsei²³¹])"等。

1.4.2 语言内部的矛盾是语言发展的重要条件

语言的发展是客观事实,但并不是所有的发展变化都从社会的发展变化这一方面找到踪迹,因为语言构成因素并不都是社会客观对象的对应成分,如词语音节的多少、语法意义的表达形式等就难以从社会现象中得到解释。实际上,有些语言因素的发展变化主要是因语言结构自身的矛盾而引起的。正如在"引言"中所介绍的,语言是一个由语音、词汇、语义和语法等分支构成的系统,各分支内部及彼此之间处于相对平衡、稳定之中。随着社会的发展,其中某一个(些)因素发生了变化就会影响相关成分,产生连带反应,以获得新的平衡。

首先,某一系统内的制约手段会出现有序地增减变化,以实现系统的完善。就汉语而言,古汉语是以单音节形式占主要地位的,但因为在上古时期有很丰富的形式手段区别词义,如复杂的声调系统和元辅音音位系统等,并不会造成同音词过多。如"队""对"今音同,但先秦时声母不同,前者为"定母",属浊辅音,而后者则为"端母",属清辅音。"攻""宫""肱"三字今音同,但在上古它们的韵母不同,应分别读作[kəŋ]、[kuəm]、[kuəŋ],分属"东"、"侵"、"蒸"部。声调方面也同样有很大变化,如"事""势"今调同,但上古时,前者读上声,后者读入声,后来都归入了去声。可见,汉语原来所具有的区别手段大大地简化了。这一简化的结果就是产生了较多的同音词,而社会生活又要求用原有的形式表达越来越多的意义单位,矛盾便产生了,于是导致另一些新成分和手段的出现。

同样的事情也发生在意义成分的变化上。汉语中,"目""眼""眼珠(球)"一组词的变化就颇能说明问题。战国前,文献中仅见"目",表示"眼睛"义,所指包括眼珠与眼眶,战国时,开始用"眼",但多指眼球。后来"眼"表眼睛义例增多,以至于到东汉时,口语中"眼"代替了"目"。"眼"的原来义,就由"眼珠"或"眼球"等词来表达了。

其次,一类成分的改变会促使另一些相关因素发生变化,从而使语言面貌出现较大改变。如前述一些能区别意义的语音手段的改变,势必导致单音节词语同音程度增加。为了解决这一矛盾,增加词语的长度就是一个解决方法,因此汉语双音节化趋势就产生了。如前面所列举的词,有的就衍化为双音节单位:进攻、宫殿、事情、势力等等。要实现词汇音节形式的双音化,就需要新的组合形式与手段,陈述、支配等结构形式和轻声、儿化等手段就逐渐地出现,还有一些实词逐渐虚化,被语法化为仅具构词功能的词缀,使附加法成为一个重要的构词手段。等等。所有这些相对于上古汉语来说都有了很大的变化。可见,语言系统内部成分自我发展而产生的内在矛盾,会导致成分的增减、更新,并在新的基础上不断发展、完善。

当然,我们也应该注意到,语言系统中出现的一些变化,既不能从社会方面找到踪迹,也难以从语言自身加以解释,如古代汉语里,有完整的入声声调,但中古以后逐渐被分派进其他三声中,其规律清晰,但原因至今难以解释。又如一些元音发音部位的高化也属此类情况。如鱼部一等("模、图、孤")就经历了由前低位向后高位的变化:

[a]先秦 → [ɔ]汉 → [o]南北朝 → [u]隋至现代

王力先生称该类现象为"自然的变化"。① 这类现象在其他语言里也同样存在。如英语语音,从中古(1150—1450)到现代时期(1450年后),元音也曾发生过"高化"现象,西方称之为"元音大转移(the Great Vowel Shift)",即把所有的长元音的发音都提高一个位置。试比较乔叟与萨士比亚时代词语"name"的发音变化:②

乔叟(1340—1400)　　萨士比亚(1564—1616)　　当代英语
['naːmə]　　　　　　[neːm]　　　　　　　　　[neim]

第二节　语言发展的特点与表现

2.1　语言发展的特点

作为最重要的交际工具,语言要时时刻刻为人所用,语言应该在一个相当长时期以及相应范围内保持稳定性,同时,语言又是一个特殊的社会现象,它要不断反映社会生活的发展变化,另外,它自身系统内的一些成分或手段也会出现这样或那样的变化,这样,社会生活中的语言又必然具有可变性。语言符号的上述特点决定了语言发展的独特属性,即具有渐变性和不平衡性。

渐变性是指语言符号在增减、替换过程中不是突然爆发式的,而是一个由新的成分或手段逐渐替换旧有成分或手段的过程,这一特点既满足了语言要求稳定的特点,也适应了语言必然适应社会发展需求产生变化的要求,并使语言永远充满活力。

语言变化的渐变性首先表现在语言成分或手段的兴替上,以汉语为例,如前述"眼"在口语中最终替换"目",就肇始于战国,完成于东汉,前后数百年。又如汉语体标记"了"的形成过程也同样经历了相当长的时期:在魏晋南北朝时期,"了"可以同"已、讫、毕、竟"一样出现在"动+宾+补"格式中补语的位置,表示动作的完成。到了唐五代时期,"了"取代了其他四个词在上述格式中占据了主导地位。到了宋代,表示动作完成意义的"了"最后定位于动

---

① 王力.汉语语音史.北京:中国社会科学出版社,1985.
② 李赋宁.英语史.北京:商务印书馆,1991.

词的后面,成为一个体标记。① 可以看出,作为体标记的形成到定型,也经历了数百年的时间。

语言变化的渐变性的另一个表现是,新成分或手段在替换旧有形式的过程以及该过程完成后,并不以旧有成分的绝对消失为前提。就"眼"取代"目"例而言,两者首先有一个共生时期,只是在使用能力和频率上此消彼长,这一过程一般需要数百年时间。不仅如此,即便新成分在完成了取代过程后,旧有成分也不一定立即不再有生命力,相反,它还有可能以另外一种形式活在语言系统中,如东汉后,"目"仍然活跃在书面语里,即便到了现代,它也仍然作为词根语素用来构成合成词,如"目光、目测、目标、鼠目寸光"等。

其他语言中也有同样的现象,如英语中助动词"do"的使用就很能说明问题。在 18 世纪以前的英语中,动词的否定形式是无须加助动词"do"的,即便到了 17 世纪中叶,该词使用得也并不普遍,如密尔顿在《论出版自由》(areopagitica,1644)中有"though we mark not"(虽然我们没有注意到)、"she speaks not"(她不说话)等。但 18 世纪开始,助动词"do"就逐渐使用开来了。不过,在很长一段时间内,不用助动词的情况也偶然看到,虽然那已成为"陈旧的套语"。②

不平衡性是就语言系统的各个支系统在发展过程中在速度与面貌上所表现出的差异而言的。具体来说,语言的各个支系统与社会的联系是不完全相同的,这直接导致了语言系统内的成分有了不同的发展速度。相对来说,词汇与语义与社会相关度高,社会生产、生活等任何一个方面的变化都会迅速地通过词汇或语义来表现,这其中又以一般词汇的表现最突出,同样,意义的引申以及附加意义的产生等也都与相应的社会状况密不可分。如汉语,在 20 世纪初,由于共产党革命运动以"红色"作为自己的标记色彩,使"红"附加上了"革命"的意味,"红军、红旗、红区、红心、又红又专"等词语和意义就记录下这一过程。全新的词语和意义更是难以记数,如英语里的"kelon""aids""computer"等,汉语里的"硬件""软件""基因""扶贫"等等,因此,往往是前后几十年间,词语、意义可以有很大的变化,会让身处其中的人有恍若

---

① 刘坚,蒋绍愚.近代汉语资料汇编(宋代卷).北京:商务印书馆,1992.蒋绍愚.近代汉语研究概况.北京大学出版社,1994.

② 李赋宁.英语史.北京:商务印书馆,1991.

隔世之感。语音、语法与社会联系就没有这么密切了,因此,它们的变化速度缓慢。语音成分、语法手段的变化和增减,往往不是几十年间可以明显看出来的。

2.2 语言发展的表现

语言符号处于不断的发展中,而且呈现出较为严格的规律性,了解语言系统发展的规律对认识语言自身的特点及其与社会的关系有重要意义,对正确看待现实生活中的种种具体现象也有一定的指导价值。

2.2.1 语音的有规则发展

语音的发展是一个缓慢的过程,其中成分的变化往往不容易在一个相对短暂时间内(如数十年)感觉到。但从历史的角度看,任何一种语音都会发生不小的变化,前后数百年间的语音就可能有了很大的改变。如下面这首唐诗,若按普通话读,至少已经不合辙了:

[1]清明时节雨纷纷, 平平平平仄平平

　　路上行人欲断魂。 仄仄平平仄仄平

　　借问酒家何处有, 仄仄仄平平仄仄

　　牧童遥指杏花村。 仄平平仄仄平平　　　　　　　　　　(杜牧《清明》)

按照律诗对仗要求,第一句显然是"犯规"了。但是,这一"犯规"是今人犯的,因为按当时的读音,"节"应属入声。又如下面这首诗,按今音读又似乎不那么押韵了:

[2]欲别牵郎衣(ʔĭɛi→i),

　　郎今到何处(tɕ'iwo→tʂu)。

　　不恨归来迟(ɖ'i→tʂl),

　　莫向临邛去(k'iwo→tɕy)。　　　　　　　　　　(孟郊《古别难》)

按今音,"处"与"去"不押韵,但在唐代,两字韵母有相同的成分[wo],是合韵的。

历史上汉语语音有了很大的变化,其他语言也同样有这样一个过程。前面所介绍的英语元音从古代到现代的"大变化"就是明证。又如至今仍在使用的一些词的形式,也可透露出其语音的改变,如 daughter、talk、name 等单词,其中的"gh"、"l"、"e"在现代英语中是不发音的,但在中古英语里,gh 读为软腭摩擦音[x]:daughter [ɾdɔuxtər] →现代音:[ɾdɔːtər];字母"l"和"e"原皆发音:talken [ɾtalkən] →现代音:[tɔːk];name[ɾnaːmə] →现代音:[neim]。

如下面这句取自《新约圣经》的英语译文，我们可能不知所云：

[3]Fadir, ȝyve me a porcioun of þe substance þat falliþ me.

因为它是中古时期（公元 14 世纪后半叶）约翰·威克里夫的译文，改为现代英语，就好懂了：

[4]Father, give me the share of property that falls to me.

（父亲，请把我应得的家业分给我。）

语音系统的构成成分多而复杂，但秩序井然，音素（音位）、音节以及汉语里的声母、韵母等都可以有规则地分别构成聚合关系和组合关系，语音的历史变化，如音位单位的分化、合并等，也呈现出明显的规律性。

前面曾经提到，英语中的元音在中古（1400 年左右）到现代（1750 年左右）发生过一次大的变化，语言学史上称为"元音大变化"。具体是指"把所有的长元音的发音都提高一个位置，除了两个高元音[iː]和[uː]是例外，这两个元音若再提高一个部位就要变成辅音了……"[1]下面再看一例：

[5]ę [ɛː]→[eː]→[iː]：

中古英语 clęne[rklɛːnə]（clean，干净）→晚期中古英语[kleːn]→现代英语[kliːn]

中古英语 węk[wɛːk]（weak，柔弱）→晚期中古英语[weːk]→现代英语[wiːk]

这样有规则的变化也发生在汉语里，其中浊音清化就是一个典型的音变规律。所谓浊音清化是指汉语语音在中古以前，有一整套完整的全浊辅音声母，它们是：[b]并、[v]奉、[d]定、[ɖ]澄、[dz]从、[dʒ]床、[g]群、[z]邪、[ʒ]禅、[ɣ]匣[2]。到了元代，这些全浊音都消失了，变为同部位的清音声母。具体情况是：

（1）中古全浊塞音（并、定、群）和塞擦音（澄、从、床）声母，平声变成同部位的送气清音，仄声变成同部位的不送气清音，例如：

---

① Otto Jespersen, A Modern English Grammar on Historical Principles, I, 231. 转自李赋宁编.英语史.北京：商务印书馆，1991.

② 音标后的汉字是古音韵学中用来代表声母的，据传为唐末守温和尚在前人基础上用三十六个字代表三十六个声母，称"三十六声母字"，其余二十六个为：见溪疑，端透泥，知彻娘，帮滂明，非敷微，精清心，照穿审，晓影喻，来日。

中古全浊声母	平仄	演变结果	例　字
d(定)	平	tʰ	同、堂
	仄	t	独、电
dz(从)	平	tsʰ	残　存
	仄	ts	自、杂

(2)全浊擦音声母变成同或近部位的清擦音,无送气与不送气的区别。

[v]→[f],如:凤、父、繁、肥

[ɣ]→[x],如:红、行、胡、下

[z]→[s],如:词、似、席、松

从上述分析看,语音发展规律性很强,同类条件下,少有例外。

以汉语为例,概括起来看,语音的发展一般可以分为这样几种类型:

(1)音质音位的合并与分化。音位的合并使音位逐渐简化是汉语语音发展变化的总趋势。就声母辅音来说,在中古时期有 36 个,到普通话中归并成 22 个,其中多组音位出现了合并。例如中古音/ʈ、ʈʰ、ɖ/、/tʃ、tʃʰ、dʒ、ʃ/、/tɕ、tɕʰ、dz、ɕ、ʑ/三组辅音音位在发展过程中逐渐合并,其中六个清塞音、塞擦音,不送气的合并为不送气的/tʂ/,送气的合并为送气的/tʂʰ/,两个清擦音变为/ʂ/,四个浊音分别变为/tʂ/、/tʂʰ/或/ʂ/。最终结果使得中古时的 12 个音位变成了/tʂ/、/tʂʰ/、/ʂ/三个舌尖后音。同样的变化也表现在韵母中,如 14 世纪时,寒山、桓欢与先天分成独立的三个韵部,六个韵母:寒山为[an]、[uan]、[ian],桓欢为[uɒn],先天是[iɛn]、[iuɛn],到现代汉语里,最终归并成了一个韵部,四个韵母:an、uan、ian、üan。[①]

音位的分化则是原属同一部位或方法的音素,分别向不同方向转变或归并,如前面在分析浊音清化现象时,其中的浊音就因平仄而分别分化为同部位的送气音和不送气音。

(2)音质音位之间组合关系的发展变化。音质音位的变化除了音位数量上的增减并合外,音位与音位之间的组合关系也会发生改变。汉语古音中,/ts、tsʰ、s/和/k、kʰ、x/两组辅音原来组合能力较强,既可以和开口呼(a、o、e 或其开头的韵母)、合口呼(u 或 u 开头的韵母)相拼,也可以同齐齿呼(i 或 i 开头的韵母)、撮口呼(ü 或开头的韵母)拼。中古后发生了改变,两组辅音只能同开口呼、合口呼相拼,而不能与齐齿呼、撮口呼相拼,原来与齐齿呼、合口

---

①　向熹编.简明汉语史(修订本·上).北京:商务印书馆,2010.

呼拼的都变为了舌面辅音:tɕ、tɕʰ、ɕ。如:

中古音		现代汉语
tsiəu	(酒)	tɕiəu
kiem	(今)	tɕin
tsʰiaŋ	(枪)	tɕʰ iaŋ
kʰiu	(区)	tɕʰ y

(3)非音质音位的发展。非音质音位的变化也比较明显,在汉语里主要体现为声调类型的变化。中古汉语里,有"平""上""去""入"四个调类,每一声调内部包含清浊两类,发音方法不同,音调高低也不完全一样。但经过近千年的变化,发生了"平分阴阳,入派三声"的演变,到了现代汉语里,形成了阴平、阳平、上声、去声四个调类。其演变轨迹可归纳如下:

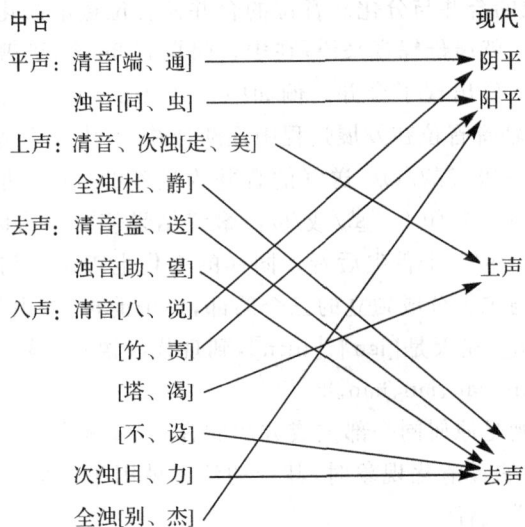

2.2.2 词汇的发展

词汇的发展变化是语言符号系统中变化表现最明显的一个部分,在词汇内部作用不同部分的发展特点也有一定的区别。一般来说,基本词汇有比较强的稳定性,多数成分一直是语言中的常用和必要单位。该类词语的存活期往往以数百年乃至数千年计算;一般词汇则不同,多为相对社会生活的记录,有明显的时代性,这类词汇的变化容易为使用者所觉察。就形式特征而言,词汇的变化形式有三种:新词的产生、旧词的消失、词语的替换。

（1）新词的产生。任何一种语言都需要紧随生活的发展而变化，构造新词是保持语言活力的重要手段。新词产生的方式主要有三种：造词、借词、借形。

造词　利用原有的材料和构词规则构造新词是语言增加新词的主要手段。这里原有的材料中既有音素，也有语素。例如英语自中古以来产生了很多新词汇，其中很大一部分就是利用音素组合而成的，如：aspirin、sedan、coach、radio、missle 等，又如汉语里的氧、氘、氯、哇等词。在造词手段中，以原有语素构词也很常用，如英语里的 horseforce、highway、broadcast、telephone 以及 gun-boat、thermoelectricity 等，纳西语中的 ndzɯ^{33}［吃］tso^{33}［词缀］（食物）、mu^{31}［穿］tso^{33}［词缀］（衣物）等。在现代汉语的发展过程中，由单音节语素相互组合构成新词就更为突出，并产生了词汇双音节化的趋势，如：老虎、桌子、楼房、汽车、爸爸、盖儿等。

借词　语言之间有了接触之后，彼此互借以补充自己的语言材料，是必然的现象。世界上没有两种民族在社会进程以及文化等方面的状态是一样的，一定存在着互补性，语言间的借出借入就不可避免了。词语借贷的表现参见本章第四节。

借形　有些词由于所记录事物或行为不再存在，或另有形式表达，原来的意义在相当长时期内不再使用。在后世语言中原义基本不再使用的形式被赋予新的意义，出现了所谓"旧瓶装新酒"现象。如汉语中"豆"古代已有，《孟子·告子上》有"一箪食，一豆羹，得之则生，弗得则死"例，"豆"是作为盛食物的器皿使用的，后来被用作指豆类植物的果实。

（2）旧词的消亡。所谓旧词的消亡是指一些有一定使用历史的语词，在某个时期废止不用的现象。当然，这里的消亡不能理解为这些词全部彻底灭亡，不再有踪影，实际上，消亡是就使用状态而言的。在已消亡的词语中，一些词可能永远不再使用，如各种《大词典》中相当一部分词语就保留了古代使用状况，如"黼"（镶有黑白相间斧头花纹的衣领）、"宸"（君王宫殿中设在堂室之间画有斧形的屏风）等。还有一些没有进入文献的词，在口语中更是消失得不见踪迹了。但是，也有一些词，在使用了一段时期后，可能暂时隐匿，只要表达需要，就会"复活"，如汉语中的"革命"一词，早在《易经》中就有应用，后来相当长时期几乎消失了，但是随着 20 世纪革命运动的出现，它又成为一个常用词了（当然，意义上有所变化）。

词语消失的原因是复杂的，归纳起来，大体有这样几种情形：

所记对象的消失　　社会在不断地变化,其中很多事物、现象、行为等也在不断地出现、消失,随着原有事物的消失,记录该对象的词语往往也会消失。如"笏"是古代君臣朝会时大臣手里拿着的狭长板子,一般用玉、象牙或竹制成,用于记事。到清代时不再使用,"笏"这个词也就渐渐地消失了。其他如"輀""袯""缶""筊""裡""桢""马褂""贯"(计量单位)等,也属此类。不过,正像前面所说明的,随着词语记录对象的消失,词语消失的情况是不同的,即便对象永远也不会重生,词语还可能活在语言中,如在描写古代朝廷礼制时,"笏"这个词还是要起用的。

社会意识的改变　　符号并不在绝对意义上忠实地再现对象、行为、观念,在不同的时代,人们对同一个对象的认识、评价可能不同,某类事物或意识与生活紧密程度不同,用来记录这些内容的形式也就会发生改变。例如,中国古代北方平原交通发达,对道路类型的认识和区别也就很复杂,《尔雅·释宫》:"一达谓之道路,二达谓之歧旁,三达谓之剧旁,四达谓之衢,五达谓之康,六达谓之庄,七达谓之剧骖,八达谓之崇期,九达谓之逵。"同样,由于崇尚礼制,先秦对人走路的步态记录也比现在复杂,《尔雅·释宫》:"室中谓之时(注:通'跱 chí',意为徘徊不前),堂上谓之行,堂下谓之步,门外谓之趋,中庭谓之走,大陆谓之奔。"很显然,由于时代的变化,这些因特定时期社会生活需要而产生的词,多数已经不再独立使用了。现代生活中,政治意识的变化也造成词语的暂时消亡,如 1949 年以前,中国可用"夫人""妻子""太太"等称男性的配偶,但此后到 1980 年前,这些词语在普通民众社会生活中很少使用,而被"爱人"取代。不过,因为这些意识的可变性强,在 20 世纪后期,这些词又复活了。

(3)词语的替换。所谓词语的替换是指基本意义相同或相关而形式发生了新旧更替的现象。就汉语而言,如前文说到的"眼"对"目"的替换就是典型。词语替换的类型也不是单一的,有的替换与社会认识或心理评价有关,如中华人民共和国成立后,用"理发师"代替"剃头匠"、用"演员"代替"戏子",以及改革开放后,用"下岗、待业"代替"失业"等就属此类。有的可能主要出于求新心理,如 20 世纪 90 年代以前,减去多余的脂肪叫"减肥",后来"瘦身"使用得越来越多了。有的替换与词义的浸染有关,如"眼"最初表示眼珠,后来范围扩大,与"目"同义,并最后取代了"目"。又如"脚"替换"足"、"脸"替换"面"、"牙"替代"齿"等也是这种情况。有的替换则与词的使用功能有关,如上古汉语中,"不"与"弗"是并行使用的两个副词,它们在语法搭配和修辞功能上都有差异,但随着语言的发展,到汉代,"弗"基本上被"不"替换了,其他如"可以"替换"可"等也属于此类情况。不过,像前面所说明的一样,被替换的词,并不意味着完全的灭亡,它们或作为构词要素而存在,或出现于书面语色彩强的表达中。

2.2.3 语义的演变发展

语义中句义的历史研究到目前为止,成果还不充分,因此,这里主要介绍语义中词义的发展情况。我们知道,词义是人们对事物现象的反映以及对它们的认识和评价,词义的发展是指词语形式基本不变的情况下,词义在所指范围大小以及义项数量多少的变化现象。这些变化主要包括词义中理性意义和附加意义。词义的演变主要讨论以下几个方面的问题:

(1)词义演变的原因。词义的演变和发展与社会以及人们的认识态度紧密相关。

首先,社会的变化,客观现象本身的改变会给词义带来变化。如"寺",在上古有"官署"义,汉代中央机构就设有"大理寺"等。后来由于佛教东渐,汉明帝时(永平七年,即公元64年)汉使与印度高僧摄摩腾、竺法兰以白马驮佛经抵汉都,舍于鸿胪寺(汉代礼宾机构)。永平十一年,建中国最早的佛寺——白马寺,从此,该词渐渐专门用来指佛寺了。英语中的"car"意义的变化原因也相同。该词在18世纪以前指"四轮马车",1769年,法国成功地制造出汽车,因形似而被用来转指汽车。

其次,社会认识或评价的变化给一些词义带来改变。所指对象相同,但时代不同,人们对它的认识、评价不同,使词义发生了改变。古汉语里,人们常把"心"界定为思想的器官,如"心也者,智之舍也"(《管子·心术上》)、"心者,人之知觉主于中而应于外者也"(宋《书集传》)等。随着现代科学的深化,对其意义的认识就准确多了:指人或动物体内主管血液循环的器官。社会认识或评价的变化不仅会给词的理性意义带来变化,也会改变词义的附属色彩。如"龟",唐前,人们因其年岁久等特征为其附加上吉祥色彩,"龟之言久也,千岁而灵,此禽兽而知吉凶者也"(《初学记》卷三十引《洪范五行传》),后来被赋予贬斥色彩,清赵翼在《陔余丛考》卷三十八中就记述说:"今俗以纵妻淫行者为龟。"这一附属色彩一直延续至今。

最后,词义不是孤立的,会因为不同角度构成聚合关系。因此,有些词的意义变化会给与之有关的词带来连带反应,促使另一些词义的改变。如"冷"与"热"原为一对反义词,指温度的两种状态,后来,"冷"发展出"冷静""冷淡"义,"热"也衍生出"头脑发热""热情"义。其他如"深"与"浅"、"快"与"慢"等组词的意义演变也有类似情况。

(2)词义演变的方式。词义的演变是指已有词语意义在使用和发展过程中义项数量或所指内容转变等方面的变化,方式主要有三种:

引申法 所谓引申法就是指在本义或基本义基础上通过相关性派生出一个新的意义,有的词通过与本义直接相关的属性派生新义,如"锄",原为农具,《周礼·地官·乡师》"正治……耰",郑玄注"耰,一斧一斤一凿一梩一锄。"后引申出"用锄除草"义;有些词义可以通过扩大或缩小范围的方式产生新的意义,如"河"原即指黄河,后来泛指有一定宽度的水流。有些引申还可以运用借代的方式产生新的意义,这类方式也称转喻或换喻法,如汉语里的"红颜",原指年轻女性红艳的脸色,后借此特征代指年轻女性;英语中 pipe,本义指"管子、管道",后产生动作义"用管输送",如 They are piping water into a house;又如"pen"本来指"羽毛",因常用来蘸墨水写字,羽毛与书写工具就联系起来,使它产生了"笔"的意义。

比喻法 所谓比喻法是指在本义或基本义基础上通过相似性转指另外一个对象而固定下来的意义,有的书称作隐喻法。汉语中如"包袱"本指用布等包裹成的包儿,出门人背在背上,后比作工作或生活上的压力、负担,渐渐产生比喻义"负担"。其他如"爪牙""咽喉""旗手"等即属此类。英语中如 sink,本义为"洗涤槽",如 She complains that she spends half her life at the kitchen *sink*. 后因其积沉污垢而转指"社会上藏污纳垢之处",如 That part of the town is a *sink* of iniquity,又如 wedge,原指"楔子",后直接指借助该物常被用来插进器物缝隙的特点而用来喻指类似行为"挤进""嵌入",如:He wedged himself into the crowd.

兼并法 所谓兼并法是指两个近义词中,一个词的意义所指范围扩大,兼管了另一个词的意义,并使后者丧失独立性的方法。如古汉语中,"脚""足"指称对象不完全相同:"脚"本指小腿,"足"指与小腿相连的触地部分,唐后"脚"义变为指原来"足"的意义,而表"与小腿相连的触地部分"意义的"足"逐渐失去单独使用功能,以构词成分存在,"足"作为词的意义的资格也随之消失了。其他如"牙"与"齿"、"皮"与"肤"等组词的意义变化也属同类情况。

(3)词义演变的结果。词义的演变,从任何一种语言系统来看,无疑在总体数量上是不断增加的,这与社会的发展以及词义滋长有必然的关系。

但就词的个体而言,情况就比较复杂,有的词在意义数量上会增加,如汉语里"火",最早应为名词,义为"东西燃烧时所发出的光和焰",后增加了"焚烧""火灾""紧急""怒气"等义。又如"打""舞台"等也是如此。再如英语中的climate,基本义为"天气",后产生了"具有某种气候的区域""民意状况"义。

有的词的意义在数量上会减少,如"书",古代有"写""信""名册""文字""字体""成本的著作"等意义,但现代汉语里,多数意义都以语素义存在,只有"成本的著作"义可以独立成词义。

有些词的意义消失了或降格为语素义,如上面所说到的"足""肌""齿"等单位,古汉语里存在的词义,都消失了,现只有语素意义。

如果就词义与其所指对象之间的关系来看,词义的演变结果学界一般归纳为以下几种形式:

词义的扩大　词义的扩大准确地说是词语所指称对象范围较原来更大了,如汉语中的"河",原特指黄河。先秦文献中,该词仍多作特指,如《左传》中"河"使用 78 次,都专指"黄河"。但秦汉后,泛指北方较大的水流,作类名,如黄河、渭河等。后泛称有一定规模的水流。其他如"江、颜"等词也是如此。词义的扩大除了由专名泛化而产生的以外,词义的兼并也会导致范围的扩大,如前面所提到的"皮""肤"两词,先秦时期"皮"特指走兽之皮,如《诗经·相鼠》有"相鼠有皮,人而无仪","肤"特指人的外皮,如《诗经·硕人》有"手如柔荑,肤如凝脂",两词界限分明。秦汉后,"皮"使用能力增强,取代了"肤",成为所有动物外皮的统称,"肤"的词义就转为语素义了。

词义的缩小　词义的缩小是指词语所指称的对象范围较原来更小了,如汉语中的"丈人",先秦用于对老年男子的称呼,如《论语·微子》有"子路从而后,遇丈人,以杖荷蓧"。后来成为"岳父"的俗称。另如"臭",先秦时泛指气味,如《论语·乡党》中"色恶不食,臭恶不食"中"臭"即是,后专指其中不好的气味了。英语中如 wife 也属此类,该词原来泛指妇人,后专指男子的配偶。

词义的转移　词义的转移是指词语所指称的对象由甲转而指乙的变化现象,如汉语中,"年"原表庄稼成熟,如《谷梁传·桓公三年》:"五谷皆熟为有年也",后转指庄稼成熟的一个周期。"题"原指额头,《山海经·北山经》还可见用例:"石者之山,有兽焉,文题,白身,名曰孟极",后可转指文章的题目。其他如"涕""闻""走"等词的意义变化也属此类。英语中 pen 原指羽毛,后指用它来书写的工具,情形相同。

内涵的改变　与上述三类词语意义的变化主要体现于外延上不同,有些词在外形上,古今没有大的变化,但所指内容发生了较大的变化。如汉语里,前面提及的"心",在古代人们的认识是思维器官,并由此产生了现代汉语里的"心"词群,但随着科学技术的发展与认识的提高,人们认识到"心"不是思维器官,而是人体血液的动力站。又如"鲸""革命"等也是这样的。

义项的增减 因为社会文化的发展以及人们认识水平的变化,有些有一定历史的词语,其意义的数目会发生变化,很多词语是在本意的基础上增加了义项,如汉语里的"兵",其本意指武器,成语"短兵相接"中的"兵"还保存着,但后来增加了"士兵""军队"等义项;另如"气候"最早是气象专业名词,指"一定地区里经过多年观察所得到的概括性的气象情况",后来增加了"比喻动向和情势""比喻结果或成就"等义项。也有不少词在历史的发展中减少了义项,如汉语里的"慢",在古代有两个义项:"怠慢"与"缓慢",但到了现代汉语里,作为词的"慢"只有"缓慢"义了。又如"蓝",除了有表示颜色的义项外,还可指"蓼蓝",是一种一年生草本植物,叶子可制靛青,也可做药,在"青,取之于蓝而青于蓝"(《荀子·劝学》)中,"蓝"就是此义,但现代汉语里已经不再作词义使用了。

色彩的变化 词义中的色彩是指人们在概括客观对象时,给词义所增加的附加色彩,即使词义附加上褒赞、贬斥或客观的评价意义,词义的这种成分多数不是固定的,会随着社会的变化而改变,就汉语而言,"爪牙"在现代汉语里带有贬义,与"打手"相同,但在古代汉语里,却不是这样,例如"是以(张)汤……刻深吏多为爪牙"(《史记·酷吏列传》)中表示"辅佐的力量、亲信",但现代只有贬义了。又如"勾当",在明清时期,还是中性色彩的词,如"吴人严德珉……自言曾在台勾当公事"(《明史·列传二十六》),但到了现代只有贬义了。另如"策划",在 20 世纪 80 年代以前,是有贬义的,常与颠覆政权等行为结合,但现在却没有了这个意义,只带有中性色彩了:筹划、谋划。

2.2.4 语法的发展

相对来说,在语言的构成要素中,语法的稳定性最强。但从历时的角度看,语法同样会产生变化,虽然这种变化程度不大,也不会给某一种语言带来根本性的变化。语法的变化表现形式多样,这里主要介绍以下三个方面。

(1)语法成分的消长

作为表达语法意义的语法手段载体,语法成分在经过长期发展后,也会产生不同程度的变化。具体表现为旧有成分的消失和新成分的增加。

在原始印欧语言中,表达语法意义的形态变化丰富而规则,拿英语来看,古英语代词有三个性(阳性、中性、阴性)、三个数(单数、双数、复数)、四个格(主格、宾格、生格即所有格、与格)。例如:

古英语第三人称代词有三个性,在单数情况下的变格形式是:

	阳性	中性	阴性
主格	hē	hit	hēo
生格	his	his	hiere
与格	him	him	hiere
宾格	hine	hit	hīe

古英语第二人称代词有三个数的变化,也有四个格的不同,如:

	单数	双数	复数
主格	þū	ġit	ġē
生格	þin	in ċer	ēower(īower-your)
与格	þ ē	in ċ	ēow(īow-you)
宾格	þ ē	in ċ	ēow

到了现代英语中,代词的性、格变化形式大大简化,第二人称演变为 you,已没有了性和数的形式区别(其他代词也只有单数和复数的不同),在格上,除了保留所有格形式外,主格、宾语、与格也都没有变化了。

古汉语曾经使用过内部屈折手段来构词,即将词语的声调改为去声以产生新词,如:

衣:平声,名词→去声,动词,如:推衣(名词)衣(动词)我

雨:上声,名词→去声,动词,如:夏雨(名词)雨(动词)人

到了现代汉语里这种方法就很少使用了。

当然,语言中也有添加语法成分的现象。如汉语中"着、了、过"等体标记的产生就很典型。在唐以前的古汉语中,尚未出现"体"这一语法范畴,也没有实现这一范畴的手段。随着语言的发展,原来的动词"了"(宋代前)、"着"、"过"(元代前)逐渐虚化,并附着于动词后,语法化为固定的语法手段,表达"体"范畴。类似"着"、"了"、"过"实词形态化现象,使语言表达更趋精密化了。[①] 前面说过,古汉语中将声调改为去声以造词的方法消失了,但出现了另一种新的方法,即通过将原来声调读得又轻又短的方法产生新词,如:

自然:zìrán 名词→ zìran 形容词

地道:dìdào 名词→ dìdao 形容词

---

① 王力著:《汉语史稿》(中),中华书局 1980 年版。石毓智、李讷著,《汉语语法化的历程——形态句法发展的动因和机制》,北京大学出版社 2001 年版。

（2）组合手段的改变

所谓组合手段这里指词语组合规则的表现方式。一般而言，组合手段在相当长时间里不会有很大的变化，但由于语法类化等原因，也会在词语组合规则上出现少量的改变。如汉语作为一种分析型语言，语序是重要的语法手段，在上古汉语里，多数情况下动词与宾语的结构顺序是 v＋o，但否定句中宾语为代词以及疑问句中宾语为疑问代词时，宾语多前置，形成 o＋v 结构，如：

三岁贯汝，莫我肯顾。（《诗经·魏风·硕鼠》）

无父何怙，无母何恃？（《诗经·小雅·蓼莪》）

我无尔诈，尔无我虞。（《左传·宣公十五年》）

皮之不存，毛将安傅？（《左传·僖公十四年》）

但汉代后，两种句式中的宾语都逐渐后移，与其他宾语相类。如：

涉江采芙蓉，兰泽多芳草，采之欲遗谁？（汉乐府《涉江采芙蓉》）

武帝问："言何？"（《汉书·酷吏传》）

又如，现代汉语里名词性偏正结构里，一般是"小名＋大名"结构，如布鞋、柳树、洞庭湖、北京市等，但在上古汉语里却经常可见"大名＋小名"结构，如"城颍""丘商""鸟乌"等。

同样，其他语言中也会出现这样组合手段变化的现象，如古英语中，表示领属关系的由特定的生格（领属格）来实现，修饰语一般在中心语前，并没有 of 这样的手段。据研究，公元 10 世纪时，用"of"的结构占领属结构的 1％，到 14 世纪，增加到了 85％。

句法结构的变化，也表现为新的句法格式的出现。比如，汉语表示处置的"把"字句，就是到唐代才发展起来的。

句法结构的变化，还表现为结构层次的变化，也就是说，语法的变化会引起语言结构内部直接成分切分方式的变化，从而引起结构层次的变化。这种结构层次的变化主要有取消分界、改变分界和产生分界。所谓取消分界，即原来存在的可切分的界限的消失，如从"I say that：he comes"变成"I say that he comes"，原来在代词 that 之后存在切分的界限，而随着这一切分界限的消失，"that"也虚化为从属连词。所谓改变分界，即分界位置的改变，如，"所"为实词时，其意义为"地方、处所"，"无所不知"的切分是"无所｜不知"，意为"没有什么地方不知道"，"所"虚化为助词后，"所不知"成了动词性成分加"所"形成的名词性"所字结构"，"无所不知"的层次切分就成了"无｜所不知"，意为"没有什么不知道"。所谓产生分界，就是原来不可切分的地方出现切分的可能,从而引起结构层次的重新分析。

上述语法成分和句法结构的改变,如果使一个原本为非语法成分的单位逐渐凝固成一个稳定的句法手段,就发生了词汇成分的语法化现象。20 世纪末到现在,语法的这一现象逐渐成为语法学家们研究的世界性热点之一,从而形成了语法化理论。

（3）语法化理论

①语法化的定义

语法化(grammaticalization)通常指这样一种过程或现象:一个意义实在的语言成分在使用中演变成一个意义较为虚灵的语言成分,或者一个意义不太虚的语言成分变成一个更虚的成分。语法化的结果,一方面是该语言成分的使用范围的扩大,另一方面是该语言成分显得越来越缺乏具体的意义。

语法化与语义的主观化有关,在语法化过程中,某个语言成分的语义往往变得不再表达客观事物或事实,而是带上说话人的主观态度或观点,随之而来的是,该语言成分也由承载命题功能,转化为承载语言的表达功能;从用来表达事物,转而用以满足话语结构的需要。

“语法化”这一认识最早大概是中国人在 13 世纪提出来的,元朝周伯琦《六书正譌》中已经有这样的说法:“大抵古人制字,皆从事物上起。今之虚字,皆古之实字。”从这种意义上说,语法化也可叫做“虚化”,如汉语的介词“从”“把”“被”等是从实义动词虚化而来。英语的时态标记,也是由独立的词变化而来。不过,“虚化”主要针对词义由实而虚的变化,而“语法化”这一术语则更注重语法范畴和语法成分的产生和形成。

首先使用“语法化”这一术语来指这类现象的是 A. Meillet。关于语法化,他在《语法形式的演化》(1912)中提出了三个值得注意的观点:首先,由虚化产生的新的语法形式会引起整个语法系统的变化;其次,语法化是一个连续不断的过程;最后,虚化的程度跟使用的频率成正比。

②语法化研究的意义

为什么要进行语法化的研究? 一般认为,进行语法化研究有这么一些意义:

语法化可以解释只从语言系统内部无法解释的一些语言现象。语法化现象表明,语言并不是一个自足的系统,它跟语言外的因素有密不可分的关系。

语法化可以解释共时平面上难以解释的语言现象。在语言研究中,有许多共时现象要结合历史因素才能得到更清楚的解释。现代汉语中的介词,有的介词性比较典型,如"从""把""被"另外一些则有很强的动词特征,如"到",更有一些则处于介词和动词之间,如"给",这种现象,只有结合汉语的介词是在历史上从动词虚化而来这种事实才能得到合理的解释。

语法化可以解释一些真值条件语义学中无法解释的语义现象。一些语义现象也要从词义的虚化或引申规律上才能解释清楚。例如,"看电影""看问题""我看,你错了。"中的"看"分别表示"视觉活动""思考""推论"等意义,以建立在真值条件的语义学观点看,这几个"看"的语义并无共同的真值条件,而从"看"的词义虚化的角度则能得到较合理的解释。

③语法化研究的主要内容

语法化研究的内容大致包括如下两个主要方面:

实词的虚化 着重研究实词如何虚化为语法成分。偏重于从语言使用者的认知规律来探索语法化的动因。比如说,语言中的词普遍存在语义从空间概念演化到其他领域的概念的现象。这一现象背后存在人类认知上的动因:从空间概念是人类最基本的概念之一,因此,语言中有些表示空间的词是最基本的,这些表示空间的词成了其他词语派生的基础。这种派生过程是通过隐喻或引申从空间这个认知域转移到其他认知域,如时间域。例如,"在"这个词,在"他在家"中表示空间概念,在"他在休息"中则表示时间概念,"在"表示时间概念是通过隐喻由表示空间概念转化而来的,再比如说,人对自己的身体部位的认识也是基本的概念,所以,有许多词语也是从表示人体部位的基本词通过隐喻等机制派生而来的,像"山脚、山腰、丢脸、高手"等词就是这样。

篇章成分的转化 着重考察篇章成分如何转化为句法成分和构词成分。注重从语用和信息交流的规律来探究语法化的动因。许多语法成分是篇章成分"句法化"的结果。例如,英语的完成体标记,它包含的完成概念是在叙述过程中为表示事件的前后连接的需要而产生的,所以它最初应该是一个篇章概念。

篇章成分的转化往往伴随着实词的虚化,而实词的虚化也常常是某种篇章因素触发的。

④语法化的原因

一个语言成分发生语法化,比如某个实词的虚化的出现,有一定的内在原因:

人类认知规律的驱动 人类认知的基本规律是从具体向抽象不断发展，用虚化成分来表现语法关系是人的一种自然倾向，为了适应这种倾向，一个具有实在意义的词就有可能不断地虚化。人类在交际中产生了新的语法概念，而语言中却没有现成的固定形式来承载这种语法意义，人们于是通过隐喻、引申等途径让语言中已有的表达方式来表达这种语法概念。比如，人类认知总是从空间域转到时间域，所以在人类语言中就普遍存在语言成分从表示空间意义到表示时间意义的引申现象。如英语的 at 在"at school"（在学校）中表示处所，而在"at night"（在晚上）中表示时间。又如，古汉语的"于"在甲骨文中是表示"去到"意义的实义动词，后来演变为带处所名词的介词，再进一步演化为带时间名词的介词。

语言成分的高频率重复使用 使用频率高是语法化一个重要条件，一个语法化的候选对象相对于其他竞争对手使用的频率越高，那么，它发生语法化的可能性就越大。高频率的使用意味着该语言成分的不断重复，而重复常常导致形式的弱化，该成分原有的意义也因为高频重复而出现磨损而虚化。也就是说，一个词、一个短语或句法构式的语义量和信息值会因高频率的使用而减少。比如，英语的 be going to 原来表达"空间上朝一个目标位移"这种空间意义，因为可能人们在使用这一短语时更关注目标而使得 be going to 频繁地出现在表达主语意图的句法环境中，从而使该短语最终获得了表达目的和意图的功能；意图、目的与"将来"时间的天然联系，随着该短语出现的表将来事件的句法环境的频率的增加，它表示"将来"就成了它的新语法功能。

语言接触中的借用与影响：一种语言在发展演化过程中避免不了与别的语言的接触，在这种接触过程中，该语言的形态、句法会因借用等因素发生变化。汉语的"化"尾动词的出现就是语言接触的结果。

⑤语法化的机制

语法化的机制主要有两种，一为重新分析，一为类推，下面分别作简要介绍。

重新分析 重新分析指语言结构内部语法关系的变化，它通过改变语言结构的底层表达式来引起语法规则的改变，但是，这种改变不会立即从语言的表层形式反映出来。它最为典型的特征就是引起语言成分边界的重新切分，如语言成分之间的融合、边界的转移或消失。比如，从结构［A，B］C 变成结构 A［B，C］，就是重新分析的结果。也就是说，重新分析可导致对同一表层结构作不同角度的分析，使同一种语言形式产生两种不同的解释。例如，英语的"try + and +动词"构式在某些句法环境中已经重新分析为"助动词+动词"构式,比如,在 I'll try and contact her 中,try and 已经粘合得像一个单词,and 在语音上粘着于 try,而 try 也不再有时态、体等形态上的变化,在 and 和 try 之间也不能再插入副词。又如,汉语的"到"一词在"(樊哙)乃持铁盾入到营"为"到达"义,"入到营"的结构应该是"[入][到]营",即"进入、到达营",而在"为寻天台盛迹,来到此间"中的"到"已经主要表示"来"的结果,"来到此间"结构也重新分析为"[来到]此间"。再如,汉语的体标记"着"、"了"、"过"开始作为一般动词常处于"动+宾+补"结构的补语位置,在动和补之间没有插入宾语的句法环境中,它们逐渐粘附于其前面的动词,其原来的切分边界也随之消失。

类推 类推是语法规则从相对有限的范畴扩展到更广范畴的泛化或优化过程,即一个形式因类于另一个形式而产生的过程。比如说,"child—children"在儿童英语中会由于"cat—cats"的类推作用而成为"child—childs",而 shoe 复数在英语的历史上是 shoen,由于同样的类推作用,在现代英语中则变成了"shoes"。又比如说,汉语唐宋时期出现的被动式"被 N 所 V""被 N 之所 V""被 N 见 V"构式的产生,就是由中古以前存在的"为 N 所 V""为 N 之所 V""为 N 见 V"构式类推的结果。

重新分析与类推在语法化过程中互为条件、交替地起作用。类推可诱发一个重新分析过程,并使得通过重新分析而产生的语法构式扩展到整个语言中去。

⑥语法化的主要特征

语法理论研究中总结出这么一些语法化的主要特征,也叫语法化的原则。

并存 一种语法功能可以同时有几种语法形式表示。一种新的形式出现后,表示同样语法功能的旧形式并不立即消失,而与新形式并存,新旧形式互相影响。如,现代汉语中表示被动的介词"被"产生于上古汉语,到现在仍和后来出现的"叫、让、给"等介词并存。

分离 不同的语法成分可以从同一个实词变化而来,即一个实词朝着一个方向转化为一种语法成分后,仍可以朝另一个方向转化为另一种语法成分,从而导致两个或多个词源相同而功能不同的形式的出现。

择一 原先表达同一语法功能的多种并存的形式,经过竞争,到后来减少到一、二种。比如,古代汉语中许多并存的同义虚词到现代汉语则所剩不多。

保持　实词虚化为语法成分之后,有时或多或少还会保留原来实词的一些特点,这种遗留下来的实词的特点,依然会对该虚词的具体用法给以一定的限制;从语义演变的角度上说,一个新的虚词意义产生时,旧的词义不一定会消失,结果是,新的用法在发生形态化之前,在新用法中能看到旧用法的影子。

降类　语法化中实词语义虚化的结果,也常导致该语词类的变化,而这种变化总是从名词、动词等实词等主要词类降格为介词、助词等次要词类。比如,现代汉语的介词就一般都是从动词降格而来的。

滞后　语形的变化总是滞后于语义的变化。随着语义发生泛化、简化、抽象化等变化,语形才出现由大变小、由繁变简,从自由到粘着等方面的变化。语形变化总是滞后于语义变化的结果,是语言中普遍存在着一词多义的现象,一个词表现的多义义项,有的是实词义,有的是虚词义。

频率　实词的使用频率越高,就越容易出现虚化现象,虚化的结果又提高了使用频率。

渐变　语法化是一个连续的渐变过程。一个词由 A 义转化为 B 义,会经历一些连续的阶段,相邻的两个阶段的意思只有细微的差别,在这个转化过程中,一般总是存在一个既有 A 义又有 B 义的中间阶段。英语的 since 从表时间转化为表原因、"with"由表示伴随(live with my parents)到表示工具(cut it with a knife),都经历了一些中间阶段。"be going to"经历过从表示空间到表示时间的变化,可是在"I am going to do it",既可解释为空间意义,即"去某处做",也可解释为"将来"时间意义,即"将做",这种多义解释,也证明了它从空间意义到时间意义的演化的确处于一种渐进的状态。

单向性　语法化是从实词向虚词的转化,而不是相反。虽然有人提出也存在去语法化概念,但是这种虚词的实化现象是极为罕见的。

循环性　语法化的单向性,从理论上说,会导致语言中的虚化成分越来越多,语言成分意义也会因此而变得越来越虚,为了解释这种理论上的推论与语言事实上的矛盾,有人提出了循环性原则,即一个成分虚化到极限后,它就会跟实词融合在一起,自己则变成了零形式,这种循环模式个体表现为:自由的词→黏着于词干上的词缀→与词干融合的词缀→(自由的词)。例如,汉语的"儿",从一个自由的词,变成复合词的一个语素(如"女儿"中的"儿"),再与词干融合,失去自身作为一个独立音节的地位,而成了别的音节的韵尾。其结果是,虚词使用了一段时间后,将被新的虚词取代而消失。

第三节　语言的分化与统一

3.1　语言分化的条件

语言是人类最重要的交际工具，它存在于人们的运用中。运用中的活语言是社会成员之间联系的重要纽带，它和社会的发展、人群的聚合离散息息相关。因此，在社会中，语言的运用由于人群、地域、经济、文化、政治等各种因素的影响，必然会产生分化，也就是说，整个人类、一个国家、乃至一个省、市甚至一个小镇的各阶层的人们不可能都运用着统一的语言而没有任何差异。社会由低级到高级，由简单到复杂，在发展的整个过程中或某个阶段里，势必会分化成不同的社会团体、地域行政区划。同样，语言也会随着社会的分化而产生分化：社会各阶层会产生不同的言语团体，在此基础上就会产生不同的**社会方言**；各个大小地域行政区划，比如一个省、直辖市、市、县、镇甚至一个村都可能使用具有独特言语特色的方言而产生**地域方言**；以上两种方言是语言的有限分化产生的结果，即在同一种语言里由于社会阶层和地域的不同而使语言产生的分化，是全民语言的分支，这种分化局限于一种语言的范围内。然而如果由于历史、经济、政治等原因，从同一种语言分化出来几种独立的语言，彼此有同源关系，那么语言的这种绝对分化就产生了**亲属语言**。

3.1.1　社会方言

在社会发展过程中，由于生产力水平的不断提高，出现了社会分工，有了不同行业，形成了不同的阶级和阶层，在统一的社会中出现了不同的社会集团，这些集团在长期的言语活动中会形成与自己职业、阶层等相关的言语社团。不仅如此，同一社会中的人，会由于性别、年龄等因素不同也使人群中产生相关的言语社团。**在这些言语社团里，人们之间联系密切，交际频繁，拥有自己特有的一些词汇和语言使用方法，各个社团在全民语言的基础上产生各有自己特点的语言分支或语言变体，就是社会方言。**人们常说的"官腔""干部腔""学生腔"，或者老百姓称自己的话是"大白话"等等现象，都是对某一言语社团在语言表达上的一些共同特点的概括，这种"腔"或"话"就是一种社会方言，是社会方言的通俗说法。

那么一个社会中究竟有多少种社会方言呢？数量难以计算，因为言语社团的多少是无法统计的。少到几个人，多到整个语言社会，只要有语言特色的区别,都可以看成一个言语社团。性别的不同、年龄的不同、阶级和阶层的不同都可以形成不同的言语社团。在日语中,男性和女性使用着两套用语,如果女性使用了男性的用语,就会显得十分粗鲁,男性使用了女性用语则会显得"娘娘腔",这是由性别所构成的言语社团形成的社会方言,也是以日语为目标语的学习者特别要注意的地方。年龄上的不同也影响到言语特色,以上海话为例,老年人对"烟"和"衣"、"简"和"既"两类字的读音分得很清楚,而年轻人已经不分。北京话也有类似的例子,老年人在"论斤卖"时,很多把"论"发成[lin⁵¹],把"把"发成[pai²¹⁴],而年轻人已经大都是标准的普通话发音了。

阶级和阶层的差别会对语言产生影响,也造成语言差异。比如在美国,社会阶级的分界线把美国人的语言分成了标准英语和非标准英语。例如"I have none""I haven't any"和"I haven't got any"是标准英语,是"好"的、出生于有地位、有教养家庭的人说的英语;而一些出生微寒的孩子说"I ain't got none",就是所谓的非标准英语,"坏"的英语。我们常听到的"贵族语言"和"平民语言"也是一个例子。还有,美国的"黑人英语"(African American English,简称 AAE)在发音、语法上有自己的特点,比如:黑人不常发齿间擦音,these[ði:z]发成[di:z];常脱落各种功能的词尾-s,比如第三人称单数标志-s 脱落,把"She hates me"说成"She hate me";把表示复数的-s 脱落,把"some dogs"说成"some dog";表示所属格的-s 脱落,比如把"Jack's car"说成"Jack car"。由于黑人的社会阶层普遍较低,这种"黑人英语"曾被看作是一种属于社会下层阶级的社会方言。在中国古代,上层阶级说弄璋(生儿子),弄瓦(生女儿),东床(女婿)等"雅言",也是语言阶级差别的表现。但是从语言学的角度来说,所有的这些社会方言无所谓"好""坏"之分,他们都是一种特定语言的社会功能变体,他们在语言学上是平等的。

行业语也叫行话,由于社会劳动分工不同,社会上出现了不同的职业集团。这些职业集团具有各自的职业特色,反映在语言上就是从事这项职业的人使用不同的行业语:从事某一行业所使用的工具和操作方式的名称,生产所用的原材料及其性质、名称,劳动成品及其各部分和性质名称等各行各业特殊的词语,构成行业语。例如:长刨、短刨、边刨、槽刨、手锯等是木工的行业用语;处方、休克、血栓、粥样硬化等是医药界的行业用语;行头、龙套、鹞子翻身、虎跳、角色、亮相、生旦净末丑等是戏曲界的行业用语,等等。科学技术的术语是一种特殊的行业用语。音节、元音、辅音、主语、谓语等是语言学的术语;有机、无机、催化、卤素、氧化等是化学术语。由于社会各方面的交往越来越频繁,全民族的科学文化水平不断提高,或者由于某行业在社会生活中的地位很重要,行业语中的某些词语可能被吸收为全民语言的成分,从而成为丰富全民语言词汇的一种途径。例如:休克、处方、角色、按揭、催化等,都已被汉语普通话所吸收,成为全民语言词汇的成员了。

黑话,也称隐语,**是一种特殊的社会方言,是某些集团所创造使用的秘密词语或语句。**其他的社会方言没有排他性,不拒绝其他集团的人使用本集团的用语,并且这些社会方言中的部分词汇也为全民语言所吸收,但黑话具有比较强烈的排他性,除了集团内部的人可以了解和使用外,对本集团外的成员采取保密政策。《林海雪原》中的杨子荣就是掌握了座山雕盗匪集团的黑话,才取得了盗匪的信任,打进匪窟,生擒匪首。又如旧时的商业界,不说"一、二、三、四、五、六、七、八、九、十",而说"旦底、挖工、横川、侧目、缺丑、断大、皂底、公头、未丸、田心",这些都是黑话。黑话一般来说存在时间是有限的,也无法进入全民词汇。

社会方言是因为社会成员集聚为不同的言语社团而产生的,因此一个人如果处在几个言语社团的交叉点上,就可能同时掌握几种社会方言。比方说一个部队的女炊事员就可能同时掌握部队的、炊事的、妇女的社会方言;一个警方人员潜入敌人内部做卧底,可能就必须同时掌握警方的和盗匪的社会方言。语言上能使用一个集团的社会用语是融入一个集团生活的重要标志。

那么,同一言语社团的人是不是固定地使用同一种语言形式呢?比如,一个教师永远是用"老师的口吻"说话吗?不可能。一个生活在某一言语社团中的人还须因交际环境的不同、交际对象的差异而在语言使用上表现出不同的特点,这也就是一般所说的语言的风格变体。在庄重的开学典礼上,在和朋友们欢聚的节日晚会上,在日常的家庭生活中,这个老师不可能总是以老师的口吻,像教育和引导学生那样跟家人和朋友说话;对子女、对长者、对朋友、对陌生人的说话都不大一样。如该老师对学生是关心和教导的口吻,然而对她的两三岁的孩子,就会用另一种口吻:"小宝宝,好好吃饭饭,妈妈带宝宝上街街,给宝宝买新鞋鞋,新袜袜!"这里,常见的儿化、"子"之类的后缀不见了,名词出现了重叠。语言风格变体的存在进一步增加了社会方言的丰富性和多样性。

从上面的几种社会方言我们可以看出,社会方言的特点在语音、词汇、语法等方面都有所表现,但明显的还是词汇上的不同。社会方言及其风格变体是语言的支流,虽然各社会方言各具特色,但他们所使用的材料和结构规则都是全民共同的,相对共同语而言,绝大多数社会方言不具有封闭性的特征体系,因此,对它们来说,其他言语社团的成员都基本懂得或能够弄懂的,一般不会因为语言表达上的差异而影响相互的交际和理解。现代社会交流日益广泛,各行业用语不断地进入全民语言,社会方言的存在使语言更加富有表现力和生活色彩,是丰富语言词汇的一种重要途径,也是语言发展的一个重要方面。

3.1.2 地域方言

在使用同一种语言的社会里,不同地区的人所操持的话可能有地区性差异。比如同属汉语的上海话和北京话:

上海话:

侬实在老接棍各,吾交归陪服侬! 今朝丫里相,老辰光,老地方,吾请侬切饭哦!

北京话:

你实在是挺厉害的,我非常佩服你! 今天晚上,老时间,老地方,我请你吃饭!

上面两种方言的词语用汉字写下来,差别不大,各方言区的人大体上能看得懂,但如果念出来,语音上的差别就很大,甚至很难听懂。

一个生产和交通不太发达的统一社会,本来使用着相同的语言,随着人口的增长、人员迁徙,民众分布在疆域内的各个地方,经济上、政治上、交通上发生了各种变化,各个地域人们的交流相对不那么频繁,而使本来相同的共同语的共同点不断减少,语音、词汇和语法上的不同点不断增加,**使共同语在不同的地域产生了变体**,这就是地域方言。一个社会中的某一部分居民的大规模集体迁徙,也会形成社会的不完全分化,从而使一种语言内部出现方言分歧,中国南方方言多数主要是历史上北方人大规模向南迁徙所造成的。如客家方言就是一个例子,据研究,我国东晋到明朝初年间,原来住在中原一带的居民三次向我国南方进行大迁徙,长时期分布在南方,从而形成了承袭了原来北方话特色又混合了本地话特点的客家话。地域方言在汉语中俗称"话",如上文中的"客家话""广东话""江浙话""北方话"通常指的就是客家方言、粤方言、吴方言和北方方言。

现代汉语一般可分为七大方言:北方方言、吴方言、湘方言、赣方言、客家方言、闽方言、粤方言等。在每一个大方言内部,还存在着方言差异,我们可以根据各地方言的特点再分为"次方言"和"土语"。比如,在我国分布最广,分支最多的北方方言区,包括了长江以北各省,长江以南的镇江以上、九江以下沿江地带以及四川、云南、贵州等地区。然而,北京人和南京人说话不一样,成都人和西安人说话也不同……因此,在北方方言内部又分出了"华北方言""西北方言""西南方言"和"江淮方言"四个次方言;"西南方言"又有"四川话""贵州话"等土语群。

方言之间的差别表现在哪些方面呢?

一般来说,方言的差别主要表现在语音上。拿前面所举上海话和北京话比较,北京话有卷舌音 zh、ch、sh,而上海话所属的吴方言只有平舌音声母 z、c、s,没有卷舌音;北方方言只有 m、n、l、r 浊声母,而吴方言还有[b][d][g]等浊声母;北京话只有四个声调,没有入声,而吴方言则有七个声调,保留了入声。其他语言中也有类似情况,稍有区别的是在一个标准语推广较好的国家,地域方言更多地表现为口音的差异,如美国,南方话里元音变长,开口度也变大,five[faiv]发成了类似[faːv]的音,词尾"ing"多变为前鼻音,"fixing to"就读成了"fixin' to"。

方言间在词汇和词义上也会有一些差异。首先,同样的事物在不同方言里可能有不同称呼,北京话说"小孩儿",苏州叫"小干",长沙叫"细伢子",广州叫"细佬哥"。北京话的"媳妇儿",相当于苏州的"家小",湖南、湖北的"堂客"和云南的"婆娘";北京话说"月亮",广州话说"月光";北京话说"家具",广州话说"家私"。在美国,各地对那种"甜的碳酸饮料"的称呼不同,东北部称"soda",中北部称"pop",而东南部则称"coca-cola"。超市中使用的纸袋,美国大部分地区,尤其是东北部叫做"bag",中部称"sack",中南部有的地区也称"poke",而宾夕法尼亚地区则称"toot"。澳大利亚英语中"人行道"说成"footpath",英国英语则说"pavement",而美国英语却说"sidewalk";同样,澳大利亚和美国英语中的"卡车"是"truck",而英国英语则说成"lorry";澳大利亚和英国英语中的"汽油"念"patrol",美国英语中却说成"gas"或"gasolene"。

其次,相同形式的词语在不同的方言里可能具有不同的意思。比如"蚊子"在长沙话里可用来兼指"苍蝇",在北京话里就没有这个意思;"水"在广州话里可以兼指"雨","下雨"叫做"落水",在别的方言里"水"就没有这样的意思。

一般来说,方言之间语法上的差别不如语音、词汇显著。就现代汉语各方言而言,语法上也有一些细微的差别。例如,北京话说"一把刀",广州话却说"一张刀",潮州话说"一支刀";北方话说"你先吃""猫比狗小""多买几斤菜",而广东话则说"你食先""猫细过狗""买多几斤菜"(温州话则说成"买几斤菜添")。英国英语和美国英语在语法方面也有差别,比如英国英语说"Have you...?"而美国英语则说"Do you have...?"英国英语说"to get in or out of the train"而美国英语说"to get on or off the train"。

怎么区分方言?要多大的差别才算是不同的方言呢?这没有统一的标准,要视方言的具体情况而定。方言之间的差别大不大和能不能互相听懂不能成为划分方言的决定性标准,汉语中宁波话和金华话互相间很难听懂,但他们都属于吴方言;然而说俄语、乌克兰语、白俄罗斯语等语的人相互间可以通话,却是不同的语言。因此划分方言不能光凭语言本身的差异,还要看使用方言的人是不是属于同一个民族以及各方言之上是不是还有一个共同语作为各地区人们的交际工具。方言是同一个民族语言里的地域分支,在确定方言时,应同时考虑两方面的因素:统一的社会和语言本身的差异。只有社会的统一而没有语言的差异,谈不上方言;同源而有差异的语言如果不是从属于一个统一的社会,一般不能算作方言,应算作不同的语言。不过也有两个或几个民族说同一种语言的情况,例如美国和英国、澳大利亚、新西兰等国家都说英语,西班牙和巴西以外的南美洲其他国家都说西班牙语,这种特殊的情况往往是殖民的结果。随着社会的发展,同一种语言在不同的地区会出现分化,不断扩大分歧。例如美国英语和英国英语已有显著差别,有的人甚至认为美国英语已是 American(美语),而不是 English(英语)。

方言形成后,它的发展前途主要是根据社会发展的条件而定。如果一个社会继续处在不完全的分化状态,那么,方言一方面保持自己的特点,另一方面又服从所属语言的发展趋势,继续作为方言而存在。如果一个社会从不完全的分化状态而发展为互相独立的社会,那么,原来的方言也就不断地扩大它的不同点,走上各自发展的道路,最后甚至成为独立的亲属语言。如果一个社会达到高度的统一,那么,为了适应社会政治经济发展的需要,各方言逐步走向统一,最后将融合在全民的共同语里,这一过程的长短取决于社会发展的快慢以及社会共同语推广的力度和效果。

3.1.3　亲属语言

方言形成后,如果社会由不完全分化走向分化,或者因地域的阻隔比较大,各方言的社会政治地位也随之发生变化,那么方言就可能由一种语言的分支转变为各自独立的语言。比如拉丁语随着古罗马帝国的解体,它的各个方言就逐步转变为后来的法语、意大利语、西班牙语、葡萄牙语、罗马尼亚语等独立的语言,**这种从同一种语言分化出来的几种独立的语言,彼此有同源关系,它们是亲属语言。**也就是说,具有共同来源的全部语言组成一个语系;同一语系的语言彼此互为亲属语言。语言学家把像拉丁语这样的语言叫做"母语"或者叫"原始基础语";相对应的,从拉丁语里分化出来的语言,比如法语、西班牙语等就叫做"子语"。

亲属语言既然有共同的历史来源,是从同一个语言分化发展而来的,那么,尽管历史久远,它们之间还会或多或少有一些相似之处,比如欧洲人比较熟悉的日耳曼、拉丁①、斯拉夫三个语族中,每个语族的内部就有着相似的地方,可以从下面的例子看出来:②

	日耳曼语族	拉丁语族	斯拉夫语族
"冬天"			
	英语 winter	法语 hiver	俄语 zima
	荷兰语 winter	意大利语 inverno	波兰语 zima
	德语 Winter	西班牙语 invierno	波希米亚语 zima
	丹麦语 vinter		塞尔维亚语 zima
	瑞典语 vinter		
"喝"			
	英语 drink	法语 boire	俄语 pit'
	荷兰语 drinken	意大利语 bere	波兰语 pic'
	德语 trinken	西班牙语 beber	波希米亚语 piti
	丹麦语 drikke		塞尔维亚语 piti
	瑞典语 dricka		

可以看出,每个语族内的几种语言互相对应,这种出现在成批词语中的对应现象是它们同出一源而又有规律地各自发展的结果。

这样,凡是有亲属关系的语言,组成一个语系,同一语系中的语言还可以根据它们的亲属关系的亲疏远近依次分为语族、语支(语群)、语言等。**这种根据语言的亲属关系对语言所作的分类,叫做语言的"谱系分类"。**其谱系结构图示如下:

---

① 也称罗曼。
② 布龙菲尔德.语言论.袁家骅,赵世开,甘世福译.北京:商务印书馆,1980.

```
                              ┌─── 语支：语言₁……语言ₙ
                    语族 1 ───┤
           ┌──────┘          └─── 语支：语言₁……语言ₙ
      语系 ─┤
           └──────┐          ┌─── 语支：语言₁……语言ₙ
                    语族 2 ───┤
                              └─── 语支：语言₁……语言ₙ
```

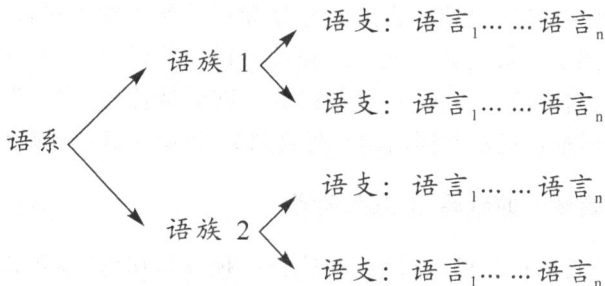

世界上的语言按其亲属关系大致可分为汉藏语系、印欧语系、乌拉尔语系、阿尔泰语系、闪—含语系、高加索语系、达罗毗荼语系、马来—玻利尼西亚语系、南亚语系以及其他一些语群和语言。有些语言，如朝鲜语、日语等，至今还难以认定它们的亲属关系。在上述语系中，汉藏语系和印欧语系是使用人数最多的两个语系。汉藏语系的诸语言主要分布在亚洲东南部，西起克什米尔，东至我国东部边界。印欧语系是研究得最充分、最深入的一个语系，它的诸语言分布区域也最广，亚洲的印度、欧洲、美洲和大洋洲多数人都使用印欧语系的语言，其中使用英语和西班牙语的人最多、最广。具体分布情况参见本书后附录四：《世界语言谱系分类》。

3.2　语言统一的条件

语言不仅会随着社会的分化而分化，也会随着社会的统一而逐渐走向统一。一个原来地方割据的、不太统一的社会可以完全统一起来，几个原来独立的社会也可以统一为一个社会。在这种情况下，原来的地域方言或不同语言之间的差异就会给全社会范围内的交际活动造成障碍，妨碍社会的完全统一。于是社会的统一就会要求语言消除差异，使不同地区的人能够互相听懂对方的话，语言也会因适应社会统一的要求而逐步走向统一。

在封建社会，政治上可以达到高度的统一，但是经济上还是分散落后的。因为封建社会以个体小农经济为基础，而且，由于交通不太发达，各地的交流和联系比较落后。在这种政治和经济不能同步统一的情况下，出现了书面语统一而口语上方言分歧严重的现象，也就是说，消除方言的客观基础没有变，方言仍然存在。

到了资本主义时代，出现了大机器生产，形成了统一的民族市场，把城乡之间、各地区之间生产者、销售商以及消费者联结成一个整体，打破了各地区之间的相对隔绝状态,地域方言间的分歧和差异便不断缩小,语言统一步伐加快,民族共同语开始充分发展。欧洲的各民族共同语,都是在文艺复兴之后形成和发展起来的。在我国,类似民族共同语地位的"官话"早就流行,但方言分歧明显,推广民族共同语的任务直到 20 世纪才真正开始起步。

3.3　语言统一的结果:形成共同语

在方言分歧的社会里,人们往往选择一种方言作为"通用语",用作方言区之间交际的工具。我国古代的"雅言""通语"以及后来的"官话",都是当时人给这种通用语起的名称。在一定意义上,他们都可以认为是当时的共同语。不过,在社会半统一的状态下,这种共同语的发展一般是不充分的:它的口头形式通行的地区不广,使用人数不多,可能只是一些官吏、商人、知识分子能掌握它,如"官话",只是中央政权用来施政的工具。在那样的社会条件下,方言并没有统一的势头。**一个社会的全体成员或大多数人日常生活使用的语言叫做共同语。**共同语是社会打破地域隔阂、走向统一时出现的语言形式。共同语对方言来说是一种高级形式,它引导方言的发展,吸引方言向自己靠拢,进而最终取代方言。

同一种语言中一般有多种方言,其中一种方言能成为民族共同语的基础,这种方言我们叫它"基础方言"。那么,究竟哪种方言能成为共同语的基础方言？这主要取决于各种社会因素。具体地说,一个社会的经济、政治、文化条件能够决定某个方言在整个社会中所处的地位。比如我国的普通话以北方方言为基础,主要是因为政治以及文化等原因所决定的。

普通话所以以北京语音为标准音,是因为北京是辽、金、元、明、清的都城,近千年来一直是一个政治中心。以北京话为代表的北方方言在全国各地的方言中影响最大,是几百年来中央政权施政的工具,称作"官话"。北京话至少从明初以来就已经成为汉民族共同语的代表,北方方言是汉民族共同语的基础方言,北京语音是共同语的标准音。正因为上述原因,在 20 世纪初的新文化运动中,经过"白话文运动"和"国语运动",最后确立了普通话以北京语音为标准音,以北方话为基础方言,以典范的现代白话文著作为语法规范这一标准。

伦敦方言成为英吉利共同语的基础方言主要是由于经济的原因。英国产业革命之后,首都伦敦成为工业中心,需要大量的劳动力,各地居民纷纷迁入伦敦。操各种方言的人杂居在一个城市里,使英吉利民族共同语在伦敦方言的基础上吸收其他方言的一些成分而发展起来。

多斯岗方言成为意大利共同语的基础方言主要是由于文化的原因。意大利在统一以前,著名的文豪如但丁、薄伽丘等人已经用这种方言写了许多优秀的作品,人们要欣赏这些作品,就得依照多斯岗方言去阅读,因而就须学习这种方言。文化的力量使多斯岗方言在全国的方言中取得了特殊的地位,成为共同语的基础方言,而该方言区的首府佛罗伦萨的语音成为意大利民族共同语的标准音。

推广民族共同语,是为了消除方言间的隔阂,而不是禁止和消灭方言。方言是不能用人为的力量消灭的,它只能随着社会经济、政治、文化的发展而逐步缩小自己的作用,并渐趋衰弱。这个衰弱是个长期而复杂的过程,在我国,普通话为全民族服务,方言为一个地区的人们服务的情况,还会持续一个相当长的时期。

第四节　语言的接触

人类文明发展到现代,世界上几乎没有一种语言是完全自给自足的,各民族之间的贸易往来、文化交流、战争冲突、移民杂居等,都会使不同的民族和社会发生接触,这种接触必然会引起语言的相互接触。随着社会的发展,民族之间的接触越来越频繁,相应的,语言之间的接触也越来越频繁。语言接触有不同的类型,会产生不同的结果,语言成分的借用,双语现象,语言融合,语言混合等都是语言相互接触的结果。

4.1　语言接触的结果之一:部分借用

4.1.1　词语的借用

语言接触最典型、最常见的现象是语言成分的借贷。语言成分间的借贷,最常见的是词语的借入与借出。借词是一种语言对另一种语言最简单的影响,是一种重要的社会语言现象。民族的交往和接触,会扩大人类生活的内容,也会增加语言表达所需要的成分。所以,任何一种语言,在与别的语言接触的过程中,要向别的语言借用一些它本来缺少,而社会生活的发展要求它应该有的词语。借词是丰富词汇的一条重要途径。

狭义的**借词**又叫外来词或音译词,它指的是语音形式和意义内容都来自外语或其他民族语言的词,从所借特征看,主要有以下几种形式:

（1）译音：雷达、沙龙、扑克、哈达；tea（茶）、mah-jong（麻将）；

（2）半译音半译义：剑桥、新西兰、冰淇淋；

（3）半译音半添义：卡车、啤酒、沙丁鱼、卡宾枪；

（4）音义兼译：绷带、基因、可口可乐、奔驰、宝马；

（5）借形：英语中的"state（国家）""people（人民）""nation（民族）""parliament（国会）""glory（光荣）""fine（美好的）""army（军队）""war（战争）""soldier（士兵）""court（法庭）""color（颜色）""palace（宫殿）""science（科学）"等就是从法语借入的词，"hamburger（汉堡包）"是从德语借来的，"piano（钢琴）"是从意大利语借来的；汉语也直接以原形形式借入了一些其他语言的词，如早期的阿拉伯字母，以及20世纪的X光、T恤等词，近期这种类型的词语有增加的趋势，如WTO、WHO、CEO、E-mail、MBA，等等。

广义的借词还包括意译词，它是用本民族语言的构词语素和结构规则，把外语里某个词的意义移植过来，构成一个表示外来概念的新词，这类词的结构本身具有民族性。如汉语里的"科学、技术、火车、飞机、工程师、银行、青霉素、面包"等都是意译词。意译词里面还有一种特殊的形式，就是"仿译词"，它是用本族语言的材料，逐一翻译原词的语素，也就是说，仿译词不但把意义，而且把内部结构形式也移植过来了，如汉语仿英语的"basket-ball—篮球"，"black-board—黑板"，"swimmingpool—游泳池"，"rail-way—铁路"，"honey-moon—蜜月"，"hot dog—热狗"，"supermarket—超市"，"black-box—黑匣子"，"software—软件"等。

民族间的接触是经常发生的，因而各种语言中大都有一定数量的借词，但是各语言中借词的数量有所不同。有些语言易于接受借词，借词比重较大。据统计，现代英语中的借词占总量的60%，其中大部分又借自法语。这主要是因为法国诺曼人在公元1066年入侵英国，法语成了政府、宫廷、教会的语言。日语中的借词也占词汇当中相当大的比例，从汉语借的词就几乎占了总量的五分之二。这主要是因为魏晋六朝后，汉字被用作日语的书写工具，汉语的词也就大量地涌入了日语。现在很多日语词还有很多保留了汉语的古音。当然，日语在汉语借的基础上，又赋予它们新的意义，或者用汉语的构词材料重新构词，有时一些日语词又被汉语借回来，如"艺术、自由、经济、运动、理论、劳动、理性、现象、垄断、悲观"等。由于这些词从构词材料、构词规则，甚至词语本身都是汉语所固有的，因此，人们一般感觉不出它们是外来词。与这种情形稍有不同的是，有的词，从甲语言借出去，经过一段时间，又从乙语言(或丙语言)借回来,例如汉语的"大风"被英语借去,称为"typhoon"(汉语的粤语方音),汉语又从英语借回,就是"台风"。这种情况和汉语从日语里的借词情况类似,只不过从日语里面是借形,从英语里面是借音。

借词在汉语词汇中所占比例并不大。汉语自古以来就和其他民族有来往,在各个不同历史时期从外族语中借入了不少词。如"石榴、菠萝、狮子、骆驼、琵琶"等就是从西域各民族借入的;"佛、塔、夜叉、罗汉、阎罗、魔、和尚、尼姑、刹那、真谛、口吐莲花"等是汉代以后随着佛教的传入而从印度梵语里借来的;"胡同、站、戈壁、蘑菇"等词是元代时借入的蒙古语词;"牟拉、磨蹭、巴不得、麻利"等词借自满语;"耶稣、圣母、上帝、十字架"等是明代以后随天主教传入中国而借来的。鸦片战争以后,特别是五四运动以来,随着中外交往的日益频繁,进入汉语的外来词也不断增加起来,如"苏维埃、纳粹、坦克、尼龙、蒙太奇、香槟、拷贝、克隆"等都是近现代从欧美语言借入的。

由于汉语使用的是意音文字体系,音节结构也较之西方大多数语言不一样,比如有声调,所以汉语在吸收外来语的时候不喜欢借音,喜欢用自己的语素来构词。很多音译借词后来都被意译词所代替,如"德律风——电话","麦克风——话筒","水门汀——水泥","赛因斯——科学","喀秋莎——火箭炮","白脱——黄油","仆欧——侍者",等等。

借词是民族关系的一种见证,是研究民族发展史的一项重要材料。

4.1.2 语音的借用

除了词语借贷外,民族语言之间语言成分的借用还包括借音。在借外族语的词时,语音、语法也得服从本族语言的结构规则。另外,如果词语的借用数量很大,它们的语音特点也可能渗入进借入语言的语音系统中。词语借入时,如果遇到了本族语言所没有的音,就要借用借入语言里相近的音去代替。

新中国成立后,我国少数民族借用了大量的汉语词语,并从汉语里面吸收了一些音位、语音结构规则。例如,侗语的[pʰ]、[tʰ]、[kʰ]等送气音原来只是相对于不送气音的音位变体,现在都已经变成独立的音位了。壮语武鸣话本来没有央中元音[ə],由于借用了汉语的"革命、特别、道德"等一系列词,[ə]就很自然地进入了一部分人的口语了。再如,景颇、傈僳、哈尼、佤等语言的方言里逐渐增加了唇齿清擦音[f]。苗语养蒿话清送气音声母和清擦音声母[h],原来都不能同高平调和低降调结合,由于借进了汉语的"调查、讨论、红旗、考验、合作社"等词,在语音系统中便有了[pʰu]、[tsʰa]、[tʰau]、[kʰau]、

[ho]等音节结构,出现了新的音位组合关系。再如裕固语在借入汉语词的基础上,增加了[ai]、[au]、[ei]、[ie]、[ian]、[iən]、[ia]、[io]、[ya]、[ye]、[uo]、[uai]、[əu]、[ua]、[uə]、[ue]这16个复元音,并且许多复元音不仅用于汉语借词,也用于本族语言的词语。

4.1.3　语法的借用

语法方面的借用主要包括词缀的借用、虚词的借用以及语法规则的借用。

例如,英语的后缀-ive,-ish,-ous等借自于拉丁语,后缀-able,-ment,-tion等借自于法语。

我国有些少数民族语言借用了汉语的一些虚词,如侗语就吸收了汉语的结构助词"的"以及介词"比、连、为"等;广西龙胜瑶族从汉语借了连词"虽然、但是"等。

有些少数民族语言还吸收了一些汉语的语法结构规则,如仫佬语原来以名词为中心的词组,除数量词外,其他限定成分一般在名词之后,现在也可以把限定成分放在前边了,两种形式并存,后者与汉语一致,显然是受汉语组合关系的影响。又如,纳西语原来只有"主语—宾语—谓语"结构次序,由于长期与汉语交往,受后者的影响,吸收了汉语里的"主语—谓语—宾语"词序。又如侗语,原来把"我的书"说成"le²² jau²²"(书我),自从借用了汉语的"的"[tji]之后,在词序上就和汉语一样,说成[jau² tji⁶ le²]。在侗语的北部方言中,这已经代替旧形式而成为通用的结构规则了。再如,京语中介词结构作状语,其固有的语序是介词结构要放在被修饰的中心语之后,受汉语影响,现在介词结构放在中心语之前的现象越来越普遍。

结构规则除了借用外,也可以仿造。五四运动以来,通过翻译,汉语里增加了一些"欧化句式",比如汉族读者已经习惯了比较长而复杂的修饰语。外来句式的仿造在媒体新闻等的翻译中最为活跃,例如"他相信他的企业不仅应该而且也能够多做类似的有益于弱势群体的服务活动""他并不排斥会导致裁军的谈判解决途径""任免、培训、考核、奖惩公务员""支持、监督和帮助自己的政府"等。

语音成分和语法成分的借用一般不如词语的借用常见,而且在产生之初,往往只在借词的范围之内使用,一段时间后才可能逐渐将使用范围扩大到本族语言的词语上。

4.2 语言接触的结果之二:整体融汇

4.2.1 双语现象

不同的语言一经接触就会相互影响,除了前面提到的成分的部分借贷外,还会产生双语现象。**双语是指一个社会或者言语社团同时使用两种或多种语言作为交际工具的现象。**这种现象同民族间的接触,尤其是民族间的杂居,有必然的联系。

双语是一种社会现象,它不是指个别人学习或使用双语的现象,而是指一个言语社团的全体成员或部分成员双语并用的现象。双语现象也不是"双语制",二者是两个不同的概念,二者也没有必然联系。"双语制"是指某个国家的官方语言是两种或多种,也就是指以一种法律的形式规定两种语言或多种语言并用的制度。

双语现象产生的直接原因,归纳起来主要有两种:自然形成的和人为造成的。

自然形成的双语现象主要是指,在统一的主权国家内有多种民族,由于政治、经济、文化、历史等原因,这些民族自然地以某民族(大多是主体民族)语言为国语或共同语,这样,在少数民族地区就容易形成双语现象,他们既使用本民族语言,又使用共同语。我国许多少数民族地区就是如此,汉语和他们本民族的语言一样,是人们生活、工作和学习的必要工具。据调查,目前在我国的少数民族中,本族语言和汉语并用的双语人口超过民族总人口的50％的,有鄂温克族、达斡尔族、京族、仫佬族、裕固族、柯尔克孜族、保安族、羌族、撒拉族、壮族、布依族、白族、东乡族、黎族、纳西族、基诺族、鄂伦春族等 17 个民族。双语现象在多民族国家比较普遍,苏联某些加盟共和国的居民也多操本族语和俄语两种语言,现美国南方拉美移民集中区的人们有些就运用英语和西班牙语两种语言。

人为的双语现象主要发生在殖民地,这是由于入侵者通过各种手段,强行推广自己的语言而造成的结果。例如,入侵者确定宗主国的语言为国语,并在政府机关和学校大力推广,经过一段时间后,这些殖民地就出现了双语现象。东南亚地区许多国家最初就属于这种情况。还有一种原因值得关注,就是外语教育也会促进双语现象的产生。通过外语教学,可以使人们在本族语言之外学会一种乃至几种其他语言,从而获得双语能力。不过,外语教育的作用是有限的,如果没有同异族频繁交往的实际需要,这种双语能力是潜在的和有限的,并不能导致实际活动中的双语行为,所以,这种现象并不是真正的双语现象。

双语现象是语言复杂的社会中必要的交际体制,同时,它也是语言走向统一的必然过程。双语体现象为语言竞争提供了机会,那些强势语言必然会逐渐取代弱势语言成为共同语,使语言走向统一。当然,双语现象也可能引起语言的局部分化,由于发展的不平衡,导致一种语言出现不同的变体。

4.2.2　语言融合

语言融合,又叫语言转用或语言替换,是民族融合的结果,是指语言之间吸收了大量的外来成分,以至于难以区分彼此并最后出现一种语言被另一种语言替换的现象。

双语现象形成以后,最后是否导致语言融合以及何种语言成为胜利者,取决于社会历史条件。这里的社会历史条件主要指经济、文化科学技术的发展水平的高低,人口的多寡和各民族是否杂居以及语言的丰富和发展程度等,有时,政治和军事的原因也会导致语言融合。

语言融合的基本过程大体上为:双语→替换。语言融合是一个漫长的历史过程。各民族都有坚持使用本民族语言、保存本民族文化的要求,双语现象往往会长期存在。例如在中国,满语被汉语同化,大约经历了两三百年。在双语阶段,语言间会发生远甚于单语接触情况下的影响。因此,即使被替代的语言,也会在替代语言中留下自己的痕迹。例如,现代汉语中的地名"哈尔滨"(晒网场)、"齐齐哈尔"(齐齐:水边;哈尔:岗子)等就是满语的残留,"乌兰浩特"(红色之城)则是蒙古语的留存。

语言融合有自愿融合和被迫融合之分。自愿融合是指,在各民族的长期接触中,有些民族能够顺应历史发展的规律,自觉放弃本民族的语言,选用在经济、文化、科技的发展水平等方面比本民族更高的民族的语言作为共同的交际工具,例如,鲜卑族就放弃鲜卑语而选用了汉语。有时候这种融合与政治地位的强弱没有必然关系,例如,汉语在几千年的历史发展过程中曾几度被一些经济、文化比较落后的民族所统治,但是由于汉族在经济、文化上处于先进的地位,汉语在和这些民族语言的接触时,总是被这些民族所采用而成为留存者。

被迫融合是指,有些民族为了保持本民族的语言而进行了长期的艰苦的斗争,但是迫于经济、文化发展的需要,最终不得不放弃本民族的语言,选用经济、文化比自己先进的民族的语言,如满族放弃满语而选用了汉语。被迫融合和强迫融合是不同性质的两回事。强迫融合是指征服者利用军事、政治的优势,迫使被征服者接受征服者的语言并放弃自己的语言。这是民族压迫和种族灭绝的一种表现形式。强迫融合总是要引起强烈的反抗,而且在很多情况下,征服者并不能取得成功。例如,20世纪上半叶,日本侵略者在我国台湾岛和东北地区强制推行日语,歧视汉语,企图用日语取代汉语,泯灭汉族人民的民族意识和国家意识,结果以失败告终。

4.2.3　语言混合

在某些与外族人接触较多的地区(如通商口岸或国境接界的地方),来源于不同语言的成分可能混合在一起,产生一种与这些语言自身都不相同的交际工具,这种现象就是语言混合。语言混合是语言接触的一种非常特殊的现象。其主要形式有"洋泾浜语"和"克里奥耳语"两种。

(1)洋泾浜语

洋泾浜语是指母语不同的人在相互交往时所使用的由两种或多种语言混杂而成的交际工具。

洋泾浜原是上海的一个地名(上海外滩的一段),鸦片战争以后,上海成为对外通商口岸,洋泾浜一带是外国商人聚居的地方。在那里,外国商人和当地平民在交往中,由于在当地人普遍未接受过正规外语教育,为了使当地人能明白自己的意思,常常在语言上作出某些让步,简化自己的语言,并夹杂进一些当地语言的成分。当地人在与外国人交往的过程中,接触到这种变形走样的外语,就把它当作学习和模仿的对象。当地人在学习和模仿这种语言的过程中,不可避免地要受到自己语言的语音、语法和表达习惯的干扰,从而又对这种外语进行了某些改造。这样,外国人和当地人在语言上相互妥协,妥协的结果就产生了这种建立在外来语言基础之上的、双方都能接受的混合语——洋泾浜语。

"洋泾浜"后来就变成了一个混杂语言的代名词,外国人根据中国人发英语"business"(商业)这个词的讹音,给它起了个学名叫"pidgin"(皮钦语),并用它称呼世界上其他类似的混合语。

在我国,洋泾浜语其实主要是指洋泾浜英语,这种"语言"词汇基本上是英语的,语法是汉语的,并对语音进行了改造,当地人和外国人就用这种混杂语言进行通话。

洋泾浜语是一定社会条件下的产物,只有口头形式,一般不能登大雅之堂,用于和外国人交往的特殊场合,使用范围狭窄,即只用于同外国人进行贸易通商或其他有限的交往场合,没有人把它作为母语或第一语言。

洋泾浜语夹杂着不少当地音,语音结构也经过当地语音系统的改造;词汇成分数量有限,基本上来自外来语言,但也包含一些当地语言的词汇成分;语法也是不同语言的混合,语法规则减少到最低限度,外来语言中性、数、格、人称等方面的形态变化消失,复杂的结构和不规则的变化也都缩减掉了。

以我国的洋泾浜英语为例,语音上,因为在汉语许多方言,特别是南方方言里没有/r/,只有/l/,同时汉语的音节很少用辅音收尾,所以洋泾浜英语往往用 l 代替 r,如 room 说成 loom,all right 说成 all light。以辅音收尾的词被加上元音,如 make 变成 makee,这些发音特点都反映了汉语音系的特点。在词汇方面,词汇成分基本都来自英语,也有部分来自汉语,如 chin-chin(招呼、邀请、请求、尊重)和 chow-chow(吃、食物)是两个常用的汉语来源的词。由于词汇成分少,不少事物要用拐弯抹角的办法来指称,如"双烟囱三桅汽船"描绘成"Thlee piecee bamboo,two piecee puff-puff,walk along inside,no can see"(三根竹竿,两个吐烟管,走路的家伙在里面,看不见)。在语法方面,洋泾浜英语基本上只用词干造句,没有性、数、格、体、人称等形态变化。另一方面,由于汉语量词丰富,所以在数词和名词之间要加上一个 piecee(相当于英语的 piece),两本书就被说成 two piece book(＝two books)。

世界上现存最有活力的"洋泾浜"是广泛使用于新几内亚的 Tok Pisin。它经过长期发展,已经定型,有自己的文字、文学、报纸、广播,并且曾经在联合国大会上用它发言。它的主体是英语,在大约 1500 个词汇项目中,80％来自英语,有简单的音位和语法规则。和一般的洋泾浜一样,Tok Pisin 的词汇量很少,不便于表达细微的意义差别,许多词的意义负担很重,要靠上下文来排除歧义。使用拐弯抹角的比喻说法的场合比较多,比如,胡子叫"grass belong face(脸上的草)",口渴叫"him belly alla time burn(肚子里直发烧)",等等。有些迂回说法确切生动,反映出创造者的智慧和幽默感。

洋泾浜这种语言现象的产生,与 17 世纪以后欧洲帝国主义的殖民扩张有着很大的联系。洋泾浜语的前途如何,主要取决于社会环境的变迁和社会交际的需要。随着社会的进步,多数情况下,洋泾浜会随着国家的独立和民族的解放而消失。

(2)克里奥耳语

洋泾浜在一定条件下也可能被社会采用为主要的交际工具,由孩子作为母语来学习和使用。这样,洋泾浜便成了克里奥耳语。

克里奥耳语(Creole)是混血儿的意思,是由两种或多种语言永久混合的自然语言,是作为某个社会群体的母语来使用的。例如非洲某些地区的种植园,不但欧洲殖民者和非洲劳工之间没有共同的语言,就是非洲劳工之间,由于来自不同的部落,彼此也不能通话。在这样的社会群体里,唯一通用的交际工具只能是经过洋泾浜化的殖民者的语言。随着不同种族、部落的人互相通婚,克里奥耳语就在家庭里扎根,被下一代的孩子们作为母语学习使用。在非洲以外的地区,像地中海有以法语为基础的克里奥耳语,牙买加有以英语为基础的克里奥耳语。美国乔治亚、南卡罗来州沿海的岛屿上非洲人后裔使用的 Gullah 语,也是一种克里奥耳语,它的基础是英语。洋泾浜语一旦升格为克里奥耳语,在一个社会的全体成员的口头中扎下根,就会扩大词汇,严密语法,迅速地丰富发展起来,最后也可能变得和其他语言同样完备。

克里奥耳语和洋泾浜语一样,多是语言"远征"的结果,是语言随着强势文化深入异域的产物。

克里奥耳语产生后,还有一种特殊的发展结果。即在某个社会里,如果基础语言地位较高,说克里奥耳语的人就可能根据基础语言来不断调整、校正,使克里奥耳语向着基础语言的方向发展,使两种语言越来越近,甚至有可能使克里奥耳语变为基础语言的一种变体。这便是所谓的"非克里奥耳化"。例如,牙买加的克里奥耳语的主要成分来自英语,这种语言是在奴隶制的种植园环境里产生、发展起来的。当奴隶制废除后,说英语的欧洲殖民者留在当地,和说克里奥耳语的人生活在一起。由于英语的社会声望很高,不少说克里奥耳语的人便不断改变自己的语言,使之越来越像英语,特别是那些经常接触英语使用者的人,他们的克里奥耳语已经非常接近英语。

4.2.4　世界语

洋泾浜语和克里奥耳语都是在特定社会历史条件下自然形成的混合语,而世界语纯粹是一种人工的混合语。

随着航海事业和国际贸易的迅速发展,世界各族人民的交往日益频繁。由于语言的分歧,给各族人民的交际带来极大的不便,妨碍着人们的相互了解和科学文化的交流。为了消除这种障碍,有不少人设计了人工混合语。公元前 5 世纪希腊哲学家苏格拉底就有过这种愿望。从 17 世纪起就不断有人设计国际辅助语方案,至今出现的世界语方案已经有 500 多种。由于这些方案本身技术上的缺点,特别是多以创造一个全人类统一的"世界共同语"为目的,而疏离客观实际,因此,一般来说都没有成功。其中影响最大的是 1887 年由波兰医生柴门霍夫(L. L. Zamenhof,1859—1917)创造的"世界语 (Esperanto)"。Esperanto 是"希望者"的意思,表示发明者希望人类借助于这种语言,达到民族间相互了解,消除仇恨和战争,实现全人类的平等、博爱。

世界语传入中国时,曾音译为"爱斯不难读(懂)"语。目前全世界懂得世界语的人数超过 1000 万,许多世界名著已经被翻译成世界语,还有一大批直接用世界语写成的作品。

世界语以印欧语为基础。由 28 个字母组成,一个字母代表一个音。没有元音弱化、辅音同化,也没有不发音的字母和各种不规则的音变。语音形式和书写形式完全一致,词重音固定在倒数第二个音节上,字母的发音和书写规则简明,与词有较为直接的对应关系。

世界语的词汇材料取自欧洲绝大部分国家语言中比较通用的词,词根基本上来自印欧语系,基本词汇则来自拉丁语族、日耳曼语族和斯拉夫语族。词根可以自由地复合成词;派生词的构成可利用一套丰富的前、后缀,方便灵活。世界语的基本词汇量很小,但是通过转化、合成、派生等构词手段能大量创造新词。各类词有固定的词缀形式,名词为-o,形容词为-a,派生副词为-e,动词(不定式)为-i。例如用词根 leter-和构词语素配合就得到下列各词:letero(信),letere(用写信的方式),leteri(写信),等等。

世界语的语法规则有 16 条,没有一条规则有例外。名词和形容词都区分单复数,区分主格、宾格。复数加-j,宾格加-n。形容词必须和所修饰的名词同数同格,保持一致。动词有时的变化(现在时加-as,过去时加-is,未来时加-os)和主动、被动的变化。整个方案备有词典、语法和范文。

世界语兼采欧洲各种语言的词汇材料和语法规则,加以简化,可以说是欧洲各大语言的一个合理的公分母,也可以说是一种人造的洋泾浜。它模拟自然语言,但没有枯燥乏味矫揉造作的味道,简单易学,懂得欧洲语言的人都有一种似曾相识的感觉。正因为世界语有这些优点,所以问世以来,受到广泛的欢迎。

世界语虽然设计得很科学,但是世界语毕竟是一种人造的语言,缺乏母语的生命力,没有谁把它当作母语来学习,它也难以代替任何一种自然语言。另外,相对于全世界语言而言,它的基础(印欧语系)狭窄,国际性只限于欧洲语言,所谓"简单易学",只是对掌握了印欧语系的某一种或几种语言的人来说才是真实的,只掌握了非印欧语系语言的人要掌握它并不容易。所以在一个可以预见的时期内,恐难以成为真正的世界性交际工具。

【自测题】

1. 语言起源研究的困难在哪里？为什么这一问题一直吸引着人们的注意力？

2. 语言产生的主要条件有哪些？你能从这一角度分析其他动物不能掌握语言的原因吗？

3. 语言的发展能否以迅疾改变的方式进行？为什么？

4. 分别以汉语和英语为例，说明词义发展的几种主要方法。

5. 在语言诸要素中，为什么语音和语法的发展速度比词汇和词义要慢？

6. 什么是语法化？它有哪些主要的特征？

7. 请简述语法化的原因和机制。

8. 语言的分化和统一的条件有什么异同？

9. 列举几种社会方言，看看你会说几种。

10. 你的家乡属于哪个方言区？有什么主要特点？

11. 地域方言和亲属语言有什么区别？

12. 什么叫原始基础语和子语？它们之间是什么关系？

13. 试着在报刊语言中发现一些不规范的语言现象，并对它们加以归纳分析。

14. 请你谈谈语言接触中的部分借用特征及其表现。

15. 双语现象是如何形成的？有何特征？

16. 语言融合有哪几种形式？

17. 什么是洋泾浜语和克里奥耳语？它们有何异同？

18. 为什么说世界语不是一种自然语言，而是一种人工混合语？

第八章　应用语言学

"应用语言学"作为一个学术概念,首先是由波兰语言学家博杜恩·德·库尔特内(J. Baudouin de Courtenay,1849—1929)在 19 世纪末提出的。他认为语言学应该分为纯粹语言学和应用语言学,并解释说,应用语言学就是运用纯粹语言学的知识去解决其他科学领域的各种问题。不过,他并没有明确地界定应用语言学的研究范围、对象和方法等。学界一般认为,应用语言学成为语言学的一个分支,是 20 世纪 40 年代在美国确立起来的。1946 年,密执安大学成立了英语系,创办了《语言学习》(*Language Learn*)杂志,其副标题就是《应用语言学杂志》(*Journal of Applied Linguistics*),成为世界上第一本标有"应用语言学"的杂志。此后,应用语言学研究在世界范围内蓬勃发展。在英国,1958 年爱丁堡大学研究生部首先建立了应用语言学学院,成批地培养该领域的人才。在美国,1959 年,由语言学家弗格森(C. Ferguson)领导,在华盛顿正式成立了"应用语言学研究中心"。1964 年在法国南锡(Nancy)召开了第一届国际应用语言学会议,成立了国际性应用语言学协会(International Association of Applied Linguistics,简称 AILA)。该协会下设19 个学术委员会,研究领域分别是:成人语言教学、应用计算语言学、儿童语言、对比语言学与偏误分析、言谈分析、教育技术与语言培训、多语环境下的语言教育、语言与性别、特殊用途的语言、语言规划、语言测试、词典编纂与词汇学、母语教育、心理语言学、修辞学与风格学、第二语言习得、社会语言学、翻译。

从以上介绍可以知道,应用语言学的研究领域很广泛。本书综合各种看法,在本章主要谈三个方面。

第一节　语言教学

1.1　语言学与语言教学

语言教学是应用语言学中最古老的一个分支,也是应用语言学狭义的研究对象,作为学科概念早在 19 世纪就提出来了,但成为一个独立学科是 20 世纪 40 年代以后的事,60 年代后有了蓬勃的发展。[①] 随着文化教育事业的发展,除一般的语言教学外,为不同目的和不同对象服务的第二语言教学(也称外语教学)成为主要的研究对象。

对多民族国家来说,除抓好各民族本族语教学外,如何做好第二语言教学工作是一项重大的任务。因此,这里主要谈第二语言教学(一般指在本国学习其他国家的语言),重点介绍该类教学中的常见教学法,以了解它们的发展脉络。

现代第二语言教学已有一百多年的历史。语言学是现代第二语言教学法流派的最直接的理论基础,语言学直接影响着教学法的形成。同时,语言学理论也指导课堂教学和学习过程,而且跟教学评估、测试关系也很密切。

1.2　第二语言学习与第一语言获得过程的不同

第二语言学习比第一语言习得要复杂得多,二者之间存在着明显的差异。

1.2.1　学习的主体不同

第一语言习得的主体是儿童,从生理上讲,他们的发音器官、肌肉还没有定型,有很大的可塑性,模仿能力强,可以习得地道的发音,在这一点上优于成年人。青春期前,大脑没有固定化,短时记忆能力强,而长时记忆能力差,接受能力强。智力还没有完全发育起来,有一定的归纳推理能力,但演绎推理能力差,不善于抽象思维。自我意识不强,自尊心不容易受到伤害。因此,学习的主动性强。而第二语言学习的主体是过了青春期的成年人,他们的发音器官、肌肉已经定型,模仿力差一些,不容易学到地道的外语发音。大脑已经定型,智力发育健全,演绎推理能力强,能够进行抽象思维。在外语学习中,能够充分概括和归纳,综合处理语言材料,在这一方面优于儿童。但成年人自我意识较强,自我认同有一定的保守性,自尊心容易受到伤害。

1.2.2　学习的起点不同

儿童在习得第一语言之前,没有任何语言,他是通过所谓"语言习得机制"来接触和使用第一语言的。成年人在学习第二语言之前,已经掌握了第一语言,他是通过第一语言的知识和思维能力来接触和使用第二语言,从而认识第二语言的。两种学习的起点不同,这就决定了学习方法上的差异。

---

① S.皮特・科德,《应用语言学导论》(中译本),《译者的话》,上海外语教育出版社 1983 年版。

1.2.3 学习的条件与环境不同

儿童总是处于一种自然的语言环境之中，不受时间限制，大量地接触自然的语言。语言环境比较单纯，没有第二语言的干扰。对孩子来说，说话是生活必需，他们得通过语言认识客观世界，组织生活经验，运用语言进行日常交际，因此他们总是沉浸在语境之中，总是与目的语言相伴。而第二语言学习一般在正式场合（课堂）里进行，时间有限。课堂以外，一般没有使用外语（目的语）的环境，或者说，总处在一种双语的环境之中，在课堂上学外语，课下使用母语。因此，外语教学特别强调创造环境，加强课外活动。不过，儿童接触母语时间虽长，语言却未经提炼，没有计划，成年人接触外语的时间虽短，但语言经过提炼，有严格的教学计划，进行集中强化训练。从时间与学习效果的比例来看，应该说，成年人优于儿童。

1.2.4 学习的动力不同

儿童习得母语是为了生存，为了生活，为了跟社团的成员交往，因而动力强，他把说这种语言当成一种需要，一种乐趣，没有精神负担和压力。而成年人学习第二语言的动力各异：有的为了考试而学习，有的为了工作而学习，有的为了阅读外文资料而学习，有的因为对外语有兴趣而学习。当然，学习的兴趣也是可以培养的，但是要长久地学习，需要很大的学习动力。

1.2.5 语言输入的情况不同

儿童的第一语言基本上不是"教"的，而是自然习得的。父母输入的语言是"照顾式语言"，简单，清楚，有重复，速度慢，充满感情，并伴随着相应的体态语，有具体的语境。输入时重内容，以学习者为中心，不盯住学习者的错误不放，学习者有进步则给予鼓励或奖赏。第二语言输入的情况各异，好的输入跟父母的输入有相似优点，因此，在有限的学习时间内，要想外语学习成功，必须非常注意教师的输入方法。

1.2.6 学习过程不同

这个学习过程的不同指的是第一语言习得过程中儿童所犯的语音、词法或者句法的错误与成人在习得第二语言的时候所犯的错误不同。比如，初期的幼儿常用错代词，即有时会称自己是"你"因为儿童听到父母用"你"来称呼这个儿童，但他们在很早的阶段已经会正确使用"把""了"等语法形式，比如"宝宝把饭饭吃完了"。这些语法对于以汉语为外语来习得的成人却非常困难，即使学习3年以上汉语，他们仍可能出现类似"我把中国饭不吃"和"我昨天去了看中国电影"等错误。而且，儿童在第一语言习得过程中的错误比较容易纠正,而且不需刻意纠正,儿童自己就能把错误纠正过来;而成人在习得第二语言的时候,他们的错误需要教师纠正,有时即使时常纠正也未必能改正错误。有的第二语言习得错误可能会很顽固地存在,那就是所谓的第二语言习得过程中的"化石化"(fossilize)现象。

1.3　第二语言学习过程中的常见现象

在第二语言学习过程中会出现一些特有的现象,在这一方面,应用语言学作了深入的研究,成果也很多。这里介绍一些基本的内容。

1.3.1　"迁移"与"干扰"

迁移一般指学得的经验对于后来学习的影响。学得的经验包括知识、技能、对现实的态度和行为方式。起促进作用的是正迁移,起干扰作用的是负迁移。迁移理论不仅有重大的理论价值,而且也有重大的实践意义。

如果在儿童时期学习第二语言,这跟习得第一语言类似,受第一语言干扰少。成年人学习第二语言,不可避免要发生迁移现象,受第一语言干扰比儿童大一些。但是,他所产生的错误跟儿童有些类似,这显示了第二语言学习的创造性过程。他力图发现第一语言以外的规则。如果两种语言之间产生了缺口,他就用第一语言的规则来弥补这个缺口。比方说,一个学中文的美国学生想说:Beijing is much bigger than Hangzhou！（北京比杭州大得多）他知道基本的语法构造是"北京比杭州大",但是,如何表达 much bigger呢? 在他的脑子里,两种语言产生了缺口,因此,他就用他的母语英语的语法规则来生造汉语句子:"北京比杭州很大!"这就是一个典型的第一语言负迁移的例子。中国学生学习英语时也一样,他想说"我觉得没必要去学校"时,对否定结构的位置摆放没有很强的语感,他就会套用汉语的语法规则和语序,将汉语的规则迁移到英语句子中:I think it is not necessary to go to school.然而我们知道,这样的说法会更常见:I don't think it's necessary to go to school.

迁移还可以分成语内迁移和语际迁移。语际迁移就如上文提到的两种或几种语言间语言迁移的情况,语内迁移是指在同一种语言本身,尤其是在目的语内部的迁移。

1.3.2　"概括"与"简化"

概括,通常是由特殊事例推论出规律、规则或结论。这是人类学习中的一个非常重要的策略。干扰(负迁移)在第二语言学习中也常被称为"泛化",

也就是"过分概括"(overgeneralization)。它是"概括"的一个分类。有意义的学习事实上也是"概括",也就是把学习的类目包容在更高一级的意义储存范畴里。在人类学习中"概括"用得十分广泛。例如：小孩子早期习得概念，把很多四条腿的动物称做"狗"，马是狗，看到一头驴子，也叫"大狗来了!"在第二语言习得中，泛化的现象也非常普遍，比如一些学中文的留学生，学习了"房子，孩子，脑子，车子，刷子，柜子，桌子，椅子"后，他在脑子里过分概括形成了一种认为很多物体都是"…子"的概念，所以就把背包叫成"包子"，既然有"肚子"那么就有"胃子"……这也是语内迁移的一个例子。

第二语言学习的研究中，常使用"简化"这一概念。从某种意义上讲，所有的人类学习都是一种简化，是一种非复杂的过程。意义学习是一种简化。比如：大雨、小雨、毛毛雨、暴雨、阵雨……都是"雨"的意义。对语法规则的学习也是一种简化，比如"把"字句，对后接地点补语的"把"字句教学，老师会把各种句子"我把书放在桌子上"、"他把钱扔到了我的手里"、"我把饺子吃到了肚子里"，等等，老师一般都将规则简化概括成"主语"接"把"字，接"把"字的动作的受事，再接动词和处所宾语。但是如果老师没有说清楚这里的处所宾语应该是"把"后受事的终点处所，而不是主语及其动作"吃"所在的地点时，学生就会造出这样的句子：我把饺子吃在饭馆里。由此看来，在这里"简化"是"概括"的同义词，但又是"复杂化"的反义词。"复杂化"有时是需要的，它可以抵制过分简化、泛化，就如刚才的例子中，老师应该把受事成分的特点详细说明，学习者才不会犯错误。过分简化会使一些重要方面遗漏。英语学习也一样，比如在学习动词过去式时，常出现以下过程：walked, opened → * goed，* flyed，第二语言学习者往往会遗漏一些不规则动词的特殊形式。

1.3.3 "中介语"

"中介语"的概念最早是由赛林格于 1969 年提出来的(1972 年正式发表)。所谓"中介语"，就是介于学生本族语和目的语之间的独立的语言系统。它是第二语言学习者创造的语言系统，他们不同于目的语，也不同于学习者的母语，如港澳台地区人们的一些话"我透过新闻知道了……""你有吃过这些东西吗?"等；还有一些学习英文的中国人在学习过程中使用的句子如"I haven't English name"、"I haven't girlfriend"，等等；又如上文中外国学生学习中文时说的"我把饺子吃在饭馆里""北京比杭州很大"等例子，这些句子既有目的语的表现形式，又有母语的影响，而且，对使用者来说，使用这样的语言已经成为了一种习惯。中介语还被说成"特异方言"或"语言学习者的语言""接近系统"等。需要注意的是,中介语中既有正确的成分,又有错误的成分。中介语也包括很多上文提到的"化石化"现象。比如,很多学中文的成人总是把"今天有点儿冷"说成"今天一点儿冷",不但如此,还扩散到其他的句子中,比如"这件衣服一点儿贵""考试一点儿难"。其"化石化"特征表现在这种错误的长期存在,就像变成化石一样,极难改正。

1.4 几种主要的第二语言教学法

在现代第二语言教学研究史上,教学理论的研究大体上可以分为两个时期:20世纪50年代末、60年代初以前,教学理论研究的中心是教学法,一般称为第一代应用语言学;在这之后至今,研究的中心是教学与学习过程中的有关问题,一般称为第二代应用语言学。在现代外语教学史上究竟有多少外语教学法流派?恐怕没有一个人能说全。马凯在他1965年出版的《语言教学分析》中列举了15种,主要是欧美的,而且还不包括1965年以后出现的若干种流派。章兼中主编的《国外外语教学法主要流派》重点评介了8种主要的教学法流派。北京语言大学(原名为北京语言学院、北京语言文化大学)外国留学生语言教学法研究小组在1984年编写的《现代外语教学法流派评介》中总结了17种。以下大体按历史发展顺序简要地介绍几种影响较大的流派。

1.4.1 语法—翻译法

语法—翻译法是最古老的外语教学法,已有几百年的历史。它盛行于18世纪末,代表人物是奥伦多夫。古老的翻译法、语法法和词汇—翻译法都属于同一类方法。它最初用来学习古希腊文和拉丁文这类已不再使用的语言,后来用来学习现代外语。20世纪初,这种教学法在许多国家的外语教学中占主导地位。我国解放初期的外语教学,特别是俄语教学,大都采用这种方法。它的基本特点可以归结为以下几个方面:

①教授语法学家所确定的所谓"规范"的语言,所使用的语言材料多以固定的古老的例句为主。②注重书面语,不注重口语。③语法的讲解不仅注重规则的东西,也十分注重不规则的东西。④课堂教学使用本族语。⑤教学方法以翻译为主,通过大量笔头翻译和写作练习来检验语法规则掌握情况。

近几十年来,人们对语法—翻译法褒贬不一。它的生命力在于它的许多长处:利用本族语,把翻译作为讲解与巩固外语的手段。同时主张讲授语法知识,发展学生对语言的理性掌握能力。而且注重阅读和学习原文,特别是文学名著。从操作上说这种方法使用方便,不需要专门训练,对口语要求不高,不需要复杂的设备和教具。教学进程易于检查和控制。当然,该方法缺点也很明显:过分依赖母语,过分强调语法,忽视口语教学。

1.4.2　直接法

直接法是19世纪后半叶作为语法—翻译法的对立物在西欧出现的,主要代表人物是贝力兹、艾盖尔特和帕默。直接法还有别的名称,如改革法、自然法、心理法、口语法、妥协法、综合直接法、折衷直接法、循序渐进直接法等。

所谓直接法,就是直接用外语教外语,不用学生的母语,不用翻译,也不注重形式语法。它的教学目标不是规范的书面语,而是外语口语。直接法的教学原则和特点是:

①直接联系的原则:建立语言与外界经验的直接联系。②以口语为基础的原则:口语教学是入门阶段的主要手段和目的。③句本位原则:教外语从句子入手,以句子为单位,整句进,整句出。④以模仿为主的原则:通过各种模仿手段重复所学的句子,养成习惯,达到自动化的地步。

直接法对后来的听说法、沉浸式教学和功能法影响很大。

1.4.3　阅读法

阅读法是20世纪初魏斯特在进行英语教学实验中新创造的一种教学法。魏斯特认为外语教学的基本目标首先是培养学生的直接阅读能力(即不通过翻译而直接理解)。

该方法对外语教学的主要贡献有:首次提出了以阅读为主要目标的单项语言技能教学,区分精读与泛读,使快速阅读进入课堂,创造了多种阅读训练方式。而且,这些方法的实践者编写了多种对词汇进行控制的分级读物,在世界各国广泛流传。当然,它也有不足之处:只重视阅读技能而忽视其他言语技能。

1.4.4　听说法

听说法在20世纪40年代产生于美国,当时叫做陆军法或口语法,到了50年代,发展为听说法,又称结构法,在美国外语教学中占支配地位,也极大地影响了现今的外语教学。听说法的语言学基础是结构主义语言学,它的心理学基础是行为主义心理学。在现代外语教学史上,听说法是一种理论基础最雄厚的教学法。代表人物有埃比、里弗斯等。

听说法吸收了直接法重口语的特点,教学目标分听、说、读、写四项技能。但重点放在发展听、说技能上。

第二次世界大战期间在美国兴起的速成外语教学,就比较集中地体现了该方法的上述特点。20 世纪 40 年代,听说法为美国培养了大批的通晓外语口语的人才,仅 1944 年一次就培养了 15000 名外语人员。这件事轰动了整个美国,也轰动了世界语言学界。50 至 60 年代,听说法在美国占支配地位,在世界范围内影响也较大。

1.4.5　视听法

视听法在 20 世纪 50 年代产生于法国,它最早叫整体结构法,又叫圣克卢教学法(因产生于法国圣克卢高等师范学院的"全世界推广法语研究所"而得名)。代表人物有法国的古根汉和南斯拉夫的彼塔尔·吉布里纳。

视听法的教学目标分三个阶段。第一阶段:日常口语,如《基础法语》;第二阶段:就一般性专业化话题而进行的连贯谈话;第三阶段:就有关专业化的话题进行的连贯谈话。

视听法重视口语教学、重视语言的社会特点、语境,这与当时的语言学理论,特别是描写语言学,很有关系。它重视语言的反复操练,重视整体结构教学,这又与当时的行为主义心理学和格式塔心理学很有关系。视听法对听说法有所继承有所发展。

1.4.6　认知法

认知法又称认知—符号法(Cognitive Code Approach),20 世纪 60 年代产生于美国,代表人物是卡鲁尔、布鲁纳。认知法反对听说法的"结构模式"论和过分依赖机械性的重复操练,主张在外语教学中发挥学生智力,注重对语言规则的理解和创造性的运用。它的教学目标是全面地掌握语言,不完全侧重听说。它批评听说法的缺点,为语法—翻译法和直接法正名,因而被称为"改进了的现代语法—翻译法"或"改进了的现代直接法"。

认知法的理论基础是转换生成语言学和认知心理学。这种认知理论认为:活的语言是受规则支配的创造性系统,所以,它要作为一个有意义的学习系统来教授;语法规则是心理的现实,所以,语法规则的学习是有意识的,语法规则的运用是自动的,但这并不是说,语法规则的学习也是自动的。同时,人有学习语言的特殊机制,所以,学习是内在的,而不是外在的。活的语言是用来思维的,跟意义和思想联系在一起,学习另一种语言,就是要用另一种语言思维。可见,这种方法充分的重视和发挥了成人的认知能力,这是它最大的优点。

1.4.7　功能法

功能法又叫意念法或交际法,20 世纪 70 年代初产生于西欧,创始人是英国语言学家威尔金斯。它是近年来国外颇为流行的外语教学法流派之一。

当时,西欧各国对具有外语交际能力的人才需求很大。但由于学外语的人的职业特点和工作性质不同,对运用听、说、读、写各项技能的要求各不相同,这样就产生了教学目的的多样性。传统的翻译法和听说法有其局限性,于是功能法便应运而生。功能法从社会语言学、心理语言学、转换生成语言学等相邻学科和学派中吸取其最新成果作为自己的理论基础。它是以功能为纲,有针对性地培养学生的交际能力,教学过程交际化。功能法十分重视语言的交际功能,主张学习语言从功能到形式,从意念到表达,认为这是学习外语的有效途径。

实践证明,这是一种很有生命力的教学法流派。功能法目前遇到的最大难题是如何把语言结构与功能结合起来。

1.5 第二语言教学法流派的分类、特点以及发展趋势

第二语言教学法流派很多,但是归纳起来,大体上可以归纳为传统法和改革法两类。传统法包括:语法—翻译法、阅读法(旧阅读法、新阅读法)、自觉对比法、认知法等;改革法包括:直接法(贝力兹法、折衷直接法、循序渐进直接法)、听说法(口语法、视听法、情景法)、自觉实践法、功能法(又称交际法)、结构—功能法等。

传统法与改革法的侧重点不同,前者重在语言(language),后者重在言语(parole)。各种教学法流派的产生大都有某种哲学、心理学、教育学和语言学理论作为基础。一般说来,随着时间的推延,理论基础越来越雄厚,科学性也渐强。一种教学法的生命力取决于它对外语教学规律的认识程度。外语教学的复杂性决定了教学法的多样性,一种新的教学法的产生并不意味着老的教学法的死亡,各种教学法常常并存,彼此互相排斥、又互相吸收。到目前为止,还没有出现一种完美无缺的教学法。教学法不是一种死的理论,从某种意义上来说,是贯穿在教和学过程中,把教与学相结合的充满生命力的有机体。教师的责任就是要根据教学对象的需要和教学目标确定自己的教学法。

20 世纪 60 年代以后,新的教学法出现了若干新的趋向。

(1)各教学法流派趋向综合。早在流派纷呈的时候,国外有些学者作为第三者就采取折衷的办法,把互相矛盾、互相对立的东西调和起来。然而折衷并不能解决问题,如 20 世纪 20 年代的混合法、60 年代的折衷法都比较零乱,不成系统。现在人们更多地主张用分析、综合的方法对待各种教学法流

派,研究教学中的各种问题。

（2）冲破方法流派的束缚,从不同的领域和不同的角度,全面地认识外语教学问题。各种教学法都认识到了外语教学的某些方面,但都不全面。因此,需要从语言学、心理学、教育学和文化人类学等各种不同的领域和角度全面地认识外语教学,逐渐深入到外语教学领域内的各个方面。现今的研究也正是朝着这个方向发展:探索外语总体设计、大纲制订、课程设计的新路子;探索课堂教学中的人际关系;探索的重点由"教"转向"学";充分发挥学生的能动性;探索交际性教学的途径。

第二节　语言规划

2.1　语言规划

语言规划,又叫语言建设或者语言计划（Language Planning）,是指政府或社会团体为解决在语言应用中出现的社会性问题有计划有组织地对语言文字进行的各类调整工作的统称。[①] 它是一个国家或政府语言政策的具体体现。

语言规划在顺应语言发展规律的前提下,必须接受国家语言政策的指导,或者通过国家语言政策来促进。语言规划的实施者可以是直接隶属于政府的行政机构,也可以是具有一定权威或影响力的民间团体、学术机构。现在中国制定国家语言政策的职能部门是隶属教育部的国家语言文字工作委员会。

"语言规划"这个名称是 1957 年首先由语言学家威因里希（Ureil Weinrich）提出的。但实际的语言规划行为有悠久的历史。在我国,远在秦代就有语言规划,秦始皇把六国文字统一为小篆,实行"书同文",这就是人类历史上一次大规模的语言规划。在欧洲,远在罗马帝国时期,实行了以拉丁文统治多民族大帝国的"书同文"政策。经过中世纪以后,各个民族纷纷独立。文艺复兴时期解放了思想,意大利、法国、西班牙、瑞典都成立过负责语言研究的机构,以保持和维护本民族语言的纯洁性,促进语言社会交际功能的发挥,为以后

---

① 参见冯志伟,《论语言文字的地位规划和本体规划》,《中国语文》,2000 年第 4 期。本节部分观点择要采用了冯志伟和陈章太对"语言规划"问题的研究和论述。

的工业化作了文化上的准备。这些也都是早期的语言规划。

在本质上说,语言学应是一门描写性的学科,而不是一门规范性的学科。在语言学的研究史上,从规范主义到描写主义是一个根本性的进步。公元前5世纪的古希腊语言学的基本特征就是规范性的。语言规划的基本特征也是规范性的,不过这种规范主义是对现代语言学描写主义的一个必要的补充,它不是简单地重复古希腊的规范主义,而是要在对语言现象描写的基础之上来制定语言的规范,语言规划的制定往往具有前瞻性和预见性。

2.1.1 语言规划的性质

(1)社会性

语言是社会交际工具,因此,针对它而进行的任何形式的语言规划首先应该是政府或社会团体的行为,一般不应是个人的行为。尽管有时私人的或半私人的组织、名流、出版商对语言规划也能起某些作用,但政府或社会团体的作用比个人的作用大得多。因此,语言规划又叫语言计划,通常由政府或其中某一部门来制订。

(2)权威性

语言规划的社会性与权威性是不可分割的。国内外在语言规划中的许多重大决策,往往都有国家领导人亲自参与,这就使其规划行为具有很高的权威性。语言规划的权威性可以使这一过程本身能产生强大而无形的社会性示范效应,最大限度地获得规范效果。不过,具有权威性的政府和社会集团不应当滥用权威,不应当用权术来控制学术或者压制学术,否则可能会适得其反。因此,具有权威性的政府和社会集团对于语言规划的问题绝对不能掉以轻心,在制定语言政策时要保持一定的稳定。

(3)实效性

语言规划旨在解决语言交际中出现的问题,促进语言的社会功能的发挥。语言规划的目的是由语言的社会交际功能决定的。离开了交际功能这一实效性,语言规划既缺乏行动的基础,也失去了应有的社会价值。如汉字规范标准的建立和推广,不仅对社会上一般用字的标准化有指导性和实践意义,而且对计算机信息处理也有重大的价值。

(4)长期性

语言自身所具有的社会性决定了语言规划牵涉到绝非个别人或部分人,另外,语言规划本身往往并不是单纯的技术性活动,与文化、历史甚至政治密切相关,因此,语言规划往往要持续很长的时间,一般不可能一蹴而就。有的国家的语言规划几经挫折,持续几年甚至几十年的时间才初见成效。比如新中国的普通话推广工作已经进行了五十多年,但仍然任重道远。有的国家的语言规划受到政治斗争的影响,经历了非常曲折而艰辛的过程。

(5)实践性

语言规划的内容是十分庞杂而广泛的,它除了对语言文字进行一般性的管理之外,还包括语言的选择、语言的标准化与规范化、文字的创新、文字的改革等极为广泛的、多方面的社会实践活动,而这样的社会实践活动已经大大地超出了一般性行政管理工作的范围,它不仅具有丰富多彩的学术内容,同时还包含了复杂广泛的各种实践活动。语言规划绝不是一种单纯的学术性工作,而是涉及多种学科和多种部门的社会实践活动。

2.1.2　语言规划的内容

语言规划的内容涉及一个国家用什么语言作为法定的官方语言,在什么方言的基础上建立作为国语的民族共同语及如何普及共同语,共同语用什么文字来书写,共同语及其文字怎样规范和完善,国内少数民族语言和国语以及他们内部的不同地区的方言之间制定什么样的发展关系,在多民族的国家中制定正确的民族语言政策,采用什么外语进行第一外语教育,为没有文字的语言创制文字,对已有的文字进行改革,等等。

语言规划的内容是随着社会的变化而调整的,就我国来看,20世纪50~60年代,语言规划的内容是,执行各民族语言平等政策,保障人民群众的语言权利,确立普通话在全国通用的地位并大力推广普通话,进行文字改革,加强现代汉语规范化。到了80~90年代,在前阶段任务的基础上,增加了以下内容:进行语言文字信息处理和管理,加速推广、普及普通话,加强语言文字规范化、标准化。

语言文字规划主要包括两个方面的内容,即语言文字的地位规划和语言文字的本体规划。①

2.2　语言文字的地位规划

语言文字的地位规划,指的是某一国家或地区中,某种语言或文字与其

---

① 　这里将"语言规划"修改作"语言文字规划",是因为在我国通行的汉字是一种非常复杂而重要的文字,在语言规划中,需要给以特别的重视;同时也有助于使概念更具有概括性。参见冯志伟,《论语言文字的地位规划和本体规划》,《中国语文》,2000年第4期。

他的语言或文字在地位上的关系。语言文字的地位规划主要包括两方面的内容:决定某种语言在社会交际中的地位,主要涉及共同语的确立和民族语言政策;决定某种文字在社会交际中的地位。

2.2.1 语言地位的规划

(1)民族共同语的确立

建设共同语是为了减少交际困难,作为国语的民族共同语的选择与确立是一个国家最关心的问题之一。

在一个多种语言并存的社会里,往往只能选择其中的一两种或几种语言作为国语,这种国语的选择是语言规划的重要内容。从理论上说,选择国语应该充分考虑到本国、本民族或本国各民族的长远利益,应该选用国内多数人使用的语言,或者是国内经济文化发展水平较高因而较有影响的民族的语言。

国语不可能是超越民族语言范围而另外设计的一种人工语言,它一般采用主体民族的语言。一个民族的民族语又往往落实在一种主体方言上面。

就中国而言,她是一个以汉族为主体的多民族组成的国家,除汉族以外,还有 55 个少数民族。除了回族、满族、畲族通用汉语外,他们都有自己的语言,其中有些少数民族,如苗族和彝族,有方言而没有民族共同语。根据《中华人民共和国宪法》的规定,"各民族都有使用和发展自己语言的自由"。但是中华民族是个整体,需要确立一个大家共同使用的交际工具。用汉语作为各民族间的交际语是最自然的选择。因为使用汉语的人口最多,区域也最广泛,汉语对各民族的影响最大。因此,用汉民族共同语(即普通话)作为国家共同语是符合中国各民族的利益的。

类似汉语的还有苏联的俄语,它是俄罗斯民族的共同语,又是苏联各个加盟共和国的各民族的共同交际语。不过,有的国家的国语往往不止一种,是以一种为主。瑞士用德语、法语、意大利语和罗曼希语四种,以德语为主;加拿大用英语和法语两种,以英语为主。

在殖民地国家,由于处于被统治地位,可能出现一种特殊现象,就是当地人被迫采用宗主国的语言作为自己的国语,本国语言始终没有机会成为官方的工作语言。

第二次世界大战以后,独立起来的国家有 100 多个,在独立以前用宗主国语言,独立以后既要确立和发展本民族共同语,又要确定和发展国家共同语。新加坡、印度尼西亚、马来西亚、文莱、印度、菲律宾、以色列、东非都进行了共同语的建设,取得了很大的成绩。

如新加坡,宪法规定马来语、华语(汉语的普通话)、泰米尔语、英语四种语言为官方工作语言。马来语是马来人(占总人口的15%)的民族共同语,为了尊重历史背景和地缘关系,新加坡规定马来语为国语,国歌要用马来语来唱,以马来西亚和印度尼西亚两国共同的标准马来语为规范。华语是方言复杂的新加坡华人(占总人口的78%)的民族共同语,以中国的普通话为规范,以北京语音为标准音,同时,采用中国的简化汉字和汉语拼音方案。泰米尔语是新加坡印度人(占总人口5%)的民族共同语,泰米尔语的标准遵循斯里兰卡和印度的原有规范。英语是新加坡行政、教育和贸易的用语,是新加坡各族人民交际的共同语,以英国BBC广播公司的发音为标准音。这样,新加坡的语文以英语为主,多语并存,有利于发展经济和民族团结。英语成为各民族互相交际和吸收外来西方文化和科技的实用语言,而马来语、华语和泰米尔语则成为各个民族继承传统文化的语言,实行以英语为主流语言的双语制。语言问题在多民族的新加坡是一个敏感的问题,一方面实行双语制,另一方面也不忽视作为第二语文的民族语文,同时又要防止民族语言运动盲目地发展成为民族沙文主义。因此,新加坡政府一直把语言规划放在十分重要的位置,把语言规划看成与新加坡的文化、教育、经济和政治息息相关的问题。

(2)民族语言政策

民族语言政策主要是关于一个国家内部少数民族语言的政策,即如何对待少数民族语言、如何规定少数民族语言的社会政治地位的政策。

民族语言政策最主要的内容就是确定少数民族语言文字的法律地位。在处理公共事务中,少数民族语言应该平等地享有与主体民族语言相同的地位和法律效力。民族语言是民族的重要特征,它同民族传统、民族文化、民族凝聚力、民族认同感以及民族的发展都有着密切的关系。因此,民族语言问题往往和民族问题是不可分的。在多民族的国家里,实行民族平等的政策一定要包括语言平等在内。

中华人民共和国成立后,国家制定了一系列法律和政策,使少数民族语言和汉语享有同等的法律地位。《中华人民共和国宪法》中就规定"民族自治地方的自治机关在执行职务的时候,依照本民族自治地方自治条例的规定,使用当地通用的一种或者几种语言",一些具体的法规还进一步规定,民族自治地方的自治机关在执行职务时,如果同时使用几种通用的语言文字,可以以实行区域自治的民族的语言文字为主。各民族的公民都有用本民族语言进行诉讼的权利。这种民族语言政策贯彻了民族平等的原则。

不过,有一些国家的做法恰恰相反。尽管他们在这个问题上很少有明文规定,但实际上对少数民族语言采取的是歧视态度。例如,在一些居住国的华裔多达几十万人,他们已经取得了居住国籍,成为其中的一个少数民族,但是用中文签署的契约、遗嘱等,居住国法庭实际上是不接受的。这些情况都说明这些国家实际上是歧视少数民族语言的。

民族语言政策涉及的另一个内容就是少数民族的语言教育问题。包括少数民族是否有接受本民族语言教育的权利,还有少数民族使用哪种语言来接受教育。

我国现在在少数民族语言教育方面实行双语政策,一方面保障各少数民族学习本民族语言文字的权利,一方面推行全国通行的普通话。

2.2.2 文字地位的规划

(1)自源文字和他源文字

文字可以根据发生方式分为自源文字和他源文字。自源文字是指没有受到其他文字影响而独立形成的文字,如古代埃及的圣书字、中国的汉字等。

他源文字是指直接或者间接借用其他语言中已经使用的文字形成的文字。直接借用是对原来文字不加改造地使用。间接借用就是借鉴其他文字的形体或者原理而创造的文字。例如,日语中的汉字多数是直接借用。越南曾经使用的喃字、方块壮字、方块苗字、方块侗字、方块瑶字等主要是直接借用汉字的。朝鲜语(韩语)中的拼音字就是间接借用的,它的形体结构像汉字,记录语言的方式的却是音节文字的方式,字里面又包含有音素文字的结构要素。

拉丁字母是在希腊字母基础上加以适当调整而形成的他源文字,因为简便美观等原因,在现代,国际范围内的拉丁化浪潮几乎席卷全球。

(2)拉丁化浪潮

国际范围内的拉丁化浪潮就是一种文字地位的规划。从罗马时代开始,欧洲的许多文字纷纷被拉丁字母取代,掀起了拉丁化浪潮。现在,欧洲大多数语言都采用了拉丁字母。随着新大陆的发现,拉丁字母又传到美洲。整个美洲都采用了拉丁字母,有些民族不仅采用宗主国的拉丁化文字作为官方文字,连本土的语言(如巴拉圭的瓜拉尼语)也使用了拉丁字母。二战以后,拉丁化浪潮席卷到大洋洲,除了澳大利亚和新西兰之外,太平洋中的许多新独立国家的文字也都拉丁化了。非洲撒哈拉沙漠以北的阿拉伯国家采用阿拉伯字母,以南的地区除了埃塞俄比亚采用传统的民族字母之外,其余都使用拉丁字母。

拉丁化浪潮也席卷了亚洲,许多原本不使用拉丁字母的国家后来也纷纷拉丁化了,如土耳其、印度尼西亚、马来西亚、菲律宾、越南都实现了拉丁化。

我国是汉字的发源地,1958 年第一届全国人民代表大会第五次会议一致通过了拉丁化的《汉语拼音方案》,它在推广普通话、基础汉语教学和对外汉语教学方面,成为方便的注音工具和拼写工具。50 年代以来,我国政府以拉丁字母为基础为十多个少数民族制定了文字,如壮文、苗文、佤文、布依文、哈尼文、侗文、纳西文等。

目前,拉丁字母已经在全世界 120 多个国家成为正式的文字,不用拉丁字母为正式文字的国家也有拉丁字母的拼写法,作为辅助文字或拼音符号。我国的汉语拼音方案在 1982 年成为了汉语罗马字的国际标准(标准号:ISO7089),国际标准化组织 ISO 正在制定各种非拉丁文字的罗马字转写标准。

在世界范围内的拉丁化浪潮中,蒙古、朝鲜、韩国等没有被卷入这个浪潮,它们根据自己的国情进行文字改革,这是在世界文字的地位规划工作中一个值得注意的方面。

2.3　语言文字的本体规划

语言文字的本体规划,是指在某一语言或文字内部涉及其自身的普及推广以及标准化和规范化方面的规划。语言文字的本体规划主要包括三方面的内容:共同语的推广和规范化;文字规范和标准的制定;科学技术术语的标准化。

2.3.1　共同语的推广和规范化

(1)世界范围内共同语的推广和规范

推广共同语是语言文字本体规划最重要的工作。工业革命以后,西欧国家和北美都把普及教育和推广共同语作为国家文化建设的基础性工作。西欧和北美较早地形成并且普及了标准的共同语。共同语是现代教育的血液,共同语的普及推动了教育的进步,而教育的进步则推动了西欧和北美国家的现代化。

日本的共同语的推广工作也很值得借鉴。日本的国语,原来以京都话为标准,迁都东京以后,改为以东京话为国语的标准。日本在明治维新(1868年)以后,只用 20 年的时间就普及了以东京话为标准的国语,做到了一切学校讲国语,一切公共场所讲国语。

(2)我国共同语的推广和规范

我国共同语的建设历史有大约一百年了。五四以前,清政府和国民党政府也都试图推进共同语("官话")。五四后,1919 年成立国语统一筹备会,开展"国语运动",推广国语。但由于多种原因,在全国范围内,推广共同语效果不佳。1949 年中华人民共和国成立以后,国语改称普通话(以北京语音为标准音、以北方话为基础方言、以典范的现代白话文著作为语法规范的现代汉民族共同语)。1957 年,国家"大力提倡"普通话。1982 年,中国宪法规定"国家决定推广全国通用的普通话"。1986 年,国家"大力推广"普通话。1994年,国家决定开展"普通话水平测试(PSC)"工作。1998 年开始,国家确定把每年 9 月第 3 个星期作为"全国推广普通话宣传周"。根据国家的最新规划,在 21 世纪初期的几十年时间中就要普及普通话。

在中国台湾地区,1945 年抗日战争胜利,台湾光复回归中国后就开始推广"国语",并在短时期内获得了成功。香港地区 1941—1960 年推广过"国语"。1961—1980 年当时的政府暂停了这一工作。1980 年,在改革开放的影响下,香港根据需要开始考虑普遍话教学,并且在 1986 年正式把"普通话"课程作为小学高年级选修课程。1997 年香港回归后,推广普通话的热情高涨。

(3)全民共同语的规范问题

语言规范化就是要把那些符合语言发展规律的新成分、新用法肯定下来并加以推广,对那些不符合语言发展规律,并且又难以被社会公众接受的成分和用法,根据规范化的要求加以剔除,从而用这些标准去引导人们使用语言。

全民共同语基本形成并且逐渐普及以后,随着社会的发展,会产生一系列新的分歧,而且这种分歧在发展过程中永远不会中断,所以必须不断地进行全民共同语的规范。否则,就有可能影响人们准确的交际和快速的信息交流,影响生产效率和工作效率,影响文化教育的普及和提高。

语言规范化的目的是使语言更健康地发展,提高交际效率,并不是限制语言的发展。语言规范化是一个动态的过程,不是僵死的、凝固的、静止的过程。实际情况是语言的变异不断冲击着现存的规范,虽然大部分原有的规范总是保存着,但是一部分旧的规范被突破了,更多的新规范出现了,语言也就因此向前发展了。例如汉语里，"从容""呆板"过去分别有两种读音，以前规范的应读作 cōng róng 和 ái bǎn，而一般人却读作 cóng róng 和 dāi bǎn，这确是"误读"。但是由于这种读法在社会上已经很普遍了，因此 1985 年修订并公布的《普通话异读词审音表》本着"约定俗成、承认现实"的态度，认可了社会公众的读音，将 cóng róng 和 dāi bǎn 定为新的读音规范。又如普通话的轻声、儿化，近些年来明显减少，变调也逐渐简化；有些原来读轻声、儿化的词，现在一般人多不读轻声、儿化了。过去"一七八不"的变调规律，现在多数人读"七八"已不变调，所以普通话教学与测试中，对轻声、儿化的要求降低了，一般只要求具有区别词义、词性作用的那些词才读轻声、儿化；"一不"要求变调，"七八"可不读变调。[①]

当语言中出现需要加以规范的语言现象时，语言学家可以在调查研究的基础上，根据语言的发展规律和语言社会功能的要求，提出自己的意见以供社会公众参考，而后应该进行公开和广泛的讨论，听取各个方面的意见，在此基础上逐步产生能够为社会公众认可的规范。如果条件比较成熟，就可以由某个权威机构提出具体的规范意见，通过诸如教育机构、大众传媒等各种渠道向社会推行，这应该是语言规范化的一般过程。语言规范的推行，一般不是或者主要不是一个强制性的过程。而是一个通过倡导、宣传来引导社会公众自觉遵守的过程。在这个过程中，教育的普及和大众传媒的影响起着至关重要的作用。

语言规范必须跟上语言发展的步伐，旧的规范一旦被社会公众的语言实践突破，也就失去了规范的作用，就要被新的规范取代，这样才能保证规范化能够有效地发挥作用。

2.3.2　文字规范和标准的制定

文字作为记录语言书写符号的系统，一般分为拼音文字（如英语等）和意音文字（如汉字）。由于文字自身的特点，往往会出现拼写形式混乱、拼写规则模糊以及形体与意义关系复杂等现象，出于文化发展和社会交际等的需要，**政府或学术机构会就语言的拼写符号形体和方法等制定出一定的标准或规范，这一标准就是正词法**。正词法包括正字法、正音法等几个方面。这里仅就英语和汉语的正词法作一些介绍。

---

① 　参见陈章太，《语言规划研究》，商务印书馆 2005 年版。

(1)英语的正词法

正词法标准的制定是文字规范和标准制定的主要内容。任何拼音文字都应该有自己的正词法。英语、法语、德语等采用拉丁字母作为拼音文字的语言,在长期的历史过程中,发展出适合于本语言特点的正词法。

英语正词法的形成经过了很长的历程。公元 9 世纪丹麦人入侵英国,至 11 世纪初,丹麦人实际上统治了英国,丹麦语和英语同属日耳曼语族,语言的交融加速了古英语的简化过程。1066 年法国诺曼底公爵威廉率军入侵英国,建立诺曼王朝,法语成为英国的官方语言。此后几百年法语给英语带来很大影响,特别是公元 1250—1400 年的 150 年内,约有 10000 个法语词进入了英语,至今还有三分之二在使用。文艺复兴时期对古希腊、罗马文化的研究,使大量的拉丁语、希腊语词汇涌入英语。例如,arithmetic(算术),grammar(语法),logic(逻辑)来自希腊语,arbitrator(仲裁人),executer(执行者),item(条款)来自拉丁语。这些情况,使得在现代英语中,借词占了 60％以上的比重。这些来自不同语言的大量借词,减少了同形词和同音词产生的机会。大量吸收外来词——这是英语正词法得以形成的一个重要因素。

18 世纪初期,英语的拼写出现很多不固定和不规范的现象,英语词的意义和用法也较为含混。1746 年出版商约请塞缪尔・ 约翰逊(Samuel Johnson,1696—1772)编写一部词典,来促进英语的规范化。1755 年第一部两卷本的《英语词典》在伦敦出版,第一次把英语词的拼写形式固定了下来,并对词义和用法作了规范。这样,英语的正词法就能够以词典作为规范的根据。

书面拼写形式与实际发音不一致,当然也会给英语的学习和使用带来一些困难,为了统一读音,英国从维多利亚时代就开始推行标准语,著名语言学家琼斯(Daniel Jones)编写的《英语发音词典》成了人们必须遵守的发音规范。

我们可以看到,英语的正词法遵从了历史原则,同时也适当考虑了语音原则。

(2)汉语的正词法

汉语的记录形式形式一直是汉字,直到 20 世纪 50 年代才借用拉丁字母拼注汉语,1958 年 2 月 11 日,我国正式公布了《汉语拼音方案》,用拉丁字母来拼写汉语,因此,汉语的正词法主要指用《汉语拼音方案》拼写现代汉语的规则。

汉字一连串写下来,既不分词又不连写,只有"字"的书写单位,没有"词"

的书写单位。汉语拼音来拼写普通话时,应该分词连写,也就是以"词"作为书写单位,使得语言中的表义单位能够在书面形式上反映出来。这是拼音书写形式与汉字书写形式的根本区别。比如,"中华人民共和国"不是写成 zhōng huá rén mín gòng hé guó,也不是写成 zhōnghuárénmíngònghéguó,应写成 Zhōnghuá Rénmín Gònghéguó。这样的写法反映了词语的实际结构,阅读起来比全分或全连都清楚。

1984 年 10 月,中国文字改革委员会发表了《汉语拼音正词法基本规则〈试用稿〉》。1988 年 7 月 1 日,国家教育委员会、国家语言文字工作委员会发出《关于公布〈汉语拼音正词法基本规则〉的联合通知》。1996 年 1 月 22 日,国家技术监督局发布《汉语拼音正词法基本规则》,把它当作国家标准。这样,汉语拼音正词法的规范便基本确立下来了。

除了拼音形体书写规范外,我国语言文字机构还根据需要对词语发音作过一些规范,如 1957 年到 1962 年分三次发表了《普通话异读词审音表初稿》,1985 年又发表了《普通话异读词审音表》,对规范异读词的发音起到了积极作用。

如果今后汉字文本也要标记词的界限,那么,汉字的文本也有正词法的问题。这样的问题,随着信息时代的到来将会越来越迫切。因为在计算机网络上,要进行大量文本的检索,如果汉语的书面语没有词的界限,检索的效率是很低的。这个问题应该更早地提到日程上来。

(3)汉字的整理和规范

汉字作为记录汉语的符号系统已有数千年的历史,因其自身形体和结构特点,也同样存在字体的规范化问题,它主要包括精简字数和减少笔画等方面。

在我国,汉字的使用年代久远、地域广阔,存在着极为严重的同字异形现象,造成学习和阅读的沉重负担,非常需要进行规范化。1955 年 12 月,文化部和中国文字改革委员会公布了《第一批异体字整理表》,共列出异体字 810 组,含 1865 个汉字,经过整理后废除了 1055 个字。1965 年 1 月,上述两部门发出《关于统一汉字铅字字形的联合通知》,推行经过整理编定的《印刷通用汉字字形表》,共 6195 个汉字。

由于汉字字数庞大,笔画繁多,难学难记难认,是扫除文盲和普及教育的严重障碍,必须进行改革。为此,国务院在 1965 年 1 月公布了《汉字简化方案》(即所谓"一简"方案),开始全面推行简化字。1964 年,中国文字改革委员会编印发行了《简化字总表》，共收 2236 个简化字，简化了 1264 个繁体字。1986 年发布新版《简化字总表》，收简化字共 2235 个。经过这样的整理和简化，基本上确定了现代汉字的字形规范。

随着计算机和网络时代的来临，与计算机技术有关的汉字的规范化和标准化日益重要，汉字的信息处理成为中文信息处理的关键性问题，已经引起了广泛的注意。

2.3.3　科学技术术语的标准化

(1)科技术语标准化的重要意义

科学技术术语是人类科学技术知识在自然语言中的结晶，是人类自然语言中十分宝贵的财富。国际上，国际标准化组织(ISO)成立了术语标准化技术委员会，专门负责术语标准化工作。在我国，中国科学院下属的全国自然科学名词审定委员会和国家技术监督局下属的全国术语标准化技术委员会，专门负责这方面的工作。为了促进与国际的交流与合作，建立了中国术语工作网。随着新技术革命的不断深入，电子计算机的广泛应用，国际学术交流的日益频繁，术语标准化日渐重要起来。

(2)术语标准化是典型的语言规划工作

在过去相当长的一段时间内，术语标准化工作被视为与语言规划没有关系的工作，语言研究者也很少有人投入精力，更谈不上参与此项工作。实际上，术语标准化是语言规范化的一项重要内容。

首先，术语标准化是要依靠政府来推行的，它是政府的行为或社会集团的行为。个人难以左右术语标准的制定和推行。因此术语标准化具有社会性和权威性。其次，术语标准化的目的是为了解决人们在技术领域的交际问题，术语的混乱使得科学技术交流受到严重的阻碍，术语标准化是与改善科学技术领域中语言交际密切相关的。因此，术语标准化具有交际目的性。另外，术语标准化还是一个长期的过程，一个术语的制定，要经过反复的斟酌，一个术语的确立，更是短期内难以实现的。最后，术语标准化的内容也是十分庞杂的，它涉及不同的语言和不同的学科，是一种跨学科的多边缘的语言文字实践活动，术语标准的制定和推广需要有行政力量的参与和支持。因此，术语标准化具有实践性。

可见，术语标准化具备我们前面所说的关于语言规划的各个特性，它是一种典型的语言规划工作。术语标准化工作除了相关专业和标准化的专家从事外，语言学家也应积极参与。

第三节 语言文字信息处理

3.1 语言学和计算机科学的关系

随着电子计算机的发展及其广泛应用,尤其是近年来计算机在小型化、大容量贮存器、外部设备更新等软件、硬件方面发展迅速,计算机成为人们生活中不可缺少的部分。大规模、超大规模计算机数据处理以及计算机全球网络化,使人类社会进入了一个计算机文化的新时代,也促进了信息时代的到来。

信息有多种,其中语言信息是人类社会最重要的信息。任何一种物质或者精神的存在都需要转化成语言来交流,为人所认识和理解。语言本是人与人之间的交际工具,随着计算机的出现,语言作为信息载体,也成为人与机器交流的一道桥梁。然而,怎么充分利用语言这个桥梁? 怎么让机器和语言,和人进行结合呢? 这就是智能计算机要解决的问题,而要实现这一飞跃,语言学研究怎样在语言文字的计算机信息处理水平的提高方面发挥作用成为语言学、计算机科学等的研究热点,也直接构成了现代广义应用语言学的一个重要分支。

可以想象,计算机发展的未来,将是人类用自然语言这种最直接、最方便的信息工具来指挥计算机的工作,让计算机领会人的语言,做人需要它做的工作。在这一点上,我们已经实现了很多梦想,比如现代通讯卫星把世界变小,联成一个全球性的通讯网络,计算机终端用户急剧膨胀,使得新闻、购物、文字或者图像信息交流的即时传送、金融业务、交通业务等跟计算机发生密不可分的关系。为了解决地域、语言等带来的不便,我们利用计算机进行语言翻译工作;机器也能直接辨别人类的语音,直接听从人类语音指示,进行工作。比如现今手机自动识别人类呼叫,自动挑选被呼叫人姓名,掌上电脑自动识别手写体,并顺利转换成印刷体功能;在自动化生产线上,不少机器人已经把人类从危险、繁重的工作中解放出来……大到工业企业中机器人的操作,小到日常生活中短消息的发送,我们深切感受到语言学和计算机的紧密关系。我们也可以想象,这两者结合的今后发展方向就是,人与计算机之间交流越来越直接,甚至不需要其他的辅助工具。然而,为了达到这个目标,不可缺少的一个环节就是将语言学理论和计算机科学充分结合。语言学理论在这一实用的领域有积极而直接的作用。比如,20 世纪 60 年代欧美国家集中了大量的计算机专家研究程序语言 ALGOL,经过大量细致和缜密的工作,终于制定出一种计算机的人工语言,但是在使用时却发现它会产生句法歧义。这个计算机工作者忽视的大问题恰恰是语言学家门早已苦心研究的结果。可见,只有两大学科紧密合作,才能使所涉及的计算机语言更加合理有效。这个事例说明,语言学作为一门基础学科对计算机学科的发展有多深刻的影响。当然,另一方面,计算机的发展也极大地辅助和推动着语言学的发展,比如,利用计算机进行语言教学,进行言语统计等等,计算机使语言学的研究和发展得到一个崭新的飞跃。

3.2　语言学和已实现的信息处理技术

目前还没有真正建立起可以应用于信息处理的语言学知识系统,或者说现有的语言学知识还无法完全直接用于信息处理领域。但很多技术和研究已经成功地融合进语言学知识,同时,计算机对语言学的现代化研究也发挥重要作用,尤其表现在以下几个领域:文本检索和数据统计、语料库和语料分析以及文本的自动校对和摘要,等等。

下面我们将结合汉语言文字学与计算机信息处理技术的紧密关系逐层加以介绍。

3.2.1　汉字输入

(1)汉字编码和键盘输入

要进行语言信息处理,基础的就是对文字进行处理,要进行汉语的信息处理,最关键的是汉字信息处理系统的研制,也就是必须让计算机也能懂汉语,首先是要懂汉字。将汉字用键盘来输入是最简单的方法,汉字信息处理一般包括:编码、输入、存储、编辑、输出和传输。其中,编码是汉字进入计算机的关键。它指的是给汉字规定一种便于计算机识别的代码,通过这些代码来联结汉字和计算机。目前为止,林林总总的编码方案已有四百多种,其中通过上机实验或已被采用的也达数十种,但从输入方法来分,不外乎以下几类:整字输入,字形分解,字形为主、字音为辅,全拼音输入,拼音为主、字形为辅等。

下面将这几种方法作一些简单介绍:

整字输入　这种方法就是将三、四千个常用汉字排列在具有四、五百个键位的大键盘上。一般是把汉字按 X、Y 坐标排列在一张字表上,这也叫"字表法"或"笔触字表法"。然后用电笔来电触这些字,如触到哪个,哪个汉字就整字输入。键盘上或字表中的排列方法,或按部首,或按音序,或按字义联想。不常用的字作为盘外字或表外字,另外再编码处理。这种方法一字一键,没有重码也很直观,但是它需要特制键盘,而且熟悉并掌握键盘需要一定的时间。

字形分解法　就是把形体复杂、笔画繁多的汉字分解成有限的笔画或部件,按一定的顺序放入机器中。一般来说,笔画主要有八类:横(一)、竖(丨)、撇(丿)、点(丶)、折(一)、提(㇀)、捺(㇏)、钩(亅)。部件方案一般归纳出一二百个部件甚至更多。由于普通的键盘只有 42 个键,因此,有人设计一种中文键盘,也有人利用部件形体上的相似点或出现概率的不同或互补,把一、二百个部件分布在 26 个字母键上。这种方法的好处是不涉及语音,可以单纯根据形体输入,因而一些生字、僻字、古字也可以编码输入。不过其缺点也很明显,即如果掌握了这个方法,输入速度很快,但要记住笔画和部件在键盘上的分布要花比较长的时间。

字形为主、字音为辅的编码法　这种方法与字形分解法的不同点在于还要利用某些字音信息。比如,某些方案为了简化编码规则,缩短码长,在字形码上附加字音码;有的为了采用标准英文电传机,把分解出来的字素通过关系字的读音转化为拉丁字母。

全拼音输入法　基本以《汉语拼音方案》为基础,按拼音输入汉字。全拼音输入不受汉字简化、字形改变的影响,操作简捷,符合拼音化的方向。但缺点是不认识的字无法输入;而且由于汉语中存在着大量同音字,因此,重码现象是难以克服的困难,因而有的方案提出"以词定字"的方法,还有的方案提出"拼音汉字转换法",即"汉语拼音输入——机内软件转换(实为查机器词表)——汉字输出系统"。

拼音为主、字形为辅的编码法　一般在拼音码前面或后面添加字形码。有的拼音码是用《汉语拼音方案》,或对其加以简化,也有为了缩短码长而把声母都用单字母或单字键表示的"双拼方案"或"双打方案"。区分同音字的字形码也有多种,大部分采用偏旁部首信息,还有采用起末笔或者采用语义类别的。

上述各种编码法各有千秋,但编码工作的发展方向是采用双轨制,即从推广使用汉语拼音,过渡到汉字和汉语拼音文字并存使用,音码和形码的并存也是发展的一个方向。面对编码方案繁多的现状,国家于 1981 年公布了

《信息交换用汉字编码字符集·基本集》(简称汉字标准交换码)。其中,汉字分两级,一级 3,755 字,二级 3,008 字,共 6,763 字(数字输入用半角)。这种汉字标准交换码是计算机的内部码,通过它输入输出设备的设计有了统一的根据,各种系统之间的信息交换也有了一致性,更好地保证了资源共享。

3.2.2　汉字识别技术

汉字识别是指一种自动高速的非键盘式汉字输入方式,属于模式识别和人工智能范畴。汉字识别系统通常由"扫描、交互式版面分析的前处理、单字识别器和自动分词汉语词上下文匹配后处理"构成。汉字识别方式主要分三大类:联机手写汉字识别、印刷体汉字识别和手写汉字识别。

联机手写汉字识别,也叫实时手写汉字识别,指用笔在图形输入板上写字,机器跟着识别。这是最简单的一种汉字识别类型,也是一种比较方便的输入手段。印刷体汉字识别包括单体印刷体和多体印刷体汉字识别两小类。单体印刷体汉字识别是识别印刷在纸上的一种印刷体汉字;多体印刷体汉字识别是同时识别印刷在纸上的宋、仿宋、楷、黑等多种字体的印刷体汉字。手写汉字识别包括手写印刷体汉字识别、特定人手写汉字识别和人机交互式手写汉字识别三小类。手写印刷体汉字识别,又称通用手写汉字识别,是识别人写在纸上的规整汉字。一般限制为楷书,笔画数要正确,且写于方格中。特定人手写汉字识别,又称专用手写汉字识别,是识别每个限定的人书写的汉字,与通用手写汉字识别相比,可根据自己的习惯和风格较自由地书写,如书写部分行书。人机交互式手写汉字识别,是将待识字的若干个候补字(如10 个)显示出来,由人工选择正确字。

上述三大类除了第一类是联机识别外,其余两类都为脱机识别,这两类又被称为汉字光电阅读(OCR)。联机识别的难度要大大低于脱机识别。联机识别软件因采集的是书写时的实时信号,既可利用文字图像各像素之间的空间位置关系信息,还可利用它们之间的关系信息,这使得它在非键盘汉字输入中成为一种最有前途的汉字输入方式。

手写汉字识别自 1988 年才开始认真研究,90 年代进入高潮。从总体看,汉字识别技术今后的研究方向主要有三个:一是人工神经网络技术用于汉字识别。二是语言学知识用于汉字识别。识别实际文本时,文中大部分字及其相邻字要受到词、句法、语义的限制,因而需要相关的语言学知识。在已有的印刷体汉字识别系统中,后处理便利用了汉语的词进行自动纠错。今后将进一步利用词的上下文匹配和基本句法、语义的上下文匹配,来提高系统对实际文本的识别率。三是多种识别方法集成。将多种识别方法集成在一起判别，可大大降低系统的误识率。

3.2.3　语音识别和合成技术

与机器进行语音交流，让机器明白你说什么，这是人们长期以来所梦寐以求的。语音合成是让计算机模拟人的发音器官的动作并发出类似声音的一个过程。目前汉语的语音合成已经实现自动生成声韵调结合的音节及一些简单的语句，并已在生活中使用，如语音电话，语音报号等等。语音识别技术就是让机器通过识别和理解过程把语音信号转变为相应的文本或命令的高技术，即让计算机模拟人的听觉器官的反应来接受语言信号并作出反应，或给以语言答复，目前语音识别已经初步使用，即念一个字或词，计算机能识别并输入计算机甚至还变成文字符号，如现在的电话语音拨号。语音识别是一门交叉学科。近二十年来，语音识别技术取得显著进步。

我国语音识别研究工作起步于 20 世纪 50 年代，近年来发展很快。研究水平也从实验室逐步走向市场。从 1987 年开始执行国家 863 计划后，国家 863 智能计算机专家组为语音识别技术研究专门立项，每两年滚动一次。我国语音识别技术的研究水平已经基本上与国外同步，在汉语语音识别技术上还有自己的特点与优势，并达到国际先进水平。

语音识别技术发展到今天，已经能够满足通常应用的要求，特别是中小词汇量非特定人语音识别系统识别精度已经大于 98％，对特定人语音识别系统的识别精度就更高。由于大规模集成电路技术的发展，这些复杂的语音识别系统也已经完全可以制成专用芯片，大量生产。在西方经济发达国家，大量的语音识别产品已经进入市场和服务领域。一些电话机、手机已经包含了语音识别拨号功能，还有语音记事本、语音智能玩具等产品也包括语音识别与语音合成功能。人们可以通过电话网络用语音识别口语对话系统查询有关的机票、旅游、银行信息，并且取得很好的结果。调查统计表明多达 85％以上的人对语音识别的信息查询服务系统的性能表示满意。

可以预测，各种各样的语音识别系统产品将出现在市场上。构造一个具有和人相比拟的语音识别系统，是人类面临的一个大的挑战，人类正在向成功迈进。

3.2.4　文本检索和数据统计

现在计算机已经能代替手工，在大量文献中查阅相关的资料，收集需用的例句，作出分类和统计等。从语言学的角度说，文本检索跟文字处理有密切关系。一般说只要提供给计算机一定的文字信息,包括人名、著作名、刊物名等,计算机就可以自动进行检索和分类统计;如要收集跟某个词语有关的例句,统计词语在不同文本中出现的频率,分析口语文本和书面文本的语句长度差异等,计算机也可以根据给出的目标词语和符号自动完成检索。

3.2.5 语料库和语料分析

文本检索和数据统计当然首先要有输入或储存在计算机中的语言材料,这就是语料库。语料库中的语言材料是真实的书面语或口语,并且在真实材料的基础上,做语言学的加工和分析。西方最初的语料库可追溯到中世纪,20 世纪 50 年代以前的语料库都属于人工语料库,其建库和应用缺乏系统设计原则和有效统计手段。20 世纪 50 年代后,第一代百万词的计算机语料库开始出现,90 年代初语料库则出现了迅猛发展的势头。

语料库的发展大致可分为三个阶段。第一阶段为初始阶段。这个阶段包括从 18 世纪开始到 20 世纪 50 年代计算机语料库出现前的各种手工语料库。初期的语料库主要应用于圣经与文学研究、词典编纂、方言研究、语言教育研究、语法研究等领域。第二个阶段从 20 世纪 60 年代到 80 年代,这个阶段以电子语料库的兴起为主要特征。各种计算机语料库纷纷建成,它的发展以容量不断增加和种类的不断扩展为主要特征。语料库发展的第三个阶段是 90 年代后的壮大阶段,如果上一代的电子语料库是以百万计的话,这一代的语料库则以千万甚至亿计。90 年代初,语料库在英国、美国、日本及欧共体国家几乎是突然普及开来,这既与语料库在语言研究中的应用有关,也与语料库方法在涉及商业的领域的广泛应用分不开,诸如词典编撰、语音识别、语音合成以及机器翻译等。

从对语料加工的程度来看,一般将语料库分为两种:一种是未标注任何附加信息的原始文本,称作**"生"语料库**,这就是上面说的用于一般检索和统计的语料。这种语料库的建成手续比较简单,应用时的功能也相应比较单一。另一种是标注了一定附加信息的加工文本,称作**"熟"语料库**。当然根据标注信息的多少,语料库"熟"的程度又有不同。从语言学的角度说,建立"熟"语料库不但需要的语言学知识更多,即实际上标注的都是语言学信息;从另外一个角度上说,它对语言学研究的用处也更大,即可以有目的地对经过标注的语料进行分类和分析,从而获得更多的语言现象参数和语言学知识。语料库在词典编纂和计算机辅助教学等方面也有重要作用。因此,在语料库的设计阶段,一定要做好充分的准备,要对语料库的功能目标有清楚的了解。

3.2.6 文本自动校对和摘要

对文稿、书稿进行校对和把一篇较长的文章加以压缩,整理出摘要,这对人来说可能不是一件太困难的事情,但交给计算机来完成就涉及比较复杂的语言学知识了。文稿校对对有些语言可能比较简单:如英语的拼写检查,只要在计算机中储存了一部词典和词形变化的词表,就可以完成;英语的语法错误,也可以通过确认限定动词和其他词语的关系来判断。但对有些语言来说文稿校对就比较困难,如汉语的文字错误,就字形看是无法判断其与音义的关系是对还是错,而词语是否写错或用错,更要切分词,再联系上下文,才能看出来,这就需要向计算机提供词语切分和词语搭配的更多信息。文稿摘要一方面是利用语料库信息,如选择时间、地点、动作等要素词语,文本中复现频率最高的关键词,和各自然段的首句等;还需要利用必要的语言学知识,如通过一定的关联词语连接起重要的语句等等。文稿的校对和摘要技术虽然就目前水平看还不够完善,但它们实际上又是机器翻译、语句理解和生成等更复杂的信息处理研究的基础性实验工程,因此又有着超出其本身作用的重要价值。

3.3 语言学在信息处理中的应用前景

上面讨论的是目前已经实现或初步实现的信息处理技术。当然实际上已经开展的信息处理研究还远不止这些,其中有些研究跟语言学的关系也更加紧密。但在这些信息处理研究中,有的仍在积极地研究中。虽然现在已有相关产品投入商业应用,但从技术上来说有的还需要不断改进,如机器翻译技术等;有的研究工作甚至只能说刚刚起步,如人机对话(包括复杂语句的理解和合成)和人工智能(包括会说话的机器)等研究。这些研究项目既是信息处理研究的目标,也是语言学应用研究的目标。从语言信息处理技术本身看,以下几个方面的研究将是未来一段时间的主攻方向。

3.3.1 机器翻译

机器翻译是一门涉及语言学和计算机科学的综合性工程。相对于人的翻译而言,机器翻译的研究目标是利用计算机及软件把一种自然语言的文本转换为另一种自然语言,其中,我们称第一种自然语言为"源语言",翻译后的自然语言称"目标语言"。这门新学科是研究翻译两种或多种语言的自动化问题的。它是一门多学科交叉的学科,是语言学、数学、计算机科学、自动化科学等学科相互渗透的产物。

美国、英国和苏联是最早开始机器翻译研究的国家。我国也早在 1957 年就开始了机器翻译的研究。

人工翻译需要懂得源语言和目标语言的词汇和语法规则,如果有生词和语法困难,就得依靠词典和语法书,那么,对机器而言,也必须具备这些材料。一般来说,机器进行翻译,是先将有关的文件数据放入外存贮器,翻译时再调入其内存贮器。因此,每一次的机器翻译,机器都要对词典和语法进行一次查询,而且次数非常多。同人工翻译一样,机器翻译也必须根据上下文解决一词多义、惯用语等复杂的语言问题。具体分解机器翻译的工作过程,一般分为以下几步(源语言为英语,目标语为汉语):**原文输入**,效率较高的录入是原文自动输入,更为理想的是通过光电阅读装置自动识别,并自动转换成机内部代码。**原文分析**,通常需要经过词典分析和语法分析两个阶段。词典分析具体来说,是对各种综合词典、成语词典、结构词典以及多义词典进行查询。语法分析,是指根据源语言和目标语言的语言规范进行综合,调整各种结构成分的位置。译文综合,其中心任务是调整次序。一般的复句,在各分句内部各种成分调整后,各分句都作为一个相对独立的语段进行处理;而复杂的复句,如双重的关联词使用、包孕式的复句则采用先加工插入句再加工主句的方法。译文综合还有一个任务是进行修辞加工,针对特定的目的语特点,添加或者删减一些词。如英译中时,遇到"though"句,英文中没有"but",但在中文中添加"但是",这样就更符合目标语的语言习惯。最后一步是**译文输出**,这其实是一个检索的过程。因为译文综合时已将译文的序列进行了调整,那么现在就是从内存句子加工场中将汉语的词义部分取出,如果汉语词义是代码形式,需查词典转化成汉字,如果已经是汉字,直接调出即可。译文可在用户电脑终端屏幕显示,最后用打印机将译文打印出来。

20 世纪 80 年代中后期,出现了新的基于语料库的机器翻译方法,这种方法绕过了对语言进行深层分析,直接利用大规模收集互为译文的双语语料,利用这些语料来进行翻译。这类翻译一般采用两种方法,一是利用实例,通过在原有的译文资料中找到最为相似的翻译实例的方法来获得语言翻译;另一种为基于统计的机器翻译,主要通过对大量的双语语料的统计,翻译可以通过计算双语之间的复杂共现和分布概率的方法,进行选择,完成翻译。

现今发达国家已开发出文字翻译机器,如日本理光公司推出的数字式翻译复印机。语音翻译方面,日本 ATR 研究所、美国梅隆大学和德国西门子公司共同研究,已于 1993 年试验成功自动翻译电话,并进行了 10 多分钟对话。日本还研制成功一种通过计算机与通信网络连接的自动翻译电话。最近美国又有公司推出一种旅游用的名为"WORLD MATE"的袖珍翻译机器,它准备了 2250 个常用短语(15 种语言,每种各 150 个短语),能为使用者到世界各国旅游提供语言交际上的帮助。

现在,我们正处于信息爆炸的时代,世界上的科技文献 90％以上是外文的。据联合国教科文组织统计,英文占 60％,德文占 10％,法文占 10％,俄文占 10％,情报资料的增长速度每 6 至 10 年增加一倍。所以,机器翻译可以实现大量使用不同语言的技术情报的互译,这对促进各国交流和世界文化发展是非常有利的。

3.3.2 人机对话

人机对话同样是一项难度很大的高层次的语言信息处理技术。与机器翻译相比,人机对话有不同的要求:机器翻译是计算机模拟人工翻译的智能过程,是把一种语言的句子(包括书面的句子和口头的句子)经过计算机处理而翻译成另一种语言的相同意思的句子;而人机对话则要求计算机首先能懂得一个句子的意思,然后把这个句子作为一种指令接受下来,并利用自己的程序指令,按照要求作出相应的动作,或者作出相应的回答。

人机对话不可能一蹴而就,其发展过程大致可以分为两步。其中初级或较低的目标是通过预先编制的程序来控制计算机跟人"对话"。就是说先要把人说的或写的话变成计算机能"懂"的语言,然后让计算机按照事先编制的程序去执行这种指令。例如利用键盘输入,利用语音识别等手段向计算机输入这种指令。这种研究目前也取得了一定成果,如国内实验开发的"铁路客运查询系统",就是最初级的人机对话系统。这种查询系统输入的都是相对较随意的问话,回答也有一定的灵活性。但目前这种人机对话系统规模很小,能够接受的自然语言的语句也不多。

人机对话较高的目标是要使"人"和"机"真正能够做到像"人"和"人"那样自由对话。不难想象,如果要想让计算机能够像人那样,坐在你的面前听你的陈述和问话,然后一一给出回答和建议。这里包含的技术不仅仅是前面所说的信息输入,语音识别之类的单项技术了,而更需要各类技术的综合,比如需要向计算机提供内容极丰富的百科知识,而且还要给计算机提供更加复杂和有效的语言学知识,例如词汇、语法、语义和语境等知识。如果是口头对话,还要有语音知识(包括不标准的口音,规则的停顿和易位等的识别),对问题的关键词抽取,还需要有正确答案的匹配等等,这样计算机才可能理解人说的话的意思,并且作出正确的回答。

3.3.3 人工智能

人工智能,人工智能也叫智能机器人,或简称 AI(Artifical Intelligence),有时也称作机器智能。美国斯坦福大学教授 John McCarthy 于 1956 年首先引入了这个术语,他将人工智能定义为:使一部机器的反应方式就像是一个人在行动时所依据的智能。

它与一般工业机器人最大的不同就在于,它能够理解人说的话和能够像人一样说话;而它跟机器翻译和人机对话的不同之处就在于它不但能够自动翻译,能够回答问题,还能够执行人的语言指令,甚至还能像人那样,根据当前的现实情况随时进行判断和推理,并作出文字形式或语音形式的报告。很明显这涉及更加复杂的类似于人的思维程序技术和语言处理技术。从语言学的角度看,如果说机器翻译和人机对话是一种以语言形式(要翻译的语句或要回答的语句)作为参照物的语言信息处理技术,那么人工智能就是一种以非语言形式(客观事件和外部场景)作为参照物的语言信息处理技术。也就是说,智能机器人不但要能对看到的符号和听到的话作出被动的语言反应,而且要能在没有看到任何东西和听到任何话语的情况下,自己就能像人一样主动地作出判断、推理并给出语言表达。显然,这种技术除了需要词汇、语法、语义、语境等语言学本体知识的支持,还有赖于跟生理学、心理学相关的人类抽象思维模式和语言生成机制等更广泛的语言学研究成果的支持。

到目前为止,该领域中在基于预先定义好的系列规则之上的计算机模拟智能方面,已经做了大量的工作。人工智能目前在计算机领域内,得到了越来越广泛的重视,并在机器人、经济政治决策、控制系统、仿真系统中得到应用。

可见,无论是直接依赖语言学知识的信息处理研究,还是间接地以语言学为基础的信息处理研究,语言学都将在其中起到重要的甚至是决定性的作用。总之,现代语言学跟计算机和其他技术科学的结合,正在开创人类文明史上的新时代。在这个崭新的时代里,人们将以前所未有的方式和进程改变世界的面貌。

【自测题】

1.你觉得自己在中学接受的外语教育受到了什么样的教学法影响？你认为什么教学法比较好？为什么？

2.你认为汉语教学法和英语教学法可以一样吗？教学法会不会受到目的语本身的限制？

3.分析下面留学生学习汉语时造的句子，请用第二语言学习理论加以解释：

（1）我妈妈工作在浙江大学。

（2）我想结婚他。

4.分析下列中国学生在学习英语时造的句子，请用相关理论加以解释：

（1）I haven't English name.

（2）You are going where?

（3）The bird flied away.

5.请举例说明什么叫中介语，中介语就是错句吗？

6.什么是语言规划？它有哪些特点？

7.语言的地位规划包括哪些内容？

8.请你谈谈对拉丁化浪潮的看法？

9.你认为应该如何进行共同语的推广和规范？

10.什么是正词法？汉语的正词法包括哪些内容？

11.科技术语标准化有何意义？为什么说科技术语标准化是典型的语言规划工作？

12.举三例说明生活中语言信息处理的实例，比如：通过手机发送短消息等。

13.手写体汉字识别研究现今有什么成果？在社会上你看到这些成果了吗？

14.语音识别的应用功能主要体现在哪些方面？

15.你对机器翻译、人机对话、人工智能感兴趣吗？你认为这些技术跟语言学有什么样的关系？

第九章　心理语言学

"心理语言学"是心理学和语言学相交叉而产生的学科,它还充分吸收了哲学、社会学、计算机科学等学科的研究成果和方法。作为一个语言学的分支学科,心理语言学诞生于 20 世纪的 50 年代。1952 年,美国社会科学研究委员会成立了一个语言学与心理学委员会。该委员会 1954 年在印第安纳大学召开了一次学术讨论会,会议的成果结集为《心理语言学:理论和研究问题概述》出版,这标志着心理语言学的正式形成。

心理语言学的研究内容主要包括语言与思维的关系、语言的生成和理解、语言习得的心理机制和过程等。本章将择要介绍以下两个方面的内容。

第一节　语言与思维

1.1　语言与思维

思维和思想不同,思维是认识现实世界时动脑筋的过程,是指人们对客观对象进行概括分类,形成概念,并运用概念进行判断、推理的过程与能力,而思想是人们对现实世界的认识及其结果。作为交际工具的语言与思维过程及其结果表达都有着非常密切的关系:思维需要语言这一媒介才能进行,思维的结果也需要用语言固定下来、传播开去。

语言和思维这两个紧密相关,难以分开的部分,有没有先后之分? 如果有,谁先谁后? 中外哲学、思维科学、心理学、语言学等都提出了一些说法,概括起来主要有以下几种。

1.1.1　同时论

持这个观点的人,认为没有语言,思维就不能形成;没有思维,语言也不能形成。因此语言和思维是互相依赖,同时产生的。古希腊哲学家亚里士多德最早提出思维是通过语言而实现并存在下去的观点。后来,德国语言学家洪堡特认为,语言是形成思想的工具,思维和语言活动不可割断,思维无法在没有语言的情况下存在。20 世纪初美国行为主义心理学家华生(J. Watson)

甚至认为语言是有声的思维,思维是无声的语言,离开语言就无所谓思维。肌电实验的结果证明,人在思维时,与发音有关的器官和神经系统都同样处于兴奋状态,就像说话时一样,只是比较微弱。这说明语言与思维是同步并存的。这样的观点论证和强调了语言与思维相互联系的一方面,但它有一定的片面性,因为它忽视了非语言的或先于语言的思维活动。

1.1.2　独立论

这种观点认为语言与思维没有多少关系,各有自己的发展过程。该观点可以追溯到古希腊哲学家柏拉图。他认为思维是一种不能用语词说出来的洞察。持这一观点的学者认为,由外界引起的感觉是认识的源泉。比如,思考一个几何图形问题,人能只看着图,在一个直角三角形中,直角以外的那两个角之和也是直角的度数,此时人只是思考这个问题,不需要用语言来帮助。任何有声和无声的语言都不需要。有些学者甚至把语言排除在抽象思维之外。这种把语言和思维完全割裂开的观点不能解释为什么人的大多数思维活动不但需要而且离不开语言的情况。比如,人在思考的时候,会不自觉地喃喃自语,这种自语由实验证明是与思维同步进行的。

1.1.3　先后论

虽然语言出现后成了思维的载体,但是语言出现之前人类就有了思维,甚至在语言出现之后,有时候也存在着不需要语言参与的思维活动。英国哲学家洛克(J. Locke)认为思维可以独立于语言,知识起源于感觉,并且,心灵是一块白板,无论是语言初创时还是现在,都先有观念而后才有名称。爱因斯坦认为,一个人的智力发展和他形成概念的方法在很大程度上取决于语言,但是,思维还能采取语言以外的形式,这种情况下,思维先于语言产生。因为,人脑在思考问题的时候,会运用视觉等记号和意象,而不一定总是依赖书面或口头的语言,这些意象的活动和组合是在由文字或别的记号建立的逻辑结构之前就已经进行了。我们在生活中有这样的现象,一个会骑自行车的人,途中需要转弯时,两手会不自觉地协调完成动作,根本不需要先有一系列的概念,再由概念构成判断,并通过语言指挥大脑才能完成了这一过程。支持这一论点的学者从人类的系统发生学和个体发生学及病理学方面都给出了科学的论断:从三十万年前到五万年前的早期智人的声道分析得出他们还不能发出最简单的元音,但他们已经能制造工具,因此人类是先有了思维而后才有语言。类似的情况也能在儿童那里观察到,婴儿五个月后即能根据颜色和形状区别物体,但一般都需要到两岁左右才能说话;在失语症或聋哑人身上,他们发现,失语症病人由于大脑左半球语言中枢受伤而失去部分或全部语言能力,但他们的思维没有因此而消失;聋哑人中没有学会手势语和聋哑文字的人仍然具有一定的思维能力。这就证明人的大脑中管思维的部分与管语言的部分并不完全相同,很有可能思维先于语言产生。因此,虽然这个论点不是一个完美和最后的定论,但是,与其他观点相比,它有更强的可接受性。

三种说法从不同的角度对思维与语言的关系作出了解释,要得出最后的结论可能还需要人类学、病理学以及心理学的更深入的研究。但到目前为止,这样的理解应该是可取的:从发生学角度看,思维应先于语言产生,这有人类脑体进化过程的依据。但人类在此基础上产生了语言之后,语言就紧密地与思维相连,成为思维的最重要的工具。

1.2 思维与语言的联系

语言是思维的最重要工具,但两者之间的依赖关系具体是如何表现的,就需要对思维及其类型作具体的分析。根据思维特征,一般将它分为三类。

感性思维 狭义的感性思维是一种直观的,运用感觉器官感受外界事物的活动。如视觉能辨别旗帜的颜色,听觉能辨别音乐、话语,知觉能使汽车驾驶员看到有行人过马路时产生判断,会紧急刹车等等。广义的感性思维也包括表象思维,这比感觉器官的功能更强一些,例如,汽车驾驶员在驾车时通过对以前来过此地的记忆,并进行想象并设计自己最近和最佳的路线,这就使用了记忆表象和想象表象。

抽象思维 是指以概念、判断和推理等复杂逻辑形式进行的思维活动。概念是反映客观事物一般的本质属性的思维形式,是思维的细胞。比如"自行车",舍弃了新旧、大小、有无车篮、何种质地、两人座还是三人座等非本质特征,最后概括出"一种两轮交通工具,骑在上面用脚蹬着前进"这个本质的特征。判断是确定事物性质或事物间关系的思维形式,它分肯定判断和否定判断。推理是由一个或几个已知的判断推导出未知判断,或者由一个或几个前提得出新的结论的思维形式。例如"我们班的人都去天安门了,所以去天安门的人中有我们班的同学"是直接推理;"我们班的人都去了天安门,而小王是我们班的,因此小王必定也去了天安门"是间接推理。

发散思维 指随着感性认识和理性认识而产生的综合心理活动,也称求异思维,它是从一点出发沿着多个方向达到思维目标的思维方式。也有心理学家将它定义为一种不依常规、寻求变异、从多个方面寻求问题答案的思维形式。这种思路好比自行车车轮一样，许多辐条以车轴为中心向外扩散。感情的喜恶，意志，传统意识等等，文学、音乐、舞蹈、绘画、雕塑、摄影等，一般也被看做是发散思维（或者是发散思维中的形象思维）的表现形式。发散思维处处存在，比如中国传统认为婚礼应该是红色调为主，如果老年人看到有人穿白色的服装参加婚礼，难免觉得"不吉利"。对动物"狗"，每个民族对它的感情也是不同的，在中国"狗腿子，狗仗人势。狗嘴里吐不出象牙⋯⋯"等等，就表明了中国人对"狗"这个形象的态度，而如果把这些词汇告诉西方人，甚至说有的人还吃狗肉，那一定是大部分西方人所不能接受的了。这也是不同民族的发散思维的表现。

　　上述三种思维形式与语言有什么样的对应关系呢？在感性思维中，语言的作用好像不是很大，尤其是直观思维，是对客观事物的一种直接感知。直观的感性思维是动物和人类共有的，动物中"老马识途""狗急跳墙"等说明动物具有这样的思维能力。这也说明，感性思维是思维活动较低级的阶段，感性思维只有在语言参与以后才上升到抽象思维的高级阶段。发散思维是一种综合的心理活动，是思维活动对人类社会生活其他方面产生的影响。这种思维活动比抽象思维更难以体会和把握，但同时，语言和这些思维活动的关系也相对疏远了。此时甚至可以这么说，语言已不是这种思维的工具，甚至也成了受其影响的对象了。比如前面关于"狗"的例子，并非"狗"这个词语本身表达的概念就是这样，而是人们把某种情感赋予了这个词。又如音乐，绘画等，人们不需要借助语言来创造和欣赏他们，而直接与这些艺术形式发生联系，然而这样的艺术形式却又是实实在在的人类思维活动的结果。由此看来，语言在这两种思维中起作用，但这两种思维对语言的依赖并不明显。

　　与以上两种思维不同，抽象思维却是必须依赖语言才能进行的。我们要叙述一种思维活动或情感活动，就得找出一个合适的词来表达。如实践告诉我们，发展生产力不但需要人力，更需要科学技术，我们就用"科学技术是第一生产力"这个形式来表达。

　　因为要表达概念，就得使用词语，比如在没有实物的情况下描绘"自行车"这个物体，就得用语言；而一些脱离具体形象的抽象概念，如"反叛，顺从，政治，民主"等，更是非得使用语言不可了。又如，在商店买完东西要付钱时，突然发现自己没带钱包，那时产生了一种情感，应该用什么语言来表达呢？——"尴尬、着急、难为情"，我们此时就用这些词准确地说出了当时的情感。如果需要作出判断，就得用到句子，我们试图用一个句子来表达某一具体思想时，如果句子的语义内容与大脑中的思想重合，那么这个思想就在语义内容中获得了充分的表达；如果没有重合，我们就不断地更换词或句子的结构形式，直至重合为止。要表达"北京比其他任何城市都富有文化气息"这个判断，就得用那么多词组成句子来实现；推理更是复杂，像上面要说明"小王也去天安门了"这一结果，得用几个句子，或者是复句来表达。如要讨论或者论证某些论点，甚至需要用段落和篇章来完成。可见，具体来说，语言是通过词汇意义，语法意义与思维发生联系的。例如，我们在语篇中运用插入语"首先""其次""再者""最后"等，这些语言标志使思维层次一目了然，"可见""总而言之""综上所述"等插入语，都是层次转换的标志。也常用明确的语言，如关联词、人称代词等等来交代层次的划分和逻辑关系。即使逻辑思维中运用的公式代码，其实也只是语言的转化符号。当我们需要说明某个数学运算的求解过程，还得把公式变回自然语言的表达形式。

用语言表达抽象思维内容有两个方面，一是用词汇意义和语法意义把思维的内容表达在一系列句子的语义内容中；二是用外部形式上的语言标志，显示出思维的内在逻辑结构。由此，我们也可以看出，抽象思维实际上就是以语言作为工具或在语言材料的基础上进行的思维活动。从上述的分析中，可以看出，抽象思维活动是必须以语言为媒介的。

1.3 语言和思维的区别

语言和思维的关系非常密切，但不等于说两者是一回事。语言和思维是两种不同的社会现象。他们的区别主要表现在以下两个方面。

1.3.1 思维是语言服务的对象，语言是为思维服务的工具

思维是人脑反映认识客观世界的过程，语言是这一过程得以进行和完成的工具。思维尤其是抽象思维，无论是其运行过程还是结果保留、表述，都离不开语言，但思维是语言服务的对象，语言是思维的工具。

1.3.2 语言单位与思维形式不完全对应

首先，从思维上看，思维的最小单位概念是借助于词来表达的，但概念与词并没有直接对应关系：词汇体统中，实词表示概念，但虚词一般不表达概念；即便实词也不对应于概念，例如一个多义词就可以表达多个概念，现代汉语里的"位置"属多义词，它有 3 个义项，就表达了三个相关的概念，英语里的词语 fire，也属于同样的情况；而同义词却是用多个词语表达同一个概念，如

父亲与爸爸等就是该类情况。最后,很多的词语除了理性意义外,还附加上了表达色彩,而概念就没有。

其次,思维里用概念构成判断,表达命题,判断需要借助于句子来实现,单句是构成简单判断的直接形式,但判断与单句并不直接对应:在多种功能句类中,只有陈述句用来表示判断;句子的形式与判断构成也不一定对应,如一个歧义句就可以表达多个判断。

最后,思维中可以借助于复句构成复杂判断或推理,但两者也不构成直接对应关系:实际推理中,人们常使用不完整的推理形式来实现推理,如我们常常运用这样的形式进行表达:

[1]国庆节是不上课的,今天是国庆节。

很显然,这是个推理,但却省略了结论:今天不上课。

1.3.3　思维没有民族性,思维是全人类共同的,语言有民族性

思维是大脑的功能。人类大脑的生理构造都是一样的,没有民族性,因而思维也没有民族性。不同民族的人可以认识相同的事物,同一部著作或同一部电影可以译成多种语言,在世界各地发行。在国际性的运动会上,来自世界各地的观众都了解一场球赛的经过和结果,都会在紧要关头异口同声喝彩或表示惋惜。但和思维形影相随的语言却有很强的民族特点,这体现在语音成分与结构、意义系统、句法组织手段以及修辞或语用等多个方面。

1.4　萨丕尔—沃尔夫假设(Sapir Whorf Hypothesis)

由结构主义语言学家萨丕尔(Edward Sapir)和他的学生沃尔夫(Benjamin Whorf)于 1929 年提出的萨丕尔—沃尔夫假设是语言学史上关于语言和思维关系的著名理论之一。这个假设认为,不同语言的结构影响着说这种语言的人们对客观世界的认识。萨丕尔和沃尔夫认为,人类不是孤立地生活在客观世界中,而是生活在以语言为媒体的世界里。每种语言所使用的词汇,语法不仅仅是表达某种概念、思维的工具,在这个过程中语言也在也塑造思维,产生并引导人们的精神活动(Sapir,1929)。比如,各种语言对颜色的分类在词汇上表现不尽相同。在俄语中,深蓝色和天蓝色是两个不同的词,而英语则用"dark"(dark blue)和"sky"(sky blue)来表示这两种颜色的区别。美洲的一种印第安语言祖尼语(Zuni)根本不区分黄色(yellow)和橙色(orange)。很多语言在空间表达上也不同,在英语中说"骑自行车去乡下"为"you ride *'on'* a bicycle and you go *'to'* a country",而意大利语则表达为

"you ride '*in*' a bicycle and you go '*in*' a country"。也有语言学家认为英语和汉语对时间的表达表现出思维方式的不同,英语中的时间表达好像是"横向"的,比如 last week,next week,而汉语中的时间表达更多是"纵向"的,比如"上个星期,下个星期"。即使是以汉语为母语者在学英文和说英文的过程中,实验表明他们的思维方式还是"纵向"的。对于不同语言究竟会不会影响人们对世界的看法,后来的语言学家,尤其是心理语言学家至今仍在争论不休。不同语言有不同的词汇系统和语法系统是当然的,真正的问题是语言究竟在多大程度上决定或者影响了人们的思维。大多数语言学家不同意对萨丕尔—沃尔夫假设作偏激地理解为"语言决定主义"(linguistic determinism),即认为语言决定了思维,因为要是这样,翻译、和第二语言习得就无法进行了。但大部分学者都同意一种"相对"的说法(linguistic relativism),即不同的语言结构影响了人们的思维活动。

1.5　正确理解语言与思维关系的实践意义

语言与思维的关系不仅是语言学的重要问题,也是其他许多学科研究的课题。正确地理解两者的关系,在现实生活中不仅有重要的理论意义,也有很强的实践意义。

语言是交际工具,同时也是思维的工具,两者是统一的。用哪种语言交际就用哪种语言思维,在这里交际起主要作用。交际可以是口头的,也可以是书面的,人们初学外语时,经常是用本族语进行思维然后再翻译成外语。这样说出来或写出来,不但要慢得多,而且记得也不牢靠。如果不继续学习,过一段时间很快就会忘掉。只有达到能用外语进行思维的程度,才算掌握了这种语言,才能自由地交谈和书写。

在日常生活中我们还有这样的体验,当我们对某种事物看得清楚,对某个问题考虑得比较成熟时,就会侃侃而谈;相反,如果对某种事物的认识不清楚,对某个问题没有想好,那就会张口结舌,说不明白。写文章更是如此,不经过深思熟虑,肯定写不出好文章来。这时需要先理清思路,在脑子里有个纲要,在思维的同时用语言组织话语,这样才能以辞达意。当然,有时想好了不见得写得通顺,这里有个人的语言运用能力的问题,形成书面语时还有写作技巧的问题。要针对自己的问题进行学习,通盘考虑结构布局,经过斟酌,才能写出有条理的好文章。也就是说只有思维和语言的积极配合,才能产生好的作品。

第二节　语言习得

研究孩子如何学会使用语言是探求语言和心理关系的一个重要途径。语言是一个极其复杂的系统,然而,幼儿在不到五岁,甚至还不知道 2＋2 等于多少时就已经初步掌握并能使用语言这套精细而复杂的系统了。幼儿在出生后的几年内能使用母语问问题,会用代词、否定词、甚至使用复句,等等。他们不但会使用父母教他们的词和句子,也渐渐会说出父母们并没有教过他们的话。也就是说,他们在很小的时候其实已经基本掌握了句法、语音、语义、构词和其他一些遣词造句的规则。孩子学会一门语言的过程,当然不是纯粹地记忆,即把语言材料储存进大脑,因为客观的语言材料,比如词汇,是无穷尽的,即使是世界上最大的词典也无法容纳所有的语言材料。那么,孩子们是如何学会使用语言的呢? 我们先介绍一些基本术语,再讨论儿童习得母语的一般过程以及相关理论。

2.1　学习与习得

学习是什么? 一般的传统看法,认为"学习"是通过研究、实际经验和教学而获得一门学科的知识或一种技能。心理学家认为,学习是指动物和人的经验获得及行为的变化过程,而人类学习是一种来自经验的在知识或行为上相对持久的变化过程。综合分析关于"学习"的各种定义,可以概括为以下几点:学习是获得信息或技能的过程,这种过程包括储存系统、记忆和认知组织;学习还包括能动地自觉地精力集中地参与有机体内外的活动;学习是行为的变化,是相对持久的,但也是容易遗忘的,同时还包括一些实践形式或强化实践。

近年来,随着语言教学理论研究的深入发展,不少学者提出了"习得"(acquisition)这一概念,并把它与"学习"区分开来。那么两者究竟有什么不同? 区分它们有什么意义?

许多学者认为,"习得"语言是幼儿不自觉地自然地掌握母语的过程和方法。"习得"是一种特殊的过程,使用特殊的方式:小孩子有一种内在的语言学习能力;小孩子不必专门教,也不必专门给他们纠正错误;小孩子用接触语言的方式学习;语言规则的掌握是无意识的;小孩子运用语言交际;习得过程由不自觉到自觉。而"学习"语言一般是指人们在学校环境里有意识地掌握第二语言的过程和方式,侧重于从已总结出的规律了解语言、掌握语言,因此可以说,其过程是从自觉学习最后达到不自觉地运用。

心理学家、语言学家注意区分这两个概念,目的在于探索母语习得的规律和方法,也可以此作为第二语言学习的借鉴,改进第二语言教学。不少学者认为,第二语言学习者不是被动地服从教师的主观安排,而是像小孩子习得母语一样,也有一个自身的语言习得的"内在大纲",他有自己的获得目的语的步骤和路线。如果教师输入的东西不符合学习者的内在机制要求,他就不会接受。因此,语言教学应该针对学生的需要。这也是最近几十年来,语言教学理论研究的重点由"教"转向"学",强调以"学"为重点的一个原因和基础。由此,从语言教学满足学生需求这一点上说,"学习"又跟"习得"一致。所以,有些学者把第二语言学习也称为第二语言习得。

其实,"学习"与"习得"的区分是相对的,二者不能截然分开。在学校环境中,第二语言初学者"学习"的成分多一些,而随着语言水平的提高,"习得"的成分会逐渐加大。外国留学生在中国学汉语,或者中国人去目的语国家学语言,"学习"和"习得"方式兼而有之,比较理想的方式是把二者有机地结合起来,而且要逐渐加大"习得"的成分,以期最后形成目的语自然地被掌握。这里主要介绍关于第一语言习得的基本理论,第二语言学习的研究在第八章作了介绍。

2.2　第一语言习得的一般过程

第一语言习得的研究主要针对儿童习得母语而进行的。18世纪末期,德国哲学家狄特里克(Dietrich Tiedemann,1748—1803)对他的小儿子的心理与语言的发展做了观察和记录。在以后的半个世纪中,儿童语言的研究局限在词的类型划分上。到了20世纪60到70年代,开始系统地分析儿童语言,探索人类语言习得的心理过程。此后的几十年里,其主要成就是用转换生成的模式来解释特定语言的习得,探求语言习得的普遍性。现在,语言学家、心理学家、社会学家和生物学家都从各自学科的角度来研究第一语言习得这一奇妙的过程:

婴儿呱呱坠地,过几周就会用哭声来引起人们的注意。孩子因厌烦、疼痛、饥饿而啼哭,父母亲会对他的啼哭作出反应,过不久父母甚至可以辨别孩子不同方式的啼哭,准确地帮孩子解决当前的问题。孩子也会因此懂得,可以用声音引起别人对自己的注意。

多数婴儿到了6周左右,开始用微笑与他人交际。在这以后,父母跟孩子说话,逗乐,孩子很快会使用"嗯嗯啊啊"的"语言"与人交流。父母越是鼓励,孩子说的兴趣越大。如果重复他的"话"，他就会意识到，自己做事很聪明，要继续做下去。孩子的"话"是通过听和模仿学的。3个月的婴儿会留意各种声音，父母的声音能止住他的哭声。

到6个月，婴儿虽注意力不集中，很容易分散，但对四周发生的一切都很感兴趣。一个正常的婴儿，听到一种声音时，会把头转向声音的方向。他虽然不懂词的含义，但可以从父母的面部表情和语气知道高兴还是生气。他会"咿咿呀呀"地模仿父母的话。这个时期父母谈话的形式与内容对婴儿语言表达能力会产生直接的影响。

婴儿接近或满一岁时，会第一次使用真正的"单词话语"。在父母的鼓励下，他不断地重复"妈妈""爸爸"。当婴儿第一次发这些声音时，并不知其含义，但经父母重复，他就会逐渐懂得，一种声音或一个词，是一种事物的名称。他第一次使用的词是他所熟悉的人的名字、动物或东西。婴儿听懂的话比会说的话要多得多。婴儿很快学会"不"的意思。

婴儿满18个月后，会说"双词话语"，词汇量会增加到十几个，很快学会把两个词放在一起说，如说："爸爸，饭饭！"这就是所谓电报式的语言。两岁的孩子能叫出五官和身体各部位名称，把词连在一起问问题，甚至会唱简单的歌曲。

两岁半的孩子会使用"连接语法"，开始使用代词，叫自己是"我"。在这以前，用自己的名字代替"我"，但有时他们对"你""我"会产生混淆的现象，比如母亲对孩子说"你吃什么?"孩子会回答："你吃饭饭。"这个现象会随着语言掌握水平提高而得到改善。三岁的孩子，谈话相当自由，词汇量可达800～900。喜欢跟别的孩子一起玩，进步很快。

孩子到了四、五岁，可以使用"递归语法"，意识到有一个规则体系，并且能重复使用。不但知道能说什么，还知道不能说什么，了解语言的社会功能。一个正常的学龄前儿童，不管母语如何复杂，都毫无困难地运用自如。任何一个健康的汉族儿童都会用"了""着""过"，已会用"把"字句、"被"字句，而这些对以汉语为第二语言来学习的人来说是很困难的。

儿童语言发展过程大体上如上所述。但在现实生活里，各阶段并不是严格划分的，常常有重叠和过渡现象，而且各种语言是不同的，习得过程会有差异，有待于专家进一步研究。

2.3　关于第一语言习得的主要理论

对儿童习得母语的奇妙现象如何解释，有各种不同的理论，代表性的有三种。

2.3.1　行为主义理论(刺激—反应论)

美国心理学教授华生(J. B. Watson,1878—1958)在俄国生物学家巴甫洛夫提出的经典性条件反射学说的基础上,创立了行为主义理论。行为主义理论用严格的科学实验方法研究人类行为,认为人类行为是一个有次序的过程,这一过程可以用自然科学的方法研究、了解。华生认为习惯的养成跟刺激与反映的条件化(制约)两者之间没有什么不同,他将研究严格限制在可观察到的行为变化方面。刺激与反映之间的联系是直接的,不存在心理、意识中介。新行为主义的代表人物是美国心理学家司金纳(B. F. Skinner,1904—1990),他先进行操作学习,再给强化刺激,使行为成为习惯。他认为有机体发出一个反应或操作(句子或话语),要用强化的方式使它保持。

行为主义理论认为行为是可以塑造的,语言是一套习惯,由反复操练而获得。行为主义理论可以说否定了以往的主观唯心主义的心理学理论,有其合理性。行为主义理论是听说法和程序教学的心理学基础,还能解释一些较为简单的学习。但它只注意研究可以观察到的人类行为,忽视了对大脑的研究。它用实验室实验动物行为得出的结论为依据来说明人类与动物的质的差别,不能正确对待人类意识与行为的辩证关系,因此对复杂的人类学习与习得过程及其本质的解释是有局限的。

2.3.2　生成理论

生成理论分两种:一种是内在主义(innativist approach),另一种是认知论(cognitive approach)。它用典型的理性主义(心灵主义)方法来解释儿童语言习得的问题,试图在更深的层面上解释习得。

内在主义的代表人物是乔姆斯基和马克奈尔等人。他们认为,儿童出生后就有一种适合于语言学习的"语言习得机制"(language acquisition device,即 LAD)。这种语言习得机制离开人类其他功能而独立存在,甚至跟智力都没有直接的关系。语言习得机制的功能和最后目的是使语言规则(普遍语法)内化,这些规则是理解和产生语言的基础。儿童所需要习得的语言知识是不能单靠接触环境习得的,但环境是促进语言习得机制的先决条件。语言具有普遍性,所以儿童能够在不同的语言环境里习得不同的语言。这个理论的主要贡献是:他们认为儿童语言是一个合法的、受规则支配的系统,儿童语言的发展不是一个错误逐渐减少的过程,而是一个在接受输入材料的基础上不断进行假设,然后通过自己的理解和表达来检验假设的过程。

但是内在主义论者所提出的语言习得机制仅仅是一种假设，没有得到证实，而且也很难证实。因此，许多人提出疑问：如果 LAD 确实存在，那么在印度发现的狼孩和德国发现的狗孩（即由狗喂养的孩子），他们应该会在被发现之后，有比较强的语言能力，但事实却是，刚被发现的狼孩或狗孩，不会说话，进入正常的社会环境后，其语言能力也没有多大发展。这似乎说明，LAD 发挥作用的外在条件不仅仅是先决条件，它应有更重要的意义。

认知论产生于 20 世纪 60 年代后期，代表人物是布鲁姆、皮亚杰和斯娄宾。认知论不是生成主义理论的对立面，而是它的深化和发展。认知论者认为，儿童语言的发展是天生的能力与客观经验相互作用的产物，因此这种理论也称做相互作用论（interaction theory）。布鲁姆总结，内在主义是语言学决定论，语言发展过程直接依赖语言学系统的性质、特点；而认知论是认知决定论，儿童的认知与言语活动相互作用，但认知因素又被看作是关键因素。该理论强调了认知因素，忽视语言对认知的促进作用。

2.3.3　语言功能论

功能语言学已有悠久的历史，可以追溯到古代希腊、印度和中国古代的语言学研究。

20 世纪 50 年代后，功能语言学研究又有新的发展。儿童语言研究者也开始注意解决语言功能规则的形成问题。理论语言学家意识到，乔姆斯基的转换生成模式已不适用，于是从中又分出来生成语义学和格语法（generative semantics and case grammar）。生成语义学派很注意言语行为（运用）的研究。其研究的中心问题是话语中的语言功能。

【自测题】

1.你认为先有语言还是先有思维？还是两者同时产生？为什么？

2.举例说明思维以语言为工具的例子。

3.有一种说法认为，汉语在造句时强调意会，忽略甚至没有语法的制约，与英语等西方语言不同，其原因在于中国人思维方式上强调综合性，与西方人强调分析性不同。你同意这种说法吗？为什么？

4.根据自己习得母语的经验，或观察幼儿习得母语的表现，分析一下上述行为与学习外语有哪些不同。

第十章 西方语言学流派简介

第一节 传统语言学

1.1 传统语法

传统语法(Traditional Grammar)以建立在逻辑之上的语法规范为研究对象。这个学派有三个重要传统:古印度传统,古希腊传统和阿拉伯传统。其间经历了古希腊、古罗马(包括中国先秦两汉时期的哲学家、语文学家)的培植,最后为法国人所承袭。时间上从公元前4世纪的后半叶到公元17世纪欧洲文艺复兴运动的后期,历时近两千年。其间,重要事件、代表人物及其重要著作有:(一)古印度波尼尼的《梵语语法》;(二)古希腊、古罗马哲学家的"名""物"关系之争:"按性质"和"按规定";(三)中国哲学家荀子的《正名篇》等;(四)希腊语第一部语法书狄奥尼修斯·特拉克斯的《希腊语语法》;(五)古罗马瓦尔罗的《拉丁语研究》;(六)法国波尔·洛瓦雅尔(Port Royal)修道院的阿尔诺(Antoine Arnaud)和兰斯洛(Claude Lancelot)的《普遍唯理语法》。

传统语法以逻辑为基础,对于语言本身缺乏科学的、客观的观点;它的唯一目标是要订出一些规则、区别正确的形式和不正确的形式。

1.2 语文学

语文学(Philology)以文献评审为主,目的在于注疏、解释和考订。

"语文学"有两个方面的含义,一个是索绪尔《普通语言学教程》着重提及的,指自1777年起,由德国语文学家沃尔夫(Friedrich August Wolf)所倡导的把语言研究和文学史、风俗史、制度史的研究结合在一起的语文学派。索绪尔对这一学派的评价是:"毫无疑问,这些研究曾为历史语言学做好了准备。"但是"语文学考订有一个缺点,就是过分拘泥于书面语言,忘却了活的语言;此外,吸引它的几乎全都是希腊和拉丁的古代文物"。另一个是许多语言学史著作都提到的亚历山大里亚学派。亚历山大里亚是当时希腊的京城,那里聚集了一批学者,他们从事荷马(Homer)史诗的整理和考订工作。在文献注释校订工作中,对一些语言现象展开讨论,得出了一些有关词法的理论。传统语言学关于词类的划分,有很多概念就是这个时候确立的。例如,他们研究词类和形态学,把词分为八类:名词、动词、分词(兼有静词和动词的特点)、代词、介词、副词、连词和冠词。

到了文艺复兴时期,随着俗文学的兴起,语言的对比研究、运用研究以及对口语的研究得到了发展;语法、修辞和逻辑成了学校的三门必修课程。我国古代的小学相当于西方的"语文学",具体包括文字学、音韵学和训诂学。

语文学有一个漫长的发展过程,取得过辉煌的成果。特别是在我国,传统语言学就是以语文学为主要内容。语文学注重实用,在语言教学方面功不可没,它所取得的成果为现代语言学的诞生奠定了基础。

第二节　历史比较语言学

2.1　历史比较语言学的兴起

早在 12 世纪,冰岛一位姓名不明的学者就根据词形的类似性,对冰岛语和英语进行了比较研究。14 世纪初,意大利著名诗人但丁的《俗语论》问世。这是一部讨论方言的著作,但其中涉及了语言的起源问题:不同语言是同一源语经过推移和说话人的迁徙造成的。16 世纪的斯卡利格(J. Scaliger,1540—1609)和 17 世纪的莱布尼茨(G. W. Leibniz,1646—1716),都对语言的起源感兴趣,并试图把语言分成不同的语系。到了 18 世纪,已经有人收集有助于比较研究的各种语言材料,如德国人帕拉斯(P. S. Pallas)的《世界语言比较词汇》就是一例。18 世纪末,西方学者开始接触并掌握古印度语——梵语。通过比较研究,他们发现梵语和欧洲的几种主要语言在某些词汇层次和语法结构上有着惊人的相似之处。其中,英国学者威廉·琼斯爵士(Willian Jones,1746—1794)在 1786 年举行的亚洲学会上宣读的论文影响最为深远。在这篇论文中,他根据梵语、希腊语和拉丁语在动词词根和语法形式上的相似性断言,这三种语言源于同一原始语言,从而正式揭开了历史比较语言学的新的一页。

2.2　历史比较语言学的主要成就

历史比较语言学的主要代表人物及其著作有：①〔德〕法朗兹·葆朴(Franz Bopp)的《梵语动词的变位系统，与希腊语、拉丁语、波斯语和日耳曼语相比较》(1816)。这部著作在英国语言学家琼斯(W. Jones)关于语言的亲属关系研究的基础上，用一种语言来阐明另一种语言，从而促进了比较语法的发展。后来他又出版了《梵语、禅德语、阿尔明尼亚语、希腊语、拉丁语、立陶宛语、古斯拉夫语、峨特语和德语比较语法》。②〔丹麦〕拉斯克(Rasmus Rask)的《古代北方语或冰岛语起源研究》(1818)。③〔德〕雅各布·格里木(Jacob Grimm)的《德语语法》(1819)。书中提出了语音演变规律的著名的"格里木定律"。加上后来出版的《德语史》，一起奠定了日耳曼语历史比较研究的基础。④〔德〕波特(August Friedrich Pott)的《印度日耳曼语领域内的词源研究》。⑤〔德〕古尔替乌斯(Georg Curtius)的《希腊语词源学纲要》(1858)和《希腊语动词》。⑥〔德〕施来赫尔(August Schleiher)的《印度日耳曼系语言比较语法纲要》(1861—1862)其主要贡献在于对古印欧语的"重建"。⑦〔德〕库恩(Adalbert Kuhn)主编的《比较语言学杂志》，对历史比较语言学的发展起到了积极的推动作用。⑧青年语法学派产生于 19 世纪末，在当时的语言学界占统治地位。其代表人物及其著作有奥斯特霍夫(Osthoff)的《印度日耳曼语名词词干结构领域内的研究》(1875)、勃鲁格曼(K. Brugmann)的《希腊语语法》(1887)和《印度日耳曼语比较语法纲要》(1886)、西弗士(Sievers)的《语音学纲要》(1881)、保尔(H. Paul)的《语言史原理》(1880)。青年语法学派在历史比较研究中坚持两个原则：一是语音定律没有例外；二是类推作用。他们的杂志《形态学研究》对推动历史比较语言学的发展也起了积极的作用。

第三节　结构主义语言学

3.1　索绪尔和他的《普通语言学教程》

3.1.1　索绪尔生平简介

索绪尔(Ferdinand de Saussure 1857—1913)瑞士语言学家，出生于瑞士日内瓦。1875 年到 1876 年进入日内瓦大学学习物理学和化学，1876 年加入巴黎语言学会。1876 年转入德国莱比锡大学攻读历史语言学。1878 年发表

《论印欧系语言元音的原始状态》，在理论上解决了印欧系语言元音系统中的一个疑难问题，引起了欧洲语言学界的注意。当时，他才二十二岁。1878 年又转入柏林大学继续攻读历史语言学，于 1880 年以《论梵语绝对属格的用法》获得莱比锡大学最优生博士学位。之后前往巴黎，于 1881—1891 在巴黎高等研究学院任教。1891 年回国担任日内瓦大学教授，起初讲授梵语和印欧系语言，1906 年开始讲授普通语言学，到 1911 年连续讲了三个教程，都没有完整的讲稿。1913 年逝世后，他的学生巴利（Ch. Bally）和薛施蔼（A. Sechehaye）根据很多同学的笔记整理成《普通语言学教程》一书，1916 年在洛桑出了第一版。《教程》出版后，并没有引起语言学界的很大注意，后来出了一些评论文章，但以批评意见居多。到了 20 世纪 50 年代后，当代语言学家才重新发现索绪尔。现在，语言学界普遍认为，索绪尔是这个时期最伟大的语言学家。他是结构主义语言学的创始人。他的学说被誉为"哥白尼式的革命"，标志着现代语言学的开端，导致了欧美结构主义语言学派的诞生和发展，并促使语言学成为一门真正独立的科学，在不同程度上影响了 20 世纪各个语言学流派。

索绪尔的语言理论认为，语言是社会心理现象，是符号系统；主张区分语言和言语、共时语言学和历时语言学、内部语言学和外部语言学等。索绪尔吸收了他同时代的德国著名社会学家德克海姆和奥地利心理学家弗洛伊德的观点，形成自己的一套理论。索绪尔认为，分析语言，就是分析社会事实；语言是一个关系的系统，而社会给予这些关系以意义；语言学家研究的是社会惯例的系统。

3.1.2　《普通语言学教程》的主要观点

（1）言语活动、言语和语言

哪些现象属于语言，哪些现象属于言语，语言学上的许多分歧都与这个问题有关。索绪尔提出了区分语言和言语的标准：首先，区分实质性的东西与因事而变的成分。语言是完全抽象的形式系统，一切与语音有关的都属于言语，因为语音总是因人而异的。其次，区分个人方面和社会方面。言语纯属于个人行为，可以自由选择。最后，区分心理方面和物质方面。索绪尔把语言比做乐章，把言语比做演奏，把语言和言语的关系比做乐章与演奏的关系。"在这一方面，我们可以把语言比之于交响乐，它的现实性是跟演奏的方法无关的；演奏交响乐的乐师可能犯的错误决不会损害这种现实性"。

（2）语言是一个符号系统

索绪尔把概念和音响形象的结合叫做符号，把概念叫做"所指"，把音响形象叫做"能指"。这种本质上是心理的语言符号有如下两个特点:第一,符号的任意性,是指"所指"与"能指"之间的最初联结是任意的,不可论证的。第二,能指的线条性,是指"能指"属于听觉性质,只在时间上展开,而且具有借自时间的特点:它体现一个长度,这个长度只能在一个向度上测定,它是一条线。

(3)内部语言学和外部语言学

语言学的研究对象是语言。由于语言有它的内部要素,也有它的外部要素,所以语言学也可以有内部语言学和外部语言学之分。索绪尔关于语言的定义,就是要把一切跟语言的组织、语言的系统无关的东西排除出去。这些东西,可以用"外部语言学"这个术语来统称。因此,外部语言学要研究的内容包括:第一,语言学和民族学的一切接触点,语言史与种族史或文化史之间的关系,一个民族的风俗习惯在语言中的反映等。第二,语言和政治史的关系。第三,语言和各种制度如教会、学校等的关系。第四,凡是与语言在地理上的扩展和方言分裂有关的一切。

外部语言学可以把各种细节一件件地堆积起来而不致感到被系统的老虎钳夹住,而内部语言学则不容许随意的安排。"语言是一个系统,它只知道自己固有的秩序。把它跟国际象棋相比,将可以感到这一点。……把木头棋子换成象牙棋子,这种改变对于系统是无关紧要的;但是假如我减少或增加了棋子的数目,那么,这种改变就会深深地影响棋法"。

(4)语言的系统性和符号的价值

语言的符号不纯粹是语言的事实,而是系统的组成要素,这个系统代表了语言。进入系统中的符号的功能,是由系统的组成成员的各个要素之间的相互关系来决定的。语言是一个系统,这个系统中的所有要素形成一个整体。正如象棋可以归结为各个棋子的位置的组合一样,语言是一个仅仅以它的各个具体单位的对立为基础的系统。索绪尔用下棋来解释"价值"。"比方一枚卒子,本身是不是下棋的要素呢?当然不是。因为只凭它的纯物质性,离开了它在棋盘上的位置和其他下棋的条件,它对下棋的人来说是毫无意义的。只有当它披上自己的价值,并与这价值结为一体,才成为现实的和具体的要素。假如在下棋的时候,这个棋子被弄坏了或者丢失了,我们可不可以用另外一个等价的来代替它呢?当然可以。不但可以换上另外一枚卒子,甚至可以换上一枚外形上完全不同的卒子。只要我们授以相同的价值,照样可以宣布它是同一个东西"。由此可见,在像语言这样的符号系统中,各个要素是按照一定规则互相保持平衡的,同一性的概念常与价值的概念融合在一起,反过来也是一样。

(5)共时语言学和历时语言学

索绪尔认为科学时期的语言学（即现代语言学）的建立面临着两条分叉路：语言与言语的区分是建立语言理论时遇到的第一条分叉路。两条路不能同时走，必须有所选择，应该分开走。第二条分叉路便是共时与历时的区分。索绪尔认为下图可以表明语言研究应该采取的合理形式：

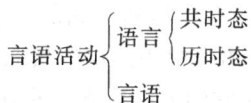

$$\text{言语活动}\begin{cases}\text{语言}\begin{cases}\text{共时态}\\\text{历时态}\end{cases}\\\text{言语}\end{cases}$$

图示表明，在经过二重分类之后，语言学可以一分为二：共时语言学研究同一个集体意识感觉到的各项构成系统的要素间的逻辑关系和心理关系。相反的，历时语言学研究各项不是同一集体意识所感觉到的相连续要素间的关系，这些要素一个代替一个，彼此间不构成系统。在索绪尔看来，语言研究发展到他那个时代，共时语言学的研究已成为了当时最为迫切的任务，比历时语言学的研究更为重要。

(6)句段关系和联想关系

索绪尔认为，在语言的机构中，一切要素都是按照句段关系和联想关系运行的。在话语中，各个词，由于它们连接在一起，彼此便结成了以语言的线条性为基础的关系，排除了同时发出两个要素的可能性。这些要素一个接着一个排列在言语的链条上，它们之间结成的关系，叫做句段关系。这些以长度为支柱的结合，叫做句段。所以句段总是由两个或两个以上的单位组成。什么是联想关系呢？在话语之外，各个有某种共同点的词会在人们的记忆里联合起来，构成具有各种关系的集合，这种不在前后相接的环境出现，而是在说话者的脑子里出现的联系，就叫做联想关系。索绪尔认为，在整个语言机构中就是这两种关系的运用。

3.2 结构主义流派

语言学中的结构主义是由索绪尔关于语言是一个符号系统的理论发展而来的，主要包括三个流派：布拉格学派、哥本哈根学派和美国描写语言学。

布拉格学派（布拉格语言学会）的形成可以追溯到 1926 年，马泰休斯（V. Mathecius,1882—1946)领导召开了该学会的第一次会议。布拉格学派实践了一种独特的研究风格，即共时语言学研究。它对语言学最重要的贡献就是

从"功能"的角度来看语言。在布拉格学派形成的诸多观点中,有三点至为重要:

首先,对语言的共时研究由于可以得到全面的、可控制的语言材料以供参考而被充分强调。同时,也没有建立严格的理论藩篱将自己同历时语言学研究相对立。

其次,布拉格学派强调语言的系统性这一本质属性。指出语言系统中的任何成分如果以孤立的观点去加以研究,都不会得到正确的分析与评价。要作出正确的评价,就必须明确该成分与同一语言中相共存的其他成分之间的联系。换句话说,语言成分之所以存在,就在于它们彼此功能上的对比或对立。

最后,布拉格学派在某种意义上把语言看做一种"功能",是一种由某一语言社团使用的,用来完成一系列基本职责和任务的工具。

布拉格学派的贡献表现在:

(1)音位学和音位对立:布拉格学派最突出的贡献在于其音位学说以及对语音学和音位学的区分。这一领域最具有影响力的学者是特鲁别茨柯依(Trubetskoy,1890—1938)。他最完整和权威的论述都集中表述于1939年出版的《音位学原理》一书中。特鲁别茨柯依沿用索绪尔区分语言和言语的理论,提出语音学属于"言语",而音位学则属于"语言"。在此基础上,他又逐渐形成了"音位"的概念,以之作为语音系统的抽象单位来与实际发出的声音相区别。音位可以被定义为若干不同功能的总和,而声音当其能够用来区别意义时也可以归为音位。特鲁别茨柯依在给这些区别性的语音特征进行分类时,提出了三条标准:它们与整个对立系统的关系;对立成分之间的关系;区别力的大小。这些所谓的对立可以被概括为以下内容:①双边对立;②多边对立;③均衡对立;④孤立对立;⑤否定对立;⑥分级对立;⑦等价对立;⑧中和对立;⑨永恒对立。特鲁别茨柯依对音位理论的贡献涉及四个方面。首先,他指出了语音的区别性功能并且给出了音位的精确定义。其次,通过区分语音和音位以及文体音位学和音位学,从而定义了音位学研究的范围。第三,通过研究音位的组合关系、聚合关系来解释音位间互相依赖的关系。第四,他提出一整套用于音位研究的方法论,譬如确立音位的方法和研究音位结合的方法。

(2)句子功能前景:这是一套语言学分析的理论,它是指用信息论的原理来分析话语和篇章。其基本原则是一句话中各部分的作用取决于它对全句意义的贡献。句子功能前景主要涉及已知信息和新信息在话语中的分布形成的效果。

　　丹麦哥本哈根学派,又称为语符学派,它继承了索绪尔关于语言是一个符号系统、语言是形式不是实体等观点,并进一步加以发展,从而形成了一个与布拉格学派极不相同的结构主义学派。这一学派最主要的纲领性著作有三部:一是1943年出版的叶尔姆斯列夫(L. Hjelmslev)的《语言理论导论》。二是1957年出版的乌尔达尔的《语符学纲要》。三是1939年登在《语言学学报》第一卷第一期上的布龙达尔(H. J. Uldall)的《结构语言学》一文。叶尔姆斯列夫抛弃了索绪尔关于语言的社会本质的论点,关于音位的物质性的论点,排除了索绪尔理论中与语言现实有联系的组成部分,而把索绪尔关于语言是一个符号系统,关于语言和言语的区分,关于语言是价值体系,关于语言是形式不是实体等论点发展到极端,得出了一个逻辑上前后一贯的、自圆其说的语言理论体系。

　　这个学派提出了如下三个重要观点:

　　(1)建立统一的语言研究的方法论。叶尔姆斯列夫认为,根据语言的符号逻辑理论,语言学不同于历史、文学、艺术等人文科学,必须在其中找出一个常数,使之投射于现实。在任何过程中,必然有一个系统,在任何变动中,必然有一个常数。语言学的任务就是演绎地建立这个系统,这个系统将预见语言单位的各种可能的组合。因此,它必然高于单纯描写的科学。叶尔姆斯列夫甚至要求这样的语言理论要适合于人们从来没有遇到过,甚至也永远不会遇到的根本不存在的语言。可见,叶尔姆斯列夫企图建立一个适用于描写任何甚至是根本不存在的语言的极其抽象的语言理论。

　　(2)语言符号是由内容形式和表达形式构成的单位。

　　(3)所有的科学都聚集在语言学的周围。叶尔姆斯列夫把实体排除在语言之外,这样一来,在语言中就只剩下内容形式和表达形式所构成的种种关系了。这种语言学具有代数的性质,也没有跟实体对应的标志。因此,它就可以跟其他类似的形式结构等同起来。"正是由于理论只建立在语言形式的基础上,不考虑实体(材料),所以我们的理论可以很容易地应用于任何结构,只要这种结构的形式跟自然语言的形式类似就行"。于是语言学被融化在符号逻辑之中。在这个意义上,叶尔姆斯列夫宣称:"所有的科学都聚集在语言学的周围。"

　　美国描写语言学是结构主义三大流派中影响最大的一个流派,独立诞生于20世纪初。它在人类学家博厄斯(F. Boas, 1858—1942)的领导下,以完全不同于欧洲传统的风格进行着。事实上,博厄斯的研究传统影响了整个 20 世纪的美国语言学。

欧洲语言学研究始于两千多年以前,而美国的语言学则始于 19 世纪晚期。传统语法在欧洲一直占统治地位,而在美国,它的影响却微乎其微。欧洲有众多的语言,并且都有自己悠久的历史和丰富的文化,而在美国,居统治地位的只有英语,在那里没有欧洲语言那样的传统。此外,在美国最早对语言学感兴趣的学者是人类学家,他们发现印第安人的土著语言没有任何文字记载,当一种土著语言的最后一个使用者死去,这种语言也就随之消亡。而且,这些语言种类之多,彼此差异之大,在世界上其他地区都是罕见的。那儿大约有一千多种美国印第安土著语,分别属于 150 多个不同语系。据说仅在加利福尼亚一地,其土著语就比整个欧洲的全部语言还要多。为了记录和描写这些奇特的语言,人们往往无暇顾及这些语言通常的特性。这就是为什么在这一时期语言理论的发展远远不如对语言描写程序的讨论那么多的原因。

(1)美国描写语言学的先驱

作为北美人类学方面的专家,博厄斯成为调查墨西哥以北众多美洲印第安土著语的发起人。其调查结果即为 1911 年编辑出版的《美洲印第安语言手册》。在书的前言里,博厄斯论述了描写语言学的框架。他认为这种描写包括三个部分:语言的语音;语言表达的语义范畴;表达语义的语法组合过程。博厄斯注意到每一种语言都有它自己的语音系统和语法系统。对于要研究的语言,语言学家的重要任务是去概括各种语言的特殊语法结构和分析各种语言的特殊语法范畴。他处理美洲印第安语言数据的方法是分析性的,不采用跟英语或拉丁语等语言比较的方法。博厄斯从人类学的观点出发,把语言学看做是人类学的一部分,故而没有把语言学作为一门独立的学科。

萨丕尔(E. Sapir,1884—1939)也是美国描写语言学的先驱,他不仅懂得许多种欧洲、亚洲、美洲语言,而且对语言理论的研究也感兴趣。他曾对美洲印第安人的许多语言做过分析描写,特别注意研究这些语言的结构,他的主要语言学著作是《语言论:言语研究导论》(*Language:An introduction to the Study of Speech*,1921)。书中他把语言称为"了解社会实际的指南",认为人们在很大程度上受到语言的影响。萨丕尔关于语言的理论及其思想后来被他的学生沃尔夫(B. L. Worlf,1897—1941)继承和发展,并以"萨丕尔—沃尔夫假说"(也称语言相关说,lingustic relativity)之名广为人知。

（2）布龙菲尔德的理论

如果说博厄斯和萨丕尔是美国描写语言学的先驱，那么，布龙菲尔德（L. Bloomfield，1887—1949）就是美国描写语言学的奠基人和代表人物。他是美国语言学史上的一位标志性人物，以至于人们把 1933—1950 年这段时间称为"布龙菲尔德时代"。1933 年他的代表作《语言论》（Language）出版。该书受华生行为主义心理学的影响，把语言看成是一连串刺激和反映的行为，主张根据形式结构的差别来分析语言。同时，也受到索绪尔的影响，他在《语言论》的第一章中指出，索绪尔在多年的大学讲课中，曾详细论述过语言的历史研究要以描写性研究为基础的问题。他要以此来说明描写性研究的重要性。布龙菲尔德在《语言论》中用一个有趣的例子来说明他的刺激—反应理论。他说，假设杰克和他的女朋友吉尔在一条胡同散步。吉尔饿了，看到树上有苹果。她用喉咙，舌部和唇部发出某种声音。这时杰克跳过围墙，爬上树，摘下苹果，递给吉尔。吉尔吃了苹果。这一系列的活动，可以分为语言行为（act of speech）和实际事件（practical event）。这个故事可分三部分：语言行为之前的实际事件→语言→语言行为之后的实际事件。在语言行为的实际事件中，吉尔腹内肌肉收缩，胃中产生液体。苹果光波传到她的眼中。她又看到旁边的杰克，想到与杰克的关系。这一切构成说话人的刺激（speaker's stimulus）。语言行为之后的实际事件是杰克的实际行动，叫做听话人的反应（hearer's reaction）。如果吉尔独自一人，那就像不会说话的动物一样。感到饥饿，闻到食物气味，就向食物走去；能否得到食物，全看自己力气和技术。然而，吉尔是会说话的人，她并没有自己去摘苹果，而说了句话，便得到了苹果。于是布龙菲尔德得出第一条原则：语言可以在一个人受到刺激时让另一个人去作出反应。实际上，在一个社会中，人的力气和技术是不同的。只要有一个人会爬树，大家便都可以吃到苹果。只要有一个人会打鱼，大家都可以吃到鱼。于是他便得到第二条原则：劳动分工及人类社会按分工原则进行活动，都依靠语言。再看语言行为。吉尔运动自己的口腔部位，使空气变成声波。这是对外部刺激（饥饿）的反应，是语言反应或代替反应。然后声波又撞击杰克的耳膜，耳膜震动又刺激杰克的神经，使杰克听到吉尔的话。这就是对杰克的刺激。这就是说，人可以对两种刺激作出反应：实际刺激和语言刺激。这就得出第三条原则：说话人和听话人身体之间原有一段距离——两个互不相连的神经系统——由声波做了桥梁。从中布龙菲尔德提出了一个著名的公式：

$$S \rightarrow r \cdots\cdots\cdots\cdots s \rightarrow R$$

S指外部刺激,r指语言的代替反应,s指语言的刺激反应,R指外部的实际反应。

(3)美国描写语言学的基本方法

美国描写语言学的分析手续十分复杂,归纳起来主要有四种:①替换分析法,即用一个语言片段中出现的某一断片,去替换另一个语言片段中出现的另一个断片,看替换之后得到的新的语言片段是不是具体语言中存在的事实。如果是,就说明两个或更多能够这样彼此替换的断片,是语言中同一现象或单位的变体,或是具有同样功能的某种单位。②对比分析法,即比较两个或两个以上的语言片段,找出其相同的部分和不相同的部分,以此来确定这些部分的性质。③分布分析法,即一个单位的分布就是它所出现的全部环境的总合,也就是这个单位的所有的(不同的)位置(或者出现的场合)的总合,这个单位出现的这些位置同其他单位的出现有关。分布分析法是美国描写语言学的最重要、最关键的方法。海里斯(Z. S. Harris)甚至把分布分析法绝对化,认为它是描写语言学的唯一的方法。因此,有人干脆把美国描写语言学家称为"分布主义者"。④直接成分分析法,其基础是,句子不是一个简单的线形序列,而是由若干直接成分按层级构成的,每一个较低层级的成分是较高层级的成分的一部分。

第四节　转换生成语言学

4.1　乔姆斯基与转换生成语言学

20世纪50年代后半叶,美国语言学界出现了一种全新的理论——转换生成语法,它猛烈地冲击了当时在美国占主导地位的结构主义描写语言学。该理论的创始人就是 A. N. 乔姆斯基(Avram Noam Chomsky)。

乔姆斯基1928年12月7日生于宾夕法尼亚州费城的一个犹太家庭,父亲是研究希伯来语的学者。中学毕业之后,乔姆斯基到宾夕法尼亚大学学习语言学、数学和哲学。1951年完成硕士论文《希伯来语语法》。1951—1955年,乔姆斯基以哈佛大学学术协会会员身份从事语言学研究工作,写出《语言理论的逻辑结构》(The Logical Structure of Linguistic Theory),后返回宾夕法尼亚大学,取得了博士学位。1957年,他把自己的博士论文缩写成《句法结构》(Syntactic Structure)在荷兰出版。此后,他的语言学思想开始在语言学界、心理学界和哲学界引起重视。不久,他被麻省理工学院聘为语言学教授。他的主要著作有:《句法理论若干问题》(*Aspects of the Theory of Syntax*)(1966),《笛卡儿语言学》(*Cartesian Linguistics*)(1966),《语言与思维》(*Language and Mind*)(1968),《对语言的思考》(*Reflections on Language*)(1975),《规则与表达》(*Rules and Representations*)(1980),《支配与约束讲稿》(*Lectures on Government and Binding*)(1981),《语言知识》(*Knowledge of Language:Its Nature,Origin and Use*)(1986)。

乔姆斯基已在麻省理工学院(MIT)的语言—哲学系工作了半个多世纪。那里除了结集着来自世界各地的生成语言学家外,还培养了一批又一批的转换生成语言学博士生,分散在美国和其他国家(和地区)许多大学的语言学系工作,成为这个学派研究的主要力量。荷兰、日本、加拿大、法国、意大利等在不同程度上和范围内也是转换生成语言学研究很发达的国家。中国的台湾和香港地区在转换生成语言学研究上做了不少有益的工作。

4.2　转换生成语言学的主要特征

乔姆斯基的转换生成语法在许多方面都与结构主义语言学有所不同:①理性主义;②先天论;③演绎的方法;④强调解释力;⑤形式化;⑥着眼于语言能力;⑦强生成力;⑧重视语言的共性。概括起来有以下四个方面的特点:

第一,乔姆斯基把语言定义为一套规则或者原理。第二,乔姆斯基认为语言学家的目标应该是去创造一种有生成能力的语法。这个语法能够抓住本族语者所默认的知识。这就涉及语言习得和语言普遍性的问题。第三,对任何能够揭示说本族语者所默认的知识的材料,乔姆斯基和他的追随者都极感兴趣。他们很少使用那些本族语者所说的材料,而是依赖自己的直觉。第四,乔姆斯基采用的是假设——演绎的研究方法,他把这种方法运用在两个层面上:①语言学家阐明关于语言结构的假设——语言的普遍理论,这个理论被个别语言的语法所验证;②每一个个别语法又是关于普遍语言的普遍理论的假设。最后,乔姆斯基追随了哲学上的理性主义和心理学上的心灵主义。

4.3　转换生成语言学的发展历程

转换生成语法理论在迄今为止四十余年的发展过程中,经历了五个发展阶段。

4.3.1　经典理论时期(1957—1965)

《句法结构》(*Syntactic Structures*)(1957)的出版标志着转换生成语法(TG)的诞生。该理论有三个特征:首先,强调语言的生成能力;其次,引入了转换规则;最后,语法描写中不考虑语义。

4.3.2　标准理论时期(1965—1972)

《句法理论若干问题》(*Aspects of the Theory of Syntax*)(1965)的出版标志着标准理论时期的到来。该理论论述语义应当如何在语言理论中进行研究。在《句法结构》发表以后,乔姆斯基发现有几个严重问题必须得到解决,否则难以达到他的理论目标。第一个问题是转换规则的力量过于强大。一个普通的句子可以随意地被改变,可以进行否定转换,可以进行被动转换,可以增加成分,也可以减少成分。这些都不能得到严格限制。第二个问题是,乔姆斯基的规则可以生成正确的句子,但也可以生成不合格的句子。第三个问题是,被动语态的转换规则不能随意运用。

在标准理论时期,乔姆斯基作出了重大调整,把语义部分纳入了他的语法体系。他认为,生成语法应该包括三大组成部分:句法部分、音系部分和语义部分。句法部分又叫基础部分,具体包括改写规则和词典两部分,改写规则生成句子的深层结构,转换规则再把深层结构变成表层结构。语义部分对深层结构从语义上作出解释,音系部分对表层结构从语音上作出解释。

4.3.3　扩展的标准理论时期(1972—1979)

从20世纪70年代初到80年代初,乔姆斯基对标准理论进行了两次修正:第一次修正被称为"扩展的标准理论"(EST),以《深层结构,表层结构和语义解释》(*Deep Structure, Surface Structure and Semantic Interpretation*)(1972)为转折;第二次修正被称为"修正的扩展的标准理论"(REST),以《关于形式和解释的论文集》(*Essays on Form and Interpretation*)(1977)为代表。它们被统称为"扩展的标准理论"(EST)。

尽管标准理论对古典理论进行了修正,但仍有很多问题。第一是转换规则仍然权力过大,可以移动语言片段,可以删除语言片段,可以改变范畴,可以保持原义不变,也可以根据具体情况随机变化。第二是派生名词和动词的相关关系很不规则,派生规律很难概括。第三是标准理论认为,语义解释取决于深层结构,转换过程保持语义不变。而事实上,这是不可能的,任何转换都会引起意义的改变。

乔姆斯基第一次对标准理论进行修正时,把部分的语义解释移到表层结构。而他的第二次修正则把语义解释完全放到了表层结构上，并且相应的从语义解释规则中得出了逻辑表达式。至此，语义被完全排除在句法范围之外。

4.3.4　管辖与约束理论时期(1979—1993)

20世纪80年代，乔姆斯基的转换生成语法进入了第四个发展阶段，即"管辖和约束理论"(GB)时期，这一时期以《管辖与约束讲演集》(*Lectures on Government and Binding*)(1981)为代表。该书以乔姆斯基1979年在意大利比萨的一次学术会议上提出的"管辖"和"约束"的理论为基础整理而成。该理论具体包含X-杠理论，主位理论，界限理论，管辖理论，格理论，控制理论和约束理论。"管辖和约束理论"把人们的注意力引向了一个新方向，那就是语言中的"空范畴"(EC)。乔姆斯基认为通过它可以进一步认识语言机制活动的过程。管约论中一个最著名的理论思想是"原则与参数理论"(Principles and Parameters)，其基本含义是，人脑的语言系统在习得和使用任何语言时都遵循一定的普遍原则，而这种原则是先天规定的，后天语言经验对每个原则起简单的参数作用。

4.3.5　最简方案时期(1993至今)

1993年，乔姆斯基《语法理论的一个最简方案》(*A Minimalist Program for Linguistic Theory*)(后收入《最简方案》一书)的发表，使他开创的生成语法进入一个崭新的阶段——最简方案时期。最简方案的产生受到两个相互联系的问题的影响：一是人类语言能力共同满足的普遍条件究竟是哪些？二是在排除了隐藏在这些普遍条件之后的特殊结构的情况下，语言能力在多大范围内受这些普遍条件的支配？

在最简方案中，传统概念上的管辖已不复存在，取而代之的是概括性更强的"特征核查理论(feature checking theory)"。在过去的十年中，各种以最简方案为模式的理论修正和尝试不断涌现，这反映出最简方案尚未成为成熟的理论，它所构建的理论体系还有待严密细致的科学验证。而乔姆斯基本人也在不断对其加强理论化的同时对各种尝试抱开放的态度。

第五节　系统功能语言学

5.1　韩礼德与系统功能语言学

系统功能语法学派的早期成员是伦敦学派弗斯(J. R. Firth)培养的一批

年轻学者,如格莱戈里(M. Gregory)、斯宾塞(J. Spencer)、赫德逊(R. Hudson)、赫德尔斯顿(Huddleston)等。目前比较活跃的在英国有贝利(M. berry)、伯特勒(C. Butler)、福塞特(R. Fawcett)、特纳(G. Turner)等;在澳大利亚有哈桑(R. Hasan)、马丁(J. Martin)、奥图尔(L. M. O'Toole)、麦西逊(C. Matthiessen)等;在加拿大有格莱戈里·班森(J. D. Benson)、格里夫斯(W. S. Greaves)等;在美国有曼恩(W. C. Mann)等。

　　系统语法学家每年举行一次系统理论讨论会。至今在世界各地已召开了十余次年会。该学派出版内部刊物《网络》(*Network*)交流学术信息和成员活动情况。系统功能语法学派内部不承认任何"纯粹的"或"不纯粹的"理论模式。由于韩礼德(M. A. K. Halliday)是最早从事系统理论研究者之一,著述最多,观点最为全面,其理论客观上具有公认的代表性和权威性,本节将简要介绍韩礼德的思想体系和理论模式。

　　韩礼德 1925 年生于英格兰约克郡利兹。青年时期在伦敦大学主修中国语言文学。1947—1949 年在我国北京大学深造,导师为罗常培;1949—1950年转入岭南大学,导师为王力。回英后入剑桥大学在弗斯等著名语言学家指导下攻读博士学位,1955 年完成博士论文《"元朝秘史"的语言》。1955 年以来,他在英国和美国的多所大学教授语言学课程。1975 年,韩礼德移居澳大利亚,创建了悉尼大学的语言学系,一直任教至 1988 年退休。他的系统功能语法是一种具有社会学倾向的功能语言学处理方法,是 20 世纪最有影响的语言学理论之一,同时也影响到和语言相关的不同领域,如语言教学、社会语言学、话语分析、文体学和机器翻译等。

　　系统功能语言学有两个组成部分:系统语法和功能语法。它们是语言学理论整体框架中紧密相连不可分割的两个部分。系统语法的目标是要说明语言作为系统的内部底层关系,它是与意义相关联的可供人们不断选择的若干子系统组成的系统网络,又称"意义潜势"。功能语法的目标是要说明语言是社会交往的手段,其基础是语言系统及其组成成分又不可避免地由它们所提供的作用和功能所决定。

5.2　系统语法

　　系统语法首先关注各种各样的选择的本质和重要性。这些选择是一个人有意或无意作出的,是要从一种语言里所能够说出的无穷无尽的句子里说出某一个特定的句子的过程。系统语法的核心部分是构建句子的一整套有效选择的图表,并且配有对不同选择之间的关系的详细说明。例如,韩礼德提出,在英语的主句中,及物性系统提供了"外延性的"或"内涵性的"选择;如果选择了内涵性的,又会有"描写的"或"有效的"的选择;如果选择了有效的,又会出现更进一步的"可操作的"或"能接纳的"对立。

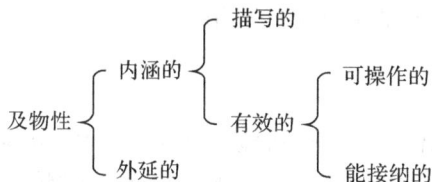

及物性
- 内涵的
  - 描写的
  - 有效的
    - 可操作的
    - 能接纳的
- 外延的

与其他语言学家的理论有所不同,韩礼德的系统语法有如下六个方面的特点:①十分重视语言的社会学特征;②认为语言是"做事"的一种手段,而不是"知识"的手段。它区分了"语言行为潜势"和"实际言语行为";③比较重视对个别语言以及个别变体的描写;④用"连续体"这一概念来解释众多语言事实(例如:不符合语法的—更加反常—反常的(符合语法)—不太反常—不太惯常—惯常的(符合语法)—更加惯常);⑤依靠对语篇的观察和数据来验证自己的假设;⑥以"系统"为基本范畴。

韩礼德把语法分析的尺度叫做阶。为了把范畴相互联系起来,要采用三种抽象的阶进行工作,这就是级(rank)、幂(exponence)和精密度(delicacy)的阶。

级的阶上,排列着从句子到语素的各层单位,按逻辑顺序从最高单位排列到最低单位。句子的描写只有当语素的描写完备以后才能完备,反之亦然。幂的阶是抽象程度的阶梯,它把语法中的概念同实际材料联系起来。从比较抽象的概念向具体的材料推进,就是沿着幂的阶下降。

精密度阶则反映结构和类别的精密程度。精密度是一个渐进的"连续体"(cline),它的范围,一头是结构和类别两大范畴中的基本程度,另一头是理论上这样的一个点,过了这个点就得不出新的语法关系。

韩礼德认为,对一个语言项目进行分类时,应该按照精密度的阶,由一般逐步趋向特殊,对每一个选择点上的可选项给以近似值。例如,句子可区分为陈述句和祈使句。如果是陈述句,又可进一步细分为肯定句和疑问句。如果是疑问句,又可再进一步细分为一般疑问句和特殊疑问句。精密度的概念也可以实用于语义层。例如在及物性系统中,过程可细分为物质过程、思维过程、关系过程和言语过程,而思维过程又可进一步细分为感觉过程、反应过程和认知过程。

系统语法把言语行为看成一个数量庞大的、彼此有关的可选择项目中同时地进行选择的过程，如果表示这种选择过程的系统网络编制得详尽、而又准确，就可以用形式化的手段对语言进行细致入微的描述，从而使这种系统语法在语言自动处理中得到实际的应用。

5.3 功能语法

韩礼德的系统语法包含有功能的内容，在其《功能语法概论》（1985/1994）背后，又蕴藏着系统理论。韩礼德把弗斯关于"情景上下文"的理论落实到具体的语言结构中，认为语境变量可以分为"话语范围"（field of discourse）、"话语方式"（mode of discourse）和"话语基调"（tenor of discourse）三种。"语境是话语在其中行使功能的整个事件，以及说话人或写作者的目的。因此，它包括话语的主题。方式是事件中话语的功能，因此，它包括语言采用的渠道（临时的或有准备的说或写），以及语言的风格或者修辞手段（叙述、说教、劝导、应酬等等）。基调指交际中的角色类型，即话语的参与者之间的一套永久性的或暂时性的相应的社会关系。范围、方式和基调一起组成了一段话语的语言情景。"这些变量分别决定他提出的概念功能（ideational function），语篇功能（textual function）和人际功能（interpersonal function）这三大纯理功能（metafunction）。而这三大纯理功能又分别支配语义系统中的及物性系统、主位/信息系统和语气/情态系统。

概念功能又可再分为经验功能（experiential function）和逻辑功能（logical function）。经验功能与说话的内容发生关系，它是说话人对外部环境的反映的再现，是说话人关于各种现象的外部世界和自我意识的内部世界的经验。逻辑功能则仅仅是间接地从经验中取得的抽象的逻辑关系的表达。

语篇功能使说话人所说的话在语言环境中起作用，它反映语言使用中前后连贯的需要。例如，如何造一个句子使其与前面的句子发生关系，如何选择话题来讲话，如何区别话语中的新信息和听话人已经知道的信息，等等。它是一种给予效力的功能，没有它，概念功能和人际功能都不可能付诸实现。

人际功能是一种角色关系，它既涉及说话人在语境中所充当的角色，也涉及说话人给其他参与者所分派的角色。例如，在提问时，说话人自己充当了提问者，即要求信息的人的角色；同时，他也就分派听话人充当了答话者，即提供信息的人的角色。不同的说话人，因与听话人的关系不同，在对同一听话人说话时,会采取不同的口气;而同一说话人对不同的听话人说话时,也会采用不同的口气。

韩礼德认为,概念功能、语篇功能和人际功能是三位一体的,不存在主次问题。当语言情景的特征反映到语言结构中时,话语范围趋向于决定概念意义的选择,话语方式趋向于决定话语意义的选择,话语基调则趋向于决定交际意义的选择。

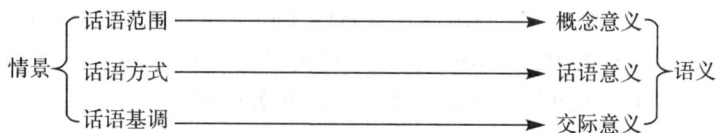

这样,韩礼德便把语言的情景落实到语言本身的语义上来,具体地说明了情景与语言本身的关系究竟是什么。

第六节　认知语言学

6.1　认知语言学研究的现状

认知语言学是一个以我们对世界的经验以及我们感知这个世界并将其概念化的方法、策略作为基础和依据进行语言研究的语言学学派。

其实,语言的认知研究从乔姆斯基就已开始。乔姆斯基的生成语法虽然主张研究人类的认知能力和认知过程,但他认为认知是天赋的,句法是一个自足的系统。这个观点在20世纪60年代后期就引起了一些语言学家,而且主要是生成语法学阵营内部一些成员的质疑。例如菲尔墨(C. J. Fillmore)提出的格语法就公开宣称是对"转换语法理论的实质性修正"。此外,以G.拉可夫(G. Lakoff)、J. D麦克可利(JamesD. McCawley)等为代表的生成语义学的句法过程和语义过程之间没有原则性的区别等观点更是对乔姆斯基的以句法为基础的转换生成语法的反动。

认知语言学的发展也是一个渐进的过程。一系列反映认知语言学观点,如探讨类似范畴化、原型性等问题的论文首先是发表在心理学杂志上。自20世纪80年代中后期起,认知语言学作为一种新的解释语言现象的方法,在西方,尤其是在美国,得到蓬勃发展。终于在20世纪80年代末成为一个成熟的新兴的语言学流派,其标志是:1989年春,由R. Dirven组织在德杜伊斯堡举行了第一次国际认知语言学会议,并在会后于 1990 年出版了《认知语言学》杂志,成立了国际认知语言学学会,并由德国的 Mouton de Gruyter 出版社出版认知语言学研究系列丛书。

认知语言学学派的代表人物有 G. Lakoff、R. Langacker、C. Fillmore、M. Johnson、J. R. Taylor、D. Greeaerts、P. Kay、G. Fauconnier 和 L. Talmy 等。认知语言学研究的经典著作有:G. Lakoff 的《女人、火和危险事物》(1987),R. Langacker 的《认知语法基础》(1987),G. Fauconnier 的《心灵空间》(1985/1994),G. Lakoff 和 M. Johnson 的《我们赖以生存的隐喻》(1980),等以及 Mouton de Gruyter 出版的系列论文集。这些著作确立了认知语言学的基本研究框架,包括以下五个研究主题:①认知语言学并不把语言现象区分为音位、形态、词汇、句法和语用等不同层次,而是寻求对语言现象统一的解释;②概念形成植根于普遍的躯体经验,这一经验制约了人对心理世界的隐喻性建构;③语言研究必须同人的概念形成过程的研究联系起来;④语言的方方面面都包含着范畴化,并以广义的原型理论为基础;⑤词义的确立必须参照百科全书般的概念内容和人对这一内容的解释。

目前,认知语言学研究呈现出多样化的态势,涉及了语言现象的方方面面。

6.2　认知语言学的基本假设

以转换生成语法为代表的形式语言学理论的主要目的是建立一套形式化的原则和规则系统,试图从语言结构内部寻找对语言现象的解释。而认知语言学理论则是要提出一套心理分析的手段,试图从语言外部去寻找对语言现象的解释。正因为认知语言学的基本理论背景与形式语言学的基本理论背景是对立的,所以认知语言学的一些基本假设便主要地体现在与形式语言学理论的区别上面。具体可以概括为如下 5 个方面:

(1)跟形式语言学相反,认知语言学认为,人的语言能力并不是一种独立的能力,而是跟人的一般认知能力相关。人的心智和思维一样,都产生于人在后天跟外部世界相互作用的过程中通过自己的身体得到的实际经验,即所谓的"体验构建"。人的整个概念系统都植根于知觉、身体运动和人在物质和社会环境中的这种体验构建,而人的语言能力本来就是人的一般认知能力不可分割的一部分,语言能力跟一般认知能力没有本质上的差别。认知语言学还认为,语言的结构特别是语法结构跟人们对客观世界(包括对人自身)的认识有着相当程度的对应或"像似性(iconicity)"关系,或者说语法结构在很大程度上是人的经验结构(即人认识客观世界而在头脑中形成的概念结构)的模型。

(2)跟形式语言学相反,认知语言学认为,句法作为语言结构的一部分并不是自足的,句法跟语言的词汇部分、语义部分是密不可分的,后者甚至更为重要。在认知语言学看来,形式语言学把句法独立出来甚至作为核心自治系统,再分成词法、句法、语义、语用等不同的部分,完全是人为的或是为了研究方便而已。实际上词法、句法、章法之间并没有绝对的界限;句法和语义、句法和词汇之间也没有绝对的界限。语言的意义跟人的知识和信仰系统分不开,纯语义知识和百科知识也不能截然分开,语义和语用之间也没有绝对的界限。因此,从词法到句法到语义再到语用,这是一个渐变的"连续统"。

(3)跟形式语言学不同,认知语言学认为,语义不仅仅是客观的真值条件,而是主观和客观的结合,研究语义总要涉及人的主观看法或心理因素。认知语言学还认为,同一个现象由于人们的注意点不同或观察角度不一样,就会在头脑中形成不同的"意象(image)",也就可能有不同的意义。

(4)跟形式语言学不同,认知语言学认为,语言中的各种单位范畴,和人所建立的大多数范畴一样,都是非离散性的,边界是不明确的。形式语言学,包括传统语言学,往往认为语言中的任何东西,如词的类,句法成分的类,句法关系的类等,都是边界清楚和非此即彼的,比如是名词就不可能是动词,是主语就不可能是宾语,是主谓关系就不可能是动宾关系。而认知语言学则认为,一个范畴内部的成员之间并没有绝对的共同特征,只有某些地方相似,就好像一个家族内部成员的情况一样,这种观点被称作"家族相似性"。也就是说任何一个范畴都是一些特征的相交。

(5)跟形式语言学不同,认知语言学在承认人类认知共通性的同时,还充分注意不同民族的认知特点对语言表达的影响。跟形式语言学强调的人类语言能力的普遍性不同,认知语言学有一个基本的观点:语法结构实际上是约定俗成了的语义结构或概念结构。不同民族的不同语言由于社会、文化、地理诸因素的影响,语义结构和概念结构约定俗成的方式也就不尽相同。

6.3　认知语言学的三个研究取向

目前认知语言学主要有三个研究取向:经验观、凸显观和注意观。

6.3.1　经验观

它建立在心理学对范畴化过程的研究以及对类典型效应的揭示上,认为语言学研究应该走一条符合实际,更具实验性质的道路,而不应该仅仅依靠逻辑推理或自省式思维来划定语法规则、提出客观定义。比如,通过实验或直接面谈请语言使用者描述他们在说出或理解一个词语或句子时的脑中所想。这时,语言使用者的描述中会体现出许多经验性的、非客观的意义,这为我们研究词或句子的意义提供了丰富而真实自然的画面。

持经验观的认知语言学家还认为,人们的日常语言中储存了大量有关世界的经验信息,这些信息也可以反过来从人们的日常会话中分离出来。当然,要达到这一目的,必须透过语言表面的逻辑结构,重点分析修辞语言,尤其是隐喻转喻等。所以,隐喻和转喻实际上成为除实验或面谈以外的另一个语料来源。因此,这一派学者认为,隐喻或转喻的本质是将人们对熟知的物体或事件的经验转移到人们知之甚少的抽象范畴,譬如情感、时间上。总之,隐喻或转喻不再是一种装饰性的语言技巧,而是一种有效认识抽象范畴的工具。例如,Our car has broken down 这个看似直白的句子,实际上蕴涵着一个隐喻:for a car to stop functioning properly is to break down。这一隐喻将房屋的坍塌(break down)这种较直观的经验投射到 car 上,从而帮助人们理解小轿车的发动机停止了运转到底是怎么一回事。

6.3.2 凸显观

凸显观是认知语言学的另一个研究取向。该派观点认为,句子主语的选择取决于句子所描述的情景中各要素的凸显度。这种认识主要是基于心理学研究的一个发现,即人们依据各部分凸显程度的不同来组织大脑所接受的听觉或视觉信息。该派的一个重要观点是对主角(figure)和背景(ground)的区分。当人们观察周围的一个物体,譬如桌上的一个水杯时,通常会将水杯视为一个凸显角色,并将它与背景(桌子)分开。凸显观认为,这一原则同样实用于语言结构。例如传统的主—谓—宾结构实际上就体现了主角与背景的区分。具体地说,一个简单句的主语相当于主角,宾语相当于背景,谓语动词则显示了二者之间的关系。因此,前面提到的水杯与桌子的例子用语言表述这一情景时,人们通常会说:The mug is on the table,而不大可能说:The table is under the mug。

6.3.3 注意观

注意观是认知语言学研究的第三个取向。这一观点建立在另一个基本假设上:人们实际用语言表述的是某一事件中抓住了我们注意力的那一部分。譬如"The car ran into the tree",这个句子实际上撷取了整个事件中说话人注意力的最后一刹那，至于小轿车如何失去控制，如何偏离方向、冲出车道、如何快速驶去等详细过程都被略去。注意观提供了解释句子信息的选择和安排的另一种方法。注意观提出了两个重要概念：框架（frame）和视角（perspective）。框架为理解语词引发的概念提供所必需的某种认知结构。视角则是一个句子的表述中，通过动词和句法结构的选择而体现出来的对某一情景所采取的认知角度。譬如，[COMMERCIAL EVENT] 这一框架大致包括四个要素：buyer，seller，goods，money。而"Tom sold a shirt to John at 10 dollars"和"John bought a shirt from Tom at 10 dollars"的不同就在于两个句子通过不同动词的选择对同一情景采取了不同的视角。前者是从 seller 的角度来看问题，而后者则是从 buyer 的角度看问题。

第七节　社会语言学

7.1　社会语言学的兴起

社会语言学研究语言和社会的相互关系，或者说是联系社会来研究语言。社会语言学兴起于 20 世纪 60 年代。1964 年，第一次社会语言学会议在美国加利福尼亚大学召开。1966 年，布莱特（W. Bright）将此次会议论文汇集成册出版，这是最早的社会语言学论文集。

社会语言学的产生有多方面的原因。从语言学内部看，20 世纪上半叶占统治地位的结构主义语言学和 20 世纪 60 年代兴起的以乔姆斯基为代表的转换生成语法着重研究语言形式的分类、分布和语言的共性特征，对语言的社会功能、语言的差别和变异置之不顾。这样的语言和语言学研究当然不能反映现实世界语言使用的真实情况，因而是片面的。社会语言学把语言的差别和变异作为研究对象，因此对传统语言学起到了补充和修正的作用。从历史和社会看，第二次世界大战后，亚非新兴国家的语言规划，欧美国家由于移民或其他历史原因造成的双语或多语混杂现象，这些都需要语言学家研究和解决。20 世纪中叶，西方社会失业人数剧增，种族矛盾加剧，人口流动频繁，使语言问题变得更加复杂。在这一背景下，如何协调各种语言和语言变体，促进交际而不是制造矛盾和冲突，充分发挥语言的各种功能，等等问题迫切需要研究和解决。此外，20 世纪社会科学研究方法上的进步为社会语言学创造了物质条件。从 20 世纪 30 年代开始，社会科学普遍采用抽样调查和统计学的方法,从把握事物总体的数量关系来揭示事物之间的内在联系。社会语言学就是采用定量研究的方法来发现社会变量和语言变量之间的共变关系的。

7.2 社会语言学研究的对象

社会语言学是一门边缘学科,它是伴随着一系列跨学科的语言学分支如神经语言学、数理语言学、计算语言学、民族语言学、心理语言学等一起出现的。正因为如此,语言学家对社会语言学的研究对象历来看法不一。总起来讲,社会语言学研究的对象主要包括五个方面:①一个国家或地区的语言状况如双语、多语或多方言状况,以及各类言语共同体使用语言的状况和特征;②各类语言变体的构造特点及其社会功能;③社会以及不同集团对各种语言或语言变体的评价和态度以及由此产生的社会效应;④由于社会、文化、经济、政治等原因以及语言接触所引起的语言变化的方式和规律;⑤交际情景与选择语码之间的关系以及语码选择与人际关系的相互作用。

尽管语言学家研究的侧面和采用的方法不尽相同,但大体上说,社会语言学研究可以分为以下五种类型:①语言学的社会语言学。其研究对象是人们日常生活中所说的言语,核心问题是语言变异,基本出发点是把语言看作是一个有序异质的系统,强调研究的语料必须取自现实生活,研究的目的是为了充实和完善语言学。②社会学的社会语言学,亦称为语言社会学。其研究重点是语言和社会之间的全局性的相互作用,其主要任务是解决社会所面临的重大语言问题。如语言规划、母语维护等。其研究成果常被用于语言决策和语文建设。③语用学的语言学。它以会话为主要研究对象,来探讨会话原则和策略,研究会话结构和风格。④民族学的社会语言学。它是从民族文化的角度去考察语言的使用情况以及语言在人类交际活动中的作用,侧重研究言语交际的方式、特点和规范。其研究的核心是人类的交际能力,最终目标是建立综合性的人类交际学。⑤社会心理学的社会语言学。其研究重点是全社会或某个社会集团对使用某种语言变体的评价和态度。

7.3 社会语言学的基本概念

社会语言学涉及许多概念,最基本的有语言变体、言语共同体和交际能力等。

语言变体是分析社会语言现象时所采用的基本单位。语言变体可以用来指语言、方言或语体,也可以用来指单个的语音、语法和词汇项目。使用变体这一术语给语言学家带来了很多方便。譬如,"变体"作为一个中性名词,摆脱了传统的"语言""方言""地方话""土语"等具有价值判断的名称所附带的感情色彩和偏见。语言变体可能被理解为某种标准语言的变种,为避免误解,语言学家也采用语言代码(简称语码)这一术语,与语言变体替换使用。

言语共同体是划分语言使用者的基本单位,因此又称言语社区或言语社团。社会语言学要研究的是言语共同体里实际发生的现象,而不是装在头脑里的东西。总的来说,言语共同体是指在某种语言运用上持有某些共同社会准则的人员的集合体,其大小可按照研究的需要和抽象的程度来划分,某个国家或地区,某个城镇或乡村、各种团体,都可以视为言语共同体。

交际能力是研究社会语言学基础理论的一个主要突破口。交际能力这一术语是海姆斯(Hymes)针对乔姆斯基的"语言能力"提出的。乔姆斯基研究的语言能力是研究理想的说话人或听话人所掌握的语言知识。这个理想的说话人或听话人具备完美的语言内在知识,并且在运用知识时,不受记忆力、注意力、兴趣、动机的限制,不会犯语法错误。显然,这样一个抽象的人在实际生活中是不存在的。实际上,现实生活中的人们由于所处的社会阶层不同,生活条件不同,教育机会不同,语言能力也就不同。在海姆斯看来,乔姆斯基所谓的语言能力应当被称之为语法能力。一个人没有语法能力不行,但只有语法能力也是不够的。人们在运用语言进行交际时,不仅要考虑是否合乎语法,还要考虑是否得体,也就是人们常说的"语法性"和"可接受性"。人们掌握的语言能力应该包括什么时候说话,以什么方式说话,跟谁说什么样的话。**这种运用语言进行社会交往的能力就是交际能力。**

7.4　社会语言学的研究方法

与其他语言学派不同,社会语言学通常采用实地调查的方法,通过对语言材料的定量统计分析得出概率性的结论。从研究方法来看,社会语言学更接近于社会学和自然科学。

社会语言学研究语言变量和社会变量的相关性,研究的对象是社会变体(或称社会方言),涉及的社会变量有社会阶层、性别、年龄等。研究之初,首先要确定的就是社会变量。在确定社会变量之后,接下来就是抽样。社会语言学一般采用的是随机抽样的方法。即在某一范围内抽取少量样本。随机抽样的目的是要避免研究人员为了得出某一结论,在抽样时带有偏见,从而影响结论的可靠性。当然,随机抽样的结果也只能是一种概率的统计,可能带有误差。随机抽样需要按照一定的计算方法和程序进行,研究人员需要在这方面花费大量的精力和时间。随机抽样在操作上不是一件十分容易的事情。因此,研究人员更经常采用的是非随机抽样的方法,从总体中抽取一部分样本作为调查对象。非随机抽样无法计算误差和可信度,因此不能根据样本推断总体情况。与抽样相联系的是适度的结论,避免过度概括。譬如,调查对象是某所高校的在校生,其结论不能超越该范围,得出某地区甚至全国性的结论。

社会语言学研究搜集语料的方法主要方法是观察法、问卷法、访谈法和实验法。无论采用哪一种方法,都要保证语料的真实性,排除干扰和偏见。研究人员在搜集语料时,往往陷入一种矛盾之中:在自然语境中,通过个别访谈来获得所需语料往往比较困难。在正式访谈中,受访人可能会觉察到采访人的意图而有意调整自己的语体,这样搜集到的语料可能又有失真实。设计问卷也是一件复杂的工作,研究人员所设计的问题要尽量清晰明确,开放式问题在提法上要注意中立性。搜集来的语料只是一堆原始信息,研究人员需要对这些信息进行分类和统计,最终得出结论。

【自测题】

1. 如何评价传统语言学?
2. 历史比较语言学是怎样兴起的?
3. 简述索绪尔的主要贡献。
4. 布拉格学派的三个重要观点是什么?
5. 布拉格学派最突出的贡献是什么?
6. 哥本哈根学派提出过哪些重要观点?
7. 美国描写语言学的特色是什么?
8. 美国描写语言学的基本方法有哪些?
9. 简述转换生成语言学的主要特征。
10. 乔姆斯基的转换生成语法历经了几个发展阶段?各个阶段有何特点?
11. 系统功能语言学有何特点?
12. 系统语法和功能语法之间的关系怎样?
13. 简述认知语言学的基本假设。
14. 简述认知语言学的研究取向。
15. 简述社会语言学研究的对象和范畴。
16. 简述社会语言学研究的方法。

参考文献

[1] 布龙菲尔德.语言论.袁家骅等,译.北京:商务印书馆,1980.

[2] 岑运强.语言学概论.北京:中国人民大学出版社,2004.

[3] 陈原.汉语语言文字信息处理.上海:上海教育出版社,1997.

[4] 里斯特尔.现代语言学辞典.沈家煊,译.北京:商务印书馆,2002.

[5] 费锦昌.香港语文面面观.北京:语文出版社,1997.

[6] 叶斯柏森.语法哲学.何勇等,译.北京:语文出版社,1988.

[7] 冯志伟.现代语言学流派.西安:陕西人民出版社,1987.

[8] 冯志伟.应用语言学综论.广州:广东教育出版社,1999.

[9] 符淮青.词义的分析与描写.北京:语文出版社,1996.

[10] 何善芬.英汉语言对比研究.上海:上海外语教育出版社,2002.

[11] 何自然.语用学概论.长沙:湖南教育出版社,1988.

[12] 赫尔德.论语言的起源.姚小平,译.北京:商务印书馆,1998.

[13] 胡明扬.语言学概论.北京:语文出版社,2000.

[14] 胡壮麟.语言学教程.北京:北京大学出版社,2002.

[15] 桂诗春,宁春岩.语言学方法论.北京:外语教学与研究出版社,1997.

[16] 郭熙.中国社会语言学.杭州:浙江大学出版社,2004.

[17] N利奇.语义学.李瑞华等,译.上海:上海外语教育出版社,1987.

[18] 李宇明.理论语言学教程.武汉:华中师范大学出版社,2000.

[19] 林焘,王理嘉.语言学教程.北京:北京大学出版社,1992.

[20] 刘伶等.语言学概要.北京师范大学出版社,1984.

[21] 刘叔新.描写词汇学.北京:商务印书馆,1990.

[22] 刘润清.西方语言学流派.北京:外语教学与研究出版社,1995.

[23] 刘涌泉,乔毅.应用语言学.上海外语教育出版社,1991.

[24] 陆俭明.现代汉语语法研究教程.北京:北京大学出版社,2003.

[25] 吕叔湘.吕叔湘自选集.上海:上海教育出版社,1989.

［26］罗宾斯.语言学简史.上海：外国语学院外国语语言文学研究所译,合肥：安徽教育出版社,1987.

［27］马学良,瞿霭堂.普通语言学.北京：中央民族大学出版社,2003.

［28］倪立民.语言学概论.杭州：浙江大学出版社,1997.

［29］彭泽润,李葆嘉.语言理论.长沙：中南大学出版社,2002.

［30］裘锡圭.文字学概要.北京：商务印书馆,2013.

［31］邵敬敏.汉语语法学史稿.北京：商务印书馆,2006.

［32］沈家煊.不对称和标记论.南昌：江西教育出版社,1999.

［33］盛炎.语言教学原理.重庆：重庆出版社,1990.

［34］苏新春.汉语词义学.广州：广东教育出版社,1992.

［35］王力.汉语史稿.北京：中华书局,1980.

［36］弗罗姆金,罗德曼.语言导论.沈家煊等,译.北京：北京语言学院出版社,1994.

［37］卫志强.当代跨学科语言学.北京：北京语言学院出版社,1992.

［38］吴为章.新编普通语言学教程.北京：北京广播学院出版社,1999.

［39］伍谦光.语义学导论.长沙：湖南教育出版社,1988.

［40］伍铁平.语言学概要.北京：高等教育出版社,1993.

［41］吴福祥.汉语语法化研究.北京：商务印书馆,2005.

［42］吴安其.历史语言学.上海：上海教育出版社,2006.

［43］邢福义,吴振国.语言学概论.武汉：华中师范大学出版社,2002.

［44］邢福义.文化语言学.武汉：湖北教育出版社,2000.

［45］徐通锵.历史语言学.北京：商务印书馆,1991.

［46］徐通锵.语言学是什么.北京：北京大学出版社,2007.

［47］杨自俭.语言多学科研究与应用.南宁：广西教育出版社,2002.

［48］叶蜚声,徐通锵.语言学纲要.北京：北京大学出版社,2010.

［49］袁毓林.汉语语法研究的认知视野.北京：商务印书馆,2004.

［50］张伯江,方梅.汉语功能语法研究.南昌：江西教育出版社,1999.

［51］赵艳芳.认知语言学概论.上海：上海外语教育出版社,2001.

［52］祝畹瑾.社会语言学概论.长沙：湖南教育出版社,1992.

［53］Boroditsky, L. Does language shape thought? English and Mandarin speakers' conceptions of time. *Cognitive Psychology*，43(1)，1—22. 2001.

[54] Fromkin，V；Rodman，R. and Hyams，N. *An Introduction to Language.* Eighth Edition. Thomson Wadsworth. 2006.

[55] Meillet，A. L'évolution des formes grammaticales . Scientia 12. 1912.

[56] Mesthrie，R. et al. *Introducing Sociolinguistics.* John Benjamins Publishing Company，Philadelphia. 2000.

[57] Paul J. Hopper. Elizabeth Closs Traugott《语法化》.北京:北京大学出版社. 2005.

[58] Wolfram，W，et al. *American English.* Second Edition. Blackwell Publishing，Oxford. 2006.

一、辅音(肺部气流)

	双唇	唇齿	齿	齿龈	龈后	卷舌	硬腭	软腭	小舌	咽	声门
塞音	p b			t d		ʈ ɖ	c ɟ	k g	q ɢ		ʔ
鼻音	m	ɱ		n		ɳ	ɲ	ŋ	N		
颤音	ʙ			r					R		
闪音		ⱱ		ɾ		ɽ					
擦音	ɸ β	f v	θ ð	s z	ʃ ʒ	ʂ ʐ	ç j	x ɣ	χ ʁ	ħ ʕ	h ɦ
边擦音				ɬ ɮ							
通音		ʋ		ɹ		ɻ	j	ɰ			
边通音				l		ɭ	ʎ	ʟ			

同一格内,左侧为清音,右侧为浊音。阴影区域表示不可能发音。

二、辅音(非肺部气流)

搭嘴音		内爆音		挤喉音	
ʘ	双唇	ɓ	双唇	’	例:
ǀ	齿	ɗ	齿/齿龈	p’	双唇
ǃ	齿龈(后)	ʄ	硬腭	t’	齿/齿龈
ǂ	硬腭	ɠ	软腭	k’	软腭
ǁ	齿龈边	ʛ	小舌	s’	齿龈擦

三、其他符号

ʍ 唇-软腭清擦音	ɕ ʑ 齿龈-硬腭擦音
w 唇-软腭浊擦音	ɺ 齿龈浊边闪音
ɥ 唇-硬腭浊擦音	ɧ ʃ 与 x 同时发音
ʜ 会厌清擦音	必要时,塞擦音和双重发音可通
ʢ 会厌浊擦音	过两个音标及附于其上的连音线来
ʡ 会厌塞音	表示。　　t͡s　k͡p

四、变音记号（某些变音记号可置于降部音标之上，例如 ŋ̊）

清化	ŋ̊ d̥	气声	b̤ a̤	齿化	t̪ d̪
浊化	s̬ t̬	嘎裂声	b̰ a̰	舌尖化	t̺ d̺
ʰ 送气	tʰ dʰ	舌唇化	t̼ d̼	舌面化	t̻ d̻
更圆唇	ɔ̹	ʷ 唇化	tʷ dʷ	鼻化	ẽ
更展唇	ɔ̜	ʲ 硬腭化	tʲ dʲ	ⁿ 鼻音除阻	dⁿ
更前	u̟	ˠ 软腭化	tˠ dˠ	ˡ 边音除阻	dˡ
更后	e̠	ˤ 咽化	tˤ dˤ	无可听除阻	d̚
更央	ë	~ 软腭化或咽化 ɫ			
˟ 更中更央	ě	更高	e̝（ɹ̝=齿龈浊擦音）		
成音节	n̩	更低	e̞（β̞=双唇浊通音）		
不成音节	e̯	舌根更前	e̟		
˞ 儿化	ɚ a˞	舌根更后	e̠		

五、元音

符号成对出现时，右侧代表圆唇音。

六、超音段成分

ˈ	重音	ˌfoʊnəˈtɪʃən
ˌ	次重音	
ː	长	eː
ˑ	半长	eˑ
˘	超短	ĕ
|	次要（音步）韵律群	
‖	主要（语调）韵律群	
.	音节间断	ɹi.ækt
‿	连读（无间断）	

七、语调和音调

固定音调			升降音调		
ə̋ 或	˥	超高	ě 或	˄	升
é	˦	高	ê	˅	降
ē	˧	中	e᷄	˒	高升
è	˨	低	e᷅	˓	低升
ȅ	˩	超低	e᷈	˔	升降
↓		音调降阶	↗		语调上升
↑		音调升阶	↘		语调下降

附录二　汉语拼音与国际音标标示关系

注音字母	汉语拼音 声母	国际音标 严式	宽式	注音字母	汉语拼音 声母	国际音标 严式	宽式
ㄅ	⟨b⟩	[ḅ]	(p)	ㄐ	⟨j⟩	[ḍʑ]	(tɕ)
ㄆ	⟨p⟩	[pʰ]	(pʰ)	ㄑ	⟨q⟩	[tɕʰ]	(tɕʰ)
ㄇ	⟨m⟩	[m]	(m)	(广)		[ɲ]	(ɲ)
ㄈ	⟨f⟩	[f]	(f)	ㄒ	⟨x⟩	[ɕ]	(ɕ)
(万)	⟨v⟩	[v]	(v)	ㄓ	⟨zh⟩	[ḍʐ]	(tʂ)
ㄉ	⟨d⟩	[ḍ]	(t)	ㄔ	⟨ch⟩	[tʂʰ]	(tʂʰ)
ㄊ	⟨t⟩	[tʰ]	(tʰ)	ㄕ	⟨sh⟩	[ʂ]	(ʂ)
ㄋ	⟨n⟩	[n]	(n)	ㄖ	⟨r⟩	[ʐ]	(ʐ)
ㄌ	⟨l⟩	[l]	(l)	ㄗ	⟨z⟩	[ḍz]	(ts)
ㄍ	⟨g⟩	[ġ]	(k)	ㄘ	⟨c⟩	[tsʰ]	(tsʰ)
ㄎ	⟨k⟩	[kʰ]	(kʰ)	ㄙ	⟨s⟩	[s]	(s)
ㄫ	⟨-ŋ,-ng⟩	[ŋ]	(ŋ)	ㄧ（音节首）	⟨y⟩	[j]	(j)
ㄏ	⟨h⟩	[x]	(x)	ㄨ（音节首）	⟨w⟩	[w]	(w)
				ㄩ（音节首）	⟨yu⟩	[ɥ]	(ɥ)

注音字母 单纯韵母	汉语拼音	国际音标 严式	国际音标 宽式	注音字母 复合韵母	汉语拼音	国际音标 严式	国际音标 宽式
ㄭ	⟨-i⟩	[ɿ]	(ɿ)	ㄞ	⟨ai⟩	[aɪ]	(ai)
	⟨-i⟩	[ʅ]	(ʅ)	ㄟ	⟨ei⟩	[ei]	(ei)
ㄧ	⟨i⟩	[i]	(i)	ㄠ	⟨ao⟩	[ɑu]	(au)
ㄨ	⟨u⟩	[u]	(u)	ㄡ	⟨ou⟩	[ou,əu]	(ou)
ㄩ	⟨ü⟩	[y]	(y)				
ㄚ	⟨a⟩	[ʌ]	(a)	**鼻尾韵母**			
ㄛ	⟨o⟩	[o̝]	(o)	ㄢ	⟨an⟩	[an]	(an)
ㄜ	⟨e⟩	[ɤ,ə]	(ə)	ㄣ	⟨en⟩	[ən]	(ən)
ㄝ	⟨ê⟩	[ɛ]	(e)	ㄤ	⟨ang⟩	[ɑŋ]	(aŋ)
ㄦ	⟨er⟩	[ɚ]	(ər)	ㄥ	⟨eng⟩	[əŋ]	(əŋ)

结合韵母	汉语拼音	严式 IPA	宽式 IPA	结合韵母	汉语拼音	严式 IPA	宽式 IPA
ㄧㄚ	⟨ia⟩	[iʌ]	(ia)	ㄨㄚ	⟨ua⟩	[uʌ]	(au)
ㄧㄛ	⟨io⟩	[io̝]	(io)	ㄨㄛ	⟨uo⟩	[uo̝]	(uo)
ㄧㄝ	⟨ie⟩	[iɛ]	(ie)	ㄨㄞ	⟨uai⟩	[uai]	(uai)
ㄧㄠ	⟨iao⟩	[iɑu]	(iau)	ㄨㄟ	⟨uei⟩	[uei]	(uei)
ㄧㄡ	⟨iou⟩	[iəu]	(iou)	ㄨㄢ	⟨uan⟩	[uan]	(uæn)
ㄧㄢ	⟨ian⟩	[iæn]	(ian)	ㄨㄣ	⟨un, uen⟩	[uən]	(uən)
ㄧㄣ	⟨in⟩	[in]	(in)	ㄨㄤ	⟨uang⟩	[uɑŋ]	(uaŋ)
ㄧㄤ	⟨iang⟩	[iɑŋ]	(iaŋ)	ㄨㄥ	⟨-ong, weng⟩	[uᵊŋ]	(uəŋ)
ㄧㄥ	⟨ing⟩	[iᵊŋ]	(iŋ)	ㄩㄝ	⟨üe⟩	[yɛ]	(ye)
				ㄩㄢ	⟨üan⟩	[yæn]	(yan)
				ㄩㄣ	⟨ün⟩	[yn]	(yn)
				ㄩㄥ	⟨iong⟩	[iᵊuŋ]	(yŋ)

附录三　200 基本词表 ①

1. *all*	2. animal	3. a	4. *ashes*
5. at	6. back	7. bad	8. bark
9. because	10. *belly*	11. *big*	12. *bird*
13. *bite*	14. *black*	15. *blood*	16. *blow*
17. *bone*	18. breathe	19. *burn*	20. child
21. *cloud*	22. *cold*	23. *come*	24. count
25. cut	26. day	27. *die*	28. dig
29. dirty	30. *dog*	31. *drink*	32. *dry*
33. dull	34. dust	35. *ear*	36. *earth*
37. *eat*	38. *egg*	39. *eye*	40. fall
41. far	42. *fat/grease*	43. father	44. fear
45. *feather*	46. few	47. fight	48. *fire*
49. *fish*	50. five	51. float	52. flow
53. flower	54. *fly*	55. fog	56. *foot*
57. four	58. freeze	59. fruit	60. *give*
61. *good*	62. grass	63. *green*	64. guts
65. *hair*	66. *hand*	67. he	68. *head*
69. *hear*	70. *heart*	71. heavy	72. here
73. hit	74. hold/take	75. how	76. hunt
77. husband	78. *I*	79. ice	80. if
81. in	82. *kill*	83. *know*	84. lake
85. laugh	86. *leaf*	87. leftside	88. leg
89. *lie*	90. live	91. *liver*	92. *long*
93. *louse*	94. *man/male*	95. *many*	96. *meat/flesh*
97. mother	98. *moutain*	99. mouth	100. *name*
101. narrow	102. near	103. *neck*	104. *new*
105. *night*	106. *nose*	107. *not*	108. old
109. *one*	110. other	111. *person*	112. play

---

① 徐通锵. 历史语言学. 北京:商务印书馆,1991.

113. pull | 114. push | 115. *rain* | 116. *red*
117. right/correct | 118. rightside | 119. river | 120. *road*
121. *root* | 122. rope | 123. rotten | 124. rub
125. salt | 126. *sand* | 127. *say* | 128. scratch
129. sea | 130. *see* | 131. *seed* | 132. sew
133. sharp | 134. short | 135. sing | 136. *sit*
137. *skin* | 138. *sky* | 139. *sleep* | 140. *small*
141. smell | 142. *smoke* | 143. smooth | 144. snake
145. snow | 146. some | 147. spit | 148. split
149. squeeze | 150. stab/pierce | 151. *stand* | 152. *star*
153. stick | 154. *stone* | 155. straight | 156. suck
157. *sun* | 158. swell | 159. *swim* | 160. *tail*
161. that | 162. there | 163. they | 164. thick
165. thin | 166. think | 167. *this* | 168. *thou*
169. three | 170. throw | 171. tie | 172. *tongue*
173. *tooth* | 174. tree | 175. turn | 176. *two*
177. vomit | 178. *walk* | 179. *warm* | 180. wash
181. *water* | 182. we | 183. wet | 184. *what*
185. when | 186. where | 187. *white* | 188. *who*
189. wide | 190. wife | 191. wind | 192. wing
193. wipe | 194. with | 195. *women* | 196. woods
197. worm | 198. ye | 199. year | 200. *yellow*

修正词表的 100 词

I，you，we，this，that，who，what，not，all，many，one，two，big，long，
small，woman，man，person，fish，bird，dog，louse，tree，seed，leaf，root，bark，
skin，flesh，blood，bone，greese，egg，horn，tail，feather，hair，head，ear，eye，
nose，mouth，tooth，tongue，claw，foot，knee，hand，belly，neck，breasts，
heart，liver，drink，eat，bite，see，hear，know，sleep，die，kill，swim，fly，walk，
come，lie，sit，stand，give，say，sun，moon，star，water，rain，stone，sand，
earth，cloud，smoke，fire，ash，burn，path，mountain，red，green，yellow，
white，black，night，hot，cold，full，new，good，round，dry，name。

补充了：breast，claw，full，horn，knee，moon，round。

附录四　世界语言的谱系分类

一、汉藏语系

主要分布在中国、越南、老挝、泰国、缅甸、不丹、锡金、尼泊尔、印度等国境内。包括汉语和壮侗、苗瑶、藏缅等语族。

1. 汉语

2. 壮侗语族（又称侗台语族）

(1) 壮傣语支：壮语、傣语、布依语。分布于广西、云南、贵州等地。

(2) 侗水语支：侗语、仫佬语、水语、毛南语。分布于贵州、广西、湖南等地。

(3) 黎语支：黎语。分布于海南。

在国外，属于这个语族的语言主要有泰语、掸语、老挝语、侬语、岱语。

3. 苗瑶语族

(1) 苗语支：苗语。

(2) 瑶语支：瑶语。

主要分布在中国的西南、中南地区和越南、老挝境内。

4. 藏缅语族

主要分布在中国的西南、西北地区和缅甸、不丹、锡金、尼泊尔、印度等国境内。国内的藏缅语族分三个语支：

(1) 藏语支：藏语。分布于西藏、青海、四川、甘肃、云南等地。

(2) 彝语支：彝语、傈僳语、哈尼语、纳西语、拉祜语、白语。主要分布在四川、贵州、云南等地。

(3) 景颇语支：景颇语。分布在云南省德宏傣族景颇族自治州。

在国外属于这个语族的主要有缅、库基坎、那迦—博多等语支的语言。

汉藏语系现代语言的主要特点是：①除了个别语言或方言外（如藏语安多方言），每个音节都有固定的声调；②单音节词占大多数；③词序和虚词是表示语法意义的主要手段；④大多数语言有相当多的表达事物类别的量词。

二、印欧语系

主要分布在欧洲、美洲、亚洲等地。这一语系的范围，西自欧洲的斯堪的纳维亚半岛，中经印度、伊朗，东达我国的新疆，所包括的语言很多。

1. 印度语族

印地语、乌尔都语、孟加拉语、茨冈（吉卜赛）语等。古代的梵语也属印度语族。

2. 伊朗语族

（1）东部语支：阿富汗语、沃舍梯语等。

（2）西部语支：波斯语、库尔德语、塔吉克语等。

3. 斯拉夫语族

（1）东部语支：俄语、乌克兰语、白俄罗斯语。

（2）西部语支：波兰语、捷克语、斯洛伐克语等。

（3）南部语支：保加利亚语、马其顿语、塞尔维亚—霍尔瓦特语、斯洛文语等。

4. 波罗的语族

（1）东部语支：立陶宛语、拉脱维亚语。

（2）西部语支：古普鲁士语（已消亡）。

5. 日耳曼语族

（1）北部语支（斯堪的纳维亚语支）：丹麦语、瑞典语、挪威语、冰岛语、法列尔语。

（2）西部语支：英语（英国、美国、加拿大、澳大利亚、新西兰、南非等国）、荷兰语、德语、佛兰德语、伊狄士语（为散居在德国、波兰和苏联等国的犹太人所使用）。

（3）东部语支：峨特语等（已消亡）。

6. 拉丁语族

西班牙语（西班牙及拉丁美洲各国）、法语（法国、比利时南部、瑞士西部、加拿大、海地）、意大利语、葡萄牙语、罗马尼亚语、普鲁凡斯语（法国东南部）、卡塔伦语（西班牙西北部）、莫尔达维亚语（和罗马尼亚语相接近）、后罗曼语。

7. 凯尔特语族

爱尔兰语、苏格兰语、威尔士语、布列塔尼亚语（法国布列塔尼亚半岛）。

8. 希腊语（希腊、塞蒲路斯）

9. 阿尔巴尼亚语

10. 亚美尼亚语（亚美尼亚、伊朗及土耳其）

11. 吐火罗语（公元6—8世纪流行于我国新疆）

12. 涅西特语（又称契形文字赫特语、古代小亚细亚赫特王国的语言，已

消亡)

三、乌拉尔语系

1. 芬兰—乌戈尔语族
(1) 芬兰语、爱沙尼亚语等。
(2) 乌戈尔语支：匈牙利语等。
2. 撒莫狄语族
涅涅茨语、牙纳桑语等。

四、阿尔泰语系

1. 突厥语族
(1) 布尔加尔语支：楚瓦什语等。
(2) 奥古兹语支：土耳其语、特鲁赫曼语、土库曼语、阿塞尔拜疆语、撒拉语等。
(3) 克普恰克语支：哈萨克语、塔塔尔语、巴什基利亚语、吉尔吉斯语等。
(4) 葛逻禄语支：维吾尔语、乌兹别克语。
(5) 回鹘语支：裕固语、图瓦语、雅库特语、绍尔语、哈卡斯语等。
2. 蒙古语族
蒙古语、布里亚特语、莫科勒语（阿富汗）、达斡尔语、东乡语（中国内蒙古及蒙古人民共和国）、土族语、保安语，古代语言有契丹语。
3. 通古斯—满洲语族
(1) 通古斯语支：埃文尼语、埃文基语（鄂温克语）、涅基达尔语、鄂伦春语、赫哲语。
(2) 满洲语支：满语、锡伯语，古代语言有女真语。
朝鲜语的归属还不太清楚，有人认为属于阿尔泰语系。

五、闪—含语系

1. 闪语族
(1) 东部语支：阿卡德语（巴比伦语）等，已消亡。
(2) 北部语支：古迦南语、腓尼基、古西伯来语等，皆已消亡。
(3) 南部语支：阿拉伯语（埃及、伊拉克、黎巴嫩、约旦、沙特阿拉伯、也门、阿尔及利亚、摩洛哥、突尼斯、苏丹等国）、埃塞俄比亚诸语言（以哥姆哈尔语为代表)等。

2.含语族

(1)柏柏尔语支:北非和撒哈拉的诸柏柏尔语。

(2)库希特语支:索马里语、加拉语等。

(3)古埃及语支:古埃及语、科普特语,已消亡。

(4)乍得语支:主要有豪萨语,流行于尼日利亚北部及赤道以北西非各国。

六、伊比利亚—高加索语系

1.卡尔特维里(伊比利亚)语族:格鲁吉亚语、赞语、斯万语。

2.阿布哈兹—阿弟盖语族:阿布哈兹语、阿弟盖语、卡巴尔达语、乌柏哈语。

3.巴茨比—启斯梯语族:巴茨比语、英古什语、车臣语。

4.达格斯坦语族:阿瓦尔语、达尔金语、拉克语、列兹金语、塔巴萨兰语等。

七、达罗毗荼语系

塔密尔语(印度东南部及斯里兰卡北部)、马拉雅兰语(印度南部)、卡那拉语(印度西部)、铁鲁古语(印度东南部)、库伊语等。

八、马来—波利尼西亚语系

1.印度尼西亚语族:马来语、爪哇语、塔加洛语(菲律宾)、高山语(中国台湾)。

2.类拉尼西亚语族。

3.密克罗尼西亚语族。

4.波利尼西亚语族:毛利语(新西兰东部)、夏威夷语等。

九、南亚语系

1.孟—高棉语族

高棉语(柬埔寨)、孟语(缅甸东南部)、佤佤语(云南)、布郎语(云南)、崩龙语(云南)。

2.扪挞诸语言(印度东北部)

日语的系属目前还不清楚。

澳大利亚各部落的语言分北部、中部和南部三语支。它们的系属也还没有定论。

十、非洲、美洲和大洋洲的语言

非洲大约有 430 种非洲黑人的语言和方言。它们可以分为三大语族：①苏丹语族；②班图语族；③布施曼和霍登托特语。

美洲印第安人的语言包括许多部落的语族。

大洋洲还有若干土著语言。

自测题参考答案

引　言　语言与语言学

1－5题均不拟答案,以下此类情况都标注"不拟"字样。

第一章　语音学

1.不拟。

2.不拟。

3.答:

[a]舌面前低不圆唇元音　　　[o]舌面后半高圆唇元音

[i]舌面前高不圆唇元音　　　[e]舌面前半高不圆唇元音

[y]舌面前高圆唇元音　　　　[u]舌面后高圆唇元音

4.答:(1)b　(2)c　(3)m　(4)h　(5)zh

5.答:

关于辅音[t]、[t‘]

(1)发音特点:[t]是舌尖中不送气清塞辅音、[t‘]是舌尖中送气清塞辅音。

(2)设定语音环境:ǔ。

(3)将以上辅音分别带入上述语境,做声母,产生音节:dǔ(堵)和tǔ(土)。

(4)通过上述证明可知,这两个辅音在送气与否上构成对立,发音有较大的区别,在相同的语音环境中不可以替代,能产生语音特征不同的语音结构形式,并可以区别词义,因此,应归为两个音位。

关于元音[e]、[ɛ]

(1)发音特点:[e]是舌面前半高不圆唇元音,[ɛ]是舌面前半低不圆唇元音。

(2)设定语音环境:[mi²¹⁴]

(3)将以上元音分别带入上述语境,做韵腹,产生音节:[mei²¹⁴][mɛi²¹⁴]。

(4)通过上述证明可见,这两个元音在舌位高度上稍有区别,但发音很相似,而且在相同的语音环境中相互替代后,不产生对立的有不同意义的语音单位,这两个音节只在听觉上出现细微差异,因此,应该将它们归并为同一个音位。

6.不拟。

7.答：

爸 爸 把 水果 都 送 给 了 朋友

$[pA^{51} bə bA^{214} şui^{24} kuo^{214} tou^{55} suŋ^{51} kei^{211} lə p'əŋ^{35} iou^{214}]$

音变：

(1)异化：第二个"爸"声母变成浊音；韵母由舌面前低不圆唇元音变成舌面央中高不圆唇元音；第三个词语中"水"的声调变成近似阳平。

(2)弱化：第二个"爸"与"了"的声调实际读成轻声。

(3)脱落："给"在轻声音节"了"前，脱落部分调值，由214变为211。

第二章　词汇学

1.不拟。

2.不拟。

3.不拟。

4.不拟。

5.答：

历史词语和文言词语都属于古语词。古语词是指古代书籍中所流传下来的，但是又不算基本词汇，现在只是在某种语境偶尔还使用的词，这些词在古代的书面语中经常使用，但是在现代却并不是全民所经常使用的，当然在现代语言中也能起到一定的作用。

历史词语是表示历史上曾经存在而今天已经消失了的事物或现象的词语。它们一般是表示古代的器物、典章制度、官职名称的，如汉语里的"鼎、玉玺、诏书、朝拜、和亲、太子、格格、状元、员外"等，英语里的 cross-bow（旧时用的十字型弩）、cuirass（旧时着胸甲的骑兵）、halberd（中古用的戟）。文言词语它所指称的事物或现象至今还存在，但是这些词已经被现代语言中的别的词语替代了。汉语里的"吾（我）、足（脚）、观（看）、俸禄（工资）、图圄（监狱）、值……之际（当……的时候）、其（他/它）、之（它/的）、乎（吗）、故（所以）……"等，英语里的 thou（you）、thee（you 的宾格）、dame（womon）等。

二者的区别在于：历史词语同文言词语不同，在一般交际中不使用，在今天日常生活当中和一般文章里很少涉及，只有在文献资料等有关专著以及描写古代生活的作品中才会使用。例如："又过了不少工夫，才看见仪仗，什么旌旗，木棍，弓弩之类。"（鲁迅《铸剑》）

文言词语所表示的事物和现象还存在于本民族现实生活中，但由于为别的词所代替，一般口语中已不大使用，例如："底蕴、磅礴、若干、如此"等，但在现代的书面语或某些特定场合中有时还会用到，能起到一定的作用。

6.不拟。

7.不拟。

8.不拟。

第三章　语法学

1—4题　不拟。

5.答：

(1) 奶奶　耐心地　牵着　小明的　手　走进　房子

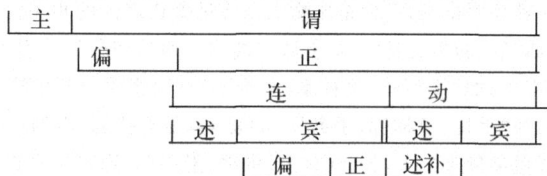

```
奶奶    耐心地    牵着    小明的    手    走进    房子
|主 |              谓                        |
    | 偏  |            正                     |
         |        连              动          |
         | 述 |  宾  ‖ 述  |  宾              |
              | 偏 | 正 | 述补 |
```

(2) 谦虚　谨慎　在　任何　时候　对　你　都　有　益处

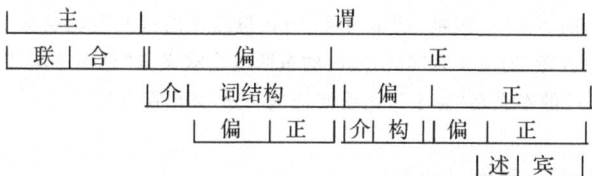

```
谦虚    谨慎    在    任何    时候    对    你    都    有    益处
|   主      |              谓                                  |
| 联 | 合 |      偏           |          正                    |
         | 介 | 词结构   |‖ 偏  |      正                      |
         | 偏 | 正 | 介 | 构 || 偏 |    正                      |
                               | 述 | 宾 |
```

6.不拟。

7.答：

语法成分是指在语言单位组合时所需要的通过一定的形式实现抽象的关系意义的载体,往往直接体现为一定的语法形式,如英语中的 book 与 books,前者就是借助零形式表达出单数的语法意义,后者就是借助与-s 这个形式表示名词复数的语法意义,又如汉语中的"生活快乐"与"快乐生活",前者通过 NP＋A 构成主谓关系,而后者则通过改变语序,构成了偏正关系,句子的意义也发生了变化。

结构成分是指某种句法结构中所出现的成分,侧重于指句法结构中的构成成分,如前举的"生活快乐"中,共有两个结构成分,其中,"生活"是主语,"快乐"是谓语。结构成分一般不包括将结构单位组织起来的语法形式,既指以词汇为单位的语法形式,如"飞快地跑了",其中状语的标记形式"地"和体标记形式"了",均不看作结构成分;也指词尾,如前举的 books 中的-s。

第四章　语义学

1.不拟。

2.答：反映了语义的模糊性。

(1)语义的模糊性是造成人们看法不一的原因。语义的模糊性指语义所反映的对象只有一个大致的范围,而没有明确的界限。(2)"瘦"的词义是模糊的,"瘦"与"不瘦"之间不存在绝对的、可以量化的界限,而是逐渐过渡的。

3.答:

义项是从词语的各种用法中概括出来的一般的、固有的、概括的意义。它不包括在特定的语言环境中表现出来的特殊的、临时的、具体的意义。

多义词的多个义项中,最初的那个意义叫"本义"。多义词的其他义项都是直接或间接地从本义衍生出来的,这些后来衍生出来的意义叫"派生义"。根据词义派生的方式,派生义又分为两种:一种是引申义;一种是比喻义。通过事物之间的相关性联系派生出来的意义叫"引申义"。如"手"的本义是"人体上肢前端拿东西的部分",其引申义有:(1)拿着,如"人手一册";(2)用手,如"手写体、手抄本、手推车";(3)亲手,如"手迹、手笔";(4)小巧而便于用手操持的,如"手枪、手榴弹、手鼓";(5)量词,用于技能、本领,如"他真有两手";(6)擅场某种技能或做某种事的人,如"吹鼓手、棋手、射手"。通过事物之间的相似性联系派生出来的意义叫"比喻义"。如"心脏"的本义是"人或高等动物推动血液循环的器官",比喻义是"事物的中心";"包袱"的本义是"用布包起来的包儿",比喻义是"影响思想或行动的负担";"老古董"的本义是"陈旧过时的东西",比喻义是"思想陈腐或生活习惯陈旧的人"。英语"nose"的本义是"鼻子",比喻义是"事物的突出部分"。

4.答:

椅子[－扶手、＋靠背、＋坐具]

凳子[－扶手、－靠背、＋坐具]

沙发[＋扶手、＋靠背、＋坐具]

5.答:

	[类同]	[并存]	[重复]	[增补]
也	＋	＋	－	＋
再	－	＋	＋	－
又	＋	＋	＋	＋

6.不拟。

7.不拟。

8.不拟。

9.答:

格是以动词为中心来描述句子各部分的语义关系的。例如在"工人们修水库"中,"修"是句子的中心,主语"工人们"是动作的发出者,是"施事",宾语"水库"则是"造"的"果"。从格关系看,"工人们"是"施事格","水库"是"结果格"。这种语义关系一般比较固定,即使在句法结构发生变化后,语义关系也能保持不变。因此,上面那个句子即使说成"水库是工人们修的",其中的"水库"和"工人们"仍然是"结果格"和"施事格"。

格关系是述语动词或谓词语块跟体词或体词语快之间的及物性语义关系。例如:吃水果＝吃＋受事;吃食堂＝吃＋处所;吃火锅＝吃＋工具;吃包月＝吃＋方式;吃老张＝吃＋对象;吃劳保＝吃＋依据;吃了满嘴油＝吃＋结果。再如:跑材料＝跑＋目的;跑圈＝跑＋方式;跑了犯人＝跑＋施事;跑了一身汗＝跑＋结果;跑第三棒＝跑＋系事;跑警报＝跑＋原因。

10. 不拟。

11. 答:

(1)春桃看望被丈夫打伤的张伯伯。

(2)张伯伯看望被丈夫打伤的刘红。

(3)刘红看望被丈夫打伤的春桃。

(1)的"丈夫"跟"春桃"、(2)的"丈夫"跟"刘红"有选择限制关系,这两个句子的"丈夫"跟"张伯伯"不存在选择限制关系,因为"张伯伯"跟"丈夫"的语义特征不相容。(3)的"丈夫"跟"刘红"和"春桃"都存在选择限制关系,所以存在歧义,但在句法结构上"丈夫"跟"春桃"更接近一些,所以"丈夫"优先跟"春桃"构成语义结构。

12. 不拟。

13. 答:

(1)我特别喜欢煎鸡蛋。

A. 在鸡蛋做的食品中,我特别喜欢煎鸡蛋。

B. 我喜欢烹调,我特别喜欢煎鸡蛋。

(2)欧洲语言研究成果颇丰。

A. 比起澳洲,欧洲语言研究成果颇丰。

B. 论成果,欧洲语言研究成果颇丰。

C. 论领域,欧洲语言研究成果颇丰。

(3)明天我也去上海。

A. 今天他去上海,明天我也去上海。

B. 明天老张去上海,(明天)我也去上海。

C. 明天我去杭州,(明天)我也去上海。

D. 明天老张去南京,(明天)我也去上海。

第五章　文字学

1—4题　不拟。

5. 答:

拼音文字不一定必然是所有文字的最终形式,一种文字的发展方向与其所记录的语言、文化等都有紧密的关系,文字形式适应语言,并能满足记录语言的需要,就是合理的。汉字作为意音文字延续了近四千年而没有转变成拼音文字,不是汉文化或汉民族落后所造成的,与汉字同汉语有很好的适应性,并传承了几千年的汉民族文化等有密切关联。当然,未来汉字的走向,同样取决于汉字与汉语以及汉民族文化的发展特点,但有一点是可以肯定的,即人为地武断地改变汉字的形体系统,使它走向拼音文字,可能是行不通的。

6. 不拟。

第六章 语用学

1.答:

使用语言符号进行交际以传达意义或意图并获得一定效果的行为,称为言语行为。言语行为理论是英国哲学家奥斯汀(John Langshaw Austin,1911—1960)在 20 世纪 50 年代提出来的。他认为,语句有两层意义:命题意义和施为意义。前者是语句字面上的意义,是对客观事物的表述;后者指语句在受话者方面产生的效果,即发话人通过言语手段,做出了诸如陈述、警告、命令等等的行为。言语行为概念的提出使人们认识到,要真正理解话语,只靠句子结构分析,靠逻辑—语义分析,只求确定句子的真假意义是远远不够的,因为话语本身就是一种行为。言语行为理论的提出使我们认识到,研究使用中的语言,不但要研究语句的命题意义——从语法、语义的角度来研究句子,还要研究语句的施为意义和施为力量——从语用的角度来研究句子。

2.答:

语境是言语行为过程中对话双方运用语言表达思想、交流情感或推导、分析理解话语含义时所依赖的各种因素,包括语言知识和语言外的知识两个方面。

语境是指使用语言的环境,是言语行为的条件,对语言的使用有制约作用。语境这个因素在语用意义的研究中也非常重要,离开了语境,便无所谓语用意义了。语言知识首先包含交际双方对所使用的语言所具备的知识,包含所用语言的语法、词汇、语音的系统及其规则等等,这也是最基本的语境知识。另外,对语言的上下文的了解也是很重要的一类语言知识。交际是一个处于动态的、不断发展的过程,在交际过程中,新的话语不断产生,每一段话语都和前面已经出现过的话语存在联系,有语用方面也有语言方面的联系,了解与上文的联系对理解一段话来说是必要的。语言外的知识可分成两大类,一类是指与特定的交际情景有关的知识,包含言语行为发生的时间、地点,交际活动的话题,交际场合的正式程度,参与者的相互关系,相对的社会地位以及各人在交际活动中所处的地位等。另一类语言外的知识是特定的交际情景之外的一般的背景知识。包括属于某一特定文化的特定的社会规范和习俗,与特定的文化相关的特定的会话规则和方式;此外,还包含有关客观世界的一般知识,即常识或所谓百科全书式的知识;最后,背景知识还包括每个参与者对对方所具备的知识的了解以及对方在所具备的知识的基础上进行推理能力的估计。所有这些语言知识以及语言外的知识,在对言语行为发生影响时,是综合起来发生作用的。发生作用的若干因素综合起来,就成为某一语言片断的实际语境。

3.不拟。

4.答:

会话含义就是一种超出语句本身意义范围的意义,即说话者的"言外之意"。会话含义不是语言系统内部各语言单位所呈现的意义,而是语言符号之外所暗含的意义或意图,即语言在特定情景中所产生的意义。会话含义的概念是由美国语言哲学家格赖斯于 1976

年提出。

会话含义的产生：

(1)违反量的准则表达会话含义；

(2)违反质的准则表达会话含义；

(3)违反关系准则表达会话含义；

(4)利用方式准则推导出会话含义。

情景和话题的设置(略)

5.答：

人们在言语交际中既要遵守合作原则,但是又经常故意违反合作原则,交谈中往往拐弯抹角,这是由于出自礼貌的需要。要给谈话对方面子,也为了给自己带来某些好处,如得到别人对自己的好感等。礼貌原则通常划分为六类。如：

(1)得体准则,减少表达有损于他人的观点。

(2)慷慨准则,减少表达利己的观点。

(3)赞誉准则,减少表达对他人的贬损。

(4)谦逊准则,减少对自己的表扬。

(5)一致准则,减少自己与别人在观点上的不一致。

(6)同情准则,减少自己与他人在感情上的对立。

礼貌原则和合作原则之间的关系:礼貌原则完善了"会话含意"学说,解释了合作原则无法解释的问题。因此,礼貌原则和合作原则是互为益补的关系,即礼貌原则可以"援救"合作原则,即礼貌原则可以用来合理地解释人们在言语交际中为什么要故意违反合作原则中的准则。

6.答：

信息成分也是会话结构中的一个部分,它指在构成一个话语时,话语结构中表现出不同交际价值的结构成分。每一个话语都是一个信息片断,每一个信息片断的内部或在多个信息片断之间,都可分出已知信息(或称旧信息)和未知信息(或称新信息)以及指称信息和关系信息。

指称信息是话语中最普通的语言信息,它指说话人第一次提出来的事物,也指第二次提及的同一事物,或说话双方共知的事物。指称信息可以是新信息(第一次提出来的事物),也可以是已知信息(第二次提及或双方共知的事物)。例如:昨天,我看到一个小女孩被一只狗咬了,她想抓住小狗,但它跑了。句中"一只狗"是第一次提出的新的指称信息,"小狗"、"它"作为第二次、第三次提及的已知指称信息。

已知信息是指说话人相信他所传的信息是听话人已经知道的(可能在交际语境中提供了,也可能在前述话语中已有所提);未知信息指说话人认定他所传递的信息是听话人所未知的。作为新信息,其交际价值较大,往往放在话语的后部;作为已知信息,其交际价值较小,往往放在话语的前部。下列句子中的斜体就是末尾焦点:王师傅住在北京。我们的*生活越来越幸福*。话语在没有特殊因素影响的情况下,新信息焦点总是在末尾这个正常位置,所以称无标记位置(又称末尾焦点)。

7.答:

预设又叫前提,是说话中没有说出来的真判断。例如:"冬天的黄山也很美丽。"这句话如果不是假话,那么"黄山"的存在,以及"其他季节的黄山也很美丽"这一判断都必须是真的。这样,未说出来的真判断"存在一座名叫黄山的山"以及"其他季节的黄山很美丽",就成为话语"冬天的黄山也很美丽"的两个预设。可见,预设是句子中某些词语得以正确使用的前提条件,也是保证话语为真的一个重要因素。

典型案例分析(略)。

8.答:

其他形式的预设手段主要有:

(1)部分命题中的题元,常以句子中主语、宾语等形式出现。比如"隔壁小妹考取浙江大学了。"这个句子中的主语是"隔壁小妹",宾语是"浙江大学",相应的有两个预设:"隔壁有一个小妹"和"存在一所浙江大学"。

(2)句子中的某些谓语动词。比如:"小李什么时候跳槽的?"这个句子中的谓语动词是"跳槽",相应的就有一个预设"小李有工作"。这个预设的真,决定着"跳槽"在使用上的正确,也决定着话语的真。

(3)某些虚词,如副词、连词等。比如:"你又乱说一气了。"这个句子中使用了"又",相应的就有一个预设"你曾经乱说过一气"。又如:"我们人穷,但是有志气。"这个句子中使用了"但是",相应的就有一个预设"贫穷会使人没有志气"。这些预设的真,决定着"又"、"但是"在使用上的正确,也决定着话语的真。

(4)语境提示的信息,如:甲:你今天晚上去参加舞会吗?乙:去,同玛丽一起去。在这对话中,有如下几个预设:甲和乙都知道晚会的时间地点,并知道所提到的玛丽是谁。这种预设,是由言语片段以外的信息提供的,是语境提示的预设。

9.答:

a—(1);b—(2)

10.不拟。

第七章 历史语言学

1.答:

困难主要有:(1)时代久远;(2)缺少保存载体。

之所以一直吸引人们的注意力,主要原因在于:语言是人类自己创造的文化现象,认识和了解其产生发展的规律,有助于认识人类自身。

2.不拟。

3.答：

语言不能以迅疾的方式发展,原因在于语言是人类的交际工具和思维工具,要求保持基本成分和结构的稳定。

4.不拟。

5.答：

首先,语言系统的诸要素具有不同的属性,不可能在发展的速度上表现完全一致;其次,语言系统中各个分支系统与社会之间的联系度不同,词汇是直接记录和反映人类社会生产生活以及思想发展的载体,因此词汇以及词义系统是发展变化速度最快的部分,而语音只是承载词汇和词义的形式,只要其构成要素足够承载词义和词汇成分,它就不会发生改变,但当社会等的发展导致词汇和词义承载的形式出现不足,语音成分及其结构关系才会发生调整,因此,语音的发展要缓于词汇与词义;同样的道理,语法也是将词汇组织起来以实现完整表达的手段及其系统,其本身的抽象性与系统性决定了它能够在较长时期内适应组合目的的需要,因此,其发展变化速度也很缓慢,甚至比语音还要慢。

6—7题 不拟。

8.答：

在语言分化的条件中,经济、文化、地域以及语言内部变化等因素起到决定性的作用,政治有时也会导致语言分化,但是不如前几种因素导致的语言分化普遍。政治及其他语言政策等因素是语言统一的重要因素,经济在某些语言统一的情况也起到很大作用,其他因素如文化,地域以及语言内部变化则很少能导致语言统一。

9.提示：考虑你的社会经济地位,性别,年龄,行业等因素。

10.提示：七大方言区与省份并不一一对应。可以考虑上网搜索"中国方言地图"来查证你的家乡属于哪个方言区。

(供参考：http://www.surveyor.com.cn/Maps/ShowPhoto.asp? PhotoID=193)

11.答：

地域方言是语言有限分化的结果,亲属方言则是语言绝对分化的结果。单一社会在地域上的分化如果是不完全的,其语言一般也是不完全分化的。同一语言在地域上不完全分化而形成的语言分支,就是该语言的方言。比如中国在长期的封建社会中,各地一直处于经济上相对独立而政治、文化上由中央集权统治的既不完全分化也不完全统一的局面。由于政治上受共同政令的管辖,文化上有共同的汉字、文言书面语和韵书等,使得分布在各地的语言在分化发展的同时又受到一定的约束,各地新产生的词、语法格式、字的同音关系等会有相当的比例是相同的,所以汉语在地域上的各个后代仍属于汉语的分支,彼此是方言关系。

单一社会在地域上的分化如果进一步分化加剧而形成完全的分化,则方言就进一步发展为亲属语言。如欧洲中南部广大地区原来都属于罗马帝国,都说拉丁语(也叫"罗曼语"),因地域分布广而分化为若干方言。罗马帝国灭亡后,各地不仅经济上彼此隔离各自独立,而且政治上形成了各自独立的国家,文化上各地民间使用自己的文字;这样,各地语言的分化就失去了共同的约束,各地新生的词语、语法格式等急剧增多,并且向不同的方向加速分化发展,形成意大利语、西班牙语、葡萄牙语、法语、罗马尼亚语等不同语言。这些由同一语言分化出来的诸语言是亲属语言关系。

12.答:

方言形成后,如果社会由不完全分化走向分化,或者因地域的阻隔比较大,各方言的社会政治地位也随之发生变化,那么方言就由一种语言的分支转变为各自独立的语言。比如拉丁语随着古罗马帝国的解体,它的各个方言就逐步转变为后来的法语、意大利语、西班牙语、葡萄牙语、罗马尼亚语等独立的语言,这种从同一种语言分化出来的几种独立的语言,彼此有同源关系,它们是亲属语言。也就是说,具有共同来源的全部语言组成一个语系;同一语系的语言彼此互为亲属语言。语言学家把像拉丁语这样的语言叫做**"母语"或者叫"原始基础语"**;相对应的,从拉丁语里分化出来的语言,比如法语、西班牙语等就叫做**"子语"**。

关系:子语是从原始基础语中分化出来的。需要注意的是,这里所说的"母语"、"子语"都是一种比喻的说法,和生物学中的"亲属"、"母子"等是两回事。生物学中的母子,是分开的个体,子又生孙、孙又生子,可以几世同堂;而从原始基础语分化出来的若干种语言与母语不能并存。

具体案例的分析:请使用谱系分类图,追溯一下藏语、英语、法语、波兰语、蒙古语、阿拉伯语、高山语的来源,即简单叙述一下他们分别属于什么语支,语族和语系。

藏语:藏语支,藏缅语族,汉藏语系。

英语:(日耳曼)西部语支,日耳曼语族,印欧语系。

法语:拉丁语族,印欧语系。

波兰语:(斯拉夫)西部语支,斯拉夫语族,印欧语系。

蒙古语:蒙古语族,阿尔泰语系。

阿拉伯语:(闪语)南部语支,闪语族,闪—含语系。

高山语:印度尼西亚语族,马来—波利尼西亚语系。

13.答:

近年来,由于我国改革开放的日渐深入,以及国际交往的日益频繁,汉语越来越明显地体现出了它的重要地位,但与此同时,社会上也出现了不少的不规范语言(所谓不规范语言,是指不符合文字发展规律和没有必要存在的歧义成分及用法,不能为社会交际和现代化建设服务的语言)和"新兴语言",这势必会直接影响到人们对汉语的学习,甚至是人们日常的汉语交流。据对不同年龄、职业的中外人士的调查,社会上出现的不规范语言主要集中在两个方面:报刊等媒体中的用语不规范和"新兴语言"的使用上。

(1)报刊等媒体中的用语不规范现象

传媒具有巨大的语言影响力,主导着今天的社会语言生活。但是,我国各类新闻传媒在语言文字的应用方面,都存在着不同程度的不规范现象。据我们的一项社会调查显示,在被访问的 61 人当中,有 15 人认为媒体中存在着较为严重的语言问题,占受访人数的 24.59％。近些年来,由于社会的进步,人们使用语言,刻意创新,崇尚鲜活,追求表现力,社会用语不规范现象很严重,各种媒体、出版物的错别字特别多,用词不当现象也相当严重。目前的语言文字不规范现象比比皆是,尤其是一些传媒(电视、广播、报刊等)。传媒语言规范化问题一直就是一个引起社会关注的热点问题。传播功能和舆论导向性的电视、广播、报刊的媒体,在弘扬祖国优秀语言文字工作中,必须率先垂范,倡导规范字。

(2)"新兴语言"影响人们日常交流

21 世纪被誉为是电子、电信的世纪,通讯方式与通讯设备飞速发展,越来越多的人选择了网络进行通信和交流,在这种情形下,"新兴语言"便应运而生了。可见,"新兴语言"是人们在进行网络交流时产生并且使用的一种代表特殊含义的语言。"新兴语言"主要包括各种暗语、谐音语、新兴词语、数学语言、符号语言等。由于"新兴语言"产生并且应用于网络之中,在当今这样一个网络高度普及的瞬息万变的社会,争分夺秒成了每一个社会成员不得不做的事之一,这就必然决定了"新兴语言"具有简洁性的特点,所以,"新兴语言"中的绝大部分是由数字、标点和英文字母等特殊的符号组成的。正因为"新兴语言"的这种特点,它才迅猛发展,并且很快地被人们认同和使用。

"新兴语言"还是一种具有鲜明的时代特征的语言,它更多地被年轻人使用。鉴于"新兴语言"只适用于网络中的一小部分人群,它在具有简洁性特点的同时,还表现出了相当大的局限性,这主要表现在两个方面:(1)在中国这样一个城市化发展水平不高的发展中国家,不能够经常上网的人还有很多,这样就极易造成网上人与网下人交流的困难,造成"网上人高谈阔论,网下人两眼茫然"的结果。2003 年 7 月 26 日《北京青年报》头版显著位置刊登了"美眉鲜花迎'皇马'"的标题,"美眉"即"MM",专指"漂亮的女孩子",属于"新兴语言"的范畴,但是新版《现代汉语词典》并未收入此词条,未上网的人也许不能正确理会此词语的确切含义,显然,这里的"美眉"一词已妨碍了人们对报刊的正常阅读和文章内容的理解,影响了人们的日常交流。(2)即使都是网上人也同样会造成交流的困难,这是由于虽然网络发展到今天已经四通八达,但是在不同的国家和地区"新兴语言"的使用情况也存在着显著的差别。通过与北京市第 55 中学国际学生部高一年级的来自韩国和日本的 19 名上网学生的交流,我们发现对于经常登录中文网站的人们非常熟悉的"美眉"、"恐龙"、"555……"等"新兴词汇"他们皆不知晓,同样地,他们在登录韩文或日文网站时经常使用的"V"、"@ @"等"新兴词汇"我们亦不知晓,而且他们当中有 6 人(占受访人数的 32.6％)认为"新兴语言"严重阻碍日常交流,并且对他们学习汉语造成了不良的影响。

人离不开语言文字,就像离不开水和空气一样。语言文字是信息最重要的载体,人与人之间,人与社会之间的交往,社会历史的传承都需要语言文字来作为中介。人与人之间为了顺利的进行交往,在一定的范围内,人们所使用的语言文字必须具有共同性,即必须有一种规范的共同语。虽然"新兴语言"具有简洁性的优点,但是,由于它的局限性会阻碍人们的日常交流,所以,它将很难适应人们日常工作、学习和生活的需要,这就很大程度地制约着它的进一步的发展。因此,"新兴语言"不能代替我们的日常用语,如果国家、社会对"新兴语言"听之任之,不加以足够重视和管理,那么,它必将会对人们的日常交流造成极大的障碍。

14—18题　不拟。

第八章　应用语言学

1.答:

提示:想一想你上课的时候,老师一般以什么形式来讲解课文,生词,语法;如何让你们记住并能熟练应用这些知识,一般做什么样的练习?

对于什么教学法好,你可以首先考虑,是针对什么样的学生,以及学生的学习目的是什么? 什么样的教学法可能适合什么目的的学习者? 比如现在你学外语的目的是书面翻译? 还是学会口头翻译? 只需要听懂,还是注重口语表达?

2.答:

提示:一般来说,各种语言的教学法虽然有很多相通之处,但是由于每个语言都有自己特定的结构,这会影响到语言教学。比如,英语有一套自己的名词变复数的规则,教学时教师必定要设计特定的教学方法和口头,笔头等练习来教学;而中文中的复数形式则比英文要少得多,而且并不是所有的名词需要加"们"。你可以进一步考虑,要是你来教中文的复数形式,会像教英文一样吗? 也可以考虑其他的语言结构在不同语言的教学中会对教学方法产生什么影响。

3.答:

(1)提示:本句应改成"我妈妈在浙江大学工作"。语际迁移,负迁移。英文的对应句为"My mother works in Zhejiang University"。

(2)应改成:我想跟他结婚。语际迁移,负迁移。可能是母语为英语的成人所犯错误,英文的对应句为"I want to marry him"。

4.答:

(1)提示:本句应改成:I don't have an English name. 语际迁移,负迁移。因为中文常说"我没有英文名字"。想一想英文中的'have'和中文的'有'是严格对应的吗?

(2)提示:本句应改成 Where are you going? 语际迁移,负迁移。想一想中文和英文的词序有什么不同。

(3)提示:本句应改成 The bird flew away. 目的语内迁移,负迁移。想一想英语动词不规则变化,fly-flew,而不是 flied.

5.答:

中介语是介于第二语言习得者的母语和目的语之间的独立而特有的语言系统。中介语不一定都是错句,它也包括了一些正确的句子。

"化石化"现象指,在成人学习外语过程中所犯的错误长期存在,很难纠正,成为中介语固定成分,阻碍第二语言的习得。实例不拟。

6—11题　不拟。

12.提示:语音电话,汉字输入,电子词典等。

13.不拟。

14.提示:考虑一下语音识别技术在日常生活,社会服务领域,生产领域等方面的应用。

15.不拟。

第九章　心理语言学

1.不拟。

2.提示:不能将语言只理解为语言的书写系统,或者其声音表现。可能有同学会说,我脑子思考问题时,并不一定要用语言写下来才行,或者一边说一边想。回答这个问题时先想一想语言是什么。

3.提示:考虑语言与思维的关系,也可以从萨丕尔—沃尔夫假说入手,谈你自己对这个问题的理解。

4.提示:可以观察幼儿习得母语的几个过程,并与你学习外语时的经验比照,看看有什么不同?

第十章　主要语言学流派简介

1—16题　不拟。

后　记

党的二十大报告指出，我们必须坚定历史自信、文化自信，坚持古为今用、推陈出新，把马克思主义思想精髓同中华优秀传统文化精华贯通起来、同人民群众日用而不觉的共同价值观念融通起来，不断赋予科学理论鲜明的中国特色，不断夯实马克思主义中国化时代化的历史基础和群众基础，让马克思主义在中国牢牢扎根。党的二十大报告肯定了中华传统文化的基本理念，揭示了其同科学社会主义价值观的高度契合性。因此，本教材以"大文化观"作为编撰理念，以介绍中华优秀传统文化精神为己任，弘扬人文精神，坚定文化自信，让大学生在中华优秀传统文化的教育下，塑造健全的人格。同时，本教材也兼顾了工具性，提升本科生对语言学理论和方法的掌握，进一步把握人类语言学史的发展历程。

本教材自初版以来，已经经过了十六年，先后被国内许多所高校选作教材，在社会上获得了较好的认可。这是让我们全体编写人员十分高兴的事情，借着修订的机会，向各位使用者表示由衷的感谢。

但我们也都知道，学海无涯，编写教材同样没有止境，各位的认可和喜爱既是对我们的鼓励，更是对我们的鞭策。

此次修订，我们不敢懈怠，对少量内容作了升级性补充和调整，如在"语义学"章补充了"语义角色"理论，使该部分内容更为完整。更主要的还是对全书作了更仔细的校改，希望最大限度地减少差错，以不辜负大家的期待。

此次修订陈玉洁副教授（浙江大学文学院）对部分内容作了补充，罗天华副教授（浙江大学文学院）提出了许多有益的修改建议。另外，吴越博士（杭州师范大学中文系）和博士生吴鹏也为此次修订出力不少。在此一并表示感谢。

主编记于浙江大学汉语史研究中心

2023 年 4 月